Dieter Giesen / Andrea Lossen

Entdeckertouren mit dem Wohnmobil

Neuseeland
Südinsel

Die Anleitung für
einen Erlebnisurlaub

WOMO®
Der Wohnmobil-Verlag

MIX
Papier | Fördert gute Waldnutzung
FSC® C089473
FSC
www.fsc.org

4. Auflage 2024
ISBN 978-3-86903-944-2

Titelbild: Lake Matheson (Tour S01
Bild in vorderer Klappe: Hooker Valley (Tour S03)

Reihen- und Umschlaggestaltung: www.martinveicht.de
Karten: Dieter Giesen
Fotos: Seite 204 mira wagner, alle anderen von den Autoren
Druck: Beltz Grafische Betriebe GmbH, 99947 Bad Langensalza
Vertrieb: GeoCenter GmbH, 70794 Filderstadt
Herausgeber: WOMO-Verlag, An der Liethe 4, 36452 Kaltennordheim
Telefon +49(0)36946 20691 · verlag@womo.de · www.womo.de
GPS: N 50°36'38.2" E 10°07'55.6"
Autoren-E-Mail: giesen@womo.de

Einladung

Die »Kiwis«, wie sich die Neuseeländer gerne nennen, leben in einem jungen Land. Noch vor tausend Jahren gab es hier noch keine Menschen. Das »schönste Ende der Welt« wird Ihnen gar nicht so fremd vorkommen. Schneebedeckte Berge wie in den Alpen, Fjorde wie in Skandinavien und weiße Sandstrände wie in der Karibik. Dazu Regenwälder und Gletscher, die fast bis an die Küste reichen, Vulkane, Geysire und entspannende heiße Mineralbäder.

Neuseelands Natur ist atemberaubend und seine Tier- und Pflanzenwelt einzigartig. Dazu gehören die riesigen Kauribäume, der flugunfähige Nationalvogel Kiwi und der frechschlaue Bergpapagei Kea. Doch nicht nur das Land wird Sie verzaubern, sondern auch die polynesisch geprägte Kultur der Maori, ihr Kunsthandwerk, ihre Begrüßungszeremonie, ihre im Erdofen zubereiteten Hangi-Gerichte und ihre Mythen. Die ersten Einwanderer Neuseelands tauften ihre neue Heimat in ihrer bildhaften Sprache Aotearoa, Land der langen weißen Wolke.

Heute leben die Maori prächtig mit den weißen »Kiwis« zusammen, die als entspannt, offen und gastfreundlich gelten. Auch kulturell und kulinarisch hat das Land einiges zu bieten: edle Weine, frische Meeresfrüchte, exzellente Kaffee-Variationen und unschlagbare »Carrot Cakes«.

Neuseeland ist ein dünn besiedeltes Land, in dem eine Ansammlung von sieben »Kiwis« als Menschenauflauf gilt und ein fünf Kilometer langer Strand mit mehr als zehn Menschen als »crowded« (überfüllt). Es ist ein sicheres und sehr einfach zu bereisendes Land, ein Paradies für Camper. Wer Camping, Wandern und die Natur liebt, kommt hier voll auf seine Kosten. Lassen Sie sich von uns in 16 ausgewählten Touren durch die Naturschönheiten Aotearoas führen, von der Golden Bay im Norden der Südinsel, bis in das 1.000 km südlich gelegene Fjordland führen.

Neuseeland wird als Reiseland immer beliebter, fahren Sie los! Wir wünschen Ihnen viel Freude

Ihre

Andrea Lossen und Dieter Giesen

Kaikoura

Es ist ein unvergessliches Erlebnis, wenn Delfine vor der Kulisse der Kaikoura Ranges aus dem Wasser springen. Auch Wale, Seehunde und Albatrosse gibt es zu bestaunen.

Tour S01, Seite 22

Mount Cook, Hooker Valley

Der wundervolle Hooker Valley Track passiert den malerischen Muller Lake, überquert drei Hängebrücken und endet am Hooker Lake, mit Blick auf Mount Cook.

Tour S03, Seite 73

Catlins, Nugget Point

Zum 75 m hoch gelegenen Nugget Point wandern Sie über einen steil abfallenden Weg. Die Felsen direkt unterhalb des Leuchtturms schimmern golden in der Abendsonne.

Tour S07, Seite 140

Milford Sound

Allein die Fahrt zum weltberühmten Fjord, entlang des Lake Te Anau, durch das Eglinton Valley, vorbei an Seen, Wasserfällen und dichtem Regenwald ist atemberaubend.

Tour S08, Seite 162

Queenstown

Wir lieben es, mit der Skyline Gondla zur Bergstation hinaufzuschweben und die herrliche Aussicht auf die Stadt, den Lake Wakatipu und die umliegenden Berggipfel zu genießen.

Tour S09, Seite 174

Von Wanaka nach Haast

Eine unserer Lieblingsstrecken. Sie führt durch eine abwechslungsreiche Landschaft mit dichtem Regenwald, Feuchtgebieten, Wasserfällen, Seen und wilden Gletscherflüssen.

Tour S09, Seite 187

Arthurs Pass, Castle Hill

Nachdem Sie den Pass überwunden haben, öffnet sich das Tal des mächtigen Waimakariri River. Bald tauchen die skulpturenartigen Kalksteinfelsen des Castle Hill auf.

Tour S11, Seite 227

Abel Tasman NP

Sie wandern auf einem dichtbewaldeten Küstenstreifen mit Felsformationen aus Granit und Marmor. Türkisblaues Wasser und feinsandige Strände begleiten Sie.

Tour S15, Seite 283

Golden Bay, Farewell Spit

Im Norden der Südinsel ragt eine sichelförmige Sandbank in die Tasmanische See. Eine einzigartige geografische Formation mit einer außergewöhnlichen Flora und Fauna.

Tour S15, Seite 292

Marlborough Sounds

Das Pelorus Mail Boat liefert täglich ab Havelock in sechsstündiger Fahrt Post und Pakete in die entlegenen Gebiete des weitläufigen Sounds. Es hat Platz für 40 Passagiere.

Tour S16, Seite 307

Inhaltsverzeichnis

Reisegebiet

Neuseeland liegt am anderen Ende der Welt. Seine Gesamtfläche entspricht etwa 75 % der Größe Deutschlands. Die Südinsel ist durch die 35 km breite Cookstraße von der Nordinsel getrennt. Sie ist etwas größer als die Nordinsel, hat aber eine deutlich geringere Bevölkerungsdichte. Die größte Stadt ist Christchurch mit ca. 341.000 Einwohnern. Das Rückgrat der langgestreckten Südinsel bilden die Neuseeländischen Alpen, deren höchster Berg der Aoraki/Mount Cook mit 3724 m ist. Neuseeland eignet sich wie kaum ein anderes Land dazu, mit dem Wohnmobil erkundet zu werden. Dieser Reiseführer soll Ihnen helfen, Ihre Route zu planen und Übernachtungsmöglichkeiten zu finden. Er informiert über die wichtigsten Sehenswürdigkeiten, Wanderwege, Badestrände, Cafés und Restaurants

Übersichtskarte, der Aufbau des WOMO-Buches

Die beste Grundlage für die Orientierung im Buch ist die Übersichtskarte in der hinteren Umschlagklappe, die Ihnen einen Überblick darüber gibt, in welchen Teilen der Südinsel Neuseelands die einzelnen Touren verlaufen. Hier wählen Sie eine unserer 16 Touren aus, die Sie sich näher betrachten möchten. Über die in dieser Tourenübersicht angegebene Seitenzahl gelangen Sie schnell und direkt zur detaillierten Übersichtskarte der von Ihnen ausgewählten Tour. Die verwendeten Symbole sind auf der hinteren Umschlagklappe erläutert

Tourenkarte

Jede Tour beginnt mit einer Tourenkarte, in der die Sehenswürdigkeiten und alle Übernachtungsplätze verzeichnet sind. Die Übernachtungsplätze sind innerhalb einer Tour fortlaufend nummeriert. Alle nummerierten Plätze sind für eine Übernachtung geeignet. Bitte achten Sie auf die aktuellen Verbotsschilder. Die Stellplatzsymbole auf der Tourenkarte zeigen auf den ersten Blick, ob es sich um einen einen Stellplatz (Oval), einen offiziellen Wohnmobilstellplatz (Camper), oder einen Campingplatz (Zeltsymbol) handelt. Die zusätzlichen Symbole bei den Stellplätzen geben erste Hinweise auf die Ausstattung des Platzes. Die Tourenkarte dient der Orientierung. Eine professionelle Straßenkarte, die Sie in der Regel von Ihrem Wohnmobilvermieter erhalten, ist zusätzlich unbedingt erforderlich.

Der Textteil einer Tour

Der Textteil der Tour schließt sich direkt an die Tourenkarte an. Eine farbig unterlegte Übersicht gibt Ihnen einen kurzen Überblick über die Stell- und Campingplätze, Besichtigungstipps,

Badestrände, Wanderrouten und empfohlene Cafés oder Restaurants. Alle diese Informationen werden im folgenden Textteil der Tour ausführlich beschrieben.Nach dem Überblicksteil folgt ein Textabschnitt in kursiver Schrift, der Sie kurz über die Sehenswürdigkeiten und besonderen Merkmale informiert, die Sie auf der beschriebenen Tour erwarten.

Übernachtungsplätze

Zu jedem Übernachtungsplatz auf der Tourenkarte finden Sie an geeigneter Stelle im Textteil der Tour einen farblich korrespondierenden Übernachtungsplatz mit der gleichen Nummer, der Ihnen detaillierte Informationen zur Verfügung stellt. Die Farben entsprechen den Symbole auf der Tourenkarte (siehe Umschlagklappe). Hier erhalten Sie für alle Stell- und Campingplätze umfassende Informationen, meist auch mit Fotos und immer mit GPS-Koordinaten und einer Anfahrtsbeschreibung.

Die Infos in den Stellplatzkästen

GPS-Koordinaten: Für alle Übernachtungsplätze geben wir die GPS-Koordinaten an, zunächst für die geografische Breite, dann für die geogrfische Länge. Der WOMO-Verlag hat sich für die Angabe in Grad(°), Minuten(′) und Sekunden(″) entschieden. Dem Breitengrad wird ein (N) für die Nordhalbkugel oder (S) für die Südhalbkugel vorangestellt. Dem Längengrad ein (W) für West oder ein (E) für East. Wir empfehlen die Verwendung eines Navigationsgerätes. Den GPS-Koordinaten folgen die Kontaktdaten des Platzes.

Zufahrt: Für all diejenigen unter Ihnen, die selbst nach unserem Ziel suchen möchten, geben wir eine Zufahrtsbeschreibung an. Die dort gemachten Angaben links oder rechts beziehen sich dabei auf die Richtung der Tour.

Max. WOMOs: Hier wird auf die maximale Kapazität von Stellplätzen hingewiesen (Nicht bei Campingplätzen). In Neuseeland haben viele Übernachtungsplätze eine wohl definierte Anzahl von Stellplätzen. Diese sind oft genau markiert oder umfassen einen Bereich zwischen zwei Markierungspfosten. Die Strafe bei Nichtbeachtung beträgt derzeit 200 NZD, soll aber deutlich erhöht werden. Diese Gebühr wird in der Regel mitten in der Nacht erhoben!

Preise: Für die erhobene Übernachtungsgebühr geben wir eine Preisspanne an. Wenn diese Angabe fehlt, wird keine Gebühr erhoben. Die von uns angegebenen Preisspannen beziehen sich auf die Gebühren für eine Übernachtung für zwei Personen ohne Strom in der Hochsaison im Januar und Februar 2023. Neben den Stellplätzen haben wir auch kommerzielle Campingplätze für Sie ausgewählt und beschrieben. Fast alle dieser Campingplätze können wir Ihnen wärmstens empfehlen. Die anderen Campingplätze haben wir aufgenommen, um bestehende Lücken zu schließen und Ihnen bei Bedarf eine Möglichkeit zur Übernachtung zu bieten.

Ausstattung: Die üblichen Einrichtungen auf kommerziellen Campingplätzen umfassen Strom, Abwasserentsorgung und Wasserversorgung, sanitäre Einrichtungen, gut ausgestattete Gemeinschaftsküchen, Waschmaschinen, Trockner und Grillbereiche. Bietet der Campingplatz darüber hinaus ein Restaurant, einen Spielplatz, einen Swimmingpool, eine Einkaufmöglichkeit oder andere Extras, so weisen wir im zugehörigen Kasten unter Ausstattung darauf hin. Fast jeder Campingplatz bietet eine Entsorgungsstation (dump station), die für Übernachtungsgäste kostenfrei ist. Sollte dies nicht der Fall sein, vermerken wir dies. In praktisch jeder Gemeinde gibt es eine gut ausgeschilderte Entsorgungsstation.

Öffnungszeiten: Campingplätzen und offizielle Stellplätze sind in Neuseeland in der Regel das ganze Jahr über geöffnet. Wir nennen Ihnen daher lediglich Einschränkungen.

Beschreibung: Im Allgemeinen geben wir Ihnen in der Rubrik »Beschreibung« unsere persönliche Einschätzung des Platzes, seiner Beschaffenheit und seiner Lage. Um Ihnen überall eine Übernachtungsmöglichkeit anbieten zu können, nahmen wir auch einige weniger schöne Stellplätze auf. Diese erkennen Sie an der Beschreibung im zugehörigen Kasten. Dort steht dann eine Formulierung wie: »Gut für eine Nacht«.

Tourenplanung

Wir beschreiben insgesamt 16 Touren auf der Südinsel Neuseelands. Die Touren unterscheiden sich in Länge und Zeitaufwand. Während die Touren S09 und S15 jeweils mindestens drei Tage in Anspruch nehmen, können die Touren S14 und S16 problemlos an einem Tag gefahren werden. Wer alle 16 Touren in voller Länge fahren möchte, sollte sich unserer Meinung nach mindestens fünf Wochen Zeit nehmen. Um alle Touren entspannt genießen zu können, sollte man zwei bis drei Monate einplanen. So viel Zeit werden viele Neuseelandurlauber nicht haben. Sie müssen Prioritäten setzen, einige Touren auslassen oder Abkürzungen wählen. Wer nur drei Wochen Zeit hat, sollte sich zunächst auf die Südinsel konzentrieren. Die Nordinsel kann dann in einem anderen Neuseelandurlaub besucht werden. Die Schönheit Neuseelands sollte man in aller Ruhe und ohne Hektik genießen. Damit Sie nicht unnötig Zeit mit der Suche nach Übernachtungsmöglichkeiten verlieren, schlagen wir Ihnen 240 Übernachtungsmöglichkeiten vor. Wenn Sie sich für eine der von uns ausgearbeiteten Touren entscheiden, ist einer dieser Plätze immer in Ihrer Nähe.

Besichtigen, Wandern, Essen und Baden

In der Übersicht, die jeder Tour vorangestellt ist, finden Sie neben Stell- und Campingplätzen die Rubriken Besichtigen, Wandern, Essen und Baden. Die aufgeführten Stichworte sind im folgenden Text fett gedruckt. Bei den Badestränden haben wir die schönsten Strände aufgenommen, die sich zum Baden eignen. Bitte informieren Sie sich vor Ort über Sicherheitsaspekte beim Schwimmen. Auf attraktive Wanderungen weisen wir hin. Sofern wir sie nicht im Detail beschreiben, nennen wir Ihnen den Namen der Wanderbroschüren, die Ihnen die Touristeninformationen (i-Sites) gerne zur Verfügung stellen. Von einzelnen Cafés oder Restaurants, die wir empfehlen können, haben wir Namen, Anschrift und Telefonnummer notiert. Bitte beachten Sie, dass bei der Angabe der Webseite ein Trennzeichen entstehen kann, das nicht Bestandteil der Webseite ist.

Tipps und Infos

Diese Rubrik finden Sie im hinteren Teil des Buches. Wir haben dort viele wichtige Informationen zu den Gegebenheiten in Neuseeland für Sie zusammengestellt. Insbesondere die Hinweise unter den Stichworten »Campen« und »Wohnmobil« dürften Sie brennend interessieren. Wenn Sie Informationen zu einem bestimmten Ort suchen, hilft Ihnen das **Stichwortverzeichnis** auf Seite 331 weiter. Immer wieder werden Sie in diesem Reiseführer auf englische Ausdrücke wie Hauraki Gulf, Raukumara Range, Whangarei Harbour oder Coromandel Peninsula stoßen. Wir haben uns entschieden diese nicht zu übersetzen, da sie in Neuseeland immer im Original auf Schildern, in Broschüren oder in Landkarten zu finden sind. Einige häufig verwendete englische Begriffe haben wir für Sie unter »Sprache« in der Rubrik »Tipps und Infos« übersetzt.

Reiseführer und der Zahn der Zeit

Wir haben nach bestem Wissen gründlich recherchiert, können jedoch nicht für die Richtigkeit und Gültigkeit aller Informationen garantieren. Restaurant-Empfehlungen erweisen sich oft als kurzlebig, und ein heute noch heißer Stellplatz-Tipp kann schon morgen durch Baumaßnahmen oder behördliche Aktivitäten seine Qualität einbüßen. Es lohnt sich, vor Reisebeginn einen Blick in das Forum des Womo-Verlages (https://forum.womoverlag.de/) zu werfen. Wir haben dort aktuelle Informationen für Sie bereitgestellt. Sie helfen uns sehr, wenn Sie von Ihnen festgestellte Veränderungen mitteilen und uns zum Beispiel auf neue Stellplätze aufmerksam machen. Bitte richten Sie Ihr Schreiben an den Verlag oder an giesen@womo.de.

Wir freuen uns über Ihre Zuschrift!

Picton
001 WC
002
Cloudy Bay
Motueka
Tasmanische See
Pelorus River
Te Hoiere/
Pelorus Bridge
Havelock
Nelson
Richmond
006 WC
003
WC 004
Springcreek
Renwick
Blenheim
WC 005
Wairau River
Mount Richmond Forest Park
007
Awatere River
Seddon
Lake Grassmere
Cape Campbell
Black Birch Scenic Reseve
1696 m Altimarloch
Lake Argyle
WC 008
Kekerengu
Saint Arnaud
396 WC
Lake Rotoiti
Nelson Lakes National Park
Inland Kaikoura Range
Waipapa Bay
Half Moon Bay
Seaward Kaikoura Range
Molesworth Recreation Reseve
Lake Tennyson
Kaikoura
009
010
011
017
012 WC
018
Hanmer Conservation Park
Hanmer Springs
Waiau
019
Waiau River
Rotherham
Tour S12
WC 020
Culverden
Cheviot
Gore Bay
Domett
Cathedral Cliffs
013 WC
Hurunui River
Hurunui
Pazifik
WC 014
Waipara
341
Amberley
015 WC
Ashley River
Pegasus Bay
Rangiora
Tour S03
Kaiapoi
016
50 km
Waimakariri River
Tour S02
Christchurch
TOUR S01

Tour S01: Dialog mit dem Meer in Kaikoura 450 km

Picton - Blenheim - Kaikoura - Rotherham - Cheviot Gore Bay - Waipara - Amberley - Christchurch

Camping:	Blenheim, Kaikoura, Mt Lyford, Waiau, Spencer Beach
Stellplätze:	Whatanmango Bay, Renwick Domain, Wairau River Blenheim Taylor Dam, Marfells Beach, Kekerengu Point, Ohimi Reserve, Hurunui River Mouth, Convey River Bridge, Culverden, Waipara, Amberley Beach
Besichtigen:	Bootstour Ship Cove Weingüter Blenheim, Salinenanlage Lake Grassmere, Robbenkolonie Ohau Point, Kaikoura: Albatross Tour, Schnorcheln mit Delfinen, Wahle Watching
Baden:	Christchurch: Waimairi Beach, New Brighton, Sumner
Wandern:	Queen Charlotte Track, Kaikoura: Peninsula Walkway, Waipara: Mt Cass Walk und Tiromoana Bush Walk
Essen:	Picton: Escape to Picton, Village Bakerij, Blenheim: Raupo, Kekerengu: The Store, Kaikoura: Pier Hotel, Mt. Lyford Lodge,

Tour S01 startet mit einer der schönsten Fährpassagen der Welt. Sie überqueren die Cook Strait (siehe Kasten) und treffen in den Marlborough Sounds auf die Südinsel. Am südlichen Ende des Queen Charlotte Sounds werden Sie in Picton von Bord gehen. Im nahen Blenheim befinden Sie sich im bedeutendsten Weinbaugebiet des Landes. 130 Kilometer südlich warten in Kaikoura u.a. Whale Watching und Schwimmen mit Delfinen auf Sie. Dazwischen liegt eine wunderschöne Strecke, mit dem Pazifik zu Ihrer Linken und den bis zu 2500 m hohen Gipfeln der Kaikoura Ranges zu Ihrer Rechten. Von Kaikoura zur englischsten Stadt Neuseelands, dem von Erdbeben geplagten Christchurch, wendet sich der SH1 ins Inland.

Den Boden der Südinsel betreten Sie in **Picton**, einer pittoresken kleinen Stadt mit knapp 3.000 Einwohnern. Picton ist zugleich die nördliche Endstation des neuseeländischen Eisenbahn- und Fernstraßennetzes auf der Südinsel. Wer sein Wohnmobil in Wellington abgegeben hat, um die Kosten für die Überfahrt zu sparen, bekommt damit die Gelegenheit zu einer wunderschönen Zugfahrt nach Christchurch, um erst dort wieder ein Wohnmobil anzumieten.

Die Cook Strait

Abel Tasman hatte sich geirrt. Im Jahr 1642 glaubte er, vor einer Bucht zu kreuzen. Tatsächlich handelte es sich um die Meerenge zwischen der Nord- und der Südinsel Neuseelands. Und weil Tasman sich geirrt hatte, wurde 1770 James Cook das Verdienst zuteil, am 22. Januar 1770 als erster Europäer durch diese Meerenge gefahren zu sein. Die Cook Strait ist an ihrer engsten Stelle 22 Kilometer breit und fast durchgehend zwischen 100 und 300 Meter tief, fällt aber an einigen Stellen bis auf 1.500 Meter ab. Die Verbindung zwischen der Tasmanischen See und dem östlich von Neuseeland gelegenen Pazifik sorgt für starke Ausgleichsströmungen und wird regelmäßig von heftigen Winden aufgepeitscht, die gelegentlich Sturmstärke erreichen. Wer nach diesen Zeilen Bedenken hat, die Wasserstraße zwischen Wellington und Picton zu überqueren, sei beruhigt: Die gut dreistündige Überfahrt ist in der Regel wunderschön und auch bei weniger gutem Wetter beeindruckend. Sie gilt als eine der schönsten Fährpassagen der Welt. Die faszinierende Küstenlandschaft auf beiden Seiten der Meerenge und die Fahrt durch den Queen Charlotte Sound sind ein abwechslungsreiches und bezauberndes Erlebnis. Immer wieder muss die Fähre enge Kurven durch die Marlborough Sounds nehmen und die vielen kleinen Inseln, Halbinseln und Buchten sind üppig bewachsen. Die Fahrt führt auch an Lachs-, Muschel- und Krabbenfarmen vorbei. Da die Heckwellen den Betrieb der Zuchtfarmen nachhaltig störten, wurden 2006 im Queen Charlotte Sound Geschwindigkeitsbegrenzungen eingeführt.

Sehenswürdigkeiten von Picton sind der im Hafen vor Anker liegende Dreimaster Edwin Fox, ein einstiger Teak-Windjammer, ein kleines, dem Walfang gewidmetes Museum und ein neben dem Trockendock erbautes Aquarium. Darüber hinaus beherbergt das sympathische Städtchen einige interessante Galerien, viele Cafés und Restaurants mit wunderbarem Blick auf das geschäftige Treiben im Hafen oder auf den reizvollen Queen Charlotte Sound. In der **Picton Village Bakery** (46 Auckland Street) können Sie sich mit europäischen Backwaren eindecken. Wer möchte, findet hinter der Fußgängerbrücke am Yachthafen gut ausgeschilderte **Short-Walks**. Ausgezeichnet essen können Sie im Restaurant **Escape to Picton** (33 Wellington St, Tel. 03 573 5573). Mit seinem La-

byrinth aus verborgenen Buchten und ruhigen Stränden, gesäumt von Busch und Regenwäldern, bieten die Marlborough Sounds ursprüngliche Natur, die sich am besten vom Wasser aus erkunden lässt. Viele Ausflüge beginnen in Picton. Auch zum beliebten **Queen Charlotte Track** (www.qctrack.co.nz),

Fähren über die Cook Strait

Zwei große Fährgesellschaften, Blue Bridge und Interislander, verkehren mehrmals täglich zwischen Wellington und Picton. Buchungen sind über das Internet möglich (www.bluebridge.co.nz und www.interislander.co.nz). Das Einchecken erfolgt ein bis zwei Stunden vor der Abfahrt. Wer zu spät kommt, verliert seine Reservierung! Wegen der großen Nachfrage sollten Sie vor allem in der Hochsaison mindestens zwei Wochen im Voraus buchen. Natürlich können Sie Ihr Wohnmobil auch mit auf die Fähre nehmen, allerdings kostet die rund 92 Kilometer lange Seereise an Bord der hochseetüchtigen Fähren je nach Größe des Wohnmobils und Reisezeit nicht wenig. Selbst eine einfache Überfahrt für zwei Personen in einem Wohnmobil von 7 m Länge kostet mindestens 500 NZD (Refundable). Von den beiden großen Fährgesellschaften ist Bluebridge Ferry die jüngere, etwas preisgünstigere und flexiblere bei der Ticketbuchung. Dafür bieten die Interislander-Fähren etwas mehr Komfort auf der gut dreistündigen Fahrt von Picton nach Wellington. Es gibt Ermäßigungen für Inhaber von Campingkarten wie der Top 10 Card.

der von Anakiwa aus dem Sound entlang bis zur malerischen Ship Cove führt (71 km, 4 Tage), kann man von hier aus gelangen. Die Schiffe fahren von Picton nicht nur die Ship Cove an, sondern auch andere Anlegestellen entlang des Tracks, was es uns Wohnmobilisten ermöglicht, Teilstrecken des reizvollen Tracks zu erwandern. Der Walk führt durch dichten Regenwald vorbei an Farnen, Baumfarnen und Nikau-Palmen, wobei sich immer wieder umwerfende Blicke auf den Sound ergeben. Die schönsten Wanderabschnitte liegen zwischen Ship Cove, Furneaux Lodge und Punga Cove. Die Boote von **Beachcomber** (The Waterfront, an der Ecke London Quay / Wellington Street, www.beachcombercruises.co.nz, Tel. 0800 624 526) bringen Sie an die verschiedenen Startpunkte und

Die Fähren der beiden Anbieter

holen Sie am Nachmittag an am Zielpunkt ihrer Wanderung wieder ab. Die Touren sind sehr zu empfehlen, allein die Bootsfahrt ist ein unvergessliches Erlebnis.

(001) Offizieller WOMO-Stellplatz: Whatamango Bay DOC Standard Campsite

GPS: S 41°16'9" E 174°4'31". **Max. WOMOs:** 25
Ausstattung: Toiletten, Wasser, Picknicktische. **Preise:** 20-30 NZD.
Beurteilung: Ruhiger, friedvoller Platz Grasplatz direkt an der Waterkant. Umgeben von einigen Büschen und Neuseelandflachs Bei Ebbe können Sie frische Muscheln für das Abendessen sammeln.
Zufahrt: Auf der Waikawa Rd 11 km Richtung Nordost. Die kurvige Straße bietet Ihnen immer wieder tolle Ausblicke auf den Queen Charlotte Sound.

(002) WOMO-Campingplatz: Picton Tasman HP

GPS: S 41°17'18" E 174°0'54", 70-78 Waikawa Rd, Picton, Tel. 0800 277 444
Ausstattung: Spielplatz. **Preise:** 50-70 NZD.
Kontakt: 70-78 Waikawa Rd, Picton, Tel. 03 573 7212, 0800 277 444
Beschreibung: Schön bepflanzter Platz mit vielen Bäumen, aber enorm eng. Die Sanitäranlagen sind sehr gut. 2 km zum Fährterminal.
Zufahrt: Vom Zentrum in Richtung Waikawa fahren, Platz liegt rechts.
Hinweis: Wir empfehlen folgenden Fußweg in die Stadt: Laufen Sie zunächst in das rechts gegenüber dem Campingplatz liegende Hafengebiet. Dort führt eine hohe Fußgängerbrücke mit schönen Ausblicken direkt ins Zentrum Pictons.

Es gibt eine Reihe von Firmen, die vor Ort geführte Kanu- und Wandertouren anbieten. Die Kajak-Touren entlang der Küste sind sehr beliebt und an vielen Inseln gibt es gute Tauchreviere. Außerdem werden Eco-Touren zur Beobachtung der in den Sounds lebenden Delfine, Pinguine und Robben angeboten.

Von Picton nach Kaikoura

Sie verlassen Picton und die herrlichen **Marlborough Sounds** über den SH1, dem es offensichtlich ebenfalls gelungen ist,

Pictons Hafen

die gefürchtete Cook Strait zu überwinden. **Blenheim**, die am Zusammenfluss von *Opawa, Taylor* und *Omaka River* gelegene Hauptstadt der Region Marlborough (26.000 Ew), erreichen Sie 30 Kilometer südlich Picton. Der sehr enge Top 10 Holiday Parek liegt direkt an der Straße. Wir empfehlen den sechs Kilometer südlich gelegenen Platz in Spring Creek.

(003) WOMO-Campingplatz: Spring Creek HP

GPS: S 41°27'29" E 173°57'20", 1199 Rapaura Road, Spring Creek, Tel, 03 570 5893, **Ausstattung:** Swimmingpool, **Preise:** 40-60 NZD. **Beschreibung:** Liegt sehr ruhig in einer Parkanlage an einem Bach mit kristallklarem Wasser. Hier gibt es Eddie den Aaal und Regenbogenforellen zu sehen. Kein Spitzenplatz aber ordentlich und sauber. **Zufahrt:** In Spring Creek im Kreisverkehr zweite Ausfahrt nehmen. Der Platz liegt nach 700m rechts.

Wegen der günstigen klimatischen Bedingungen, 2008 war Blenheim die sonnigste Stadt Neuseelands, entwickelte sich in der Region eine erfolgreiche Weinindustrie, der es gelang, Hawke's Bay als größten Weinproduzenten Neuseelands abzulösen. Das heute mit über 50 Weingütern bedeutendste Weinbaugebiet des Landes (etwa 40% aller Weinreben wachsen hier) erzeugt eine Vielfalt verschiedener Weine, unter denen der Sauvignon Blanc, der es zu internationalem Ruhm gebracht hat, hervorsticht.

Zu den Klassikern der Region zählen außerdem der *Chardonnay, Pinot Noir, Pinot Gris* und *Riesling*. Einen besonders großen Zustrom an Gästen erfährt die Stadt jedes Jahr am zweiten Wochenende im Februar zum *Marlborough Wine and Food Festival*, das bei Einheimischen und Touristen beliebt ist. Im Informationszentrum am alten Bahnhof erhalten Sie neben einer guten Beratung über den Besuch der *Wineries* auch den

Blenheim, O'Dwyers Creek Vinyard

»Marlborough Winmakers Wine Trail Guide«. Der Wein-Lehrpfad liegt zwischen Blenheim und dem 12 Kilometer westlich am SH6 gelegenen Renwick.

(004) Offizieller WOMO-Stellplatz: Renwick Domain
GPS: S 41°30'19" E 173°49'35", Uxbridge St. **Max. WOMOs:** 10
Ausstattung: Toilette, Wasser, Spielplatz.
Beschreibung: Großer von Grün umgebener Parkplatz am Giesen Sports & Event Centre. Hell erleuchtet. Saubere, regelmäßig gereinigte Toiletten. Spielplatz für Kinder. Ideale Lage, um die Weingüter zu besuchen.
Zufahrt: Von Blenheims auf SH6 nach Renwick (11,5 km). Dort rechts in die Uxbridge St einbiegen, 300 m zum Platz.
Hinweis: Wenn schon 10 Camper da sind müssen Sie weiter fahren (200 NZD Fine/Strafe). Maximal 2 Nächte. Vorgegebene Zeit: 18 Uhr bis 9 Uhr.

In fast allen Weinkellereien können Sie täglich, außer sonntags, zwischen 9-17 Uhr Weine probieren und selbstverständlich auch kaufen. Auf den fruchtbaren Böden der Region wird neben Wein auch Obst und Gemüse angebaut und wie fast überall in Neuseeland gedeihen hier die Schafe prächtig. Schicke Restaurants und vornehme Unterkünfte, interessante Geschäfte und Cafés verleihen Blenheim ein besonderes Flair. Wir empfehlen Ihnen das **Restaurant Raupo** (2 Symons St, Tel. 03 577 8822). *Seymour Square*, eine von mehreren großzügigen Parkanlagen, liegt wunderschön mitten im Zentrum und lädt zum Verweilen und Entspannen ein. Im bereits 1857 quadratisch angelegten Park können Sie neben ganzjährig komponierten Blumenbeeten auch historische Denkmäler und Relikte aus der Gründerzeit bewundern. Nicht weit entfernt befindet sich ein über 15 Meter hoher rekonstruierter steinerner Uhrenturm, dessen viertelstündlichem Glockenschlag Sie hier lauschen können.

Das drei Kilometer im Süd-Westen der Stadt gelegene Freilichtmuseum Brayshaw Museum Park lädt mit seiner Cobb Cottage aus den 1860er Jahren zu einem Zeitsprung in die

Kekerengu Café

Pionierzeit ein. In der rekonstruierten Pioniersiedlung erhält man einen Einblick in die harten Anfangszeiten der Besiedlung Neuseelands.

(005) Offizieller WOMO-Stellplatz: Blenheim
Taylor Dam Reserve

GPS: S 41°34'19" E 173°55'59". **Max. WOMOs:** 8, **Ausstattung:** Toilette.
Beschreibung: Schön an einem See gelegener Platz, mit guten Wandermöglichkeiten. Die nahe Straße stört nicht.
Zufahrt: Von Blenheims Zentrum bringt Sie die Maxwell Rd und später die Tayler Pass Rd nach 7,5 km zum Platz.
Hinweis: Bitte die Infotafel beachten. Maximal zwei Nächte sind erlaubt. Toilette und einige Picknicktische sind etwa 500 m entfernt.

(006) Offizieller WOMO-Stellplatz: Wairau Diversion

GPS: S 41°26'19" E 174°1'47". **Max. WOMOs:** 20, **Ausstattung:** Plumpsklo.
Beschreibung: Ausgesprochen pittoreskes Fleckchen an der Mündung des Wairau River am Meer gelegen. Ein kleines Wäldchen spendet Schatten.
Zufahrt: Am Kreisel in Spring Creek fahren Sie in die Ferry Rd, Chaytors Rd, Neal Rd und Thomas Rd (5 km). Die letzten 2 km sind Gravel.
Hinweis: Maximal zwei Nächte sind erlaubt.

Rund 20 Kilometer südlich von Blenheim überqueren Sie den *Awatere River*, fahren wenig später durch die Kleinstadt **Seddon** und erreichen nach weiteren zehn Kilometer **Lake Grassmere**, eine flache Lagune, die von der *Clifford Bay* nur durch eine schmale, von Sanddünen bedeckte Barriere getrennt ist. Aus dem riesigen Salzsee ohne natürlichen Abfluss wird ein Großteil des neuseeländischen Salzbedarfs gedeckt. Ein kurzer Abstecher bringt Sie zur **Salinenanlage**, die mehr als ein Drittel des Sees einnimmt. Neben den ins Auge springenden Salzbergen liegen kleine Teiche, deren Farbgebung in lila und pink durch die gleichen Algen verursacht wird, die auch

Kekerengu, Stellplatz The Store

dem Toten Meer seine charakteristische Farbe geben. Direkt hinter dem See führt eine Stichstraße zum Meer. Dort finden Sie den wundervoll gelegenen DOC-Campingplatz *Marfells Beach Reserve*. Auf der Rückfahrt zum SH1 sind die leuchtend weißen Salzberge des Lake Grassmere kontrastreich vor dem Hintergrund der Marlborough Hills zu sehen.

(007) Offizieller WOMO-Stellplatz: Marfells Beach

GPS: S 41°43'29" E 174°12'13", Tel. 03 546 9339. **Max. WOMOs:** 30
Ausstattung: Plumpsklo, kalte Dusche, DOC Standard. **Preise:** 20-30 NZD.
Beschreibung: Wundervoll am Meer gelegen, oft sehr windig.
Zufahrt: Am SH1 12 km südlich Seddon links in die Marfells Beach Rd abbiegen. An der Küste rechts. 600 m bis zum Eingang des Platzes.

(008) Offizieller WOMO-Stellplatz: Kekerengu

GPS: S 42°0'8" E 174°0'39", Tel. 03 575 8600 **Max. WOMOs:** 20
Ausstattung: Toilette, Dusche, Wasser, Entsorgung. **Preise:** 20-30 NZD.
Zufahrt: Am SH1, 36 km hinter Lake Grassmere, 60 km vor Kaikoura.
Beurteilung: Sehr schön am schwarzen Strand mit grauen Kieselsteinen und weißem Treibholz gelegen. Ausgezeichnete Sanitäranlagen. Mit etwas Glück können Sie vom Ufer aus Robben schwimmen sehen. Straße und Bahnlinie sind in Hörweite. Frühstücken Sie im Café!

Eine weitere Stichstraße führt zum **Cape Campbell** mit seinem Leuchtturm. Sie folgen dem SH1, der an der Küste mit grauen Kieselstränden entlangführt. Die nächste markante Stelle, den als felsige Nase ins Meer ragenden *Kekerengu Point*, erreichen Sie 33 km hinter der Stichstraße zu *Cape Campbell*. Es gibt hier ein sehr empfehlenswertes Café mit einer tollen Aussicht auf das Meer und den schwarzen Strand. In **The Store** (Tel. 03 575 8600) können Sie in stimmungsvoller Umgebung eine kleine Rast einlegen.

Nach weiteren 35 Kilometern entlang der malerischen Küste erreichen Sie am *Ohau Point* Neuseelands größte Robben-

Sonnenuntergang am Paparoa Point

kolonie. An der Küste lümmeln sich die Robben, teilweise nur 5-10 Meter von der Straße entfernt, sehr eindrucksvoll! Der **Ohau Stream Walk** zu einem kleinen malerischen Wasserfall ist zur Zeit als Folge des Kaikoura Erdbebens geschlossen.

Die verbleibenden 30 km bis Kaikoura führt der SH1 entlang der zerklüfteten Felsen der Kaikoura Ranges. Die Küste ist hier sehr rau und mit ihren heranrollenden Brechern eher zum Wellensurfen als zum Schwimmen geeignet. Bei dem Kaikoura Erdbeben 2016 wurde der SH1 schwer beschädigt und musste streckenweise völlig neu gebaut werden. Verschiedene Picknickplätze wurden neu angelegt. An der gesamten felsigen Küste um Kaikoura wird der »crayfish« gefangen und an Ständen angeboten. In der Sprache der Maori bedeutet Kai »Essen« und Koura »Languste«. Also haben die Maori früher schon in Kaikoura Langusten gefangen und mit Genuss verzehrt.

Kaikoura ist ein kleines aus einer ehemaligen Walfangstation hervorgegangenes Städtchen mit 4.000 Einwohnern, landschaftlich schön auf der gleichnamigen Halbinsel gelegen, die als letzter Ausläufer der Kaikoura Range gilt.

(009) WOMO-Campingplatz: Kaikoura Top 10

GPS: S 42°23'42" E 173°40'45", 34 Beach Road, Tel. 0800 36 36 38
Ausstattung: Abenteuerspielplatz, Swimmingpool, Spa.
Beschreibung: Schöne Anlage am Ortseingang, etwas eng. In Fußnähe zur Stadtmitte (300 m), Restaurants in unmittelbarer Nähe. **Tipp:** Fragen Sie nach dem Hot Tub. Sie können dann kostenlos in einem gemütlichen großen Holzfass ein heißes Bad nehmen. **Preise:** 50-70 NZD.

Vor der Küste fällt der Festlandsockel schon nach 1,6 km steil ab, erreicht im kaikoura canyon eine Tiefe von bis zu 1.600 m und bildet damit durch seine Tiefe und die günstigen Strömungsverhältnisse perfekte Bedingungen für maritimes Leben direkt

Kaikoura von oben

vor der Küste. So gehört der küstennahe Bereich zum Lebensraum der riesigen Pottwale, die ganzjährig beobachtet werden können, und auch die Zugstraße der Buckelwale, die hier im Winter zu Hunderten zu sehen sind, führt direkt vor der Küste vorbei. Seit Ende der 1980er Jahre kommt eine zunehmend größer werdende Zahl Touristen nach Kaikoura, um Wale, Delfine, Seehunde, Seeelefanten, Seeleoparden und Albatrosse zu beobachten. Das ehemals beschauliche Fischerdörfchen hat sich rasant zur Touristenattraktion gemausert.

(010) WOMO-Stellplatz: Kaikoura - Jimmy Armers Beach
GPS: S 42°25'8" E 173°42'19", **Max. WOMOs:** 6, **Ausstattung:** Toilette.
Beschreibung: Parkplatz direkt an der ruhigen Straße, mit dem Meer vor der Nase. Im Kiosk nebenan können Sie Meeresfrüchte kaufen. Am 1 km entfernten Parkplatz startet der Peninsula Walkway. Eine Robbenkolonie befindet sich auf den vorgelagerten Felsen.
Zufahrt: Vom Zentrum aus 4 km die Küstenstraße entlang fahren.
Hinweis: Maximal eine Nacht. Maximallänge Womo 7,5 m.

Whale Watching und Schwimmen mit Delfinen und Robben gehören zu den beliebtesten Touristenattraktionen. Bemerkenswert ist auch der Artenreichtum an Seevögeln. Beim Bird Watching ist die Sichtung von Albatrossen garantiert! Im nur wenige Kilometer vom Stadtzentrum entfernten Jimmy Armer's Beach befindet sich eine Robbenkolonie, die Gelegenheit bietet, die Seehunde beim Faulenzen und Sonnenbaden zu beobachten. Sich den Tieren über die Klippen zu nähern, ist freilich nur bei Ebbe möglich. In der Visitor Information sollte man sich zu Beginn des Aufenthaltes über die Wettervorhersage und die Gezeiten informieren. Ein wunderschönes Naturerlebnis ist der 2,5-stündige Peninsula Walkway, der den CliffTop Walk und den nur bei Ebbe begehbaren Shoreline Walk umfasst. Er kreuzt die Klippen der South Bay, bevor er als Rundweg zurück nach Kaikoura führt. Neben atemberaubenden Ausblicken

Mit den Delfinen schwimmen

Wir haben die Tour für 8.30 Uhr gebucht und betreten voller Vorfreude den großzügigen Empfangsbereich des sympathischen Familienunternehmens. Wir werden freundlich begrüßt und direkt mit dem passenden Neoprenanzug, Schnorchel, Maske und Flossen ausgestattet und in die modernen Umkleidekabinen geführt. Nach einer ausführlichen Videoeinweisung geht es los. Zuerst mit dem Bus zum Hafen, dann mit maximal 16 Personen auf ein Boot. Wir fahren aufs Meer hinaus, bis wir eine Gruppe Delfine finden. Heute ist es eine riesige Schule von ca. 200 Delfinen, die ausgelassen im Wasser spielen und springen. Das Wasser brodelt und die Delfine scheinen sehnsüchtig auf die neuen menschlichen Spielkameraden mit den großen bunten Füßen zu warten, die quiekend und aufgeregt im Wasser strampeln. Zur Erklärung: Die Crew hatte uns vorher instruiert, etwas für die Unterhaltung der Delfine zu tun, da sie sehr neugierig sind und gerne mit Menschen interagieren. Auch für uns ist es ein Riesenspaß, die großen, eleganten Tiere um uns herum zu sehen, ihnen in die Augen zu schauen, mit ihnen zu schwimmen, zu erleben, wie sie plötzlich aus dem Wasser auftauchen, auf uns zu schießen und elegant vorbeizischen. Sobald die Delfinschule das Interesse verliert und weiterzieht, ertönt das Signal: Alle zurück an Bord. Das Boot folgt der Gruppe und alle Schwimmer können wieder ins Wasser gleiten und die Delfine erneut bespaßen. Unsere Gruppe ist hellauf begeistert und auch die ungeübten Schnorchler kommen mit den klaren Anweisungen der Reiseleiterin gut zurecht. Nach 5 Schwimmrunden ist ein glückliches Lächeln auf den Gesichtern aller Teilnehmer zu sehen und alle sind tief berührt von diesem einmaligen Erlebnis. Neben dem Schwimmen mit den Delphinen gibt es auch die Möglichkeit, nur zuzuschauen und zu fotografieren. Auch das ist ein unvergessliches Erlebnis, denn erst vom Boot aus sieht man die ganze Menge der Delfine, die sich hier in Kaikoura zeigen. Manchmal waren es um die 300 Delfine, die sich um das Boot herum tummelten. Als sich unsere Zeit mit den Delfinen dem Ende zuneigt, verabschieden sich die Delfine mit eleganten, hohen Sprüngen, als wollten sie sagen: „Kommt bald wieder“.

gelangt man so zu historischen Maorisiedlungen, in einstige Walfanggebiete und kann ausgezeichnet Robben und Seevögel beobachten.

In Kaikoura selbst gibt es ein Miniaquarium, ein Museum im alten Stadtgefängnis. Das aus den 1860ern stammende *Fyffe House* an der stimmungsvollen *Old Wharf* ist ebenfalls sehenswert. Das markanteste Restaurant Kaikouras ist das **Pier Ho-**

tel (1 Avoca St, Tel. 03 319 5037). Auch die nähere Umgebung von *Kaikoura* ist einzigartig. Das umliegende Farmland liegt im ehemaligen Schwemmland des *Kowhai Rivers*. Wunderschön ist der Blick vom Strand auf die **Kaikoura Range** oder gar vom Meer auf die Küstenlinie und die dahinterliegenden mächtigen, schneebedeckten Berge.

(011) WOMO-Campingplatz: Kaikoura Peketa Beach Holiday Park

GPS: S 42°25'38" E 173°35'39", SH1, Kaikoura, Tel. 03 319 6299.
Ausstattung: Standard. **Preise:** 50-70 NZD.
Beschreibung: Schöne weiträumige Anlage zwischen SH1 und dem Meer, saubere Sanitäranlagen. Nehmen Sie einen Platz mit Picknicktisch in Strandnähe. Mit etwas Glück können Sie Delfine in der Bucht spielen sehen.
Zufahrt: Am SH1, 7 km südwestlich Kaikoura.

Der im Visitor Centre enthaltene Stadtplan weist einen *Scenic Drive* aus, der u.a. zu einem an der Spitze der Halbinsel gelegenen Aussichtspunkt mit weiter Rundumsicht führt. Im Osten liegt die See, im Norden tief unten der Ort Kaikoura, im Westen die Kaikoura Ranges und im Süden die Southern Bay, an der die Ausflugsboote ablegen. Schnorcheln mit Delfinen sollten Sie unter keinen Umständen verpassen! Es wird ein Highlight Ihrer Neuseeland Reise sein. Die Tour dauert ungefähr 3,5 Stunden. Bei entsprechendem Wetter und ruhiger See findet sie das ganze Jahr über statt. Eine Reservierung einige Tage im Voraus wird dringend empfohlen. **Encounter Kaikoura** (96 Esplanade, Kaikoura, Tel. 0800 733 365, Info@encounterkaikuora.co.nz).

Auch die Whale Watching Touren sind super organisiert, sehr gute Boote, klasse Team. In dem 1600 m tiefen Canyon vor Kaikoura gibt es Pottwale (*spermwhales*), die hier dauer-

haft leben. Die Skipper kennen sie an der Fluke und haben ihnen Namen gegeben. Wir trafen zwei riesige Pottwale, sahen sie sich an der Oberfläche ausruhen, dann abtauchen und dabei ihre Fluke zeigen. **Whale Watch Kaikoura** (Whaleway Road, Kaikoura, Tel. 0800 655 121, res@whalewatch.co.nz)

Das Kaikoura-Erdbeben 2016

Am 14. November 2016 ereignete sich im Norden der Region Canterbury ein massives Erdbeben der Stärke 7,8. Das Epizentrum lag 5,9 km östlich von Rotherham und 3,6 km südwestlich von Waiau in einer Tiefe von 15 Kilometer. Felsblöcke und Bergrutsche blockierten danach die an der Küste entlangverlaufende Trasse des State Highway 1 sowie die Eisenbahnlinie Coastal Pacific. Auch die Inlandsstrecke Richtung Hanmer Springs (SH70) war nicht mehr befahrbar. Kaikoura war damit von der Umwelt abgeschnitten!

Spezialfahrzeuge mussten eilends herbeigeschafft werden. Es dauerte vier Wochen, bis Inlandsroute dem Verkehr wieder zur Verfügung stand. Auch die Küstenstraße SH1 Richtung Christchurch wurde bald danach für bestimmte Tageszeiten (zum Teil einspurig) für den Verkehr freigegeben. Heute ist die Strecke komplett erneuert.

Von Kaikoura nach Christchurch

Wenn Sie keinen Abstecher nach Hanmer Springs machen wollen, sondern den schnelleren SH1 nach Christchurch nehmen, bieten wir Ihnen vor Waipara zwei Übernachtungsmöglichkeiten an. Die erste der beiden, Ohimi Reserve, befindet sich bereits 16 km hinter Kaikoura. Die zweite liegt deutlich weiter südlich an der Mündung des Hurunui River. SH1 verlässt 20 Kilometer

Weiße Kalksteinfelsen an der Gore Bay

hinter Kaikoura die Küste, um dieser bis Christchurch fern zu bleiben. Bis Waipara überquert der Highway zunächst den Waiau River und später den Hurunui River. Zwischen den beiden im Norden Canterburys gelegenen Flüssen treffen Sie auf **Cheviot**, das von den sanften Hügeln der Cheviot Hills gefällig umgeben wird. In der freundlichen Ortschaft (400 Einw.), finden Sie neben Teestuben und Cafés auch mehrere Kirchen und ein nur am Wochenende geöffnetes Museum mit Exponaten zur lokalen Siedlungsgeschichte.

Auch wenn Sie nicht an der Mündung des Hurunui River übernachten wollen, lohnt es sich in Cheviot links in den Tourist Drive abzubiegen. Die schmale Straße bringt Sie nach acht Kilometern zur malerischen **Gore Bay**, die zu steilen weißen Kalksteinfelsen hin ausläuft. Die Gore Bay ist einer von Neuseelands sichersten Surfstränden. Auch sicheres Schwimmen ist in der flachen Bucht möglich. Direkt am Strand liegt der einfache Buxton Campground mit benachbartem Picknick- und Kinderspielplatz.

(012) Offizieller WOMO-Stellplatz: Ohimi Reserve

GPS: S 42°28'20" E 173°32'10". **Max. WOMOs:** 10
Ausstattung: Toilette, Wasser. **Preise:** 20-40 NZD.
Kontakt: Liz & John Mahony, Tel. 03 319 5348, goosebay@ihug.co.nz.
Zufahrt: Am SH1, 16 km südlich Kaikoura.
Beurteilung: Der Platz liegt am Strand, von der Straße durch Büsche und Bäume geschützt. Die Boote des Dolphin Encounter fahren bis hier her. Also halten Sie die Augen nach Delfinen offen! Der Platz gehört zu den Kaikoura Coastal Campgrounds. Duschen, Küche und Waschmaschinen stehen Ihnen im 1 km südlich gelegenen Goosbay Camp zur Verfügung.

(013) Offizieller WOMO-Stellplatz: Hurunui River Mouth

GPS: S 42°54'38" E 173°16'50". **Max. WOMOs:** 20
Ausstattung: Wasser, Toilette. **Preise:** 10-20 NZD.
Zufahrt: Tourbeschreibung oder in Domett vom SH1 in die Hurunui Rd abbiegen und dieser 8,4 km folgen. Unmittelbar vor dem Fluss rechts abbiegen.
Beurteilung: Am Nordufer des Hurunui River kurz vor seiner Mündung gelegener ruhiger Platz am Fluss. Langgestreckter, von Bäumen und Buschwerk umgebener Platz. Zur Beach laufen Sie 25 Minuten.

Der *Tourist Drive* führt Sie vorbei an den spektakulären **Cathedral Cliffs** (Aussichtspunkt nicht verpassen!) zur historischen Hafensiedlung von Port Robinson. Vier Kilometer hinter Port Robinson gabelt sich die reizvolle Straße. Links gelangen Sie zum Stellplatz am Hurunui River

Cathedral Cliffs

Mouth, rechts zurück zum SH1. Unweit der Einmündung in den Highway liegt die nach dem vierten Premierminister Neuseelands benannte Siedlung **Domett**. Der *Main North Line* genannten Eisenbahnlinie sind sie schon eine ganze Weile gefolgt. Sie führt an dem Örtchen vorbei. Der Zug fährt täglich zwischen Christchurch und Picton und hält in Rangiora, Kaikoura und Blenheim. Die Fahrt dauert 5 Stunden 20 Minuten. Das Bahnhofsgebäude von Domett wurde 1996 originalgetreu restauriert und als *Mainline Station Café* wiedereröffnet. Der angeschlossene Souvenirladen bietet allerlei Erinnerungsstücke zur Eisenbahngeschichte.

Hinter Domett überquert SH1 den Hurunui River und erreicht nach 47 km Waipara. Die Gegend um Waipara ist aufgrund ihrer Fluss-Schotterböden und ihres Klimas für hervorragende Weißweine prädestiniert, denn es herrschen trockene und warme Sommer und kühle Winter vor. Der Ort ist nach dem Fluss benannt, der durch seine Weinberge fließt, dem Waipara River. »Wai« bedeutet »Wasser« und »Para« so viel wie »schlammig«. Bei Hochwasser schwillt das sonst ruhige Flüsschen tatsächlich zum reißenden schlammigen Strom an. Einer der großen Weingüter, **Muddy Water**, 376 Omihi Rd, Waipara, hat dieses Wort aufgegriffen. Und in der repräsentativen **The Mudhouse Winery & Café,** 780 Glasnevin Rd, nahe der Waipara Junction, können Sie sich stärken, Wein probieren und natürlich auch kaufen. Alljährlich Anfang März findet das **Waipara Wine and Food Festival** statt. Genauere Informationen liefert die Webseite www.waiparawineandfood.co.nz.

Wenn sie an einem Sonntag in Waipara sind, können sie in den Weka Pass Railway einsteigen. Die Oldtimer Dampflok fährt 14 Kilometer auf der original Hurunui Bluff Main Truck Line, die 1882 erbaut wurde, von Waipara über den Weka Pass nach Waikari (**Weka Pass Railway Inc,** 113 Glenmark Dr, Waipara, Tel: 03 389 4078, www.wekapassrailway.co.nz). Eines der ältesten Weingüter in Waipara ist Torlesse Wines,

Wo sind die Delfine?

dessen Name auf den Engländer Charles Torlesse zurückgeht. Die Weine werden seit 1991 produziert. Auf Wunsch kann eine Weinprobe mit einer Übernachtung in unmittelbarer Nähe der Weinberge verbunden werden.

(014) WOMO-Stellplatz: Waipara - Torlesse Wines

GPS: S 43°3'11" E 172°45'45", Loffhagen Drive, Waipara, Tel. 03 314 6929. **Max. WOMOs:** 6. **Ausstattung:** Toilette.
Beurteilung: Sie müssen unbedingt vorher anrufen. Die Übernachtungsplätze liegen auf Gras zwischen Probierstube (bis 17 Uhr) und den Reben.
Zufahrt: Am SH1 kurz vor Waipara ausgeschildert.

(015) Offizieller WOMO-Stellplatz: Amberley Beach

GPS: S 43°10'27" E 172°46'40". **Max. WOMOs:** 15 mit Strom.
Ausstattung: Entsorgung, Toilette, Spielplatz. **Preis:** 20-30 NZD.
Beschreibung: Ruhiger, einfacher, schattenloser Platz mit sauberen Toiletten. Vom Strand nur durch eine Häuserreihe getrennt.
Zufahrt: 1 Chamberlain Ave, Amberley Beach. Auf dem SH1 Richtung Christchurch kurz hinter dem Ortszentrum Amberley links in die Amberley Beach Rd einbiegen und dieser 4,5 km folgen.

Südlich Waipara haben Sie die Gelegenheit zu zwei empfehlenswerten Wanderungen:

Mt Cass Walkway (2-3 h, Rundweg). Der einfach zu laufende Weg führt durch Farmland (Gatter schließen!) zu einem Aussichtspunkt auf dem Mt Cass. Bei hoher Feuergefahr kann der Wanderweg geschlossen sein. Der Startpunkt ist ein Parkplatz an der Mount Cass Road, 3,3 Kilometer südlich der Kreuzung von SH1 und SH7 (Waipara Junction).

Tiromoana Bush Walk (3 h, Rundweg). Dieser sehr abwechslungsreiche Track führt ebenfalls durch Farmland (Gatter schließen!) zur Mündung des Kate Stream in die Pegasus

Angler an der Mündung des Waimakariri River

Bay. Auf dem südlich gelegenen Rückweg wandern Sie durch den Tiromoana Bush und Feuchgebiete. Unterwegs gibt es gleich vier Aussichtspunkte. Bei hoher Feuergefahr kann der Wanderweg geschlossen sein. Der Startpunkt ist der Barbaras Gate Carpark zehn Kilometer südlich der Kreuzung von SH1 und SH7 (Waipara Junction).

Lokal produzierte Haselnüsse, Oliven und Lavendel Produkte werden am **Waipara Valley Farmers Market** im zehn Kilometer südlich gelegenen Amberly angeboten (Carters Road, Amberley, Sa 9-12 Uhr). Das kleine Städtchen **Amberly** ist das Zentrum des ländlich geprägten Hurunui Districts. Es ist für Kurzurlauber aus dem nahen Christchurch ein beliebtes Ziel, weil es über gute Wanderwege mit schöner Sicht zu den Bergen verfügt. Das nahe Amberley Beach (siehe Stellplatz) verfügt über eine beliebte Küste und gute Campingplätze. Die Biere der örtlichen **Brew Moon Craft Brewery** (12 Markham Street, Tel. 03 314 8036, www.brewmoon.co.nz) können Sie im angeschlossenen Zapfraum probieren.

(016) WOMO-Campingplatz: Spencer Beach HP

GPS: S 43°25'50" E 172°42'18", 100 Heyders Road, Spencerville, Tel. 03 329 8721 **Preise:** 50-70 NZD.

Ausstattung: Spielplatz, Basketballplatz. Nebenan liegt der Spencer Park Abenteuerspielplatz und gegenüber der Adrenalin Forest Christchurch mit diversen Klettermöglichkeiten. Es gibt einen direkten Zugang zum Strand. Der nahe Bottle Lake Forest, die Brooklands lagoon und die Wetlands können in leichten Wanderungen erkundet werden.

Beschreibung: Große Stellplätze auf Gras. Tolle neue Sanitäranlagen, Duschen mit Heizlampen. **Zufahrt:** Nachdem SH1 den den Waimakariri River überquert hat, biegen sie links in die Spencerville Rd ab. Dann Heyders Rd.

An der Mündung des Waimakariri River, 15 Kilometer vor Christchurchs Zentrum, befindet sich ein sehr großer aber empfehlenswerter und interessant gelegener Campingplatz. Das Zentrum Christchurchs ist nun noch 45 Kilometer entfernt. Wenn Sie die Stadt zunächst nicht besuchen wollen, dann fahren Sie bitte mit Tour S03 fort. Die dort beschriebene *Inland Scenic Route (SH72)* startet in Amberley und macht einen großen Bogen um Christchurch herum.

Von Kaikoura nach Hanmer Springs über SH70

Wir haben diese Route aufgenommen, um Ihnen einen Abstecher in den charmanten alpinen Kurort Hanmer Springs auf 380 m Höhe zu ermöglichen. Hanmer Springs ist das ganze Jahr über ein beliebtes Ausflugsziel. Im Winter ist es Ausgangspunkt für die umliegenden Skigebiete, im Herbst verzaubert ein prächtiges Farbenspiel die Landschaft, im Frühling trifft man auf ein Blütenmeer und im Sommer herrschen angenehme Temperaturen. In den Wäldern können Sie ausgedehnte Wanderungen inmitten traumhafter Natur unternehmen und sich anschließend in heißen Thermalquellen entspannen. Die Tour S12 führt dann durch das Weinanbaugebiet des Waipara Valley nach Waipara und damit zurück zur Tour S01.

Etwa 5 Kilometer südlich von Kaikoura biegt der SH70 ins Landesinnere ab und windet sich Hügel hinauf und Hügel hinab über kühn konstruierte Flussbrücken und durch wunderschöne Wälder und Täler. Sie werden angenehm überrascht sein, wie einsam und wenig befahren diese Strecke ist, nur wenigen Kilometer vom umtriebigen Kaikoura entfernt. Keine Menschenseele wird Ihnen begegnen, es sei denn ein Farmer treibt seine Schafe oder Kühe gerade über die Straße. Nach 62 Kilometern erreichen Sie einen Abzweig in das beliebte **Mt Lyford** Skigebiet.

(017) WOMO-Stellplatz: Convey River Bridge

GPS: S 42°27'43" E 173°16'32". **Max. WOMOs:** 5
Ausstattung: Keine. **Beurteilung:** Einfacher aber stimmungsvoller Platz nahe dem SH70, am breiten Schotter-Bett des Convey River, unterhalb der Brücke. Einige große Bäume bieten Schutz.
Zufahrt: Am SH70, 46 km hinter Kaikoura und 37 km vor Waiau.

(018) WOMO-Campingplatz: Mt Lyford Lodge

GPS: S 42°30'27" E 173°9'11", 10 Mt Lyford Forest Drive, Waiau, Tel. 0220614558, www.mtlyfordlodge.co.nz. **Preis:** 30-40 NZD.
Ausstattung: Standard. **Beurteilung:** Sehr schöner Platz mit ausgezeichneten Sanitäranlagen. Am SH70 gelegen, von Wald umgeben. Die Küche im benachbarten Restaurant (geöffnet Do-So) der in einem großen, schönen Blockhaus situierten Mt Lyford Lodge ist fantastisch. Neuer Eigentümer.
Zufahrt: Sie fahren den SH70 von Kaikoura nach Waiau. Nach 64 km biegen Sie rechts in den Mt Lyford Forest Drive ab. Der CP liegt nach 100 m rechts.

Convey River Bridge

Direkt an dieser Abzweigung liegt ein empfehlenswerter Campingplatz. Im zugeordneten Blockhaus können Sie sehr stimmungsvoll essen, im Winter am offenen Kamin. Zudem ist das Essen wirklich besonders gut. Nach weiteren 23 Kilometer treffen Sie in Waiau auf die einzig nennenswerte menschliche Ansiedlung auf dem Weg nach Hanmer Springs. Hinter Waiau wird die Straße weniger kurvig und einfacher zu befahren. Etwa neunzehn Kilometer hinter Waiau trifft die Straße auf den SH7, auf den Sie rechts Richtung Reefton einbiegen. Der SH20 ist die nördliche Route zwischen Christchurch und der Westküste. Sie führt über den Lewis Pass. Nach 25 Kilometer auf dem SH20 biegt rechts eine neun Kilometer lange Stichstraße nach Hanmer Springs ab. Hanmer Springs wird in Tour S12 näher beschrieben.

(019) WOMO-Campingplatz: Waiau Motor Camp

GPS: S 42°39'9" E 173°2'27". 9 Highfield St, Waiau, Tel. 03 315 6672.
Ausstattung: Spielplatz. **Preis:** 30-50 NZD.
Beschreibung: Großer Grasplatz mit Bäumen. Die Stellplätze sind mit Hecken abgegrenzt. Hilfsbereites und freundliches älteres Eigentümer-Ehepaar. Gepflegte Sanitäranlagen, gemütlicher Aufenthaltsbereich.
Zufahrt: Sie biegen in Waiau in Flussnähe in die Highfield Street ein. Der Platz liegt nach 350 m links.

(020) Offizieller WOMO-Stellplatz: Culverden

GPS: S 42°46'30“ E 172°50'49“, 21 Mountain View Road Culverden.
Ausstattung: Toilette, Park, Café. **Max. WOMOs:** 2
Beurteilung: Ausgewiesener Freedom Camping Platz mit zwei Stellplätzen zwischen acht Uhr abends und 8 Uhr morgens. Nahe SH7. Besuchen Sie das auf der anderen Strassenseite gelegene reizende **Red Post Café**.
Zufahrt: In Culverden am SH7, gegenüber der Art Gallery.

TOUR S02

Pegasus Bay
10 km
Kaiapoi
1
Waimakariri River
Belfast
Christchurch
South New Brighton
033
Avon River
031
032
Antartic Centre
Christchurch International Airport
Riccarton House
Zentrum
Hagley Park
Sumner
Mt Pleasant
Seilbahn
Lyttelton
Lyttelton Harbour
73
75
WC 034
Tai Tapu
Lincoln
WC 039
Lake Ellesmere
Port Levy
Mt Herbert
919 m
Banks Halbinsel
Kaituna Valley
High Bare Peak
756 m
038 WC
Lake Forsyth
Little River
685 m
Te Oka
Devils Gap
735 m
Carews Peak
794 m
Bossu
712 m
Pigeon Bay
Zig Zag
318 m
Pigeon Bay
Mt Sinclair
841 m
Pearce
737 m
Little Akaroa Bay
Little Akaroa
View Hill
762 m
Okains Bay
755 m Lavericks
Le Bons Bay
Le Bons Peak
500 m
Hickory Bay
035
Duvauchelle
036 WC
037
Akaroa
Flag Peak
809 m
Onuku
Akaroa Harbour
Otanerito Bay
Akaroa Head
Timutimu Head
Squally Bay
Long Bay

Tour S02: Christchurch und die Banks Halbinsel

Christchurch - Lyttelton - Little River - Akaroa - 170 km

Camping: Christchurch: North South HP, New South Brighton, Tasman HP, Duvauchelle HP, Akaroa: Top 10 Holiday Park

Stellplätze: Allandale Reserve, Robinsons Bay, Catons Bay, Waihora Park, Coes Ford, Lake Ellesmere Timbor Yard Point

Besichtigen: Christchurch: Canterbury Museum, Cathedral Square, Cathedral, Quake City, Cardboard Cathedral, Avon Antigua Boat Sheds, Arts Centre, Art Gallery, Botanischer Garten, Riccarton House, Antarctic Centre, Sumner, Gondola, Akaroa Harbour

Wandern: Lyttelton Historic Walk, Akaroa Historic Walk, L'aube Hill

Essen: Christchurch: C1 Espresso, King of Snake, Harlequin Public House, Monday Room, Pallet Pavilion; She Universe Café, Little River Café, Hilltop Tavern, Akaroa: Barry's Bay Cheese, The Brasserie

Die Tour S02 führt Sie von der englischsten Stadt Neuseelands, dem erdbebengeplagten Christchurch, in das französisch geprägte Akaroa, welches reizvoll an einem langgezogenen Naturhafen der Banks Peninsula liegt. Die Halbinsel, die aus den Überresten zweier erloschener Vulkane besteht, ist eine der spektakulärsten Regionen des Landes und liegt dennoch abseits des touristischen Trubels. Unterwegs besuchen Sie Lyttelton, wo im türkisblauen Naturhafen weiße Segelboote zwischen bunten Containerschiffen schaukeln. Seit 2019 haben sich am neuen Terminal auch wieder zahlreiche Kreuzfahrtschiffe hinzugesellt.

Neuanfang in Christchurch

Das katastrophale Erdbeben vom 22. Februar 2011 traf die Menschen während der geschäftigsten Tageszeit, um exakt 12:51 Uhr Ortszeit. Es hatte die Stärke 6,3 und kostete 185 Menschen das Leben. Das Epizentrum lag im nahen Lyttelton. Es wurden zahlreiche Gebäude zerstört oder schwer beschädigt, darunter auch das Wahrzeichen der Stadt, die **Christchurch Cathe-**

Cardboard Cathedral

dral, deren Kirchturm einstürzte. Bei einem der zahlreichen Nachbeben stürzten Teile des Chors und des Kirchenschiffs ein. Nach langen Diskussionen hat man sich für einen Wiederaufbau entschieden. Inzwischen wurde eine sehenswerte Übergangskirche gebaut, die Cardboard Cathedral des japanischen Architekten Shigeru Ban. Sie wurde aus 98 Pappröhren konstruiert, die alle eine Länge von rund 20 Metern haben und mit Polykarbon überzogen sind. Die originelle Kirche mit dickem Betonboden, Stahlträgern und einem Dach aus lichtdurchlässigem Kunststoff gilt als erdbebensicher (**Cardboard Cathedral**, 234 Hereford Street, www.cardboardcathedral.org.nz). Man geht davon aus, dass im Stadtzentrum 75% der vorhandenen historischen Gebäude zerstört wurden. In einigen Fällen konnte immerhin noch die Fassade gerettet werden. Um die historische Vergangenheit der Stadt zu bewahren, wurden sie in die Neubauten integriert. Es gibt immer noch viele Baustellen, Geschäftshäuser werden neu aufgebaut und es wird intensiv an der Infrastruktur gearbeitet. Auch viele Wohnhäuser waren schwer betroffen, einige wurden als einsturzgefährdet klassifiziert und mussten weichen. Dieses Schicksal teilen sie mit fast allen Hochhäusern der Stadt. 70 Prozent der Immobilien im Stadtkern wurden abgerissen. Christchurch wird ein komplett neues Zentrum bekommen, bei dessen Aufbau die neuesten Standards der Erdbebensicherheit zur Anwendung kommen. Die Gebäude werden flacher gehalten und in mehr Grünzonen eingebettet.

Christchurch verlor nach dem Beben etwa 50.000 Einwohner durch Wegzug, doch die meisten der schwer getroffenen Menschen der Region ließen sich nicht unterkriegen. Es ist typisch für die Mentalität der Neuseeländer, dass sie die Ärmel

Arts Centre

hochkrempeln und mit unglaublicher Energie und Einfallsreichtum für den Wiederaufbau und das Leben in der Stadt kämpfen. Viele Menschen zieht es nach Christchurch, weil sie Teil des großen Neuanfang-Projektes werden wollen. Es geht ihnen dabei nicht nur um den Wiederaufbau der Stadt, sondern auch um die Kreation von etwas ganz Neuem, etwas Einzigartigem, etwas von großem Format. Die Unbeirrbarkeit des Wiederaufbauwillens und die Kreativität und der Erfindergeist, mit dem die Bewohner ihre Lage meistern ist vorbildlich. Der Reiseführer „Lonely Planet" zeigte sich beeindruckt und nahm Christchurch 2013 in seine Top-Ten-Liste sehenswerter Städte auf. Er beschreibt Christchurch als »energiegeladene Stadt, die unermüdlich und kreativ den Wandel meistert«.

Im Stadtzentrum wurde nach dem Beben eine rote Zone eingerichtet, die von Touristen nicht betreten werden durfte. Am 30 Juni 2013 wurde sie aufgehoben. Sie können nun wieder vom Canterbury Museum bis zum Cathedral Square die Worcester Street entlangspazieren, einen Kaffee trinken oder in einzelnen Geschäften shoppen gehen.

Christchurch heute

Ein Großteil der alten Restaurants in der Innenstadt ist dem Erdbeben zum Opfer gefallen. Wenn Sie heute in der für lange Zeit gesperrten Innenstadt Christchurchs wieder einen Kaffee trinken oder eine Kleinigkeit essen möchten, gehen Sie in das 2012 wiedereröffnete **C1 Espresso**, dessen Statue schon von weitem zu sehen ist (C1 Espresso, 185 High Street, tgl. 7 - 22 Uhr). Wenn Sie gut essen gehen wollen, schlendern Sie durch die Victoria Street. Von asiatischer Küche im **King of Snake**

Riverside, 96 Oxford Terrace

(145 Victoria Street, Tel. 03 365 7363) bis hin zu gehobenen Gerichten im **Harlequin Public House** (32 Salisbury St, Tel. 03 377 8669) finden Sie hier eine große Auswahl an Restaurants. Auch einige ziemlich ausgefallene Bars werden Sie in der Victoria Street antreffen. Das Essen und der Service im **The Monday Room** (367 Moorhouse Ave, Christchurch, Tel. 03 377 5262), etwas außerhalb des Stadtzentrums, sind unglaublich gut.

Die südliche Hälfte des Stadtzentrums ist weitgehend restauriert. Entlang einer neuen Einkaufsstraße reihen sich aufeinander abgestimmte Glasfassaden aneinander. Die Ausgehmeile rund um die Oxford Terrace ist mit ihren Bars und Restaurants zum neuen Treffpunkt der Bevölkerung geworden. In der Nähe der Kathedrale wurde 2017 die neue Bibliothek eröffnet. Das vierstöckige Gebäude ist zu einem beliebten Treffpunkt geworden. Direkt daneben wurde ein Konferenzzentrum errichtet.

Am 15. Februar 2013 wurde »Quake City« eröffnet, eine Ausstellung in der Erdbebenrelikte wie z.B. die eingestürzte Spitze der Kathedrale, eine ihrer Glocken und auch das Rosenfenster zu sehen sind. Auch wurde die Geschichte der Erdbeben für die Besucher in vielen Bildern und dazu gehörenden Geschichten zusammengetragen. Sie werden in Christchurch immer wieder Straßenkunst begegnen, die oft aus alltäglichen Objekten geformt ist. Sie zeugt von Kreativität und ungebrochenem Lebensmut. Eine besonders kreative Initiative nennt sich **Gap Filler**. Hier werden noch bestehende Baulücken künstlerisch aufgewertet. Ein Kunstprojekt das als Mahnmal dient sind die 185 weißen Stühle, die für immer leer bleiben werden. Sie finden es nur wenige Schritte von der Pappkathedrale ent-

Antigua Boat Sheds

fernt auf einer Grasfläche zwischen Cashel und Madras Street. Jeder der 185 bunt zusammengestellten Stühle soll an einen Toten des Erdbebens erinnern.

Tipp: Parken Sie Ihr Womo am Wochenende in der Hagley Avenue. Dort finden Sie immer einen stadtnahen Parkplatz und können Ihren Stadtrundgang im Grünen beginnen, indem Sie durch den Hagley Park über den Avon in den Botanischen Garten laufen. Unter der Woche dürfte dort kaum etwas frei sein. **Alternative:** Parkplatz für Wohnmobile, Peterborough St / Salisbury St. Viel Platz, eine Stunde frei.

Der Hagley Park bildet zusammen mit dem angrenzenden **Botanischen Garten** einen großen innerstädtischen Park. Am Ausgang des Botanischen Gartens Richtung Zentrum treffen Sie auf das eindrucksvolle **Canterbury Museum**, das derzeit umgebaut wird. Wenn Sie am Museum rechts in die Rolleston Ave einbiegen, gelangen Sie zur idyllisch am Avon gelegenen **Antigua Boat Sheds** (2 Cambridge Tce, Tel. 03 366 5885). Hier finden Sie ein ausgezeichnetes Café, Möglichkeiten Boote zu mieten und den Ausgangspunkt der *Stocherkahnfahrten* auf dem Avon. Sich von einem Gondoliere durch die bezaubernde Natur »punten« zu lassen, ist ein besonders romantisches Erlebnis.

Wenn Sie vom Botanischen Garten den Worcester Boulevard Richtung Kathedrale entlangschlendern, so treffen Sie schon nach wenigen Metern das Arts Centre. Es liegt stimmungsvoll in den neugotischen Gebäuden der ehemaligen University of Canterbury und wurde schwer beschädigt. Eine Straßenecke weiter führt Sie der Worcester Boulevard an der Art Gallery vorbei. Eine entspannte Art, die Innenstadt von Christchurch zu erkunden, ist die Fahrt mit der restaurierten historischen Tram, deren Streckenführung verlängert wurde. Mit einem

Riccarton, Farmers Market

»Hop On, Hop Off« -Ticket können Sie den ganzen Tag über durch Christchurch fahren und an 17 verschiedenen Haltestellen ein- und aussteigen. Empfehlenswert sind auch die „Hop On, Hop Off"-Busse. Der rote Doppeldeckerbus fährt eine zentrale Route, während der blaue bis zur Sumners Beach fährt.

Absolut besuchenswert ist der **Riccarton Farmers Market** (16 Kahu Road, Christchurch, Samstag 9 und 13 Uhr, www.christchurchfarmersmarket.co.nz), nicht zuletzt weil seine Stände im Park einer prachtvollen historischen Villa aufgebaut sind. Das Riccarton House wurde Mitte des 19. Jahrhunderts erbaut und liegt malerisch am Avon River. Neben den üblichen Waren bietet der Wochenmarkt Spezialitäten aus ganz Neuseeland an, wie z.B. Bluff-Austern im Speckmantel. Auch ausgesprochen gutes Brot können Sie hier kaufen. Einen Besuch wert ist auch das **Riccarton House** (Riccarton House, 16 Kahu Rd, tgl. außer samstags, um 14 Uhr gibt es eine Führung durch die historisch eingerichteten Zimmer, www.riccartonhouse.co.nz).

Stadtrundfahrt per Fahrrad

Christchurch hat einen internationalen Flughafen mit sehr guten Flugverbindungen nach Europa. Für viele Gäste beginnt oder endet hier der Neuseelandurlaub. Ganz in der Nähe des internationalen Flughafens von Christchurch befindet sich das riesige und absolut sehenswerte **Antarctic Centre** (38 Orchard Rd, Tel. 03 357 0519, tgl. 9am-4.30pm) in dem gezeigt wird, wie das Überleben in der Eiswüste der Antarktis möglich ist. Im Preis inbegriffen ist eine atemberaubende Fahrt mit dem Hägglund über ein künstlich angelegtes Offroad-Gelände. Der Hägglund ist ein Expeditionsfahrzeug, das in der Antarktis als Fortbewegungsmittel eingesetzt wird.

(031) WOMO-Campingplatz: Christchurch North South HP

GPS: S 43°28'12,5" E 172°34'17,5", 530 Sawyers Arms Road, Christchurch, Tel. 0800 567 765 und 03 359 5993, www.northsouth.co.nz.
Ausstattung: Spielplatz, Trampoline, Pool. **Preise:** 50-70 NZD.
Beurteilung: Dieser Campingplatz liegt am SH!, gerade einmal fünf Minuten vom Airport und den Wohnmobil Vermietern entfernt, also wunderbar geeignet für den Beginn oder das Ende einer Neuseeland Reise. Die Sanitäranlagen sind etwas in die Jahre gekommen, aber absolut sauber.
Zufahrt: Sie fahren auf dem SH1 Richtung Airport und biegen kurz davor (Im Kreisverkehr dritte Ausfahrt) rechts in die Sawyers Arms Rd ein.

Lyttleton Harbour

(032) WOMO-Campingplatz: Christchurch Tasman Holiday Parks

GPS: S 43°29'26" E 172°37'4", 39 Meadow St, Tel. 0800 396 323, www.tasmanholidayparks.com/nz/christchurch/
Ausstattung: Spielplatz, Pool. **Preise:** 50-70 NZD.
Beurteilung: Große Anlage mit geschäftigem Treiben 4 km östlich des Zentrums. Relativ kleine Stellplätze, die meisten auf Gras. Moderne Waschräume. Supermärkte und Einkaufzentrum in Laufweite (5 min). Die Bushaltestelle ist nicht weit. Der Flughafen ist 9 km entfernt.
Zufahrt: Vom SH1 links in den SH74 abbiegen diesem 4,7 km folgen und dann links in die Meadow Street (300 m).

In der Nähe liegt das **Willowbank Wildlife Reserve** (60 Hussey Rd, Harewood, Tel. 03 359 6226, täglich von 9.30 bis 17 Uhr geöffnet) mit vielerlei einheimischen Tieren, vom Bergpapagei Kea bis zum Nationalvogel Kiwi. Von den zahlreichen Vororten Christchurchs möchten wir Ihnen **Sumner** ans Herz legen. Dort finden Sie malerische Strände und entspanntes Vorstadt-Leben. Sie können baden, den schmucken Surferboys zuschauen oder sich einfach in einer der Bars, gemütlichen Cafés oder Restaurants dem örtlichen Lifestyle hingeben.

(033) WOMO-Campingplatz-Tipp: South New Brighton Motor Camp

GPS: S 43°32'4" E 172°44'10", 59 Halsey Street, South New Brighton, Tel. 03 388 9844, www.southbrightonmotorcamp.co.nz
Ausstattung: Spielplatz **Preise:** 30-50 NZD.
Beurteilung: Elf Kilometer südlich vom Stadtzentrum Christchurchs, auf einer Halbinsel zwischen dem Flussmündungsbereich und der Pegasus Baygelegen. Großer parkähnlicher Platz, in dem immer wieder Hecken natürliche Abgrenzungen bilden. Der Sandstrand lädt in 400 m Entfernung zum Schwimmen ein. Alle halbe Stunde fährt ein Bus in die Innenstadt.
Zufahrt: Am SH74 in die Bridge St einbiegen, dann rechts in die Estuary Rd und nach 1,3 km rechts in die Hasley St. Vorsicht, die Straßen sind teilweise noch sehr wellig, Erdbebenschäden!

Surfschule an der Sumner Beach

Ausflug nach Lyttelton

Der Weg von Christchurch ins zwölf Kilometer entfernte Lyttelton führt über den SH74 durch einen 1964 in Betrieb genommenen Tunnel, an dessen Ende das Städtchen zur Linken liegt. Der Naturhafen von Lyttelton wurde bereits 1770 von Besatzungsmitgliedern der Endeavour unter dem Kommando von James Cook gesichtet. Im Jahr 1849 wurde das neu gegründete Lyttelton aufgrund seiner günstigen und geschützten Lage zum Hafen erklärt. Am 12. September 1867 wurde der erste Eisenbahntunnel Neuseelands eröffnet, der den Ort mit dem damals aufstrebenden Christchurch verband. Heute ist Lyttelton Harbour der internationale Hafen für die gesamte Region. Hier machen sowohl Kreuzfahrtschiffe als auch Containerschiffe fest und die Versorgungsschiffe der Antarktisstationen von Neuseeland und der USA legen hier ab. Allerdings ist die Zahl der Luxusliner, die Lyttelton anlaufen, nach dem Erdbeben von 2011 stark zurückgegangen. Eine zweistündige Hafenrundfahrt können Sie mit **Black Cat Cruises** unternehmen (17 Norwich Quay, Tel. 0800 436 574, www.blackcat.co.nz, tgl. 13.30 Uhr). Black Cat Cruises betreibt auch eine etwa stündlich verkehrende Personenfähre nach Diamond Harbour, das am gegenüberliegenden Ufer des Hafenbeckens auf der Banks-Halbinsel liegt. Wenn Sie Glück haben, surfen kleine Hector-Delfine vor dem Bug der Fähre.

Das von den Felswänden eines versunkenen Vulkankraters eingeschlossene **Lyttelton** (3000 Einwohner) konnte sich noch etwas von der Atmosphäre der Gründerzeit bewahren. In der i-Site erhalten Sie die Broschüre **„Lyttelton Historic Walk“**, die Sie an 24 historischen Stellen vorbeiführt. Eine berühmte Attraktion, die 1876 von Strafgefangenen gebaute Na-

Lyttleton Harbour, Governors Bay

vigationsstation *Timeball-Station*, wurde beim Erdbeben von 2011 leider zerstört. Sehenswert ist die *Holy Trinity Church*, das älteste Kirchengebäude der Region, für dessen Errichtung Steinblöcke von der nahe gelegenen Insel *Quail Island* verbaut wurden. Lyttelton fungiert als Tor zur **Banks-Halbinsel** und ist damit für Handel und Tourismus von beträchtlicher Bedeutung.

Sie können Lyttelton als Entree zur Banks-Halbinsel nutzen. Die Halbinsel ist nach **Joseph Banks** benannt, einem vermögenden Reisebegleiter *James Cooks*. Sie folgen zunächst der schmalen Governors Bay Road, die Sie kurvenreich entlang der *Corsair Bay, Governors Bay* und der *Cass Bay* führt, bevor sie in Teddington rechts in die Gebbies Pass Road abbiegt. Auf dem Wege liegen u.a. ein Aussichtspunkt mit wunderbarem Blick auf Lyttelton Harbour, ein Parkplatz an der Corsair Bay mit Badegelegenheit und ein ausgesprochen friedvoller freier Stellplatz.

(034) WOMO-Stellpatz: Allandale Reserve

GPS: S 43°38'26" E 172°38'58". **Max. WOMOs:** 5

Ausstattung: Toilette, Picknicktisch.

Beurteilung: Ausgesprochen idyllischer und friedvoller Stellplatz direkt am Wasser der Governors Bay. Bei Ebbe können Sie Vögel beobachten. Die nahe Straße ist wenig befahren.

Zufahrt: Der Stellplatz liegt direkt neben der Straße, am südlichen Ende der Governors Bay.

Akaroa Harbour

Die Banks Halbinsel

Wenn Sie sich die Karte der Südinsel Neuseelands betrachten, fällt Ihnen sofort eine markante Landnase auf, die sich etwa in der Mitte der Ostküste in den Pazifik stülpt. Wie die runde Form mit unzähligen kleinen Buchten nahelegt, ist die Halbinsel vulkanischen Ursprungs. Nach einigen großen und vielen kleinen Lava Ausbrüchen haben Jahrmillionen dauernde Erosion die heutige wundervolle Form der Halbinsel geschaffen. Gleichzeitig entstanden zwei große und langgezogene Hafenbuchten an denen heute Lyttelton und Akaroa liegen. Beide Naturhäfen waren ursprünglich Kraterseen. Erst der nach der letzten Eiszeit steigende Meeresspiegel hat für die heutige Gestalt und die Hafeneinfahrten gesorgt.

(035) WOMO-Campingplatz: Duvauchelle HP

GPS: S 43°45'15" E 172°56'32", 19 Seafield Rd, Duvauchelle, Tel. 03 304 5777, www.duvauchelleholidaypark.co.nz **Preise:** 30-50 NZD.
Ausstattung: Standard. **Beurteilung:** Sehr schön am Ufer des Akaroa Harbour gelegener ordentlicher Campingplatz. Stellplätze auf Gras.
Zufahrt: Die Seafield Rd biegt rechts vom SH75 am, ausgeschildert.

Die Halbinsel ist nach dem englischen Botaniker Joseph Banks benannt, der James Cook auf seiner ersten Reise (1768–1771) begleitete. Cook, der mit der Endeavour in einigem Abstand vorbeisegelte, trug die Banks-Halbinsel fälschlich als Insel in seine Seekarten ein. Und tatsächlich war sie einst eine Insel und wurde nur deshalb zur Halbinsel, weil zahlreiche Flüsse große Mengen an Erosionsmaterial und Sand aus den Südalpen ins Meer transportierten. Die Canterbury Plains entstanden und verbanden Festland und Insel miteinander.

Der höchste Punkt der Halbinsel ist der Mount Herbert, der sich 919 m über den Lyttelton Harbour erhebt. Von Diamond

Akaroa Harbour

Harbour aus führt ein Wanderweg über den **Mount Herbert Walkway** auf den Gipfel (6 bis 8 Stunden, 14 km). Verkehrstechnisch erschlossen wird die Banks Peninsula durch den Highway 75, der auf 82 Kilometern von Christchurch nach Akaroa führt.

Ausflug nach Akaroa

Das 600-Einwohner-Städtchen Akaroa liegt ausgesprochen reizvoll am gleichnamigen Naturhafen, von vulkanischen Hügeln umgeben. Oberhalb des SH75 verläuft in einiger Höhe die Summit Road, von der Stichstraßen hinab zu zahlreichen Buchten führen, von denen die Okains Bay die wichtigste ist. 28 km hinter Lyttelton erreichen Sie den SH75, dem Sie 54 km bis Akaroa folgen. Doch zunächst treffen Sie auf den Süßwassersee Lake Ellesmere, der durch die schmale Landzunge Kaitorete Spit vom Pazifischen Ozean getrennt wird. In dem flachen Wasser leben Kanadagänse und schwarze Schwäne. Kurz danach passiert der SH75 Lake Forsyth, an dessen nordöstlichem Ende Sie einen vortrefflichen freien Stellplatz finden. Wenig später macht das Örtchen **Little River** auf sich aufmerksam. Hier startet der Little River Rail Trail, ein flach verlaufender 44 Kilometer langer Fahrradweg, der in Christchurchs Vorort Hornby endet. Im hübsch restaurierten Bahnhof des Ortes befindet sich die **i-SITE**. Direkt daneben können Sie sich im empfehlenswerten **Little River Café** stärken. Es gibt einen kleinen Supermarkt und einen Verkaufsraum. Nebenan befindet sich eine sehenswerte Gallery.

Ab Little River steigt die Straße kontinuierlich an und erreicht ihren höchsten Punkt bei der **Hilltop Tavern**. Hier lohnt ein Halt, denn der Ausblick ist wirklich atemberaubend. Bitte biegen Sie nicht kurz vor der Hilltop Tavern links in die als »Scenic Drive« gekennzeichnete Summit Road ab. Wir emp-

Wainui Reserve

fehlen Ihnen dringend, diese reizvolle Straße auf dem Rückweg zu fahren, weil Sie dann viel besser und sicherer an den links liegenden Aussichtspunkten anhalten können.

(036) WOMO-Stellplatz: Robinsons Bay

GPS: S 43°46'3" E 172°57'42". **Max. WOMOs:** 5
Ausstattung: Toilette (versteckt zwischen Bäumen).
Beurteilung: Parkplatz zwischen Straße und Wasser.
Zufahrt: Am SH75, fünf Kilometer vor dem Ortseingang von Akaroa.

Wenn Sie sich an dem tollen Panorama das die Hilltop Tavern bietet satt gesehen haben, fahren Sie steil hinab zur am oberen Meeresarm des Akaroa Harbour gelegenen Barry's Bay, wo Sie die Molkerei **Barry's Bay Cheese** besichtigen und Ihre Käsevorräte auffrischen können (Tel. 03 304 5809, geöffnet tgl. von 9 bis 17 Uhr). Ein Stück vor der Käserei biegt rechts die Wainui Main Road ab.

Akaroa - der lange Hafen

Akaroa bedeutet auf Maori „der lange Hafen" und diese geografische Beschreibung wird dem beschaulich in einer langgezogenen Meeresbucht gelegenen Städtchen absolut gerecht. Die Straßen tragen in Akaroa französische Namen wie Rue Jolie oder Rue Balguerie. Dies geht auf *Jean Francois Langlois* zurück, der hier 1838 mit seinem Walfängerschiff vor Anker ging. Heimgekehrt warb er für die Besiedlung dieses schönen Fleckchens Erde. 63 Franzosen und sechs Deutsche machten sich auf den weiten Weg. Doch es wurde nichts mit einer französischen Kolonie in Neuseeland, denn sechs Tage vor ihrer Ankunft wurde in Akaroa die britische Fahne gehisst. Langlois Passagiere entschlossen sich, trotzdem zu bleiben. Heute ist Akaroa ein liebliches Plätzchen, die Besucher sitzen

Akaroa, Garten Café

entspannt in Cafés am Hafen und genießen die Aussicht auf das Wasser und das malerische Stadtbild. Uns hat das Gartencafé The Brasserie sehr gut gefallen (**The Brasserie**, 41 Rue Lavaud, Tel. 03 304 8585).

Die bunten Holzhäuser aus der Kolonialzeit sind wunderschön restauriert und laden zu einem gemütlichen Bummel durch die engen Gassen von Akaroa ein. Das Stadtbild ist geprägt von vielen gepflegten historischen Gebäuden und Gärten. Einige der privaten Gärten können besichtigt und bewundert werden. Ein beliebtes Ausflugsziel ist das Giants House (**The Giants House**, 68 Rue Balguerie, Tel. 03 304 7501, tgl. von 12 bis 17 Uhr geöffnet). Die Malerin und Bildhauerin Josie Martin hat das »Haus der Riesen« in ein außergewöhnliches Bed & Breakfast mit Kunstausstellung verwandelt. Kunstwerke aller Art sind hier zu bewundern. Der terrassenförmige Garten mit seinen kunstvollen Treppen ist ein einziger mosaikartiger Kunstpark. Seinen Namen verdankt das Haus den riesigen bunten Mosaikmenschen, die die mit Porzellanscherben gepflasterten Wege zieren. Wir ließen uns allerdings vom Eintrittspreis von 20 NZD pro Person abschrecken.

Sehenswert sind auch die katholische St. Patrick‘s Church von 1864, die anglikanische St. Peter‘s Church von 1863 im neugotischen Stil, das alte Zollhaus von 1863 und die presbyterianische Trinity Church von 1886. All diese historischen Gebäude kann man auf dem Akaroa Historic Walk erkunden (i-SITE, 74A Rue Lavaud, Akaroa, Tel. 03 304 7784). Das historische Langlois-Eteveneaux House aus dem Jahr 1845 beherbergt ein Museum, das der französischen Vergangenheit und der Geschichte der Siedler in Akaroa gewidmet ist. Zu den Exponaten gehört Frank Worsley, der einheimische Kapitän von Shackletons Schiff, das 1914 zu seiner berühmten Antark-

Akaroa, The Giants House

tisexpedition aufbrach. Am Platz vor der alten Post (Place de la Poste), wurde die lebensgroße Skulptur des französischen Schiffsoffiziers, Malers und Graveurs *Charles Meyron* (1821 - 1868) mit Baskenmütze auf dem Kopf aufgestellt. Vielleicht stecken auch Sie Ihren Kopf für ein Foto durch den vor dem Künstler postierten Bilderrahmen. Meyron war drei Jahre in Akaroa stationiert,

(037) WOMO-Campingplatz: Akaroa Top 10 HP

GPS: S 43°47'47" E 172°58'16", 96 Morgans Rd, Akaroa, Tel. 0800 727 525, www.akaroa-holidaypark.co.nz **Preise:** 50-70 NZD.
Ausstattung: Spielplatz, Pool.
Beurteilung: Schön am Hang oberhalb von Akaroa gelegener Platz mit

herrlichem Bick auf den Akaroa Harbour. Teilweise sehr eng. Sie laufen 10 Minuten in die Stadt. **Zufahrt:** In Akaroa gegenüber Jubilee Park in die Old Coach Rd fahren. Nach 450 m rechts in die Morgans Rd abbiegen.

einige seiner Werke sind im oben genannten kleinen Museum des Ortes ausgestellt. Nicht nur das Elektrizitätswerk von 1911

Akaroa, Holzhäuschen mit Blumenpracht

beheimatet heute eine Kunstgalerie. Bei einem Spaziergang durch das Örtchen kommen Sie immer wieder an Kunsthandwerkgeschäften vorbei, die Keramiken, Schmuck, Holz- und Glasarbeiten, Gemälde und Skulpturen zum Verkauf anbieten. Ein wunderbarer Aussichtpunkt ist der **L'aube Hill** am nördlichen Ortsrand, der über einen Weg durch ein kleines Waldstück erreicht wird, der am Friedhof *French Cemetery* vorbeiführt.

Die Bucht von Akaroa bietet Ihnen eine weitere Besonderheit. Dort tummeln sich rund 30 *Hector-Delfine*, eine seltene Art, die nur 1,20 bis 1,40 m groß wird. Für diese Meeresbewohner wurde ein Naturschutzgebiet vor der Küste eingerichtet, damit sie nicht von Fischernetzen verletzt werden. Während einer zweistündigen Hafenrundfahrt mit **Black Cat Cruises** können Sie in den meisten Fällen auch einen Blick auf die kleinen Hector-Delfine werfen (Main Wharf, Tel. 03 304 7641, www.blackcat.co.nz, tgl. 13.30 Uhr).

Tipp: Im Ethels Cinema Akaroa können Sie sich blendend mit Arthouse-Filmen unterhalten lassen und anschließend im angeschlossenen Ethels Café neben anderen Gerichten die beste italienische Pizza Akaroas genießen (**Ethels Cinema, Café and Bar**, 4 Selwyn Avenue, Akaroa, Tel. 03 304 7777, www.ethels.co.nz).

Der Charme Akaroas hat sich herumgesprochen. In der Folge kann die Stadt in der Hochsaison recht überlaufen sein, denn dann strömen nicht nur Touristen in den Ort, sondern auch die Besitzer der vielen Wochenend- und Ferienhäuser. Wenn dann noch ein Kreuzfahrtschiff im Hafen vor Anker geht, kann es in den engen Gässchen und an der Uferpromenade durchaus zu für Neuseeland untypischem Gedränge kommen. Seit dem Erdbeben von 2011 und den damit verbundenen Zerstörungen

Badefreuden in Akaroa

im Hafen von Lyttelton laufen die Luxusliner Akaroa an, etwa 80 pro Jahr. Die Internetseite des Ortes www.akaroa.com listet alle Details einschließlich der Anzahl von Passagieren auf.

Auf dem Rückweg empfehlen wir Ihnen einen lohnenswerten Umweg. Kurz hinter Akaroa zweigt rechts die **Summit Road** ab. Sie führt steil hoch in die Höhen der Akaroa umgebenden Hügelkette und folgt dieser in luftiger Höhe. Diese wirklich atemberaubende schmale Kammstraße hält ständig fantastische Ausblicke zu beiden Seiten der Hügelkette bereit. An einigen günstig gelegenen Stellen laden Parkbuchten und Sitzbänke zum Verweilen und Fotografieren ein.

Immer wieder führen Stichstraßen hinunter zu den Meeresbuchten mit ihren einsamen weißen Sandstränden. Wir empfehlen Ihnen einen Abstecher nach **Okains** (Auch die Bay Le Bons Bay lädt mit einsamen weißen Sandstränden zu einem Besuch ein). Der winzige Ort hat nicht nur einen historischen Tante-Emma-Laden mit Telefonzelle, Zapfsäule und Postschal-

Summit Road

ter, sondern auch ein Freilichtmuseum, das die Geschichte der Maori und der europäischen Siedler aufzeigt. Originale Wohnhütten und Werkstätten mit Möbeln, Werkzeugen und Haushaltsgegenständen sind hier anzutreffen. Das Prunkstück ist jedoch ein Waka, ein traditionelles Kriegskanu der Maori, das am Waitangi Day zu Wasser gelassen wird.

(038) WOMO-Stellplatz: Catons Bay

GPS: S 43°47'23" E 172°45'29". **Max. WOMOs:** 3

Ausstattung: Toilette
Beurteilung: Schöne, große Wiese, idyllisch am See gelegen, zwischen dem SH75 (Christchurch Akaroa Road) und dem Lake Forsyth.
Zufahrt: 48 km hinter Christchurch am SH75.

Bei der Hilltop Tavern trifft die Summit Road wieder auf den StateHighway 75. Wenn Sie Ihre Reise nun mit Tour S03 fortsetzen wollen, fahren Sie den Highway zurück Richtung

Stellplatz am Lake Ellesmere

Christchurch und biegen in Taitapu links vom SH75 ab. Nach 21 Kilometern erreichen Sie den SH1, in den Sie lwiederum inks einbiegen. Bereits sechs Kilometer später verlassen Sie in Norwood den SH1 wieder. Die Telegraph Road bringt Sie ins zwanzig Kilometer nördlich gelegene **Darfield** und damit zu Tour S03. Falls Sie unterwegs am Lake Ellesmere eine Nacht verbringen wollen, zeigen wir Ihnen zwei attraktive Möglichkeiten auf (040) + (041). Beide sind in der Tourenkarte S03 verzeichnet.

(039) WOMO-Stellpatz: Waihora Park Domain CG

GPS: S 43°43'43" E 172°35'15", 136 Park Road, Motukarara, Tel. 03 329 7818 **Max. WOMOs:** 30
Ausstattung: Toilette, Wasser, Kinderspielplatz **Preise:** 10-30 NZD.
Beurteilung: Riesiger, ruhiger Platz auf einer grünen Wiese.
Zufahrt: In Motukarara zunächst in südliche Richtung vom SH75 in die Fiddlers Rd einbiegen, und nach 250 m rechts in die Park Rd.

(040) Offizieller WOMO-Stellplatz: Coes Ford

GPS: S 43°41'44" E 172°24'50", 149 The Lake Road. **Max. WOMOs:** 50.
Ausstattung: Toilette, Wasser, Picknicktische, Mülleimer.
Beurteilung: Sehr ruhiger großer Platz, im Grünen, am Selwyn River, der voll auf Camping ausgerichtet ist. Weiträumige Wiese. Drei Bereiche, jeweils mit sauberer Toilette.
Zufahrt: In Motukarara vom SH 75 in die Duck Pond Rd, dann Ridge Rd, Davidsons Rd und Pannetts Rd. Fahren bis 149 The Lake Rd, Leeston.

(041) WOMO-Stellplatz: Lake Ellesmere Timber Yard Point

GPS: S 43°47'50" E 172°22'20", Timber Yard Rd, Leeston. **Max. WOMOs:** 50.
Ausstattung: Toilette, Wasser, kalte Dusche.
Beurteilung: Weiträumige Wiese auf einer schmalen Halbinsel, die in den Lake Ellesmere ragt. Sehr friedvoller, großer Platz direkt am Wasser. Wunderbare Ausblicke auf Lake Ellesmere. Neben Wasservögeln gibt es Kitesurfer und Fischerboote zu beobachten.
Zufahrt: In Motukarara in die Duck Pond Rd, dann Ridge Rd, Davidsons Rd, Pannetts Rd, The Lake Rd und Timber Yard Road. 32 km vom SH75.

TOUR S03
25 km
N
Pegasus Bay
Christchurch
Kaiapoi
Belfast
Rangiora
Cust
Oxford
Springfield
Waddington
Waimakariri River
Glentunnel
Darfield
Lyttelton
Lyttelton Harbour
Banks Halbinsel
Tour S02
Akaroa
Akaroa Harbour
Lake Forsyth
Lake Ellesmere
Canterbury Bight
Lake Coleridge
Mount Hut
Methven
Rakaia River
Rakaia
Nebenstrecke
Ashburton
Staveley
Sharplin Falls
Mount Somers
Mayfield
Ashburton Lakes
Rangitata River
Abrundel
Geraldine
Temuka
Timaru
Pleasant Point
Fairly
Lake Opuha
Burkes Pass 709 m
Mt Dobson 2095 m
Fox Peak 2330 m
Captains Peak 2330 m
Mt Dalgety 1752 m
Lake Tekapo
Tekapo River
Lake Pukaki
Twizel
Lake Benmore
Mount Cook Village
Franz Joseph Gletscher
Fox Gletscher
Aoraki Mt Cook 3724 m
Hooker Gletscher
Tasman Gletscher
040 041 063 064 065 066 067 068 069 070 071 072 073 074 075 076 077 078 079 080 081

Tour S03: Rolling Hill Country bis Mt Cook 560 km

Christchurch/Rangiora - Oxford - Inland Scenic Route - Lake Tekapo - Lake Pukaki - Mount Cook Village

Camping:	Glentunnel, Geraldine (2), Lake Tekapo, Glentanner Park, Rakaia River HP, Ashburton HP, Timaru Top 10
Stellplätze:	Rangiora Ashley River, Oxford, Taylors Stream, Hinds River, Rakaia Gorge Camp, Peel Forest, Lake McGregor, Lake Pukaki (2), White Horse Hill Mount Cook DOC, Timaru Caroline Bay, Timaru Patiti Point
Besichtigen:	Rakaia Gorge, Naturreservat Peel Forest, Lake Tekapo: Church of the Good Shepherd und Collie Dog Monument, Mount John Observatory, Lake Pukaki, Hillary Alpine Centre, Hooker Valley, Tasman Gletschersee
Wandern:	Washpen Falls, Rakaia Gorge Sharplin Falls, Peel Forest, Geraldine: Big Tree Walk, Mount John Lookout, Aoraki Mount Cook Nationalpark, Tasman Glacier View

Tour S03 führt Sie zunächst Richtung Westen, bis die Canterbury Plains auf die südlichen Alpen treffen. Nun folgen Sie der Inland Scenic Route, die am Rande des Alpenvorlandes in südlicher Richtung verläuft und in Geraldine endet. Sie führt an den Skiorten Mount Hutt und Mount Somers vorbei, überquert die wilden Flüsse Rakaia River und Rangitata River und bietet Ihnen immer wieder wunderbare Ausblicke. Tour S03 wendet sich nun nach Westen ins Rolling Hill Country und dringt hinter dem Burkes Pass in das Mackenzie Country ein. Vorbei an den von Gletschern gespeisten türkisfarbenen Seen Lake Tekapo und Lake Pukaki fahren Sie in den Mount Cook Nationalpark. Das Herz jedes Kletterfreudigen dürfte hier höherschlagen, denn Gipfel über 3.000 Meter sind zahlreich vertreten. Die gigantischen Gletschermassive, spektakulären Felswände und die Geröllwüsten waren das Trainingslager von Neuseelands Nationalhelden und Bergsteigerlegende Sir Edmund Hillary. Besonders erhaben ist der Gigant unter den Gipfeln, der Aoraki Mt Cook.

Inland Scenic Route

Die Inland Scenic Route (SH72) startet im 45 Kilometer nördlich von Christchurch gelegenen Amberley und macht einen großen Bogen um Christchurch herum. Die Beschreibung von Tour S03 beginnt dementsprechend in Amberley. Wenn Sie in Christchurch starten, bringt Sie SH73 nach Darfield und damit zur hier beschriebenen Tour. Fahren Sie jedoch Tour S01 und wollen Christchurch zunächst nicht besuchen, so biegen Sie in Amberley rechts in den gut ausgeschilderten SH72 ab.

Erste Station ist **Rangiora** (17.000 Einw.), eine ländliche Kleinstadt, Sitz des Distriktrates des Waimakariri-Distriktes. In den Rangiora Showgrounds findet jährlich die Autoshow Street Machines und Muscle Car Madness statt. Im Gebäude des historischen Rathauses befindet sich heute das farbenfrohe Kino Regent Theatre. Schließlich ist Rangiora stolz darauf einzige Stadt Neuseelands zu sein, die Met aus einheimischem Honig herstellt und hinaus in alle Welt exportiert.

(061) Offizieller WOMO-Stellplatz: Rangiora Ashley River

GPS: S 43°17'3" E 172°35'14". **Max. WOMOs:** 10

Ausstattung: Toilette, Picknicktische.

Beurteilung: Großzügiger, grüner Platz mit vielen Bäumen. Am benachbarten Ashley River führt der Mike Kean Walkway entlang.

Zufahrt: 500 m nördlich Rangiora an der Milton Avenue. Einfahrt rechts.

In diesem Streckenabschnitt wird SH72 seinem Beinamen »Scenic« nicht gerecht, denn die durch hohe Windschutzhecken gesäumte Straße verläuft abschnittsweise kerzengerade durch Farmland. Das 2.000 Einwohner Städtchen **Oxford** erreichen Sie 30 Kilometer westlich. Es war ursprünglich eine Holzfällerstadt und dient heute der Versorgung der umliegenden Farmen. Oxford wurde schon als die schönste Stadt Neuseelands

Fotomotiv an der Inlands Scenic Route

ausgezeichnet. Auch seine öffentliche Toilette wurde prämiert. Die Stadt macht in der Tat einen extrem ordentlichen Eindruck.

(062) Offizieller WOMO-Stellplatz: Oxford

GPS: S 43°18'7" E 172°10'5", 1162 Depot Rd, Oxford. **Max. WOMOs:** 20.
Ausstattung: Toilette, Picknicktische.
Beurteilung: Großer Platz mit vielen Picknicktischen. Trotz der nahen Straße werden Sie hier ein ruhiges Plätzchen finden. Empfehlenswert.
Zufahrt: 500 m nach dem Ortsende von Oxford am SH72 links.

Wenn Sie das Glück haben, die Stadt an einem Sonntag zu besuchen, ist der Besuch des **Oxford Farmers Market** ein Muss. Dieser bunte Markt bringt viele findige Menschen aus der näheren Umgebung zusammen, die Pflanzen anbauen, Nutztiere züchten, backen oder Kompott herstellen. Es herrscht eine geschäftige Atmosphäre mit Livemusik. Die Marktstände entlang der Hauptstraße verkaufen Biofleisch und Fisch aus der Region, Freilandeier, farmfrisches Gemüse und Obst, hausgemachte Marmeladen, Brot und Kuchen (Main Street, Sonntag von 9 bis 12 Uhr).

Viktorianisches Gefängnis *Heritage Gaoll*

Das örtliche Museum, das auch als Gemeindezentrum dient, beherbergt eine ständig wechselnde Auswahl an interessanten Exponaten, die Einblicke in die Geschichte der Sägemühlen

Waimakariri River Gorge

und der Landwirtschaft der Stadt geben (70 Main Street, Oxford, Tel. 03 312 4185, geöffnet Sonntag und nach Vereinbarung). Werfen Sie auch einen Blick in das benachbarte kleine viktorianische Gefängnis *Heritage Gaol*.

Besuchen Sie auch die charmanten **Ribblesdale Gardens**, die sich ein Kilometer östlich der Stadt befinden. Besuchen Sie das Schmetterlings-Boudoir und bewundern Sie die Farben und Formen im Azaleen- und Rhododendron-Garten (www.ribblesdalegardens.co.nz).

Darfield (1500 Einw.) ist der bedeutendste Ort zwischen Christchurch und der West Coast. Er wird oft auch *The towns-*

Rakaia River

hip under the Nor'west arch genannt. Dies bezieht sich auf ein Wetterphänomen, das auch *Canterbury Arch* genannt wird, bei dem sich ein Bogen aus Wolken am sonst klaren Himmel westlich des Ortes bildet. Dieser entsteht durch die Kondensation von Wasser, das in winzigen Tröpfchen an den Hängen der Südalpen nach oben getragen wird.

(063) WOMO-Campingplatz: Glentunnel HP

GPS: S 43°29'0" E 171°56'0". Homebush Rd, Glentunnel, Tel. 03 318 2868
Ausstattung: Standard. **Zufahrt:** Schild am SH77. **Preise:** 40-60 NZD
Beurteilung: Großzügiger, grüner Platz mit vielen Bäumen und guten Sanitäranlagen. Kleines Dorf, zentrumsnahe Lage direkt am Selwyn River mit Bademöglichkeit, Golfplatz nebenan

Im Gebiet um Darfield wird Ackerbau und Farmwirtschaft betrieben. Es wird als Ausgangspunkt zu Ausflügen an den Waimakariri River, den Rakaia River und in die Südalpen genutzt und ist auch ein beliebter Startplatz für Heißluftballons.

Durch Darfield verläuft der etwa 250 km lange **The Great Alpine Highway (SH73),** dessen Route von Christchurch über den Arthur's Pass durch die Neuseeländischen Alpen zur Westküste an der Tasmanischen See führt (siehe Tour S11). In Darfield stoppt der auf der Midland-Strecke verkehrende **TranzAlpine** von Christchurch nach Greymouth. Der TranzAlpine zählt zu den schönsten Reisezügen der Welt. Auf der Strecke von

Das Jetboot wird in die Fluten des Rakaia River gelassen

223 Kilometer werden 5 Viadukte (darunter das Staircase-Viadukt mit 73 m Höhe) überquert sowie 16 Tunnel durchfahren. Der längste Tunnel ist der Otira-Tunnel unter dem 920 m hohen Arthur's Pass mit 8.550 m Länge. Der Zug startet morgens in Christchurch und benötigt für die Strecke 4,5 Stunden. Nach einem einstündigen Aufenthalt in Greymouth beginnt die Rückfahrt, so dass der Zug abends wieder in Christchurch ankommt.

(064) Offizieller WOMO-Stellplatz: Rakaia Gorge Camp
GPS: S 43°31'9" E 171°39'15", Rakaia Gorge Camp Society, Tel. 03 302 9353. **Max. Womos:** 60 **Preise:** 20-40 NZD.
Ausstattung: Wasser, Toilette, Dusche, Picknicktische, Entsorgungsstation.
Beurteilung: Absoluter Geheimtipp mit atemberaubendem Blick über die Rakaia Gorge, sehr ruhig und friedlich! In der Hauptsaison ist ein Camp-Manager vor Ort, sonst Selbstregistrierung.
Zufahrt: An der Inland Scenic Route, SH77, südlich der Rakaia Gorge Bridge.

Sie verlassen Darfield über den SH72, der Sie an Berghängen entlang nach Süden führt und haben bald die Gelegenheit zu einer unerhört vielfältigen Wanderung zu den Washpen Falls. Der **Washpen Falls Adventure Walk** startet an den Washpen Chalets in der Washpen Road, in die Sie 18 km hinter Glentunnel rechts einbiegen. Der Wanderweg durch Farmland und einheimischen Wald führt zu einem Aussichtspunkt mit Ausblicken über die Canterbury Plains. Durch eine archaische Schlucht, in der früher Maori den Riesenvogel Moa gejagt haben, gelangen Sie schließlich zu den Wasserfällen.

Die beiden Brücken über die Rakaia Gorge treffen sich 22 Kilometer hinter den Washpen Falls. Der sonst in einem sehr breiten Bett verlaufende Rakaia River zwängt sich hier zwischen Mount Hutt und der Big Ben Range durch eine relativ enge Schlucht. Unterhalb der ersten Brücke starten empfeh-

Felsformation am Rakaia River

lenswerte Jetbootfahrten (**Discovery Jet**, Tel. 0800 5382628, www.discoveryjet.co.nz). 100 m vor der Brücke können Sie links zu einem Parkplatz fahren und dann zum Ufer laufen. Hier beginnt auch der **Rakaia Gorge Walkway** (10,4 km, 3-4 h, hin und zurück). Zu einem Aussichtpunkt auf einem Felsen laufen Sie lediglich eine halbe Stunde. Es gibt auch die Option, sich am Ende des Walkways vom Jetboot absetzten zu lassen, und zurück zu laufen. Hinter der zweiten Brücke über die Rakaia Gorge liegt links ein einfacher Campingplatz mit phantastischen Ausblicken auf den Fluss.

Kurze Zeit später erreichen Sie die Abzweigung zum 1.600 bis 2.255 m hoch gelegenen Mount Hutt Skigebiet, einem der schönsten von Neuseeland. Dank aufwendiger Kunstschneeanlagen weist es von Juni bis Oktober gute Pistenverhältnisse auf und bietet einen fantastischen Ausblick bis zum Pazifik. Basis für dieses Skigebiet ist das über den SH77 zu erreichende **Methven**. Sie folgen dem SH72 bis zu dem kleinen Ort **Staveley**. An dem Hinweisschild Sharplin Falls biegen Sie rechts ab, folgen weiterhin den Hinweisschildern und erreichen nach insgesamt vier Kilometern den Sharplin Parkplatz. Der letzte Teil der Strecke ist eine Schotterstraße. Vom Parkplatz aus wandern Sie auf einem wunderschönen, oft steil verlaufenden Waldweg zu den **Sharplin Falls** (1 h hin und zurück).

(065) Offizieller WOMO-Stellplatz: Taylors Stream

GPS: S 43°37'16" E 171°28'51". **Max. WOMOs:** 10
Ausstattung: Toilette, Abfalleimer. **Beurteilung:** Großer Rastplatz am SH72. Kein besonders schöner Platz, aber durch Bäume geschützt vor Wind, Wetter und der Straße. **Zufahrt:** Der Platz liegt 20 km hinter der Rakaia Gorge, kurz vor dem Taylor Stream, links an der Straße.

Sharplin Falls

Zurück auf dem SH72 erreichen Sie nach 9 Kilometern den 2.500 Einwohner zählenden Ort Mount Somers, der vom Abbau von Kohle, Ton, Sand und Kalkstein aus den umliegenden Bergen lebt. Der Richtung Staveley gelegene gleichnamige Mount Somers erhebt sich aus der Canterbury Ebene zu einer stattlichen Höhe von 1687 m über dem Meeresspiegel. Der Hochlandwanderweg Mount Somers Walkway liegt im Regenschatten der südlichen Alpen und kann bei oft schönem Wetter bewandert werden. Genauere Informationen erhalten Sie über die DOC Broschüre Mount Somers Conservation Area. In Mount Somers zweigt eine 32 Kilometer lange Straße zum Lake Clearwater ab. Der 1 km x 5 km große See liegt herrlich am Fuße der südlichen Alpen im oberen Teil des Rangitata River und bietet beste Möglichkeiten zum Windsurfen, Mountainbiken und Wandern.

(066) Offizieller WOMO-Stellplatz: Hinds River

GPS: S 43°48'33" E 171°25'51", **Max. WOMOs:** 10, **Ausstattung:** Keine.
Beurteilung: Von Büschen und Bäumen umgebener Platz am Ufer des Hinds River. Gut für eine Nacht. Überflutungsgefahr bei starken Regenfällen!!!
Zufahrt: Großer Rastplatz am SH72. Der Platz liegt 11 km hinter Cavendish und 1,5 km vor Mayfleld, kurz vor dem Hinds River, rechts an der Straße.

Der SH72 führt Sie weiter zum **Rangitata River**. Kurz nach Überqueren der Brücke über den *Rangitata River* biegt die Peel Forest Road ab, die Sie nach 12 km in den Ort **Peel Forest** bringt. Etwa 1,5 km entfernt ist der Eingang in das Naturreservat Peel Forest. In dem ausgedehnten Waldgebiet, einem der wenigen erhaltenen Mischwälder im Osten der Südinsel, gibt es lohnenswerte Wanderungen. In der entsprechenden DOC-Broschüre werden 13 Walks von 30 Minuten bis 6 Stunden Dauer angeboten. Als Basis kann Ihnen der wunderschön gelegene DOC-Campingplatz dienen. Bei der Durchquerung des Steineibenwaldes können neben einer reichen Vogel-

Geraldine, Café Verde

welt auch Reste der frühen europäischen Besiedelung angetroffen werden. Wer will, kann im Rangitata River sehr anspruchsvolle Wildwasserfahrten unternehmen. Die **Rangitata Gorge** liegt 14 Kilometer nördlich des DOC Campingplatzes.

(067) Offizieller WOMO-Stellplatz: Peel Forest - DOC
GPS: S 43°54'39" E 171°15'39". **WOMOs:** 24 mit Stromanschluss
Ausstattung: Toilette, Dusche, Küche, Waschmaschine, Trockner
Beurteilung: Großzügige, wunderschöne DOC-Serviced-Campsite im Grünen, in der Nähe des Rangitata River. In dem ausgedehnten Waldgebiet des Peel Forest gibt es lohnenswerte Wanderungen von 30 Minuten bis zu 6 Stunden (DOC-Broschüre). **Preise:** 40-50 NZD.
Zufahrt: Kurz nach Überqueren der Brücke über den Rangitata River in Arundel rechts vom SH72 abbiegen. Die Peel Forest Road bringt Sie nach 12 km in den Ort Peel Forest. Dort im General Store Campinggebühr zahlen, noch zwei Kilometer weiterfahren.

Geraldine

Fünfzehn Kilometer hinter dem Rangitata River erreichen Sie **Geraldine** (2.500 Ew.), ein bezauberndes, aufstrebendes Städtchen mit alten Siedlerhäusern. Entlang der Hauptstraße gibt es Läden, kleine Bistros und wundervoll angelegte Vorgärten. Geraldine ist traditionell Zentrum eines landwirtschaftlich geprägten Gebietes, hat aber in den letzten Jahren auch den Ruf als Ort der Künstler und Handwerker erworben, die ihre Arbeiten in Kunsthandwerksläden, Galerien oder nahegelegenen Ateliers zum Kauf anbieten. Kunstfreunde sollten die **McAtamney Gallery** besuchen, in der ständig wechselnde Ausstellungen zu sehen sind (47/49 Talbot St, Tel. 027 305 3000, Do-Mo 11 bis 3 Uhr). In der Talbot Street finden Sie die Käserei **Talbot Forest Cheese** und **Baker's,** ein alteingesessenes Unternehmen, das seit 1969 Marmeladen, Chutneys und Fruchtsäfte herstellt. Alleine das bezaubernde **Café Verde** (45C Talbot St,

Geraldine, St Andrews Kirche

Tel. 03 693 9616), in dem Sie in einem blühenden Garten sitzen, ist einen Stopp wert. Im nahen **Talbot Forest** finden Sie den **Big Tree Walk**, einen 30-Minuten-Rundwanderweg durch einen alten Bestand von Totara-Bäumen, deren ältestes Exemplar über 1.000 Jahre alt ist und einen Durchmesser von mehr als drei Metern hat.

(068) WOMO-Campingplatz: Geraldine Kiwi HP

GPS: S 44°5'40" E 171°14'37", 39 Hislop St, Geraldine, Tel. 03 693 8147
Ausstattung: Spielplatz. **Preise:** 50-70 NZD.
Beurteilung: Sehr schöne, ruhige Anlage. Zentrumsnahe Lage (200 m).
Zufahrt: Vom Zentrum kommend biegt die Oxford Street direkt hinter dem Waipoua River links vom SH2 ab.

Wenn Sie mit Kindern auf Reisen sind, ist der 6 Kilometer südlich des Zentrums gelegene **Farmyard Holiday Park** sehr zu empfehlen, wo Ihre Kinder mit zahmen Tieren spielen können.

(069) WOMO-Campingplatz: Farmyard Holiday Park

GPS: S 44°7'50" E 171°16'26", 50 Elmslie Rd, Geraldine, Tel. 03 693 9355.
Ausstattung: Riesiger Spielplatz, Streichelgehege, Pool
Beschreibung: Ideal für Kinder. Sehr ruhig inmitten von Feldern und Weiden.
Zufahrt: In Geraldine auf der Talbot St (SH79) nach Südosten Richtung Wilson St starten. Nach 4km links abbiegen in die Coach Rd, nach 1,9 km rechts abbiegen auf Elmslie Rd. **Preise:** 50-70 NZD.

(070) WOMO-Stellplatz: Lake Opuha Bennetts Road

GPS: S 44°0'23" E 170°51'57". **Max. WOMOs:** 10.
Ausstattung: Toilette, Picknicktische.
Beschreibung: Große Grasfläche, zum See leicht abfallend.
Zufahrt: Am Farm Barn Café rechts vom SH79 in die Mount Michael Rd abbiegen, und nach 3 km rechts in die Bennetts Road fahren.
Hinweis: Gesperrt vom 23. Dezember bis zum 2. Montag im Januar. Mindestens 20 m Abstand zum Seeufer halten. Maximal drei Nächte.

Der SH79 bringt Sie durch sanft gerundete Hügelketten ins 46 Kilometer entfernte **Fairlie**. Auf dem Weg dorthin biegen Sie 5 km hinter Geraldine in die Te Moana Road ab und folgen der Beschilderung der Glasbläserei Denise Belanger-Taylor. Dort können Sie einen selbstgebauten Brennofen besichtigen, mit etwas Glück bei der Fertigung von Glasarbeiten zuschauen und die Endprodukte (Teller, Mosaike und Schmuckstücke) käuflich erwerben. Fairlie ist mit seinen knapp 900 Einwohnern als Tor zum Mackenzie-Country bekannt. Seinen Namen verdankt es frühen Siedlern, die das Gebiet an Fairlie in Schottland erinnerte. Die ersten Siedler waren es auch, die die stattliche Allee am Ortseingang anlegten. Der Ort, der von den umliegenden Farmen als Versorgungs- und Wartungszentrum genutzt wird, präsentiert sich dem Besucher mit vielen farbenfrohen Blumenrabatten. In Fairlie gibt es das in der Mt. Cook Road gelegene *Fairlie Historical Museum* zu besichtigen, und auch die einzige Holunder-Weinkellerei Neuseelands ist hier angesiedelt. Im **Fairlie Bakehouse** (74 Main St, Tel. 03 685 6063) warten vom mehrfach ausgezeichneten Chefkoch Franz Lieber zubereitete Spezialitäten auf Sie. Probieren Sie unbedingt eine Minced Cheese Pie. Auf dem Weg nach Kimbell liegt die historische Schafschurstation *Three Springs Sheep Station*.

James Mackenzie

Lake Tekapo, links das NZMCA Camp

Sie folgen dem SH8 durch die sanft gerundeten Hügelketten des **Rolling Hill Country** bis zum 21 Kilometer entfernten **Burkes Pass**, der in einer Höhe von 709 m zwischen den Bergketten Rollesby Ranges und Two Thumbs Range liegt. Er ist nach *Michael John Burke* benannt, der 1855 diesen Pass ins Mackenzie Country entdeckte. Das Landschaftsbild wandelt sich nun schlagartig von sattgrünen Weidelandschaften in trockene Tussock Steppe. Im von Trockenheit geprägten Mackenzie Becken grasen vorwiegend die robusten Merino-Schafe, die für ihre feine Wolle bekannt sind. Durch künstlich angelegte Stauseen hat das ansonsten karge und im Sommer von braun-gelbem Tussock-Gras bestimmte Land einige grüne Oasen erhalten. Benannt wurde es nach dem Schotten *James Mackenzie*, der 1855 unterstützt von seinem Hund Friday mehr als 1000 gestohlene Schafe hierhin getrieben hatte. In Fairlie hat man der Outlaw Legende in der Mainstreet ein Denkmal gesetzt.

(071) WOMO-Campingplatz:
Lake Tekapo - Lakes Edge HP

GPS: S 44°0'3" E 170°27'52", 2 Lakeside Drive, Lake Tekapo, Tel. 0800 853 853. **Ausstattung:** Spielplatz, Thermalbad in der Nähe, 5 min zu Fuß **Zufahrt:** Am Ortsausgang den Schildern folgen. **Preise:** 50-70 NZD. **Beurteilung:** Tolle Lage mit Seeblick (zahlt man mit), neuer Sanitärtrakt. In die Ortschaft Lake Tekapo laufen Sie 20 min.

Lake Tekapo

Nach weiteren 21 km erreichen Sie Lake Tekapo, den mit einer Fläche von 83 km² größten Binnensee der Region Canterbury. Er befindet sich auf einer Höhe von über 700 m ü.d.M. und wird durch die aus Schmelzwasser von Gletschern gebildeten Flüsse Godley River und Cass River gespeist. Die im See

Denkmal für den treuen Hirtenhund

schwimmenden mikroskopisch kleinen Felspartikel reflektieren das Sonnenlicht und lassen den See in leuchtendem Türkis erstrahlen. Der See dient als Quelle für das Wasserkraftwerk Waitaki. Für dieses Kraftwerk wurde der Wasserspiegel des Sees um einige Meter angehoben. Lake Tekapo ist der höchstgelegene See im System des **Upper Waitaki Power Scheme**, in dem 25% des neuseeländischen Strombedarfs erzeugt wird. Am Südufer des Sees, in direkter Nähe zum abfließenden Tekapo River befindet sich der aufstrebende Ort **Lake Tekapo Village** (850 Einw.). Hier befinden sich auch einige touristische Einrichtungen, die besonders in letzter Zeit den See zu einem immer bedeutenderen Tourismusziel machen. Kajak-, Segel- und Angeltouren können hier gebucht und Mountainbikes angemietet werden. Die erste Kirche der Gegend, die Steinkapelle zum guten Hirten (englisch: Church of the Good Shepherd), wurde 1935 vom Architekten R. S. D. Harman aus Christchurch errichtet und gehört wegen ihrer exponierten Lage direkt am See zu den am meisten fotografierten Kirchen Neuseelands. Anstelle eines großen Altars verfügt die Kirche über ein weites Fenster, das den Blick des Kirchgängers über den Lake Tekapo bis zum Mount Cook schweifen lässt.

Nur etwa 100 Meter entfernt wurde 1968 von Schaffarmern das **Collie Dog Monument** errichtet: Die Bronzes-

Lake Tekapo

kulptur eines Hirtenhundes soll die herausragende Bedeutung der Hirtenhunde bei der schafwirtschaftlichen Erschließung des unwirtlichen Mackenzie Beckens würdigen. Auch dieses Denkmal gehört zu den meistfotografierten Motiven des Landes. Zum Gelingen der Fotos tragen ebenfalls die einzigartig guten Lichtverhältnisse am Lake Tekapo bei, der im Ruf steht, die klarste Luft der Südhalbkugel zu haben.

(072) Offizieller WOMO-Stellplatz: Lake McGregor

GPS: S 43°56'19" E 170°28'0", 157 Lake Alexandrina Rd. **Max. WOMOs:** 30

Ausstattung: Toilette, Picknicktisch, Koch- u. Spülecke. **Preise:** 20-40 NZD
Beschreibung: Am Lake McGregor gelegene einfache Plätze, Bäume nach Norden, offen und ungeschützt nach Süden, sehr ruhig.
Zufahrt: Vom SH8 in die Godley Peaks Road einbiegen und dieser 9 km bis zum Lake McGregor folgen. Links in die Lake Alexandrina Rd einbiegen.

Um einen schönen Blick über die Umgebung des Sees zu bekommen, ist eine Wanderung zum **Mount John Lookout** zu empfehlen (10 km hin und zurück, 300 m Anstieg, 3 h). Wenn Sie die Wanderung nicht unternehmen, ist eine Fahrt

Lake Tekapo von oben

auf den Gipfel des Mount John (Roadfee 8 NZD) wegen des phantastischen Rundumblickes sehr zu empfehlen. Eine einstündige Wanderung führt um den Berggipfel herum. Weltweite Bekanntheit genießt die direkte Umgebung des Sees bei astronomisch Interessierten wegen des sehr dunklen Nachthimmels. Nicht zuletzt deswegen wurde auf dem etwas nördlich der Stadt gelegenen Mount John ein astronomisches Observatorium der Universität Canterbury errichtet. Das vor 50 Jahren errichtete Observatorium, das von den Amerikanern zunächst als Satellitenkontrollstation genutzt wurde, hat bereits ein wenig astronomische Geschichte geschrieben: Im Jahre 2008 entdeckte man dort den bis dato kleinsten bekannten extrasolaren Planeten. Den Astronomen des Observatoriums zuliebe begann 1965 die Verdunklung von Tekapo, die mittlerweile als regionale Besonderheit vermarktet wird. Es gibt sehr gute geführte Touren durch die Sternwarte am Tag, und besonders zu empfehlen in der Dämmerung und nachts (Earth & Sky Office, Village Centre, Lake Tekapo, Tel. 03 680 6960, www.earthandskynz.com). Das **Astro Café** am **Mount John Observatory** ist nicht nur wegen seiner Rundumsicht zu empfehlen. Nach Sonnenuntergang ist es nur mit Kerzen beleuchtet.

Lake Pukaki

Richtung Südwesten erreichen Sie über SH8 nach 50 km Lake Pukaki. Auch dieser 80 km² große und zwischen 518 und 532 m.ü.d.M. liegende See entstand durch sich zurückziehende Gletscher, den *Tasman-Gletscher* und den *Hooker-Gletscher*. Der See fließt an seinem Südende in den Pukaki River und gehört zum oberen Teil des Wasserkraftprojektes am Waitaki River. Nahe dem Abfluss gibt es mehrere Dämme und Kanäle, die ihn mit dem Lake Tekapo und Lake Ruataniwha verbinden.

Flug zum Mt Cook

Am Abend zeigt sich im Westen ein blauer Fleck am Himmel, ein Hoffnungsschimmer. In der Nacht verziehen sich die Wolken ganz, und am nächsten Morgen ist alles reingewaschen und die Luft glasklar - ein kleines Wunder! Wer hätte das gedacht, nachdem es am Lake Tekapo bei unserer Ankunft unaufhörlich regnete und der Himmel aussah, als wäre er ein einziges Wolkenmeer. Sofort rufen wir den Flugplatz an. Ja, es gibt noch zwei Plätze im ersten Flieger. 30 Minuten später sitzen wir in der Maschine. Die Bedingungen für diesen Flug auf der Rückseite des durchgezogenen Tiefs sind perfekt. Nach einer Zwischenlandung am Glentanner Airport schraubt unser Pilot Tom seine Maschine immer höher an der Bergkette des Mount Cook und des Mount Tasman hinauf, bis auf die Gipfelhöhe von 3754 m.

Traumhafte Sicht, immer näher kommt der Gipfel, dick verschneit mit einer 3 m hohen Neuschneeschicht, die in den Nächten zuvor gefallen war. Der Tasman Gletscher unter uns leuchtet weiß-blau, tiefe Schluchten durchfurchen ihn. Und immer wieder kurven wir ganz nah um die Gipfel. Bei dieser grandiosen Sicht ein wunderschönes Gefühl! Wir erleben diese gigantische Bergwelt aus luftiger Nähe und fühlen uns wie Adler auf ihrem Weg zum heimischen Horst. Auf der Westseite der neuseeländischen Alpen liegt eine dichte Wolkendecke. Darunter erspähen wir zunächst den Fox Gletscher und wenig später den Franz-Josef Gletscher. Wir haben Glück und können unter den Wolken hinab bis zur Gletscherzunge schauen. Der Pilot tritt den Rückflug an und der herrliche Panoramaflug geht leider viel zu schnell zu Ende. Im Gleitflug überfliegen wir den Gletschersee des Tasman Glacier mit seinen großen Eisbergen und haben einen fantastischen Blick in den hinteren Teil des Lake Pukaki. Schließlich überfliegen wir noch den Murchison Gletscher und den Godley Gletscher und schweben danach über den Lake Tekapo, vorbei am Lake Alexandria und dem Mt John Observatorium, zurück zu Lake Tekapo Airport. Ein unvergesslicher Flug! Bei guter Wetterlage sollten Sie nicht lange zögern, fliegen Sie!

Am Südende des Sees liegt das **Lake Pukaki Visitor Centre.** Im benachbarten Shop der Alpine Salmon Lachsfarm können Sie ausgezeichneten Lachs kaufen, der im Kanal gezüchtet wird.

Lake Pukaki

Tipp: Wer einen Flug zum Mount Cook plant, sollte von Tekapo aus starten. Das ist preisgünstiger als ein Flug vom Glentanner Park Center, das im oberen Bereich des Lake Pukaki liegt. **Air Safaris,** am SH8, Tel. 0800 806 880, www.airsafaris.co.nz.

(073) Offizieller WOMO-Stellplatz: Lake Pukaki Dam

GPS: S 44°11'3" E 170°9'4". **Max. WOMOs:** 10. **Ausstattung:** Keine
Beschreibung: Kurz vor dem Staudamm gelegen, mit atemberaubendem Blick über den See auf den Mt Cook.
Zufahrt: 200 m vor dem Pukaki Damm rechts vom SH8 abbiegen und dem Weg bis zu einem großen Areal am See folgen.

(074) WOMO-Stellplatz: Lake Pukaki Canal Rd

GPS: S 44°8'5" E 170°12'43". **Max. WOMOs:** 10. **Ausstattung:** Keine.
Beschreibung: Unvergleichlich, dieser freie Stellplatz am Lake Pukaki! Mehrere wunderschöne Plätzchen direkt am See laden zum Verweilen ein. Den großartigen Blick über das leuchtend türkisblaue Wasser auf das schneebedeckte Bergpanorama kann man stundenlang genießen. Und die Krönung eines warmen, sonnigen Sommertages ist ein (kurzes) Bad in diesem fantastischen und erfrischend kaltem Wasser. Nachts bietet sich ein unvergleichlicher Sternenhimmel über dem Womo. Einfach nur schön!
Zufahrt: Vom SH8 rechts in die Hayman Rd abbiegen. Der Platz liegt ein Kilometer südlich der Tekapo Canal Rd und der Power Station.

Die Lachse finden dort ideale Bedingungen vor: Reichlich Nährstoffe und eine starke Strömung. Sie gehören zu den besten Zuchtlachsen der Welt. Ganz in der Nähe können Sie den reizvollen **Pukaki Kettlehole Track** wandern. Der Ausgangspunkt ist ein Parkplatz des Departement of Conservation (DOC), der am SH8 ausgeschildert ist. Der wunderschöne Rundweg durch eine beeindruckende Naturkulisse ist nur vier Kilometer lang und kann in rund einer Stunde zurückgelegt werden. Ihren Namen erhielt die Wanderroute, weil sie durch einen tiefen Talkessel führt. Informationstafeln entlang

Lake Pukakti, Stellplatz Canal Road

des Wanderweges erklären die geografischen Gegebenheiten. Entlang des Weges durch Gras- und Buschlandschaft gibt es immer wieder Picknicktische, die dazu einladen bei einer Vesper den fantastischen 360-Grad-Rundumblick zu genießen.

Die Mount Cook Region

Ein Kilometer hinter dem Visitor Centre zweigt der SH80 Richtung **Aoraki Mount Cook Village** ab. Nachdem die kurvenreiche alte Straße im angehobenen See untergegangen ist, führt

nun eine neue Schnellstraße durch das Tussock Grasland des Westufers. Sie schlängelt wunderschön entlang des türkisblauen Lake Pukaki und bietet Ihnen fabelhafte Blicke auf die umliegende Bergwelt. Immer tiefer geht es zwischen die Felsmassive hinein, geradewegs auf die von Mount Cook und Mount Tasman geprägte Bergkulisse zu. **Peters Lookout**, einen beliebten Aussichtspunkt, erreichen Sie nach zwölf Kilometern. Nach weiteren Einundzwanzig Kilometer liegt rechts der Straße das Glentanner Park Centre, wo Sie einen ersten Blick auf den Tasman Gletscher werfen können und ein neues komfortables Visitor Centre vorfinden. Die gebuchten Flüge können sofort in Angriff genommen werden, da der Hubschrauber-Landeplatz direkt vor der Haustür liegt und auch der **Mount Cook Airport** nur wenige Kilometer entfernt ist. Im netten Café können Sie sich die Aussicht auf die Bergwelt und die startenden und landenden Hubschrauber genießen (**The Helicopter Line**, Glen-

Seine Majestät Mount Cook

tanner Park, Tel. 0800 650 651, www.helicopter.co.nz). Achtzehn Kilometer trennen Sie nun noch von Mount Cook Village, 762 m hoch am Ende des Hooker Valley gelegen.

Seine Majestät Mount Cook oder Aoraki (Wolkendurchbrecher), wie ihn die Maori nennen, liegt nun direkt vor Ihnen. Bei einem Bergsturz 1991 verlor er 10 Meter an Höhe, überragt aber mit 3724 m immer noch alle anderen Berge Neuseelands um mindestens 200 m. Der Mount Cook und die nordöstliche Region mit ihren unglaublichen 22 Dreitausendern wurde 1986 als Aoraki Mount Cook Nationalpark zum Weltnaturerbe der UNESCO erklärt. Das Hillary Alpine Centre mit Museum und großem Kinokomplex ist dem Leben und den beeindruckenden Leistungen des großen und überaus populären neuseeländischen Bergsteigers Sir Edmund Hillary gewidmet.

(075) WOMO-Campingplatz: Glentanner Park

GPS: S 43°54'43" E 170°7'15", SH80, Tel. 0800 453 682, www.glentanner.co.nz **Preise:** 50-70 NZD.
Ausstattung: Standard (keine Entsorgungsstation, Nächstgelegene Entsorgung in Twizel, GPS: S 44°15'28" E 170°6'2").
Beschreibung: Großzügige, weiträumige Anlage mit vielen Bäumen. Bei Regen auf schlammige Stellen achten. Trotz Nähe zum SH80 sehr ruhig. Tolle Ausblicke auf den See (es gibt einen Pfad dorthin) und die Berge, einschließlich Mount Cook. Die Sanitäranlagen sind sauber, die Küche ist sehr gut ausgestattet. 30 min freies Wifi pro Gerät. Rezeption zur Buchung von Flügen, Café und Hubschrauberlandeplatz direkt vor der Nase.
Zufahrt: Am SH80, 18 km vor Mount Cook Village.

Bereits die Statue vor dem Hermitage erinnert an den jungen Hillary, der mit seinen Wanderungen und Expeditionen Geschichte schrieb. Hier bestieg er seinen ersten Gipfel und wurde von der Leidenschaft zum Klettern gepackt. Die Region war für ihn ideales Übungsgelände. Am 29. Mai 1953 ge-

White Horse Hill Campingplatz

lang ihm zusammen mit Tenzing Norgay die Erstbesteigung des 8848 Meter hohen Mount Everest. Das nach ihm benannte Zentrum wurde 2007 eröffnet, kurz bevor der Nationalheld starb. Im Visitor Centre können Sie sich in einer audiovisuellen Show über die alpine Region informieren und mit ausreichend Kartenmaterial für die beabsichtigten Wanderungen versehen. Zehn kurze, gut markierte Wanderungen werden in der DOC-Broschüre ausgewiesen.

(076) Offizieller WOMO-Stellplatz:
White Horse Hill - DOC Standard Campsite

GPS: S 43°43'8" E 170°5'36". Am Ende des SH80 **WOMOs:** 50
Ausstattung: Toilette, Wasser, Gemeinschaftsküche. **Preise:** 30-40 NZD.
Beschreibung: Großzügiger DOC Platz Inmitten beeindruckender alpiner Landschaft. Ideal gelegen für verschiedene Wanderungen im Aoraki/Mt. Cook National Park. Wunderbarer Blick auf Mount Sefton. Die nächste Dumping Station finden Sie in Twizel (65 km, S 44°15'28" E 170°6'2").
Tipp: Wer gerne heiß duschen möchte, kann dies in der Public Shelter im nahe gelegenen Mount Cook Village für nur einen Dollar tun.

Erfahrene Alpinisten können bei einer der drei Passüberquerungen (*Mueller Pass, Copland Pass* und *Ball Pass*) noch tiefer in das Gebiet des Nationalparks vordringen. Ob richtiger Bergsteiger, Wanderer oder Spaziergänger, der Aoraki Mount Cook Nationalpark bietet für jeden Schwierigkeitsgrad und jedes Fitnesslevel die geeignete Route. Jeder Wanderer sollte jedoch stets berücksichtigen, dass die Bergwelt und das Klima in den südlichen Alpen unberechenbar sind und sich dementsprechend für rasche Wetterumschwünge und Notsituationen wappnen.

Dominiert wird Mount Cook Village ganz eindeutig vom Komplex des Luxushotels The Hermitage, der bekanntes-

Hooker Valley

ten Unterkunft Neuseelands. Zwei Kilometer nördlich liegt ein Parkplatz und auf steinigem Untergrund der **White Horse Hill Campground (DOC)**, der im Sommer Toiletten und fließendes Wasser bereithält, das aber erst nach dreiminütigem Kochen getrunken werden sollte. Mehrere Parkmöglichkeiten für Tagesbesucher machen den Platz zu einer idealen Basis für Tageswanderungen, auch wenn Sie hier nicht übernachten wollen. Am White Horse Hill-Campingplatz starten zwei empfehlenswerte Wanderungen:

Hooker Valley Track (3 h hin und zurück)

Die wundervolle Wanderung führt größtenteils durch flaches, gut ausgebautes Gelände, allerdings gibt es einige felsige oder matschige Teilstücke. Sie führt zunächst am Alpine Memorial und Freda's Rock vorbei, dann an einem Gletscherbach entlang, passiert den malerischen Muller Lake, überquert drei Hängebrücken und kann bis zum Hooker Lake erweitert werden. Von dort eröffnet sich an klaren Tagen eine fantastische Aussicht auf Aoraki Mount Cook. Neben den imposanten Felswänden und Moränenfeldern gibt es unterwegs zahlreiche blühende Bergblumen zu bewundern, unter denen die bis zu einem Meter hoch werdende Mount Cook Buttercup die größte ist. Auch heimische Vögel wie den neuseeländischen Falken, Kea-Papageien oder Fantails können sie immer wieder beobachten.

Kea Point Track (1 h hin und zurück, 3 km, 180 Hm)

Der Wanderweg steigt kontinuierlich durch subalpines Grasland an. Er endet an einer Aussichtsplattform mit Blick auf den Muellergletscher, seine mächtige Moräne und die umliegende alpine Landschaft. Achtung: Der Weg ist mit vielen losen Steinen und etwas Schotter versehen.

Hooker Valley Walk

Auf dem Rückweg biegen Sie kurz hinter Mount Cook Village links auf die inzwischen asphaltierte Tasman Valley Road ab, der Sie etwa sieben Kilometer bis zu dem Parkplatz Blue Lakes folgen. Hier beginnt eine sehr schöne kurze Wanderung, die Sie in 20 Minuten an den drei Blue Lakes vorbei zum Tasman Glacier View, den mit 27 Kilometern längsten Gletscher Neuseelands, führt. Wer die 100 Höhenmeter überwunden hat, wird mit einem tollen Blick auf den Tasman Gletschersee belohnt, in dem riesige Eisberge schwimmen. Deren wirkliche Größe kann man erst abschätzen, wenn eines der gelben Schlauchboote auf dem See unterwegs ist, das Touristen zu den Eisbergen bringt. Wer eine längere Wanderung unternehmen will, sollte die Ball Shelter Hut Route in Angriff nehmen, wobei Trittsicherheit und Ausdauer gefordert sind. Der Weg führt am Fuße einer Seitenmoräne des Tasman Gletschers entlang und steigt stetig an. Über Geröllfelder und Felsbrockenpassagen erreichen Sie (hoffentlich) nach drei bis vier Sunden die klei-

Gletschersee Hooker Lake

ne rote Ball Shelter Hut. Auf der Rückfahrt zum asphaltierten SH80 haben Sie einen fantastischen Blick in den hinteren Teil des Lake Pukaki, in den sich das Schmelzwasser des Tasman Gletschers ergießt. **Tipp:** Besuchen Sie den Gletscher am Vormittag, nachmittags liegt er im Schatten.

Alternativroute über Timaru

Wenn Sie es eilig haben, in die Mount Cook Region zu gelangen oder direkt nach Oamaru/Dunedin fahren wollen, sollten Sie den SH1 wählen. Er führt schnurgerade durch die Canterbury Plains ins 165 km entfernte Timaru. Von dort fahren Sie 65 km nach Fairlie (SH8), oder 85 km nach Oamaru (SH1). Die überaus fruchtbaren Canterbury Plains beherbergen riesige Rinder- und Schafsfarmen und sind eine der bedeutendsten Kornkammern Neuseelands. Die fruchtbare Ebene entstand aus den Schuttablagerungen einiger großer Flüsse. Ihre Fahrt durch Rakaia, Ashburton und das Töpfereizentrum Temuka wird vermutlich nicht sehr abwechslungsreich sein, dafür verschafft Ihnen ein klarer Tag einen wunderbaren Blick auf die Neuseeländischen Alpen. Das noch junge Faltengebirge der Southern Alps durchzieht die Südinsel auf einer Länge von 360 km.

(079) WOMO-Campingplatz: Rakaia River HP

GPS: S 43°45'6" E 172°1'44", 85 Rakaia Terrace, Rakaia, Tel. 0800 226 772, www.rakaiariverholidaypark.co.nz **Preise:** 40-60 NZD.
Zufahrt: Am Ortseingang links, ausgeschildert.
Beschreibung: Ordentlicher Campingplatz mit einfachen Sanitäranlagen, vom Straßenlärm geschützt. Großer Platz mit Hecken und Bäumen.

Das Hafenstädtchen **Timaru** (27.000 Einw.) bietet Ihnen einige instruktive Baudenkmäler aus der frühen Besiedlungszeit und das sehenswerte South Canterbury Museum. Es zeigt

Ausstellungsstücke zur Geographie und Umwelt, fossile Fundstücke, Steinkunstwerke der Māori, Zeugnisse der frühen Besiedlung des Distrikts und zur lokalen Geschichte der Seefahrt, Elfenbeinschnitzereien und eine naturhistorische Sammlung.

(080) WOMO-Campingplatz: Ashburton HP

GPS: S 43°55'27" E 171°42'21", Maronan Rd, Tinwald Domain, Ashburton, Tel. 03 308 6805. **Preise:** 40-60 NZD.

Beschreibung: Große, grüne Anlage mit Teich und schönem Baumbestand, kein Straßenlärm. Swimmingpool, Tennisplatz und 18 Loch Golfplatz in unmittelbarer Nachbarschaft. Auch sind drei Museen nicht weit: Plains Vintage Railway & Historical Museum (mit Miniatureisenbahn), Ashburton Vintage Car Club & Museum und Lyn Historical Woodworking Trust.

Zufahrt: 3 km nachdem Sie den Ashburton River überquert haben (Sie befinden sich nun in Ashburtons Ortsteil Tinwald Domain), biegt die Maronan Road rechts ab. Der Platz liegt nach 450 m auf der rechten Seite.

(082) Offizieller WOMO-Stellplatz: Timaru Caroline Bay

GPS: S 44°23'30" E 171°15'4", Port Loop Rd, Timaru. **Max. WOMOs:** 10.
Ausstattung: Toilette, Wasser, Entsorgungsstation, Picknicktisch.

Beschreibung: Halbkreisförmig gebogener Parkplatz, der von der Port Loop Rd eingekreist wird. Grüner Platz mit Bäumen in Hafennähe (Lastwagen). Durchgang zum Sandstrand der Caroline Bay. Sie dürfen maximal drei Nächte bleiben und müssen den Platz zwischen 10 Uhr und 16 Uhr räumen. **Zufahrt:** Sie biegen am Hafen links vom SH1 in die Sefton St East (SH78) ein, die in die kreisförmige Port Loop Rd übergeht. Nachdem Sie diese 360° gefahren sind, biegen Sie links in die Marine Parade ein und direkt danach, wiederum links, zum Stellplatz.

Timaru verfügt 13 Kilometer nördlich vom Stadtzentrum mit dem Richard Pearse Airport über einen kleinen Flughafen, der Kurzstreckenflüge von Air New Zealand nach Wellington anbietet. In der **Caroline Bay** finden Sie einen beliebten Sandstrand und den Trevor Griffiths Rose Garden. Nur wenige hundert Meter von diesem Strand mit ausgezeichneten Bademöglichkeiten entfernt können Sie mit Ihrem Wohnmobil frei übernachten. Darüber hinaus informieren wir Sie über drei Campingplätze, die Sie auf dem Weg nach Timaru passieren.

(081) WOMO-Campingplatz-: Timaru Top 10 Holiday Park

GPS: S 44°23'3" E 171°13'53", 154a Selwyn St., Timaru, Tel. 0800 242 121, www.timaruholidaypark.co.nz **Preise:** 50-70 NZD.

Beschreibung: Große, grüne Anlage mit schönem Baumbestand, sehr ruhig. Ausgezeichnete Sanitäranlagen. Stadtnah, Sie laufen zwei Minuten zum Supermarkt.

Zufahrt: Sie biegen in Timaru gegenüber Ashbury Park rechts in die Hobbs St ein und nach 550 m links in die Selwyn St. Der Platz liegt auf der rechten Seite.

(083) Offizieller WOMO-Stellplatz: Timaru Patiti Point

GPS: S 44°24'42" E 171°15'51", 67 South St, Timaru. **Max. WOMOs:** 10.
Beschreibung: Sehr schön oberhalb des Meeres gelegener Parkplatz. Nutzung zwischen 16 Uhr und 10 Uhr für maximal drei Nächte. Zu einer Toilette am Sportplatz laufen Sie 400 m.

Zufahrt: Von Timaru auf der High Street 1,2 km Richtung Süden fahren, dann links auf der Patiti Street und später links auf der South Street.

TOUR S04
Aoraki / Mt Cook
3724 m
Mt Cook Village
Mount Misery
2294 m
Rangitata River
Lake Tekapo
Lake Tekapo
Arundel
Lake Pukaki
Burkes Pass
709 m
Fairlie
79
Geraldine
8
Tekapo River
091
092
Twizel
Lake Ohau
Pleasant Point
Temuka
8
Benmore Peak
1894 m
Timaru
Makikihi River
Clay Cliffs
093
Lake Benmore
Mount Nimrod
1525 m
Ahuri River
121
Omarama
1
8
094
Tour S05
Lake Aviemore
Ote-matata
Lake Waitaki
Hakataramea River
Waihao River
Waimate
Hawkoun Range
Hakataramea
Kurow
82
Takiroa Maori Rock Art
095
WC
Waitaki River
Danseys Pass 935 m
Earthquakes
Duntroon
096
85
Naseby
Elephant Rocks
Tour S06
Kakanu Mountains
097
Ranfurly
Oamaru
098
85
099
Shag River
Moeraki Boulders
Moeraki
WC
101
Katiki Point
Trotters Gorge
100
Middlemarch
Palmerston
736 m
Hummnock
87
1
102
WC
E
Port Chalmers
Otago Halbinsel
Lake Mahinerangi
Taieri River
106
Otago Harbour
104
Mosgiel
Portobello
N
103
105
50 km
Dunedin

Tour S04: Ins schottische Dunedin 350 km

Mt Cook - Twizel - Omarama - Lake Benmore - Lake Avienmore - Waitaki Valley - Oamaru - Moeraki - Dunedin

Stellplätze:	Lake Ruataniwha, Lake Ohau, Ahuri River, Duntroon, Katiki Beach North, Trotters Gorge, Warrington, Dunedin
Camping:	Lake Benmore HP, Waitaki Waters HP, Oamaru: Top 10 HP, Harbour Tourist Park, Moeraki Boulders Kiwi HP, Dunedin HP, Portobello Village Tourist Park
Besichtigen:	Lachsfarm, Lake Benmore Staudamm, Takiroa Maori Fels zeichnungen, Elephant Rocks, Earth Quakes, Historisches Viertel Oamaru, Moeraki Boulders, Katiki Point, Shag Point, Trotters Gorge, Dunedin Railway Station, Otago Halbinsel
Wandern:	Lake Ohau, Otematata: Wildlife Reserve, Elephant Rocks, Earth Quakes, Oamaru Sebastopol Hill, Trotters Gorge
Essen:	Twizel: Poppies Café; Omarama: The Wrinkly Rams, Oamaru: Filadelfios, Annie`s Tea Rooms; Dunedin: Scotia
Baden:	Lake Ruataniwha, Lake Avienmore, Oamaru, Dunedin

In Tour S04 verlassen Sie die schneebedeckten Gipfel der Southern Alps und durchfahren das ausgedehnte Farmland des Mackenzie-Basins. Das von den Einheimischen Mackenzie Country genannte elliptisch geformte Becken befindet sich im geographischen Zentrum der Südinsel. In Omarama biegen Sie in das Waitaki Valley ein, das Sie vorbei an zahlreichen Staudämmen, Maori Felszeichnungen und geologisch interessanten Stellen (Elephant Rocks und Earth Quakes) bis zum Pazifik bringen wird. Dort erwartet Sie Oamaru mit europäischer Architektur, Zwergpinguinen und deutschem Sauerteigbrot. Danach führt Sie Tour S04 an der Küste entlang bis Dunedin. Unterwegs bestaunen Sie dösende Pelzrobben, brütende Pinguine und die riesigen Steinkugeln der Moeraki Boulders, die vom Meer aus der Uferböschung herausgespült wurden.

Kanal am Waitaki Power Sheme

Twizel

Ihre erste Station ist Twizel, das inmitten ausgedehnter, meist gelbbrauner Weideflächen liegt, eingerahmt von alpiner Landschaft. Da die Bäume in der Umgebung weitestgehend fehlen, wirkt Twizel mit seinen vielen Bäumen - es wurde ein Grüngürtel mit 250.000 Bäumen angepflanzt - wie eine Oase. Twizel wurde 1968 auf Farmland als Wohnsiedlung für die am Bau des Wasserkraftprojekts am Oberlauf des Waitaki River beteiligten Arbeiter errichtet und zählte auf dem Höhepunkt der Bauarbeiten stattliche 6.000 Einwohner. Nach Abschluss der Bauarbeiten 1983 sollte Twizel eigentlich wieder aufgegeben werden. Doch die Bewohner kämpften erfolgreich für den Erhalt des heute 1.200 Einwohner zählenden Ortes. Ein altes Rohr erinnert heute am Informationszentrum an den Bau des Staudamms. Die Stadt wurde nach skandinavischem Vorbild angelegt, bei dem Geschäfte, Schule und Erholungspark das Stadtzentrum bilden, um das sich die Wohnhäuser gruppieren. Die kleinsten Wohngebäude waren für Arbeiter bestimmt, etwas größere Staff Houses für Lehrer und Fachleute, die größten für Ingenieure und andere Bewohner mit hohem sozialen Status. Die meisten Häuser waren demontierbare Fertighäuser, so dass sie nach Abschluss des Projekts wieder abgebaut werden konnten. Die Straßen und Wege wurden geschwungen angelegt.

Heute schmückt sich Twizel mit einem ganz besonderen Aushängeschild, welches alljährlich unzählige Filmfans anlockt. Der Ort war in der Tolkien-Verfilmung „Der Herr der Ringe“ Schauplatz der Schlacht um die Pelennor Fields. Fast jeder Einwohner wurde bei den Dreharbeiten in einem Orc-Kostüm zum Filmhelden und so können Fantasy-Fans hier nicht nur den Drehort besichtigen, sondern von den Einwohnern aus erster Hand Insiderinformationen zu den Dreharbeiten mit

Stellplatz am Lake Ruataniwha

Star-Regisseur Sir Peter Jackson bekommen. Twizel, das sich selbst stolz als Heart of the Mackenzie High Country bezeichnet, ist heute ein sympathisches bodenständiges Städtchen, Dienstleistungszentrum wie auch Touristenstadt. Wir empfehlen Ihnen den **Twizel River Trail** zu wandern. Er führt auf gut ausgebauten Wegen den Twizel River entlang, fast bis zu seiner Mündung in den Lake Benmore. Am Ende der Wanderung werden Sie mit einem Aussichtspunkt belohnt. Die Wanderung beginnt auf der östlichen Seite des SH8 gegenüber Stadtzentrum (11,3 km einfach, leicht). Halten Sie nach einem der markanten DOC-Schilder Ausschau. Sehr gutes Essen und free Wifi gibt es im **Poppies Café** (1 Benmore Place, Twizel, Tel. 03 435 0848, www.poppiescafe.com).

(091) Offizieller WOMO-Stellplatz: Lake Ruataniwha - West End

GPS: S 44°16'17" E 170°2'43". **Max WOMOs:** 6. **Ausstattung:** Keine.
Beschreibung: Einfacher Platz ohne Schatten, ganz wundervoll gelegen. Vielleicht erwischen sie einen der Plätze am Steilufer mit Blick auf den See.
Zufahrt: Vom SH8 am See in den Max Smith Drive einbiegen und diesem 4,2 km folgen. Der Platz liegt dann auf der linken Seite.

Der nahe gelegene **Lake Ruataniwha** lädt zum Segeln, Kanufahren, Angeln, Wasserskifahren oder einfach nur zum Baden ein. Hier finden die jährlichen Ruderwettkämpfe für den Maadi Cup statt, einer von Schulen durchgeführten Regatta. Das nationale Ruder-Leistungszentrum ist hier angesiedelt. Direkt daneben liegt ein großer Campingplatz, der überwiegend von Kiwis aufgesucht wird. Im Ort Twizel gibt es lediglich einen kleinen Campingplatz (122 McKenzie Dr, Tel. 03 435 0507) und eine öffentliche Entsorgungsstation (**Twizel Public Dump Station**, GPS: S 44°32'45" E 170°5'11"). Twizel verfügt auch über eine große Startbasis für Heißluftballons. Das nahe

Lake Ohau

Ohau-Skigebiet und die **Roundhill Ski Area** ziehen im Winter Besucher an. Das Gebiet hat, wie schon im Beitrag für den *Lake Tekapo* beschrieben, einen der saubersten, lufttrockensten und dunkelsten Nachthimmel der Welt. Dies hat schon seit längerer Zeit Astronomen zur Beobachtung nach Twizel und in das Mackenzie Becken geführt. Auf den Ben Ohau Golfclub werden Sie durch ungewöhnliche Schilder aufmerksam, die vor Golfbällen warnen, die über die Fahrbahn geflogen kommen könnten. Lohnenswert ist außerdem ein Besuch der Kaki/ Black Stilt Visitor Hide, das zum Schutz des vom Aussterben bedrohten Schwarzen Stelzenläufers (Kaki) errichtet wurde.

(092) WOMO-Stellplatz: Lake Ohau Canal

GPS: S 44°16'28" E 169°56'10". **Max. WOMOs:** 5. **Ausstattung:** Keine. **Beurteilung:** Abseits gelegener, einfacher Platz oberhalb des Lake Ohau. Sehr schöne Ausblicke, absolut ruhig, aber Wind und Wetter ausgesetzt. **Zufahrt:** Von Twizel auf der Glen Lyon Rd Richtung Nordwesten, nach 6 km den Kanal überqueren und links abbiegen. Bald müssen Sie rechts abbiegen, wobei Sie immer dem Ohau Canal folgen. Vor dem See biegen Sie links ab, überqueren eine Brücke und haben nach 100 m den Platz erreicht.

Tipp: Ein Halt an der Lachsfarm kurz hinter Twizel direkt am SH8 (High Country Salmon, 2602 Twizel-Omarama Highway, Tel. 0800 400 385) ist ein Muss. Dort bekommt man zur Begrüßung Fischfutter in die Hand gedrückt und kann die Lachse füttern, die in einem großen runden Becken ständig im Kreis schwimmen. Im Laden kann man dann frischen Lachs in allen möglichen Variationen kaufen. Der Lachs wird in ständig fließendem Gletscherwasser gezüchtet. Er schmeckt hervorragend und ist sehr zu empfehlen. Die erste Portion Räucherlachs verzehren wir regelmäßig an einem der Picknicktische vor Ort und nutzen danach noch das kostenlose WLAN der Lachsfarm.

Clay Cliffs von oben

Auch ein kurzer Abstecher über eine schmale Versorgungsstraße zum an der Grenze zwischen den Regionen Otago und Canterbury gelegenen **Lake Ohau** ist sehr empfehlenswert. Mit einer Fläche von 54 km² ist er zwar etwas kleiner als seine ebenfalls in Nord-Süd-Richtung ausgerichteten Nachbarn Lake Pukaki und Lake Tekapo, aber nicht weniger geeignet zum Baden und Kanu fahren. Im nordwestlichen Bereich seiner Zuflüsse Dobson River und Hopkins River kann man wunderbare Wanderungen durch die Südbuchenwälder unternehmen, die in der DOC-Broschüre genau beschrieben sind. Das Ohau-Skigebiet liegt nahe der Südwestküste des Sees. Die Zufahrt zum Ort Lake Ohau erfolgt etwa auf halber Strecke zwischen Twizel und Omarama vom SH8 aus.

(093) Offizieller WOMO-Stellplatz: Omarama-Ahuri Bridge
GPS: S 44°28'04" E 169°59'18". **Max. WOMOs:** 30
Ausstattung: Toilette, Badestelle.
Beurteilung: Auf diesem großen offenen Platz gibt es jede Menge Platz. Teils Schotter, teils Gras. An den großen Weiden gibt es geschütztere Stellen. Am Fluss gibt es Badestellen. Flusspegel im Auge behalten!
Zufahrt: 3 km vor Omarama, kurz vor der Brücke über den Ahuri River.

Über Omarama nach Oamaru - Waitaki Valley

Sie fahren nun 31 Kilometer durch eine karge, aber dennoch reizvolle Landschaft bis **Omarama** (Maori: *Ort des Lichtes*). Der kleine Ort ist vor allem für sein Segelfluggelände bekannt, auf dem 1995 die Weltmeisterschaft stattfand und das als Ausgangspunkt zahlreicher Weltrekorde diente. Der Flugpionier *Dick Georgeson* unternahm hier den ersten Segelflug auf der Südinsel und erreichte 1960 eine Höhe von 10.484 m. Segelflieger und Paragleiter werden jeden Sommer von der ausgezeichneten Thermik magisch angezogen. Vom Ort aus

Clay Cliffs

hat man einen wunderbaren Blick auf den 13 Kilometer entfernten *Benmore Peak*, der mit 1.932 m höchsten Erhebung der *Benmore Range*. Etwas nördlich der Siedlung verläuft der *Ahuriri River*, der sechs Kilometer östlich in den Stausee **Lake Benmore** mündet. Kurz vor *Omarama* liegt links das nicht zu übersehende Ausflugslokal The Wrinkly Rams. Hier lohnt sich ein Stopp, denn es gibt ausgezeichnete einfache Gerichte, guten Kaffee und regelmäßige Schafschervorführungen (**The Wrinkly Rams**, 24-30 Omarama-Twizel Road, Omarama, Tel. 03 438 9751).

Nur durch den weitverästelten Ahuriri River getrennt, liegt nordwestlich von Omarama die spektakuläre Felslandschaft der **Clay Cliffs** mit ihren Felszinnen und Felsnadeln, die durch tiefe, enge Schluchten voneinander getrennt sind. Hier finden Sie eine bizarre Landschaft aus nackten Steintürmen und kantigen Felsrücken vor, die durch eine schmale Spalte im Fels betreten werden kann. Auf dem Gelände der Clay Cliffs geht es steil nach oben und zu ihrer Erkundung sind fast schon Kletterkünste erforderlich. Die Clay Cliffs sind ein instruktives Beispiel dafür, was Erosion durch Wasser formen kann, wenn sie geeignete Bedingungen vorfindet, hier Lehmklippen, die durch tektonische Aktivität freigelegt wurden. Sie erreichen die Clay Cliffs, indem Sie von Twizel kommend 3,5 km vor Omarama einer ausgeschilderten Nebenstraße folgen. Die letzten 4 der insgesamt 11 km führt sie über eine private Schotterstraße. Deren Nutzung kostet 5 NZD.

Südlich von Omarama endet das Mackenzie Becken und das Gelände steigt stetig bis zum 32 Kilometer entfernten Lindis Pass (965m) an. Sie aber wenden sich Richtung Osten und folgen dem SH83 durch das Waitaki Valley, bis er in Oamaru, an der Pazifikküste, endet. Die Flussmitte bildet die po-

litische Grenze zwischen den Regionen Canterbury und Otago. Das farbenfrohe Tal des Waitaki wurde durch das schon erwähnte Staudammprojekt nachhaltig verändert. Insgesamt neun Staudämme wurden gebaut. Dadurch präsentiert sich das Waitaki Valley als eine atemberaubende Seenkette, inmitten unberührter Natur. Nach 26 Kilometer erreichen Sie Otematata, ein Erholungs- und Freizeitparadies, in dem man schwimmen, wandern und Rad fahren kann. Es existiert ein Wildlife Reserve, das von schönen Wanderwegen durchzogen wird.

Wasserkraftwerk am Lake Benmore

(094) WOMO-Campingplatz: Lake Benmore HP

GPS: S 44°31'19" E 170°3'11", SH83, Tel. 03 438 9624, www.lakebenmore.co.nz, Email: bookings@lakebenmore.co.nz **Preise:** 40-60 NZD.
Ausstattung: Jeder Stellplatz hat eine eigene Kabine mit Toilette und Dusche.
Beschreibung: Wunderschöne, ruhige und großzügige Anlage auf Gras. Vom Lake Benmore nur durch den SH83 getrennt.
Zufahrt: Am SH83, 7 km südöstlich von Omarama.

Über eine Nebenstraße erreichen Sie den 5 Kilometer entfernten, riesigen **Benmore Dam**, der besichtigt werden kann. Mit 12,5 Millionen Kubikmetern ist er der größte Stausee Neuseelands. Bei seiner Einweihung 1965 war er gar der größte Staudamm der Südhabkugel. Vom Parkplatz bringt Sie eine kurze Wanderung zu einem Lookout mit herrlichem Rundumblick. Nach weiteren 12 km erreichen Sie den nächsten Staudamm, den 1968 fertiggestellten **Aviemore Dam**. 13 Kilometer hinter Aviemore erreichen Sie **Kurow**, die wichtigste Stadt des Waitaki Valley. Der gerade einmal 350 Einwohnern zählende Ort, hat immerhin einen kleinen Supermarkt und eine Tankstelle zu bieten. In Kurow zweigt der SH82 ab, der am nördlichen Ufer des Waitaki River Richtung Pazifik verläuft.

Lake Aviemore

Im weiteren Verlauf des SH83 liegt direkt an der Straße ein riesiger Kalksteinfelsen. Am oberen Rand der steilen Felswand

Earth Quakes

befindet sich der Eingang zum Felsdach mit **Maori Zeichnungen**, die aus einem Gemisch aus Holzkohle und Tierfett angefertigt wurden. Zu ihrem Schutz wurden mehrere der besten Zeichnungen herausgemeißelt und in verschiedene Museen gebracht. Eine Handvoll meist rötlicher Zeichen lässt noch ein klein wenig davon ahnen, was hier einstmals an eindrucksvollster Maori-Kunst vorhanden war. Im **Waitaki Valley** gab es über 20 Stellen mit historischen Felszeichnungen der Maori. Ein Teil fiel Baumaßnahmen zum Opfer, ein anderer Teil verschwand in den Fluten neu angelegter Stauseen. **Takiroa** ist eine der drei erhalten gebliebenen Stellen. Einige Kilometer weiter liegt, direkt an der Hauptstraße, die **Takiroa Maori Rock Art Site**.

(095) Offizieller WOMO-Stellplatz: Duntroon Domain

GPS: S 44°51'21" E 170°41'21", Campbell Street, Waitaki District Council, Tel. 03 433 0300. **Max. WOMOs:** 9. **Preise:** 10-20 NZD.
Ausstattung: Toilette, Dusche, Küche, Wasser, Strom.
Beschreibung: Idyllisches, ordentliches und sehr preiswertes Grasplätzchen am Ortsrand. Onlinezahlung, Selbstregistrierung.
Zufahrt: Am südöstlichen Ortsrand, vor dem Maerewhenua River.

Wenig später erreichen Sie den 1859 von schottischen Einwanderern gegründeten Ort **Duntroon** (120 Ew.) mit kleinen neogotischen Gebäuden, der anglikanischen Kirche St. Martin's und dem Vanished World Heritage Center, das die geologischen Besonderheiten des Waitaki River Valley und einige Fossilienfunde zeigt. Zu letzteren gehört das versteinerte Skelett eines Wals, dessen Geschichte hier fantasievoll erzählt wird. Ein ganz in Pink gehaltenes Gebäude wird Ihnen in Duntroon sicher ins Auge fallen. Das **Flying Pig Café** (23 Campbell St, Tel. 021 0862 0428) ist geschmackvoll eingerichtet und bietet leckere Muffins und Sandwiches mit Pfiff.

Zu den geologisch beachtlichen Stellen der Gegend gehören die bizarren **Elephant Rocks**. Sie haben sich im 25 Millionen Jahre alten Sandstein herausgebildet, der sich dort ablagerte

Elephant Rocks

und dann zu Kalkstein umwandelte. Ein Spaziergang durch die gewaltigen skurrilen Naturskulpturen, zwischen denen Schafe friedlich grasen vor der Kulisse der Neuseeländischen Alpen, ist erhebend. Teile der Filmaufnahmen für „Die Chroniken von Narnia" wurden hier gedreht. Sie erreichen die Elephant Rocks über eine schmale kurvenreiche Straße Richtung Danseys Pass, die fünf Kilometer hinter Duntroon vom SH83 abzweigt. Auf dem Weg finden Sie auch die **Earth Quakes**, eine schroffe Felslandschaft inmitten sanft geschwungener Schafhügel. Sie sind auf einer tektonischen Bruchstelle der Erde senkrecht angehoben worden. Sie folgen nun dem immer breiter werdenden Bett des Waitaki River und treffen nach 35 km auf den SH1 von **Timaru**, der drittgrößten Stadt der Südinsel nach **Dunedin**. Lohnend ist ein zehn Kilometer Abstecher Richtung Norden zum mächtigen **Mündungsdelta des Waitaki River**, das landschaftlich beeindruckt, an dem es aber auch bedeutende archäologische Funde gab. Die archaischen Moajäger hinterließen hier um das Jahr 1200 ihre Spuren.

Das Flying Pig Café

(096) WOMO-Campingplatz: Waitaki Waters HP

GPS: S 44°56'46" E 171°7'48", 305 Kasik Road, Waitaki Bridge, Tel. 03 431 3880, www.campingoamaru.co.nz **Preise:** 50-60 NZD.
Beschreibung: Große geschützte Plätze auf Gras. Der neu renovierte Platz wurde mehrfach ausgezeichnet! Ausgesprochen saubere und ruhige Anlage, nur 500 m vom Meer und der Mündung des Waitaki River entfernt. Sehr nette und hilfsbereite Eigentümer.
Zufahrt: Am SH1 ausgeschildert, 3 km zum Platz.

Oamaru, historisches Gebäude

Oamaru

In den 1850ern kamen immer mehr europäische Siedler in die Gegend, darunter auch *Hogh Robinson*, der 1853 am *Oamaru River* eine Hütte aus Grassode (ausgestochene, viereckige Stücke Grasnarbe) baute. Der Standort wurde 1859 zur Stadt erklärt. Oamaru wurde bald zum Zentrum für das landwirtschaftliche Hinterland und baute am nahen *Cape Wanbrow* einen wichtigen Handels- und Fischereihafen. Die Kalksteinfelsen der Umgebung eigneten sich sehr gut für die Weiterverarbeitung und so prägte der künstlerische Umgang der Handwerker mit dem Kalkstein das Stadtbild. Über die wirtschaftlichen Standbeine Landwirtschaft, Holzwirtschaft und Steinbrüche wurde *Oamaru* Ende des 19. Jahrhunderts zu einer der schönsten und finanzstärksten Städte Australasiens.

(097) WOMO-Campingplatz: Oamaru Top 10 HP

GPS: S 45°5'49" E 170°57'19", 30 Chelmer St, Oamaru, Tel. 0800 280 202, www.oamarutop10.co.nz **Preise:** 50-60 NZD.
Beurteilung: Mitten in der Stadt, günstige, angenehme Anlage. Großzügig angelegte Rasenflächen mit akkuraten Kieswegen. Super Sanitäranlagen, Fön, kinderfreundlich mit Babybadewanne in der Form eines Rennautos. Direkt nebenan ist ein wunderschöner Park. Touren zu den Pinguinen starten hier und können im Office gebucht werden.
Zufahrt: Den Schildern an der Hauptstraße folgen, mitten im Zentrum.

(098) WOMO-Campingplatz: Harbour Tourist Park

GPS: S 45°6'22" E 170°58'18", 2 Marine Parade, Oamaru, Tel. 03 434 5260, www.oamaruharbour.co.nz **Preise:** 30-50 NZD.
Beschreibung: Ungemein günstige Lage zentrumsnah am Hafen. 200 m zum Victoria Viertel und 400 m zur Pinguin Kolonie. Einzelne Pinguin Nistkästen sind direkt vor Ort! Einfaches Gebäude für die Sanitäreinrichtungen. Sauber, aber kein hoher Standard. Nicht ganz leise. Freies Internet.
Zufahrt: Den Schildern zum Hafen folgen.

Oamaru i-SITE

Heute können Sie das architektonische Erbe dieser Zeit im **Historic Precinct** genannten Stadtviertel bestaunen. Neben beachtenswerten Banken und Handelshäusern finden Sie hier die *Country Council Chambers* von 1882, das *Opera House* von 1906, das *Courthouse* von 1883 sowie die Kirchen *St. Luke's Anglican Church* von 1865 und die *St. Patrick's Basilika*. Daneben stechen die Hotels *Nothern Hotel* (1880), *Criterion Hotel* (1877) und das ehemalige *Queens Hotel* (1881, heute *Brydone Hotel*) ins Auge. Eine öffentliche Galerie, die *Forrester Art Gallery*, wurde 1983 im neoklassizistischen Gebäude der *Bank of New South Wales* eröffnet. Auch andere Gebäude wurden restauriert. Ein Treuhandfond wurde eröffnet und die Restaurierungsarbeiten am historischen Hafenstadtteil vorangetrieben.

Die Parks der heute ca. 12.000 Einwohner zählenden Stadt gehören zu den schönsten der Südhalbinsel. Im Südosten der Stadt liegt eine große Parkanlage, die zum Meer hin in die *Bushy Beach* übergeht. Dort, also noch im Stadtbereich, gibt es zwei Pinguinkolonien. Wenn die **Zwergpinguine** abends an Land kommen und zu ihren Schlafplätzen wandern, können sie gut beobachtet werden. Im Bereich des Hafens gibt es insgesamt 3000 Exemplare dieser nicht bedrohten Pinguine. Ein lohnender Fußmarsch führt Sie in 30 Minuten auf den **South Hill**. Über weitere vorhandene Wanderrouten und alle Sehenswürdigkeiten der Umgebung kann sich der Besucher im sehr hübschen Visitor Centre am Ende der Thames Street ausführlich informieren.

Gut essen können Sie im **Filadelfios** (70 Thames St, Tel. 03 434 8884). Traditionellen britischen high tea (wird nachmittags serviert und stellt eine Mischung aus afternoon tea und

Oamaru Harbour Street

Abendessen dar) bekommen Sie in **Annie's Victorian Tea Rooms and Store** (1 Tees St, Tel. 03 4341 230). Gutes Brot gibt es in der **Harbour Street Bakery,** 4 Harbour Street und in der **Vinbrux Bakery**, 36B Arun Street.

Über die Moeraki Boulders nach Dunedin

Den kleinen 150 Einwohner zählenden Fischerort **Moeraki** erreichen Sie 39 Kilometer hinter Oamaru auf dem SH1 nach Dunedin. Zur Hauptattraktion des Ortes, den Moeraki Boulders, biegen Sie zwei Kilometer vor dem Ort am Hinweisschild »Boulders« ab und folgen der Stichstraße. Vom Parkplatz sind es dann noch gebührenpflichtige 5 Minuten zu dem Strandabschnitt, an dem große Gesteinskugeln mit einem Umfang von bis zu drei Metern im Sand liegen. Die **Moeraki Boulders** werden bei Flut vom Meer überspielt und können daher nur bei Ebbe bewundert werden. Es gibt viele verschiedene Formen am Strand, noch ganz unversehrte Steine und schon fast vollständig zerfallene.

(099) WOMO-Campingplatz: Moeraki Boulders Kiwi HP

GPS: S 45°19'25" E 170°49'23", 32 Lincoln Street, Hampden, Tel. 03 439 4439, www.moerakibouldersholidaypark.co.nz **Preise:** 50-60 NZD.
Ausstattung: Trampolin, Spielplatz für Kleinkinder.
Beschreibung: Sauberer Platz in Strandnähe mit neuen Sanitäranlagen. Shops, Cafe und Restaurant sind nicht weit entfernt. Zu den Boulders laufen Sie 4 km am Strand entlang. **Zufahrt:** Auf dem SH1 biegen Sie in Hampden direkt in die Lincoln Street Richtung Strand ab.

Wissenschaftler gehen davon aus, dass sich die Moeraki Boulders vor ungefähr 65 Millionen Jahren in einem 4 Millionen Jahre dauernden Prozess auf dem Meeresboden gebildet haben, bei dem sich durch Kristallisierung von Kalzium und Karbonaten um geladene Partikel in schlammigen Unterwassersedimenten die Steinkugeln in den verschiedenen Größen

Moeraki Boulders

formten. Vor ca. 15 Millionen Jahren sind sie schließlich aus dem Meer aufgetaucht.

Der Ort Moeraki selbst hat eine hübsche Maori Kirche. Von einem Lookout, an einem Monument zur Erinnerung an die ersten Siedler *Otagos*, können Sie den an einer sandigen Bucht an der Basis einer kleinen Halbinsel gelegenen Ort gut überschauen. Am nahe gelegenen **Katiki Point** finden wir das *Katiki Point Lighthouse*, einen inmitten eines Pinguin-Naturschutzgebietes gelegenen Leuchtturm. Hier können Sie *Gelbaugenpinguine, Robben* und *Kormorane* beobachten. Im Beobachtungshäuschen sind sogar Ferngläser verfügbar (Spende erbeten). In der Nähe gibt es weitere Möglichkeiten, Tiere zu beobachten, z.B. den wunderschönen, 15 Kilometer südlich Moeraki gelegenen **Shag Point**. Er liegt unweit des SH1 an der Mündung des Shag River. An der wilden, meist stürmischen Felsenküste können Sie ausgezeichnet Seebären beobachten.

(100) WOMO-Stellplatz: Katiki Beach North

GPS: S 45°24'1" E 170°50'20". **Max. WOMOs:** 5
Ausstattung: Toilette.
Beschreibung: Einfacher, kleiner Platz zwischen SH1 und dem Meer, von einer Gruppe von Bäumen geschützt. **Zufahrt:** Etwa 6 km südlich Moeraki, in dem Bereich, in dem der SH1 wieder auf die Küste trifft.

Bevor Sie Richtung Dunedin weiterfahren, sollten Sie einen sieben Kilometer langen Abstecher zur **Trotters Gorge** unternehmen. Auf Höhe des Abzweiges zum Katiki Point Lighthouse biegen Sie vom SH1 ins Landesinnere in die Horse Range Road ein. Auf den ersten Kilometern ist Vorsicht geboten, denn die Straße wird hier häufig von Holzlastwagen befahren! Im weiteren Verlauf führt sie durch eine hügelige, landwirtschaftlich genutzte Landschaft. Nach 4,5 Kilometern zweigt rechts

Shag Point

die Zufahrt zu einem reizvoll gelegenen DOC-Campingplatz ab. Wenig später taucht plötzlich eine karstige Schlucht mit markanten ausgewaschenen Kalk-Formationen auf, die Trotters Gorge. Diese Schlucht wird sicherlich jeden Betrachter in ihren Bann ziehen. Von den höher gelegenen Teilen der Strecke haben Sie einen wunderbaren Ausblick bis zum Pazifik. Die Schlucht ist prächtig mit Kowhai, Kanuka, und anderem einheimischen Busch bewachsen und von einer vielfältigen Vogelwelt bevölkert. Einige der hier lebenden Pflanzen und Insekten sind einzigartig im gesamten Land.

(101) Offizieller WOMO-Stellplatz:
Trotters Gorge - DOC Standard

GPS: S 45°24'14" E 170°46'56", Trotters Gorge Rd, Hillgrove, 03 474 3300.

Max. WOMOs: 10. **Ausstattung:** Toilette. **Preise:** 30-40 NZD **Beschreibung:** Wunderschön von altem Wald umgebender Campingplatz. Wunderschön mitten in einem urigen Wald gelegen. Ein glasklarer Bach fließt in der Nähe. Startpunkt verschiedener Wanderungen durch den Herbert Forest. **Zufahrt:** Sie biegen wenige km hinter Moeraki rechts in die Horse Range Rd ein und folgen dieser 4,5 km. Dann rechts in die Trotters Gorge Rd einbiegen, Schildern folgen. Achtung, Sie durchqueren eine Furt!

Zurück am SH1 verlassen Sie am Shag Point die Küste, passieren bald darauf **Palmerston**, 35 Kilometer dahinter **Waikouaiti** und erreichen nach weiteren 26 Kilometern **Waitati**. Der kleine, im Jahre 2006 immerhin 501 Einwohner zählende Ort, liegt schon innerhalb der Stadtgrenzen von Dunedin, dessen Stadtzentrum nur noch 19 Kilometer entfernt liegt.

(102) Offizieller WOMO-Stellplatz: Warrington Domain
GPS: S 45°42'55" E 170°35'47", 1 Esplanade, Warrington. **Max. WOMOs:** 10
Ausstattung: Toilette, Entsorgungsstation, Spielplatz, Picknicktisch.
Beschreibung: Großer Grasplatz hinter den Dünen. Toller Strand. 20 min Fahrt nach Dunedin. Sehr beliebt. Kommen sie nicht zu spät.
Zufahrt: Der Platz liegt neben dem „Surf Life Saving Club". Sie fahren über die Coast Rd nach Warrington und dann Perry St, Couper St, Bank Rd, Bay Rd und Esplanade. Am Parkplatz rechts vorbei fahren, dann kommt der Übernachtungsplatz für Wohnmobile und Zelte.
Hinweis: Dunedin City Council (Tel. 03 477 4000) erlaubt maximal zwei Übernachtungen, bei einer Abreise bis 12 Uhr.

Waitati ist zum Treffpunkt für deutsche Immigranten nach Neuseeland geworden. Empfehlenswert ist ein Abstecher zum eindrucksvollen **Wattenmeer in Aramoana**. Ab Waitati folgen Sie 25 Kilometer der Blueskin Road bis zum schönen **Port Chalmers**. Über die Aramoana Road, die kurvenreich am **Otago Harbour** entlangführt, erreichen Sie nach 11 Kilometern Aramoana. Hier, im Bereich der Öffnung des Otago Harbour in den Pazifik, liegt ein ausgedehntes Wattenmeer. Von Aramoana fahren Sie zurück nach Port Chalmers und über den SH88 das Stadtzentrum von Dunedin. Es liegt am Südende des Otago Harbour auf einer Sandbank, die die Otago Peninsula schließlich zur Halbinsel werden ließ. Dunedin ist eingefügt in das erodierte Lavabett eines alten Vulkans, der sich im Bereich von Port Chalmers befand. Der damalige Lavastrom formte vor etwa 10 Millionen Jahren den heutigen Otago Harbour aus.

Dunedin

Dunedin (sprich »Danieden«) wurde von Schotten nach dem Grundriss Edinburghs errichtet und bedeutet »Stadt auf dem Hügel«. Auch heute noch werden in Dunedin schottische Traditionen gepflegt. So gibt es mehrere Dudelsack-Bands, Highland Tänze und Haggis, das traditionelle Essen der Schotten. Nationale und internationale Studenten haben Dunedin schon längst als beliebteste Universitätsstadt auserkoren. Doch 2014 wurde die Stadt in einem landesweiten Wettbewerb zur mit Abstand schönsten Stadt Neuseelands gewählt. In Dunedin, mit 130.400 Einwohner fünftgrößte Stadt Neuseelands, können

Blick auf Dunedin

viele historische Gebäude besichtigt werden. Seit den Erdbeben in Christchurch gibt es nirgendwo sonst eine so hohe Dichte an historischen Gebäuden im gotischen und klassisch viktorianisch-edwardischen Stil.

(103) WOMO-Stellplatz: Dunedin - Thomas Burns St

GPS: S 45°52'38" E 170°30'26", Thomas Burns Street. **Max. WOMOs:** 10 **Ausstattung:** Toilette, Mülleimer. **Beschreibung:** Parkplatz neben dem Bahnhof. Die Züge sind natürlich zu hören. Keine Schönheit, bietet aber einen super guten Zugang zur Stadt. **Hinweis:** Zwischen 6 Uhr abends und 8 Uhr morgends kostenfrei. Dunedin City Council (Tel. 03 477 4000). **Zufahrt:** Vom SH1 links abbiegen auf SH88 (Schilder Bypass S/Otago Peninsula). Im Kreisverkehr dritte Ausfahrt (Thomas Burns St) nehmen.

(104) WOMO-Campingplatz: Dunedin Holiday Park

GPS: S 45°54'18" E 170°30'54", 41 Victoria Road, St Kilda, Dunedin, Tel. 0800 945 455, www.dunedinholidaypark.co.nz **Preise:** 40-60 NZD. **Beurteilung:** In die Jahre gekommener Platz in Beachnähe (5 Min). Die Sanitäranlagen sind sauber. Gute Anbindung an die City mit dem Bus (4km). **Ausstattung:** Spielplatz. **Zufahrt:** Folgen Sie dem SH 1 und der Andersons Bay Rd bis Musselburgh. Dann rechts abbiegen auf Queens Drive und im Kreisverkehr die erste Ausfahrt (Victoria Rd) nehmen.

Am bekanntesten ist der 1906 eröffnete **Bahnhof**, dessen Außenseite aus Kalkstein ein imposanter Anblick ist. Doch richtig ins Staunen versetzt wird man erst durch das Interieur. Die in England hergestellten Mosaiksteinchen ergeben einen herrlichen Fußboden und die Wände der Bahnhofshalle sind mit farbigen Keramikfliesen versehen, ein richtiggehendes Schmuckstück. Von hier starten u.a. täglich die Ausflüge mit der **Taieri Gorge Eisenbahn**. Die Taieri Gorge Railway ist ein historischer Zug, dessen Fahrt von Dunedin durch die dramatische Taieri Gorge nach **Pukerangi** und **Middlemarch** führt. Er überquert dabei unzählige historische Viadukte, Tunnel und Brücken. Die längste Brücke ist das Wingatui Viadukt, das auf 200 Metern eine 50 Meter tiefe Schlucht überspannt.

University of Otago

Die Taieri Gorge Railway bietet Ihnen ein authentisches Eisenbahnerlebnis der frühen Jahre in den Original-Eisenbahnwaggons, die aus drei verschiedenen Zeitepochen stammen. Die antiken Außenplattformen vermitteln ein einmaliges Fahrgefühl, denn der Wind bläst Ihnen um die Ohren, während der Zug an schroffen Felswänden vorbeifährt, die teilweise über 100 m in die Tiefe ragen. Der Zug überquert abenteuerlich in die Landschaft gebaute Viadukte und balanciert auf schmalen Felsvorsprüngen entlang. An einigen Stellen hält er für einige Minuten und gibt Ihnen so die Gelegenheit die abenteuerliche Umgebung zu fotografieren. Ein großartiges Erlebnis! Täglich werden Fahrten nach Pukerangi angeboten (116 km, 4 h), sowie freitags und sonntags Fahrten nach Middlemarch (154 km, 6 h). Tickets bekommen Sie direkt im historischen Bahnhof (Tel. 03 477 4449, www.dunedinrailways.co.nz).

Auch die älteste Universität Neuseelands, die 1869 gegründete **University of Otago**, befindet sich in Dunedin. Das Studienangebot umfasst fast alle Studiengänge, einzig in Neuseeland kann hier Zahnmedizin, Theologie, Pharmazie und Vermessungswesen studiert werden. Dunedin beherbergt jährlich bis zu 23.000 Studenten aller Bildungseinrichtungen, was der zweitsüdlichsten Großstadt der Welt ein lebendiges Treiben und eine ausgesprochen aktive Kulturszene verschafft. Dunedin ist neben Auckland, Wellington und Christchurch eines der Popmusik-Zentren des Landes. Dunedin hat eine bemerkenswerte Architektur. Diese Stadt gilt als eine der am besten erhaltenen viktorianischen und edwardianischen Städte der südlichen Hemisphäre. So ist die **Dunedin Railway Station** aus massivem Stein im flämischen Renaissance-Stil und der Glockenturm der Universität sowie das Dominikanermünster in einem faszinierenden neugotischen Stil entworfen worden. Sie werden über-

Dunedin Bahnhof

rascht sein, welch außergewöhnliche Architektur, Historie, Kunstszene und Shopping-Möglichkeiten Dunedin bietet.

Wer Interesse hat, die Grenzen der Leistungsfähigkeit seines Wohnmobiles auszutesten, kann dies in der Baldwin Street tun. Die laut Guinness-Buch der Rekorde bis 2019 steilste Straße der Welt weist eine maximale Steigung von 35% auf. Jedes Jahr im Februar sorgt das Baldwin Street Gutbuster Rennen mit rund 1000 zumeist jungen Wettbewerbern für ein großes lustiges Spektakel.

(105) WOMO-Stellplatz: Dunedin - Smaills Beach

GPS: S 45°54'24,5" E 170°33'25", Tomahawk Rd. **Max. WOMOs:** 5.
Ausstattung: Keine. **Beschreibung:** Traumhafter Übernachtungsplatz! Es gibt drei Park Buchten an der Tomahawk Rd, die zum Ocean Grove Recreational Reserve gehören. Hier genießen sie traumhafte Ausblicke auf den weißen Sandstrand, der gerne von Einheimischen besucht wird. Am Ende der Sackgasse können Sie parken und hinab zum Strand laufen. Am Nachmittag kommen Seelöwen an Land, um sich zu sonnen. Achtung bei einbrechender Dunkelheit: In den Büschen übernachten sealions.
Zufahrt: Vom Octagon die Wharf St, Portsmouth Dr, Shore St und Silverton St bis Tomahawk Rd in Andersons Bay nehmen.

In Dunedin, mit seinem das Stadtzentrum beherrschenden **Octagon**, kann man alle Einrichtungen einer modernen und blühenden Stadt antreffen und dennoch gibt es keine Verkehrsstaus und Parkplatzprobleme. Eine Vielzahl von Cafés, Restaurants und Bars mit einer faszinierenden Mischung aus Lä-

den und Unterhaltungstreffpunkten sind bei den Besuchern besonders beliebt. Wir empfehlen Ihnen das Restaurant **Scotia** (199 Upper Stuart St, Tel. 03 477 7704), in dem das Angebot schottisch geprägt ist.

Schalterhalle der Dunedin Railway Station

Ob per historischem City Walk durch reizvolle Parks, alte Anwesen und historische Gebäudeanlagen oder per Öko-Tour auf die Otago-Halbinsel, um das fantastische Wildlife zu beobachten, Dunedin wird Sie begeistern. Juweliere, Fotografen, Maler, Galerien und andere kreative Künstler geben der Stadt ihr ganz eigenes faszinierendes Gesicht mit viel Herz und einer großen Ausstrahlung. Besuchen Sie auch den beliebten Otago Farmers Market, der jeden Samstagmorgen am Nordparkplatz des historischen Bahnhofs stattfindet. Hier bekommen Sie in freundlicher Atmosphäre direkt vom Erzeuger die frischesten Waren aus Otago, wie Whitestone Edelkäse, Cardrona Merino Lammfleisch und handgefertigte Produkte und Getränke aus der City.

Die Otago Halbinsel

Die **Otago Peninsula** ist eine ca. 30 Kilometer lange und bis zu 12 Kilometer breite Halbinsel, die vollständig zum Stadtgebiet von Dunedin gehört. Das hügelige Weideland im Landesinneren und die wild zerklüftete Steilküste erinnern an Schottland, die Highcliff Road in der Mitte des Landstreifens offenbart in beide Richtungen spektakuläre Blicke auf den Pazifik.

Königsalbatrosse, Seelöwen und Gelbaugenpinguine können hier ganz aus der Nähe beobachtet werden. Was aus der Ferne noch wie ein Felsblock am einsamen Strand gewirkt hat, kann sich bei genauerem Hinsehen als majestätischer Seelöwen-Koloss oder dösender Seebär entpuppen. Es sind ungewöhnliche Begegnungen wie diese, die der Halbinsel den Ruf eingebracht haben, ein einzigartiges Tierparadies zu sein.

(106) WOMO-Campingplatz: Portobello Village Tourist Park
GPS: S 45°50'34" E 170°39'1", 27 Hereweka St, Dunedin, Tel. 03 478 0359, www.portobellopark.co.nz **Preise:** 30-40 NZD.
Beschreibung: Kleiner, gemütlicher Campingplatz am Ortsrand von Portobello. Zuletzt gab es Probleme mit der Temperaturregelung der Duschen.
Zufahrt: Vom Hafen aus der Hereweka Street 350 m folgen (rechts).

Tipp: Einen wunderbaren Ausblick auf Dunedin und den Otago Harbour haben sie vom 152 m hoch gelegenen Rotary Park. Hier gibt es Bänke und Picknicktische. Er liegt gleich am Anfang der Halbinsel an der Inlandstrasse (291 Highcliff Road, GPS: S 45°53'5" E 170°32'51").

Ganz in ihrem Norden der Halbinsel liegt einer der stärksten Anziehungspunkte, das Vogelschutzgebiet am **Taiaroa Head** mit der einzigen Festlandkolonie von **Königsalbatrossen**. Die Giganten der Lüfte bringen es auf eine Flügel-Spannbreite von bis zu drei Metern und können bequem aber aus einiger Entfernung vom Besucherzentrum aus betrachtet werden. Viel näher kommen Sie den Albatrossen bei einer Tour in Kaikoura. An den Sandbuchten im Nordwesten ist eine Kolonie der **Gelbaugenpinguine** anzutreffen. Aus Verstecken heraus können Touristen diese stark bedrohten Pinguine mit dem leuchtend gelben Streifen am Kopf beobachten, wie sie abends in der Dämmerung mit hoher Geschwindigkeit durch die Wellen an Land gesaust kommen und dann über den Strand zu den Dünen watscheln, wo sie vom hungrigen Nachwuchs schon lautstark erwartet werden (**www.penguinplace.co.nz**).

Larnach Castle

Little Blue Penguins, die mit nur 30 cm Körpergröße kleinsten Pinguine der Welt, leben und brüten vor allem um den Pilots Beach. Blue Penguins Pukekura bieten geführte Pinguin-Touren an, bei denen man von einer eigens gebauten Aussichtsplattform beobachten kann. Die Pinguine kommen bei Sonnenuntergang aus dem Meer, watscheln gesellig schnatternd über den Sand bis zu den Klippen, um dort ihre Küken zu füttern. Tickets gibt es im Royal Albatross Centre oder unter **www.bluepenguins.co.nz.**

Den wohl schönsten Panoramablick über die Umgebung können Besucher vom Turm des **Larnach Castle** aus genießen, das auf einer Anhöhe auf der Halbinsel liegt (145 Camp Road, ganzjährig täglich geöffnet von 9.00 bis 17.00 Uhr, Ballroom Café 9.30 bis 16.30 Uhr, www.larnachcastle.co.nz, GPS: S 45°51'49" E 170°37'43"). Das extravagante Schloss wurde 1871 in dreijähriger Bauzeit vom neuseeländischen Architekten Robert Lawson für den Bankier und Politiker William Larnach errichtet und 1874 von ihm und seiner Familie bezogen. Zu seiner Zeit war es das teuerste Bauprojekt Neuseelands.

TOUR S05
Omarama
Clay Cliffs
Ahuiri River
121
Hawea Conservation Park
Hunter River
Hawea Conservation Park
Dromedary Hill
1664 m
8
Maungatika
1851 m
Lindis Pass
971 m
1826 m Old Man Peak
Lake Hawea
Grandview Mountain
1398 m
Mount Burke
1417 m
WC 123
122
Lake Hawea
Lake Wanaka
6
Hawea River
Lindis River
Albert Town
Clutha River
8A
Wanaka
Tarras
6
Tour S09
Lindis Crossing
Goldgräber Siedlung
Bendigo
Dunstan Mountains
Mount Pisa
1964 m
Pisa Range
124
Lake Dunstan
Mount Cardrona
1936 m
Cardrona Valley
Cardrona
Northburn Station
Lowburn
WC 126
Cromwell
Kawarau Gorge
Tour S06
Roaring Meg Kraftwerk
125
Lake Dunstan
Arrowtown
128
Bannockburn
8
Clyde
WC 127
Kawarau River
Staudamm
Lake Hayes
Gibbston Valley
Clutha River
WC 129
6
Kawarau Historic Bridge
130
The Horn Range
244
Frankton
The Remarkables
N
243
Queenstown
25 km
Lake Wakatipu

Tour S05: Obstplantagen und Weinberge 180 km

Omarama - Lindis Pass - Tarras - Lake Dunstan - Cromwell Kawarau Gorge - Arrowtown - Queenstown

Stellplätze:	Lindis Pass, LP Historic Hotel, Jacksons Picnic Area, Lowburn, Roaring Meg, Kawarau Bridge, Swiss Belresort
Camping:	Omarama Top 10, Bannockburn Motor Camp, Arrowtown HP, Queenstown Top 10
Besichtigen:	Lindis Pass, Goldgräbersiedlung Bendigo, Kawarau Gorge Historic Bridge, Old Cromwell Town, Arrowtown Chinese Settlement
Wandern:	Kawarau Historic Bridge, Lake Hayes, Arrowtown, Macetown
Essen:	Cromwell Jackson's Orchard, Arrowtown Walnut Cottage Café

Tour S05 führt Sie auf kürzestem Wege nach Queenstown, die Adrenalinhauptstadt Neuseelands. Durch eine trockene und von Tussock Büschelgräsern geprägte Landschaft überqueren Sie zunächst den 971 m hohen Lindis Pass, der im Regenschatten der Südalpen liegt. Der SH8 bringt Sie nun hinunter zum malerischen Lake Dunstan. An seinen Ufern, eingebettet in das obere Clutha Valley mitten im Herzen von Central Otago, liegt Cromwell, der Obstlieferant des Südens. Die Gegend wird bestimmt von mildem Klima, faszinierender Landschaft und einer aufregenden Geschichte. Durch die bezaubernd wilde Kawarau Gorge und das Weinanbaugebiet Gibbston Valley erreichen Sie die ehemalige Goldgräberstadt Arrowtown und schließlich das von Bergketten umrahmte Zentrum des Abenteuertourismus.

(121) WOMO-Campingplatz: Omarama Top10 HP

GPS: S 44°29'16" E 169°57'50", 1 Omarama Ave, Tel. 0800 662 726, www.omaramatop10.co.nz **Preise:** 40-60 NZD.

Beschreibung: Großzügige Anlage auf Gras, freundliches Personal, saubere und gut ausgestattete Sanitäranlagen, schöner großer Küchentrakt, aber etwas teuer. Liegt zwischen SH8 und einem Nebenfluss des Aghuriri River, dem Omarama Stream. Die Hot Tubs sind 5 min entfernt, 29 Omarama Ave. **Zufahrt:** Am SH8, nahe der Kreuzung zum SH83.

Clay Cliffs vom State Highway 8 aus gesehen

Lindis Pass

Der gut ausgebaute SH8 führt zunächst am Ahuriri River entlang und dann durch eine sanfte Hügellandschaft, bedeckt mit den für die Südinsel charakteristischen gelbbraunen Tussock Gräsern, hinauf zum 971 m hohen Lindis Pass (GPS-Parkplatz: S 44° 35′ 16″ E 169° 38′ 52″). Der **Lindis Pass** ist der höchste Punkt des State-Highway-Netzes der Südinsel. Der erste Europäer, der den Pass im Jahr 1857 überquerte, war Otagos Landvermesser *John Turnbull Thomson*. Er benannte den Pass nach seiner Heimatinsel Lindisfarne Island im Nordosten Englands. Legen Sie auf dem Parkplatz an der nördlichen Seite des Lindis Passes eine kleine Pause ein. Von einem Hügel oder dem eingerichteten Aussichtspunkt aus bietet sich Ihnen eine großartige Gelegenheit die faszinierende Tussock Landschaft zu bewundern, die als scenic reserve geschützt wird. Blühende Lupinen setzen in der kargen Landschaft hübsche Farbtupfer. Das **Mackenzie Becken** wird am Lindis Pass von der Region **Central Otago** abgelöst, wie Sie an dem charmanten Willkommensschild am Highway leicht erkennen können.

State Highway 8 zum Lindis Pass

(122) WOMO-Stellplatz: Lindis Pass

GPS: S 44°43'3" E 169°30'16" **Max. WOMOs:** 5
Ausstattung: Picknicktisch. **Beschreibung:** Großer Parkplatz nahe der Straße, zwischen Wald und SH8. Am südlichen Ende fließt der Lindis River, in dem Sie an einer tieferen Stelle schwimmen können.
Zufahrt: Am SH8 rechts, 25 km hinter dem Lindis Pass.

(123) Offizieller WOMO-Stellplatz: Lindis Pass Historic Hotel

GPS: S 44°42'0" E 169°29'40". **Max. WOMOs:** 6
Ausstattung: Toilette, Windschutzhütte mit Feuerstelle.
Beschreibung: Etwas abgelegener, aber sauberer und sehr ruhiger Platz. Baden im Lindis River ist möglich. Lassen Sie sich von der besonderen Atmosphäre an den Ruinen des historischen Hotels einfangen. Bitte 20 m Abstand halten! **DOC Basic Campsite**.

Zufahrt: Am SH8 rechts ausgeschildert, 4 km hinter dem Stellplatz Lindis Pass. Der Old Faithful Road 6 km folgen, enge und teilweise steile Schotterstraße, für große Wohnmobile nicht geeignet. Gatter wieder schließen!

Sie folgen nun dem Lindis River, der Sie hinab ins Tal des Clutha River begleiten wird. Unterwegs gibt es

Blick von der Straße nach Bendigo

zwei freie Übernachtungsmöglichkeiten, ein Rastplatz mit Badegelegenheit direkt an der Straße und eine ruhigere, etwas abgelegene, an einem historischen Hotel. Am Lake Dunstan angekommen, treffen Sie fast sofort auf einen einladenden Badeplatz mit Übernachtungsmöglichkeit, den Rocky Point Picknickplatz. Unterwegs lohnt ein Stopp in **Tarras**, denn hier gibt es außer einer Tankstelle auch einige nette Shops und ein Café. Kurz hinter Tarras folgen Sie dem SH8. Rechts zweigt der SH8a nach Wanaka ab. Kurz bevor Sie den Lake Dunstan erreichen, können Sie links zu den geisterhaften Goldgräbersiedlungen bei Bendigo abbiegen. Die zunächst gut zu fahrende Schotterstraße führt an einem Weingut vorbei, steigt danach aber sehr steil an. In Bendigo angelangt bekommen Sie einen guten Einblick in das einstige harte Goldgräberleben in Otago.

(124) WOMO-Stellplatz: Lake Dunstan Rocky Point

GPS: S 44°55'58" E 169°18'2". **Max. WOMOs:** 8
Ausstattung: Picknicktisch.
Beschreibung: Wunderschöner Platz mit vielen Vögeln und Eukalyptus Bäumen. Die schönsten Stellplätze finden Sie am Ende der Zufahrtsstraße.
Zufahrt: Am SH8 rechts, 14 km hinter Tarras.

Gold wurde hier zunächst aus Flüssen geschürft und später in Felsminen abgebaut. Bei herrlichen Wanderungen rund um

Begrüßung in Cromwell

Bendigo stoßen Sie immer wieder auf Relikte aus der Goldgräberzeit. Es gibt dutzende teils zerfallene alte Steinhäuschen und -hütten zu bestaunen, und instruktive Informationstafeln machen die Lebensweise der Goldsucher verständlich. Die Loop Road bringt Sie zurück zum State Highway 8, der nun am See verläuft. Bereits nach 200 Meter liegt rechts am See der Rocky Point Picknickplatz, der sich auch zur freien Übernachtung eignet. Sie folgen dem SH8 auf der Westseite des Lake Dunstan Richtung Cromwell. Kurz hinter dem Rocky Point bietet sich Ihnen die Gelegenheit, in der Northburn Station ein köstliches Mittagessen mit einer Weinprobe zu verbinden.

Cromwell, der Fruchtkorb des Südens

Vier Kilometer hinter der Abzweigung zum Weingut Northburn Station biegen Sie rechts Richtung Cromwell ab. Wer seine Vorräte an Obst und Gemüse auffüllen möchte, sollte bei **Jackson's Orchard** anhalten (73 SH6, Cromwell, Tel. 03 445 0596, www.jacksonorchard.co.nz). Hier können Sie auch aus einer süßlich schmeckenden Frischwasserquelle Wasser abfüllen.

(125) WOMO-Campingplatz: Bannockburn Cairnmuir MC

GPS: S 45°5'3" E 169°10'47", 219 Cairnmuir Road, Bannockburn, Tel. 03 445 www.cairnmuirmc.co.nz, **Ausstattung:** Spielplatz, **Preise:** 40-50 NZD. **Beschreibung:** Großer freundlicher Platz mit Bäumen. Kiwi-Camping im alten Stil. Einfache, aber gute Einrichtungen, saubere Sanitäranlagen. Kurzer Spaziergang zum See (Bannockburn Inlet). Nahe dem neuen Lake Dunstan Cycle Trail gelegen. **Zufahrt:** In Cromwell fahren Sie auf der Bannockburn Road und biegen hinter dem Kawerau River (3,6 km, Bannockburn Lookout nicht verpassen!) links auf die Cairnmuir Road ab (2,1 km).

Cromwell liegt eingebettet zwischen den Dunstan Mountains im Osten und der Pisa Range im Westen. Seine Existenz verdankt die Stadt, die Anfang des 19. Jahrhunderts noch

Picknickplatz Lowburn

Kawarau genannt wurde, der Jagd nach Gold. Der Ort (4.000 Einw.) im oberen Clutha Tal liegt malerisch am Lake Dunstan. Braune Tussock-Grasbüschel bilden mit dem blauen See einen spektakulären Kontrast. Cromwell ist der größte Obstproduzent der Region und wird liebevoll »Fruchtkorb des Südens« genannt. Dies wird dem Besucher im Ort durch eine riesige Obst-Statue stolz kundgetan.

(126) Offizieller WOMO-Stellplatz: Lowburn Picnic Area
GPS: S 45°0'31" E 169°12'50", Luggate-Cromwell Rd. **Max. WOMOs:** 60.
Ausstattung: Toilette, Picknicktische, Grillstellen, Bootsrampe.
Beschreibung: Weiträumiger Picknickplatz mit Stellplätzen direkt am Seeufer. Saubere und gut gewartete Toilettenanlage.
Zufahrt: Am SH6, 3 km hinter der Abzweigung zum SH8, nördlich Cromwell.

Als der mächtige Clyde-Staudamm 1993 fertig gestellt war, verschwand neben ausgedehnten Obstfeldern auch das alte Stadtzentrum Cromwells zwischen 1992 und 1993 in den Fluten des neu entstehenden Lake Dunstan. Teile der Stadt wurden in einen höher gelegenen Bereich verlagert und heute können Sie bei einem Besuch in der Melmore Terrace mit der „Old Cromwell Town" ein faszinierendes Stück lebendiger Geschichte von Central Otago bestaunen. Die antike Häuserzeile der restaurierten Stein- und Holzhäuser erscheint einer Filmkulisse entsprungen zu sein.

Jetboot in der Kawarau Gorge

Kawarau Gorge

Etwas südwestlich von Cromwell liegt auf der anderen Seite des Kawarau River die kleine Ansiedlung Bannockburn, die für sich in Anspruch nimmt der Ort Neuseelands mit der größten Entfernung zum Meer zu sein. An der Stelle, an der früher auch hier in der Erde nach Gold gebuddelt wurde, gedeihen heute prächtige Weinreben. Sie folgen dem Kawarau River flussauf, der 60 km nachdem er Lake Wakatipu verlassen hat, bei Cromwell in den Lake Dunstan mündet. Unterwegs passieren Sie die ausgesprochen reizvolle **Kawarau Gorge**. Kurz nach dem Beginn der Schlucht können Sie das **Otago Goldfields Mining Centre** besuchen (www.goldfieldsmining.co.nz, Tel. 0800 111 038) und selbst Gold schürfen. Auch Jetboot-Fahrten werden hier angeboten. Der Fluss weist in der engen Schlucht zahlreiche Stromschnellen und starke Strömungen auf. Bei dem Wasserkraftwerk **Roaring Meg** liegt ein Picknickplatz. Gegenüber liegt ein Aussichtspunkt, vom dem aus Sie die Einmündung

(127) Offizieller WOMO-Stellplatz: Kawarau Historic Bridge

GPS: S 45°0'35" E 168°54'6", 1693 Gibbston Hwy. **Max. WOMOs:** 8.

Ausstattung: Toilette, während der Öffnungszeiten des *Kawarau Bungy Centre*

Beschreibung: Parkplatz am SH6, oberhalb der historischen Brücke über den Fluß. Nicht besonders hübsch, aber ausgesprochen unterhaltsam. Sie können den Bungee Springern zusehen, oder verschiedene Wanderungen unternehmen (**Gibbston River Trail**). Den Parkplatz benutzen dürfen sie zwischen 17 Uhr und 9 Uhr benutzen.

Zufahrt: Am Gibbston Highway (SH6), 24 km hinter Queenstown.

Bungee Jumping am Kawarau River

des Wasserkraftwerkes in den Kawarau River sehen können. Die untere Kraftwerkstation wurde schon einige Male bei Hochwasser überflutet. Wenige hundert Meter unterhalb des Kraftwerkes verengt sich der Fluss auf 1,2 m. Früher nutzten Goldgräber diese Naturbrücke als Übergang auf dem Weg zu den Arrow-Goldfeldern. Noch im 19. Jahrhundert wurde aus dem Kawarau River Gold gewonnen. Einige Hütten der Bergleute sind noch heute erhalten.

Nahe der Stelle, an der der SH6 den Kawarau River überquert, befindet sich die nicht zu befahrende historische **Kawarau Bridge**, heute ein Kulturdenkmal. Sie ist 43 m hoch und war der Ort, an dem 1988 weltweit erstmals das kommerzielle Bungee-Jumping angeboten wurde. Sie können auf dem großen Parkplatz an der Brücke frei übernachten und den mutigen Springern zuschauen. Auch heute noch zieht die Kawarau Bridge jährlich tausende »thrill-seekers« aus der ganzen Welt an. Am Kawarau River, mit seinen starken Strömungen und zahlreichen Stromschnellen, begann das Rafting in Neuseeland. Es werden Jetbootfahren, Rafting und River Surfing angeboten (**Kawarau Bungy Centre,** www.bungy.co.nz/kawarau-bungy-centre, Tel. 0800 286 4958).

Der SH6, der hier Gibbston Highway heißt, führt nun durch das noch recht junge Weinbaugebiet **Gibbston Valley**. Vor Überqueren des Kawarau River liegt am Wegesrand mit der **Gibbston Valley Winery** (1820 State Highway 6, www.gibbstonvalleynz.com, Tel. 03 442 6910) das Weingut, das nicht nur den längsten Untergrundkeller Neuseelands hat (75 m), sondern auch die meisten Besucher: 100.000 pro Jahr. In diesem ältesten Weingut des Gibbston Valley wurde 1987 der erste Wein gelesen. Auch Ausflugsbusse halten hier. Neben Probiermöglichkeiten und Restaurant gibt es auch eine angeschlossene Käserei mit Verkaufs- und Probierraum, sehr zu empfehlen. Kellerführungen werden gegen Bezahlung mehr-

Lake Hayes

fach am Tag zur vollen Stunde angeboten. Die Angebote für Weinproben sind thematisch sortiert und preislich gestaffelt.

Arrowtown

Wenn Sie von diesem Platz direkt ins 4 km nördlich gelegene Arrowtown fahren, passieren Sie das **Walnut Cottage Cafè** (265 Arrowtown-Lake Hayes Rd, Tel. 03 442 1090). Probieren Sie in dem versteckt liegenden kleinen Café den köstlichen Käsekuchen oder die leckere *lemon meringue pie*!

Die ehemalige Goldgräberstadt **Arrowtown (**2.150 Einw.) liegt vier Kilometer nördlich des Lake Hayes im Tal des Arrow River, zu Füßen der *Crown Range*. Beschaulich bettet sich der Ort sich in einen kleinen Talkessel, der von den halbkreisförmigen Berghängen gebildet wird. Das malerische Städtchen (Mehr als 60 Gebäude aus dem 19. Jahrhundert wurden liebevoll renoviert.) hat seinen ursprünglichen Charakter erhalten. Sie erreichen den kleinen Ort am Westufer des Arrow River über den SH6, dem Sie 25 km in nördlicher Richtung folgen.

Nachdem 1862 ein Schafscherer Gold im Arrow River gefunden hatte, verbreitete sich diese Nachricht in Windeseile. Innerhalb weniger Wochen wuchs die Einwohnerzahl auf 1.500 und stieg während des Höhepunktes des Goldfiebers weiter bis auf über 7.000 an. Insgesamt wurde damals in 80 Goldfeldern, teilweise im eiskalten Wasser der Flüsse, nach dem begehrten Edelmetall geschürft. Die Goldvorkommen waren schnell erschöpft und die Schürfstellen wurden innerhalb nur eines Jahrzehnts wieder aufgegeben. Wer will kann heutzutage am Arrow River mit ausgeliehenen Pfannen selbst sein Glück beim Goldwaschen versuchen und die mühselige Arbeit des Schürfens in Angriff nehmen. Heute ist Arrowtown ein quicklebendiger Ort, in dem die liebevoll renovierten und

Arrowtown, Gelegenheit zum Goldwaschen

teils pittoresken Fassaden das Bild einer längst vergangenen Zeit nachzeichnen. Es ist aber keine Geisterstadt, sondern ein ausgezeichnet funktionierendes Städtchen, das seinen Einwohnern alle wichtigen Dinge des Lebens bietet. In der stimmungsvollen Wild-West Atmosphäre kann man trotz der täglichen Touristenströme gut bummeln und einkaufen. Lassen Sie sich vor allem die anmutige »Avenue of Trees« in der östlichen Buckingham Street nicht entgehen. Die hier zur Zeit des Goldgräberbooms gepflanzten Eichen und Platanen haben sich zu einer ausladenden Größe entwickelt und lassen die Goldgräberhütten winzig erscheinen.

Das *Lake District Museum* informiert umfangreich über die Goldgewinnung in der Region. Hier erhält man die Broschüre *Historic Arrowtown*, die verschiedene Spazierwege beschreibt. Am Museum startet die 30-minütige »The Arrowtown Legends Tour«, die Ihnen den Ort in einem knallroten Doppeldeckerbus näherbringt (www.doubledeckerbus.co.nz).

Arrowtown, Chinese Settlement

Am westlichen Ostrand befindet sich am Fluss das **Chinese Settlement** ein Camp chinesischer Arbeitskräfte, die um 1870 in die Gegend kamen. Auch sie suchten in den Schluchten von Arrow River und Shotover River nach Gold. Ihre kleinen Stein- und Lehmziegelhütten sind inzwischen restauriert. Ein Besuch ist durch diverse Schautafeln mit historischen Bildern sehr informativ. Den kleinen Rundgang sollten Sie sich nicht entgehen lassen.

(129) WOMO-Campingplatz: Arrowtown HP

GPS: S 44°56'37" E 168°50'16", 12 Centennial Ave, Arrowtown, Tel. 03 442 1876, www.arrowtownholidaypark.co.nz **Preise:** 40-60 NZD.
Beschreibung: Tolle Lage mit Blick auf die Berge. Trotz der Größe friedvoller Platz mit modernen Sanitäranlagen. 700 m von Arrowtowns Zentrum.
Zufahrt: Am SH6 an der Arrow Junction Richtung Norden abbiegen. Nach 5 km erreichen Sie Arrowtown und befinden sich direkt in der Centennial Road, der Hauptstraße des Ortes.

Wem Arrowtown noch nicht genügend Goldgräberstimmung vermittelt, der kann sich einer Geländewagen-Tour nach **Macetown** anschließen. Diese fünfzehn Kilometer nördlich von Arrowtown gelegene, eindrucksvolle Geisterstadt ist alternativ über einen Fußmarsch, eine Mountainbike-Tour oder einen Ausritt zu erreichen. Sämtliche Routen folgen flussaufwärts dem Arrow River. In den Ruinen des verlassenen Örtchens Macetown werden Sie sich um fast 200 Jahre zurückversetzt fühlen. Damals lebten hier 200 Menschen voller Träume, heute ist Macetown nur noch eine Geisterstadt. Der Name stammt vermutlich von den Gebrüdern Mace, die dort als erste mit der Goldsuche begannen und damit sehr reich wurden. Sie errichteten ein Hotel und Geschäfte, die teilweise bis heute erhalten sind. Das Department of Conservation (DOC) hat das

Skippers Canyon

Gelände unter seine Fittiche genommen und einige der historischen Cottages für die Nachwelt restauriert. Man kann das alte Schulgebäude und das Backhaus der Smiths bestaunen. Andersons Metallstanz-Anlage war die einzige ihrer Art in ganz Otago. Auch die einst angelegten Obstbäume und Steinmauern sind erhalten geblieben.

Folgen Sie der Malaghans Road ins 20 Kilometer entfernte Queenstown. Nach 15 Kilometern überquert sie den Shotover River, auf dem man mit dem Jetboot durch die spektakuläre Kulisse des Shotover Canyon fahren kann (Shotover Jet, Gorge Rd, Queenstown, Tel. 800 746 868, www.shotoverjet.com). Die 25-minütigen Fahrten sind sehr teuer und führen mit hoher Geschwindigkeit sehr nahe an den Felsen vorbei. Die Touren sind gut organisiert: Ausgabe von Regencape und Schwimmweste, kurze Einweisung und los geht's. Maximal vierzehn Personen sitzen in einem 700 PS starken Jetboot und rasen mit bis zu 85 Stundenkilometern durch das teilweise nur 15 Zentimeter tiefe Wasser. Beliebt sind auch die 360-Grad-Manöver, die der Fahrer vorher ansagt. Hier kommen die Regencapes zum Einsatz. Trotz der landschaftlichen Schönheit sind die Touren eher etwas für Adrenalinjunkies als für Naturliebhaber. Empfehlenswert ist die Skippers Canyon Tour (**Nomad Safaris**, 37 Shotover St, Queenstown, Tel. 0800 688 222). Der Skippers Canyon ist eine tiefe Schlucht, die rechts und links

Arrowtown, Avenue of Trees, Buckingham Street

Edith Cavell Bridge über den Shotover River

des Shotover River steil abfällt. Auf dieser Halbtagestour fahren Sie mit dem Jeep durch diese atemberaubende Schlucht und besuchen historische Stätten wie die Skippers Hängebrücke. Auf dem Rückweg können Sie sich beim Goldwaschen in einem der goldreichsten Flüsse der Welt versuchen.

(129) WOMO-Parkplatz: Swiss Belresort Coronet Peak

GPS: S 44°58'47,5" E 168°41'8,5", 161 Arthurs Point Road, Arthurs Point, Queenstown. Tel. 0800 787 453. **Ausstattung:** Toilette, Dusche.
Preise: Sie zahlen entweder 30 NZD für einen Parkplatz für eine Nacht oder 50 NZD für einen Essensgutschein im Restaurant des 3 Sterne Hotels.
Beschreibung: Parkplatz des Hotels. Sie dürfen die Toiletten des Hotels benutzen und bekommen auch eine Duschmöglichkeit.
Zufahrt: An der Hauptstraße, 1,6 km vor dem Shotover River.

(130) WOMO-Campingplatz: Queenstown Top 10 HP

GPS: S 44°59'5" E 168°40'38", 70 Arthurs Point Road, Queenstown, Tel. 0800 462 267, www.qtowntop10.co.nz **Preise:** 40-60 NZD.
Beschreibung: Familienfreundlicher Platz mit kostenlosen Gasgrills. Toll ausgestattet mit sehr gutem Küchenbereich und sauberen, beheizten Sanitäranlagen einschließlich Fön! Etwas eng. Nahe bei dem Startplatz der Shotover Jetboots.
Zufahrt: An der Hauptstraße, 700 m vor dem Shotover River.
Hinweis: Bis 2015 hieß der Platz Shotover Top 10 HP

Wer noch mehr Nervenkitzel benötigt, bucht den Canyon Swing & Canyon Fox. Bei diesem speziellen Canyon Swing fällt man zunächst ca. 60 Meter im freien Fall und schwingt dann über die gesamte Schlucht. Beim Flying Fox hingegen hängen Sie an einer Seilverbindung zwischen zwei unterschiedlich hoch gelegenen Punkten und überqueren so die Schlucht. Bei Bedarf unbedingt vorher reservieren. Nach weiteren sechs Kilometern erreichen Sie Queenstown, die Action-Hauptstadt des Landes (Beschreibung siehe Tour S09).

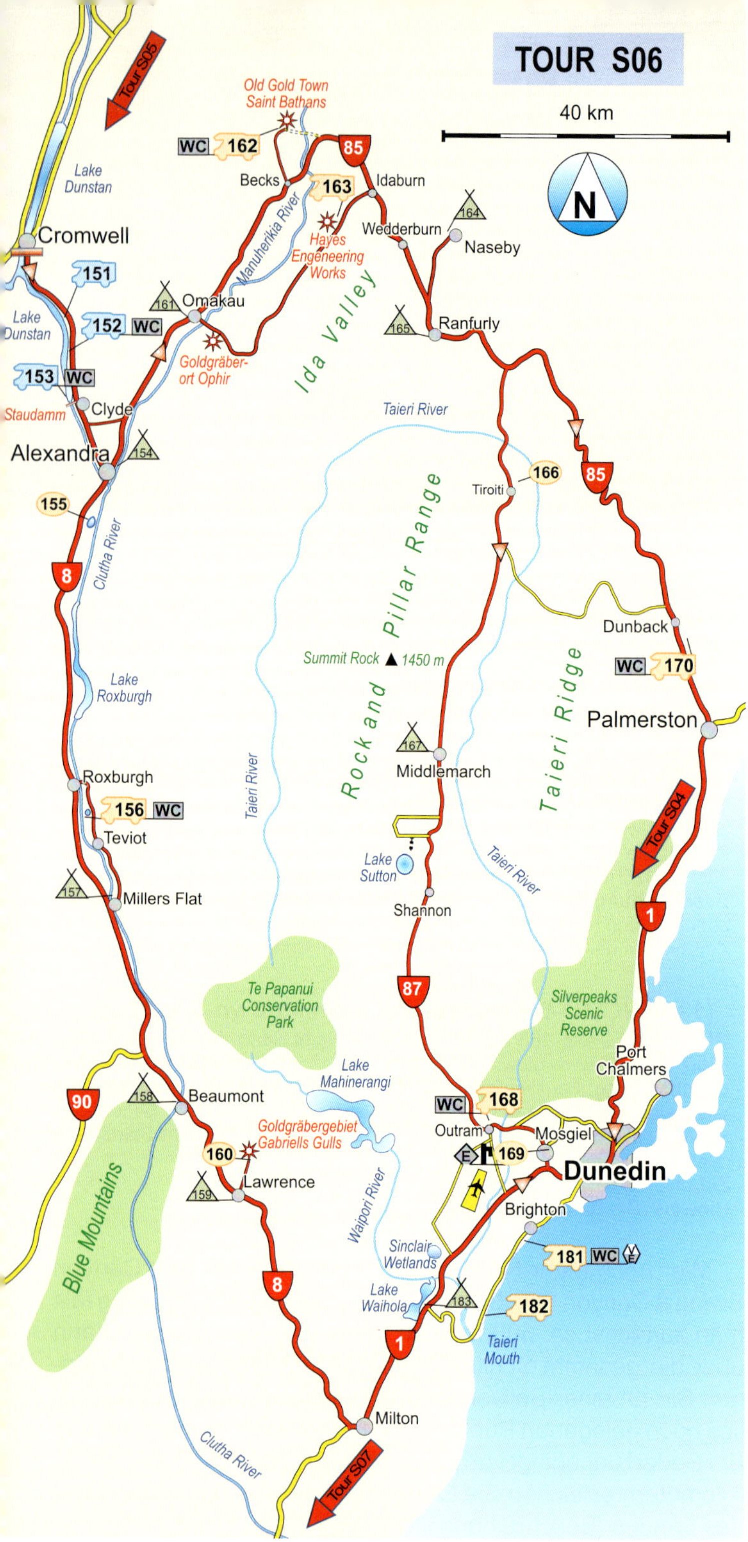

TOUR S06
40 km
N
Tour S05
Old Gold Town
Saint Bathans
WC 162
85
Becks
163
Idaburn
164
Lake
Dunstan
Cromwell
Manuherikia River
Hayes
Engeneering
Works
Wedderburn
Naseby
151
161
Omakau
Lake
Dunstan
152 WC
Ida Valley
165
Ranfurly
Goldgräber-
ort Ophir
153 WC
Staudamm
Clyde
Taieri River
Alexandra
154
166
Tiroiti
85
155
Clutha River
Rock and Pillar Range
8
Dunback
Summit Rock 1450 m
WC 170
Lake
Roxburgh
Taieri Ridge
Palmerston
167
Middlemarch
Roxburgh
Taieri River
156 WC
Teviot
Tour S04
Lake
Sutton
Taieri River
157
Millers Flat
Shannon
1
Te Papanui
Conservation
Park
87
Silverpeaks
Scenic
Reserve
Port
Chalmers
Lake
Mahinerangi
90
158
Beaumont
WC 168
Outram
Mosgiel
Goldgräbergebiet
Gabriells Gulls
E 169
160
Dunedin
Lawrence
159
Brighton
Blue Mountains
Waipori River
Sinclair
Wetlands
181 WC
8
Lake
Waihola
183
182
1
Taieri
Mouth
Milton
Clutha River
Tour S07

Tour S06: Durch Central Otago nach Dunedin

Cromwell - Alexandra - Roxburgh - Lawrence - Dunedin - 222 km
Cromwell - Alexandra - Ranfurly - Middlemarch - Dunedin - 257 km
Cromwell - Alexandra - Ranfurly - Palmerston - Dunedin - 244 km

Stellplätze:	Jackson Picnic, Champagne Gully, Burton Creek, Butchers Dam, Pinders Pond, Gabriels Gully, St. Bathans, Hayes Engeneering, Tiroti, Outram, Mosgiel, Dunback
Camping:	Alexandra, Millers Flat, Beaumont, Lawrence, Omakau, Naseby, Ranfurly, Middlemarch
Besichtigen:	Clyde Staudamm, Clyde Museum und historische Steinge bäude, Alexandra Shaky Bridge, Lake Roxburgh Wasser kraftwerk, King George Park, Gabriels Gully, historisches Ophir, Old Gold Town Saint Bathans, Blue Lake, Naseby Maniototo Early Settlers Museum, Ranfurly, Landver messer-Denkmal, Middlemarch, Suddon Lake
Wandern:	Alexandra Stadtrundgang, Tucker Hill, Bullock Track, Naseby Walks, Ranfurly Walk, Rock and Pillar Tracks, Sutton Lake Walk
Essen:	Alexandra: Shaky Bridge Café, Courthouse Café, Roxburgh: Jimmy's Pies, Naseby: Black Forest Café; Ranfurly: E-Central Café; Middlemarch: Quench, Kissing Gate

Viele Wege führen in Central Otago von Cromwell nach Dunedin. In Tour S06 stellen wir Ihnen die drei wichtigsten Alternativen vor. Alle drei Routen folgen zunächst der Cromwell Gorge in südlicher Richtung, vorbei am mächtigen Clyde Dam nach Alexandra, dem Handelszentrum von Central Otago.
***Route 1** folgt danach dem Clutha River über Roxburgh nach Beaumont und führt nach der Trennung von Clutha River und State Highway 8 über Lawrence und Milton in die Hauptstadt Otagos. Die beiden anderen Routen verlaufen parallel zum beliebten Otago Central Rail Trail durch historische Bergbaustädte und atemberaubende Landschaften bis nach Ranfurly.*
***Route 2** führt weiter über Middlemarch, der Endstation der Taieri Gorge Railway, **Route 3** über Palmerston nach Dunedin.*

Badeplatz Jackson Picnic Area

Von Cromwell nach Alexandra

Sie verlassen Cromwell, den »Fruchtkorb des Südens«, Richtung Süden in die **Cromwell Gorge**. Der größte Teil dieser bezaubernden Schlucht versank mit dem Bau des Clyde Staudamm in den Fluten des neu entstandenen Lake Dunstan und eine Verlegung des Highways an das Ostufer wurde erforderlich. Der See ist in diesem Teil nicht sehr breit und bietet Ihnen eine Vielzahl ausgezeichneter Bademöglichkeiten. Wir zeigen Ihnen gleich drei sehr empfehlenswerte Übernachtungsstellen mit Badegelegenheit auf.

(151) Offizieller WOMO-Stellplatz: Jackson Picnic Area

GPS: S 45°5'13" E 169°16'12", Cromwell Clyde Road. **Max. WOMOs:** 8.
Ausstattung: Keine.
Beschreibung: Wunderschöner Platz. Neben den Pappeln finden Sie schattige und geschützte Stellplätze. Lassen Sie sich ein Bad im See nicht entgehen! Die nahe Straße ist belebt am Tage und ruhig in der Nacht.
Zufahrt: Am SH8 rechts, 8 km südlich von Cromwell.

(152) Offizieller WOMO-Stellplatz: Champagne Gully

GPS: S 45°7'46" E 169°19'0", Cromwell Clyde Road. **Max. WOMOs:** 8.
Ausstattung: Toilette, Picknicktische.
Beschreibung: Im vorderen Bereich liegt der Toilettenblock, im hinteren befinden sich Bäume, dazwischen sind Picknicktische platziert. Nahe der Straße, aber nicht zu laut. Beim Baden die Schilder zur Wasserskizone beachten. **Zufahrt:** Am SH8 rechts, 15 km südlich Cromwell.

(153) Offizieller WOMO-Stellplatz: Burton Creek

GPS: S 45°10'34" E 169°18'7", Fruitgrowers Road. **Max. WOMOs:** 20.
Ausstattung: Toilette (400m). **Beschreibung:** Beliebter Badeplatz auf der westlichen Seite des Lake Dunstan, dicht am Clyde Staudamm. Sehr beschauliches und ruhiges Fleckchen.
Zufahrt: Sie fahren in Clyde vom SH8 rechts über die rote Brücke, dann rechts am Kraftwert vorbei.

Der zunächst umstrittene **Clyde Dam** wurde zwischen 1982 und 1993 gebaut. Vor allem wegen seiner Vorrichtungen zur Erdbebensicherheit gilt er als technische Meisterleistung. Verwerfungen von bis zu zwei Meter werden von der Konstruktion abgefangen. Schauen Sie ihn sich von der Aussichtsterrasse aus an, Sie werden beeindruckt sein. Sein Kraftwerk deckt 5% des neuseeländischen Strombedarfes und das Wasser des Lake Dunstan versorgt großflächig die anliegenden Weingüter und Obstplantagen. Von Einheimischen und Besuchern wird der See für diverse Wassersportarten genutzt. 21 Kilometer hinter Cromwell zweigt rechts eine Straße zu einem Aussichtspunkt ab, von dem aus Sie den Staudamm und das Wasserkraftwerk überblicken können. Die Straße führt weiter in das heute beschauliche Clyde - das alte Dunstan - das während des Höhepunktes des Goldrausches der bevölkerungsreichste Ort Neuseelands war. Die ehemalige Goldgräberstadt war früher die Hauptstadt der Region, bevor das nahe gelegene Alexandra diese Bedeutung übernahm. Clyde hat seine frühere Bedeutung eingebüßt, ist heute aber eine lebendige Kleinstadt mit Cafés und Restaurants. Wunderschön erhaltene historische Steingebäude und bunte Kräutergärten bewahren den Charme der Goldgräberzeit. Sehenswert sind das **Clyde Museum** (5 Blyth St, Di-So 14-16 Uhr und 12 Fraser St, Di-So 15-17 Uhr) und das **Herb Factory Museum** (10 Fache St, Di-So 14-16 Uhr).

Clyde-Staudamm

Alexandra

Im zehn Kilometer entfernten Alexandra werden Sie von einem riesigen weißen Ziffernblatt empfangen, das den Felsenhügel hinter der Stadt ziert. Die **Clock on the Hill** hat einen stattlichen Durchmesser von 11 m und wird nachts beleuchtet. Die

Alexandra, Clock on the Hill

Pylone der Old Bridge Piers

Stadt liegt wunderschön am oberen Ende des aufgestauten Lake Roxburgh, in den der Clutha River und der Manuherikia River ihre Wasser ergießen. Rund um die Stadt sind viele Obstplantagen anzutreffen und auch Weinreben gedeihen prächtig. Die ländliche Umgebung mit den umliegenden Farmen prägt das Stadtbild Alexandras ganz wesentlich.

(155) WOMO-Stellplatz: Butchers Dam

GPS: S 45°17'19" E 169°20'23". **Max. WOMOs:** 8, **Ausstattung:** Keine.

Beurteilung: An einem kleinen Stausee gelegener ursprünglicher, stimmungsvoller Grasplatz ohne Bäume, dem Wind ausgesetzt. So gut wie kein Lärm von der Straße. Mehrere Wanderungen, darunter der 40-minütige Doggies Loop Track.
Zufahrt: Sechs Kilometer hinter Alexandra links abbiegen. Dann die rechte Abzweigung nehmen. Auf dem Parkplatz links ist die Übernachtung nicht erlaubt.

Und doch kommen auch Touristen in der Stadt auf ihre Kosten, der Golfplatz und die Eishalle sind beliebte Anlaufstellen. Der Lake Roxburgh bietet verschiedene Wassersportmöglichkeiten und lädt zu beschaulichen Bootsausflügen und rasanten Jetboot-Fahrten ein (**Clutha River Cruises**, 51 Sunderland Street, Tel. 258 842, www.clutharivercruises.co.nz). Besonders beliebt ist die Gegend bei Mountainbikern, denn rund um die Stadt befinden sich die unterschiedlichsten attraktiven Routen. Ein weiteres Highlight auf zwei Rädern ist der *Otago Central Rail Trail*, der im 8 km entfernten Clyde beginnt. Gartenliebhaber können sich an mehreren schönen Grünanlagen erfreuen. Der *Pioneer Park* liegt im Stadtzentrum und die *Lakeside Domain* befindet sich zwischen Clutha- und Manuherikia River.

Alexandra, Shaky Bridge

Alexandra beherbergt einen Campingplatz, der allerdings nicht zu den schönsten seiner Art gerechnet werden kann. Infos in Kurzform:

(154) Alexandra Holiday Park, GPS: S 45°14'42" E 169°24'13", 44 Manuherikia Rd, Tel. 03 448 8297, www.alexandraholidaypark.com

Markant sind auch die beiden historischen Brücken. Die **Shaky Bridge** von 1879 über den *Manuherikia River* und die Überreste der ehemaligen Alexandra-Brücke, die **Old Bridge Piers** von 1882. Über letztere lief bis 1958 der Verkehr, während heute von ihr nur noch zwei 30 m hohe Pylone neben der neuen Brücke aus dem Wasser ragen. Von einem Aussichtspunkt auf dem **Tucker Hill** (2 km einfach) haben Sie einen wunderbaren Blick über die gesamte Gegend. Ein Rundgang führt zu den sehenswertesten Bauten des Ortes, zu denen auch das **Alexandra District Museum** (21 Centennial Ave) gehört. Die Shaky Bridge erreichen Sie über den SH85, die Fox St und die Kerry St. Wenn Sie die Brücke überquert haben, können Sie das Shaky Bridge Café besuchen (**Shaky Bridge Wines & French Bistro**, 65 Graveyard Gully Rd, Tel. 03 448 5111). Empfehlenswert ist auch das zentral gelegene **Courthouse Café (**8 Centennial Ave, 03 4487818) das im ehemaligen Gerichtsgebäude von 1878 untergebracht ist.

Route 1: Über Roxburgh und Lawrence nach Dunedin

Auf dem Weg nach Süden folgen Sie nun dem Clutha River, der bald in den Stausee **Lake Roxburgh** übergeht. Mit dem Bau des Staudamms wurde im Jahr 1949 begonnen. Das damals größte Bauprojekt Neuseelands zog sich bis 1956 hin. Die maximale Leistung von 320 MW erreichten die acht Turbinen des Kraftwerkes weitere fünf Jahre später. Der Stausee hat eine

Roxburgh, Galerie

Länge von 29 Kilometer und war bei seiner Inbetriebnahme bis zu 43 m tief. Durch die Ablagerung von Sedimenten verflachte der langegezogene und schmale Lake Roxburgh in recht dramatischer Weise. Man geht davon aus, dass er heute fast die Hälfte seiner ursprünglichen Speicherkapazität verloren hat. Damit nahm auch seine Fähigkeit ab, extreme Regenfälle abzufedern. In der Folge kam es in den Jahren 1994, 1995 und 1999 zu heftigen Überflutungen in Alexandra. Sie bleiben von diesen Problemen hoffentlich verschont und erreichen 36 km hinter Alexandra den kleinen Ort Lake Roxburgh. Hier steht der Staudamm und hier wurden seine Bauarbeiter untergebracht und versorgt. Die Bahnlinie, die die Materialversorgung beim Bau des Roxburgh Dam sicherstellte, ist längst wegen Unwirtschaftlichkeit eingestellt. Acht Kilometer südlich von Neuseelands ältestem Wasserkraftwerk treffen Sie auf das schottisch geprägte 560 Einwohner (Tendenz sinkend) zählende Örtchen **Roxburgh**. Benannt wurde es von den Kolonialsiedlern aus Schottland nach ihrem heimischen Roxburghshire. Bis heute tragen fast alle Straßennamen Namen schottischer Grenzstädte.

Wie viele andere Ort an denen Gold gefunden wurde, hatte Roxburgh ab 1860 durch den Goldrausch unzweifelhaft Metropolen-Charakter. Die Goldsuche war vor allem in den umliegenden kargen Hochlagen extrem entbehrungsreich. Ein schwerer Schneesturm kostete dort im Juli 1863 viele Menschenleben. In Roxburgh und Umgebung sind zahlreiche Relikte aus der Goldgräberzeit zu finden, viele davon mit Infotafeln versehen. Sonst erinnert außer einigen Grabsteinen nur noch wenig an dieses Kapitel in der Vergangenheit. Die Region ist heute landwirtschaftlich geprägt, wobei der Obstanbau dominiert. Äpfel, Kirschen, Aprikosen, Pfirsiche, Himbeeren, Erdbeeren und viele weitere Obstsorten mehr werden mit großem Erfolg auf den riesigen Obstplantagen angebaut. An Straßenständen können Sie die von Saisonarbeitern geernteten Früchte kaufen. Markant ist der **King George Park** mit seinen stählernen Kunstdenkmälern, die zum 150-jährigen Farmjubiläum des Teviot Valley errichtet wurden. Erwähnenswert ist auch das Roxburgh Cinema in der Scotland Street.

Roxburgh, Kirche

Wandertipp: Laufen Sie den **Bullock Track**, der drei Kilometer nördlich der Stadt an einem Parkplatz mit Informationstafel startet. Der Weg folgt einem ehemaligen Versorgungspfad zu den Niederlassungen der Goldgräber in der *Old Man Range*. Der Wanderweg führt durch privates Farmland. Bitte schließen Sie die von Ihnen durchquerten Gatter wieder, wenn sie zuvor geschlossen waren. Der Weg steigt nach einem kurzen flachen Abschnitt steil an (tragen Sie geeignetes Schuhwerk!) und bietet Ihnen immer wieder tolle Ausblicke. Die Wanderung endet auf dem Gipfel eines Hügels, der Ihnen eine fantastische Aussicht über das gesamte Tal bietet. An einem Picknicktisch können Sie sich für den Rückweg stärken. (1,5 - 2 h, 8 km, einfach).

Es versucht, als am längsten durchgehend operierendes Kino der Welt einen Eintrag im Guinness Buch der Rekorde zu erhalten. Bevor Sie Roxburgh verlassen, sollten Sie bei **Jimmy's Pies** (143 Scotland St, Tel. 03 446 8596) vorbeischauen. Die gesamte Südinsel wird mit seinen Pasteten beliefert. Die Gourmetversionen bekommen Sie allerdings nur hier zu kaufen. Wenn Sie nach dem Besuch von **Pinders Pond** am östlichen Ufer weiterfahren, treffen Sie nach 4,5 km auf die Ansiedlung **Teviot**, die Namensgeberin des Tales. Das elf Kilometer entfernte **Millers Flat** ist eine kleine Siedlung mit etwa 200 Einwohnern, die wie die gesamte Region vom Obstanbau leben.

Überqueren Sie hier den Clutha River und folgen Sie dem Fluss 24 km bis **Beaumont**. Hier gibt es eine zahlungspflichtige Übernachtungsmöglichkeit.

Roxburgh, Jimmy's Pies

(156) Offizieller WOMO-Stellplatz: Pinders Pond

GPS: S 45°34'47" E 169°19'14". **Max. WOMOs:** 8. **Ausstattung:** Toilette.
Beschreibung: An einem kleinen Teich (Pinders Pond, Bademöglichkeit), nahe dem Clutha River gelegener ursprünglicher Platz. Er ist von Bäumen umgeben und ausgesprochen stimmungsvoll. Lagerfeuer nicht gestattet.
Zufahrt: 386 Teviot Rd, Roxburgh East. Sie biegen in Roxburgh in die Jedburgh St ein, überqueren den Clutha River und biegen dann rechts in die Teviot Rd ein. Nach 4,5 km rechts auf den Platz abbiegen.

(157) WOMO-Campingplatz: Millers Flat HP

GPS: S 45°39'41" E 169°24'36", 1672 Teviot Rd, Millers Flat, Tel. 03 446 6877, www.millersflat.co.nz **Preise:** 20-40 NZD.
Beschreibung: Einfacher kleiner, aber gut gepflegter Platz am Clutha River mit Plätzen auf Gras. Sehr freundliche neue Besitzer.
Zufahrt: In Millers Flat 200 m vor der Brücke auf der rechten Seite.

(158) WOMO-Campingplatz: Beaumont Hotel & Holiday Park

GPS: S 45°49'6" E 169°31'25", 1897 Beaumont Highway, Tel. 03 485 9431, www.beaumonthotel.co.nz **Ausstattung:** Pub. **Preise:** 20-40 NZD.
Beschreibung: Einfacher kleiner, sauberer Campingplatz am SH8. Sehr gutes Essen in der Beaumont Tavern, freundliche Besitzer.
Zufahrt: In Millers Flat 200 m vor der Brücke auf der rechten Seite.

(159) WOMO-Campingplatz: Lawrence Goldpark MC

GPS: S 45°55'12" E 169°41'4", 1 Harrington St, Lawrence, Tel. 03 485 9850, www.goldpark.co.nz
Preise: 30 - 50 NZD.
Beschreibung: Netter sauberer Campingplatz, am südlichen Ortsrand gelegen. Stellplätze auf Gras.
Zufahrt: Vom SH8 über die Peel Street.

Einen schönen Campingplatz gibt es im 19 km entfernten **Lawrence**. In dem heute ca. 550 Einwohner beherbergenden Ort nahm der Otago Goldrausch 1861 seinen Anfang. Ein Jahr später lebten und schürften hier 12.000 edelmetallhungrige Menschen. Heute zeugen nur noch einige Viktorianische Gebäude von dieser Zeit. Die Ausstellung im **Tuapeka Goldfields Museum** vermittelt sehr instruktiv ein Gefühl für diese 150 Jahre zurückliegenden bewegten Zeiten (17 Ross Place, Tel. 03 485 9222, Mo-Fr 9.30 bis 16.30 Uhr). Im gleichen Gebäude befindet sich die **i-Site** und free WiFi gibt es obendrauf. Im nach einem britischen General benannten Lawrence können Sie darüber hinaus das **Anthem House** besichtigen, 17 Lancaster Street. *John Joseph Woods* (1849–1934), der in diesem Haus lebte, komponierte hier 1876 die Melodie zur neuseeländischen Nationalhymne *God Defend New Zealand*.

Der geschichtsträchtigste Boden ist drei Kilometer nördlich zu finden. Am 25. Mai 1861 fand der australische Goldsucher Gabriel Read im Tuapeka-River-Gebiet größere Mengen Gold und löste damit den Otago Goldrausch aus. Reads Fundstelle wurde nach ihm **Gabriels Gully** genannt. Im Jahre 1862 förderten 12.000 Schürfer insgesamt 200.000 Unzen Gold zu Tage. Zur Bewahrung der Erinnerung an diese bewegten Zeiten wurde auf dem Gelände das *Gabriel's Gully Historic Reserve* eingerichtet. Auf einem einstündigen Rundweg erläutern Hinweistafeln die Funktionsweise der Goldschürfanlagen. Eine vom DOC gemanagte Möglichkeit zur freien Übernachtung bietet sich obendrein. 33 Kilometer hinter Lawrence trifft der SH8 auf den SH1. Die 57 km lange Strecke nach Dunedin folgt Tourbeschreibung S07.

Brücke bei Millers Flat

(160) Offizieller WOMO-Stellplatz: Gabriels Gully

GPS: S 45°52'50" E 169°40'53", Gabriels Gully Rd, Lawrence, Tel. 03 477 0677. **Max. WOMOs:** 6. **Ausstattung:** Picknicktisch.
Beschreibung: Parkplatz am historischen Gabriels Gully. Einstündiger Rundweg. Abgelegener, ruhiger Platz. Auf markiertem Bereich übernachten.
Zufahrt: Drei Kilometer nördlich von Lawrence, dort ausgeschildert.

Routen 2+3: Durch das Maniototo nach Ranfurly

Die Routen 2 und 3 führen zunächst gemeinsam in einem großen Bogen von Alexandra durch **Central Otago** nach Ranfurly. Die gegenüber Route 1 abwechslungsreichere Strecke führt durch das **Maniototo**. Der Name Maniototo bezeichnet einen Teil Central Otagos, der die Täler des *Taieri River*, des *Manuherikia River* und das *Ida Valley* umfasst. Die Flusstäler werden durch relativ niedrig verlaufende Bergrücken voneinander getrennt. Die von ihnen eingeschlossene Hochebene liegt im Herzen der Südinsel. Sie ist bekannt für ihre herbe Schönheit. Wie alle Teile Otagos wurde das Maniototo in der Mitte des 19. Jahrhunderts mit dem Otago-Goldrausch (1861–1863) von Europäern besiedelt. Der Bau der Eisenbahnlinie Otago Central Railway Line, von Dunedin nach Cromwell, unterstützte diesen Prozess und führte zur Gründung mehrerer Städte. Die stillgelegte Eisenbahnstrecke wurde 1993 vom Department of Conservation (DOC) aufgekauft und mit lokalen Initiativen als Radwanderstrecke ausgebaut. Heute zieht der fantastische und immer beliebter werdende Radwanderweg (Otago

Ophir, historisches Postamt

Rail Trail) mehr als 15.000 Radfahrer pro Jahr an. Entlang der Strecke befinden sich kleine Orte mit Cafés, Bistros und Pubs, die den Radlern Getränke, Erfrischungen und Mahlzeiten anbieten. Central Otago eröffnete sich mit dem Rail Trail einen ganz neuen Tourismuszweig. Gruppen von Radfahrern werden Ihnen immer wieder begegnen. Wenn Sie dann Lust verspüren es Ihnen gleichzutun, mieten Sie sich doch Räder und fahren einen Teil des **Otago Central Rail Trail**. Er wird Tour S06 bis Middlemarch begleiten.

In der Gegend fällt für neuseeländische Verhältnisse relativ wenig Niederschlag, im Sommer wird es bis zu 35°C heiß und im Winter wurden schon bis zu -25°C gemessen. Trotz der relativ geringen Regenmenge ist das Land fruchtbar und die landwirtschaftliche Nutzung, Schafzucht und Milchwirtschaft stellen neben dem Tourismus die Haupteinnahmequelle seiner Einwohner dar.

In Alexandra folgen Sie dem SH85, der dem Tal des Manuherikia River in nordöstliche Richtung folgt. Der erste lohnenswerte Stopp ist nach 27 km **Ophir**, das Sie 2 km vom Highway entfernt über eine 63 m lange historische Hängebrücke von 1880 erreichen. Der reizende 50-Seelen-Ort hat ein hübsches Café und einen netten Kramladen. Unter den historischen Bauten aus der Goldgräberzeit sticht das **alte Postamt** von 1886 heraus. Im Jahre 1976 wurde es vom New Zealand Historic Places Trust restauriert und 1984 in die Kategorie 1 der historischen Plätze eingestuft. Es wird heute noch als Postagentur genutzt. Schauen Sie sich auch das **Courthouse** von 1884 und das **Policeman's House** von 1890 an.

Zurück am auch »The Pigroot« genannten SH85 treffen Sie auf den Ort **Omakau**, der nicht viel mehr als einige Serviceeinrichtungen zu bieten hat. Nach weiteren 18 Kilometern erreichen Sie einen Weiler namens **Becks**. Falls bei diesem Ortsna-

Saint Bathans, historisches Hotel

men der Wunsch nach einem guten deutschen Bier wach wird, besuchen Sie doch einfach das am Highway liegende **White Horse Hotel**. Das seit 1864 betriebene Haus wirbt mit »ländlicher Gastfreundschaft« und serviert Ihnen auf Wunsch ein bekanntes Bier aus Bremen: Beck's. »Na denn Prost!«

(161) WOMO-Campingplatz: Omakau Camping Ground
GPS: S 45°5'58" E 169°35'45", 13 Alton St, Omakau, Tel. 03 447 3172.
Ausstattung: Spielplatz. **Preise** 30-40 NZD.
Beurteilung: Von der Gemeinde betriebener Platz, freundlich und sauber.
Zufahrt: Im Ort vom SH85 links in die Alton St einbiegen, Platz liegt links.

In Becks bietet sich ein 17 km langer Abstecher in die Dunstan Mountains zur Old Gold Town **Saint Bathans** an. Die 1863 unter dem Namen »Dunstan Creek« gegründete Stadt war einst ein lebendiges kleines Städtchen mit circa 2.000 Einwohnern, die in den nahegelegenen Goldminen arbeiteten. Die Geisterstadt mit fünf ständigen Einwohnern, hat einige sehenswerte historische Bauten zu bieten: In dem **Vulcan Hotel**, das 1882 aus Lehmziegeln gebaut wurde, können Sie heute noch Zimmer mieten und sich bei einer Mahlzeit oder einem Glas Bier Geschichten über den Hausgeist anhören. Der Abriss des Hotels konnte 1986 erst durch massive landesweite Proteste verhindert werden. Inzwischen wurde das Hotel in die Kategorie 1 des »New Zealand Historic Places Trust« aufgenommen, einer gemeinnützigen Organisation, die für den Denkmalschutz in Neuseeland zuständig ist. 2015 wäre das historische Gebäude fast abgebrannt. Durch den Einsatz der Einwohner und Dank des drehenden Windes konnte die Katastrophe verhindert werden. Das zweistöckige Gebäude des alten Postamtes besteht aus einheimischem Kauri-Holz und wurde 1909 eröffnet. Sie können Ihre Postkarten heute noch von hier verschicken. Weitere ältere Gebäude sind die anglikanische Kirche von 1882, das »Gold Office« der ehemaligen Bank of New South Wales und das steinerne Schulhaus. Durch

Saint Bathans, Blue Lake

die gut erhaltenen historischen Gebäude kann man sich mühelos in die Blütezeit des Ortes zurückversetzen, auch wenn von den ehemals 27 Bauten nur noch eine Handvoll übriggeblieben sind. Besorgen Sie sich unbedingt die Broschüre *Walk around Historic St Bathans*.

Eine weitere Attraktion ist der **Blue Lake**, der sich in unmittelbarer Nachbarschaft zum Ort befindet. Er wurde von Bergarbeitern eher zufällig geschaffen, die 1864 mit einem wasserbetriebenen Vakuum Schlammsauger begannen, einen 120 m hohen Hügel abzutragen, bis 1933 nur noch eine 168 m tiefe Grube übrig war. Ein Jahr später wurde der Bergbau eingestellt und das Loch füllte sich langsam mit Wasser. Die Mineralien, die hier in den Felsen vorkommen, geben dem See seine bezaubernde tiefblaue Farbe. Der See ist von bizarr geformten steilen weißen Klippen umgeben. Sie können in dem herrlich blauen Wasser ein freilich sehr erfrischendes Bad nehmen.

Umwandern können Sie den See auch. Es gibt einen inneren Rundweg (inner loop, 50 min) und einen äußeren (outer loop, 1,5 Std.).

Jeden zweiten Sonntag im Januar findet die »St Bathans Village Fete« statt. Während dieses von der Organisation „»Landfrauen Neuseelands« veranstalteten Sommerfestes belebt sich der historische Ort wieder mit zahlreichen Neuseeländern der Umgebung und einigen Touristen. Geboten werden bei dem Dorffest Livemusik, vielerlei Buden, Flohmarktstände und Spiele für Kinder. Der Biergarten oberhalb des Blue Pools macht seinem Namen an diesem Tag alle Ehre.

(162) Offizieller WOMO-Stellplatz: St. Bathans Domain
GPS: S 44°51'59" E 169°47'56", Fish Pond Road. **Max. WOMOs:** 8. **Ausstattung:** Toiletten. **Beschreibung:** Großer uriger Grasplatz am Fuße einiger Hügel. Einfacher ruhiger Platz mit viel Charakter. Recht wildes Gelände. DOC Basic Campsite, Spendenbox vorhanden.
Zufahrt: Von der Loop Rd links in die Fish Pond Rd fahren, nach 350 m rechts.

Hayes Engineering Works

Wir empfehlen ihnen, auf der Asphaltstraße zurück zum SH85 zu fahren. Die kürzere Schotterstraße ist sehr holprig. Am SH85 angekommen verläuft die Streckenführung bald in südwestlicher Richtung und überquert die Ausläufer der Bergkette North Rough Ridge. Nach 15 km treffen Sie wieder auf den SH85 und 5 km vor der nächsten Ortschaft Wedderburn biegt rechts das Ida Valley ab. Ein 4,5 km langer Abstecher in das Tal führt Sie durch das Dorf Oturehua zum Gelände der Hayes Engineering Works, einer Landmaschinenfabrik aus dem Jahr 1885, in der die Zeit stehen geblieben zu sein scheint.

(163) Offizieller WOMO-Stellplatz: Hayes Engineering Works
GPS: S 45°0'39" E 169°54'15", 39 Hayes Road, Oturehua, Tel. 03 444 5801. **Max. WOMOs:** 8, **Ausstattung:** Toilette, Café. **Preise:** 15-25 NZD. **Beschreibung:** Großer Grasplatz, wird als Parkplatz für die Besucher genutzt. Am Abend völlig ruhig. Wasser und freier Eintritt sind im Preis enthalten.
Zufahrt: Von der Ida Valley-Omakau Road in die Hayes Road abbiegen.

Besichtigen Sie das eindrucksvolle Werk. Es ist stillgelegt, erweckt aber den Eindruck noch in Betrieb zu sein. In den Hallen herrscht ein großes Durcheinander von Schneidemaschinen, Flaschenzügen und Schleifrädern. Es riecht nach Staub und Öl und Eisen. Auch das vollgestellte Wohnhaus der Familie Hayes steht Besuchern offen. Man traut sich kaum, in die Zimmer zu gehen, weil man glaubt, irgendjemand liege noch im Bett. Nur das Fahrrad fehlt, das die Gründergattin *Hannah Hayes* täglich im viktorianischen Reifrock bestieg, um damit als Handelsvertreterin die Farmer der Gegend zu besuchen.

Wedderburn, Central Otago Rail Trail

Ihr Mann *Ernest Hayes* war ein erfindungsreicher und geschäftstüchtiger - eine seltene aber segensreiche Kombination - Mechaniker. Der ideenreiche Erfinder machte sich bald einen guten Namen und baute ab 1895 für die Farmer der Umgebung Werkzeuge und Windräder nach Maß. Das alte Windrad auf einem Gestell aus rot lackiertem Eisen springt Ihnen sicherlich schon bei der Ankunft ins Auge. In Oturehua gibt es übrigens den ältesten noch betriebenen Gemischtwarenladen (General Store) Neuseelands aus dem Jahre 1902.

Nach dem Ausflug ins Ida Valley fahren Sie zurück zum SH85 und an Wedderburn vorbei nach Ranfurly. An **Wedderburn** sind lediglich zwei Dinge erwähnenswert: Hier gibt Tymianhonig direkt vom Imker und es wird der höchste Punkt des Otago Central Rail Trail erreicht. Letzteres führt dazu, dass Neuseeländische Senioren den beliebten Radweg mit Vorliebe in Wedderburn starten. Bevor Sie sich Ranfurly, dem sicher wichtigsten Ort des Maniototo zuwenden, empfehlen wir Ihnen noch einen Ausflug nach Naseby zu unternehmen.

Naseby

Das in 600 m Höhe an den Hängen der *Ida Range* liegende 150-Seelen-Örtchen Naseby war 1865 mit 4.000 Einwohnern die größte Stadt der Gegend. Immerhin wird diese Zahl in der neuseeländischen Urlaubssaison von Weihnachten bis Mitte Januar fast wieder erreicht, denn dann schwillt der Ort auf eine Größe von rund 3.000 Menschen an. Das wunderschöne Umland, die Bergwelt, Wälder, Flüsse und Seen bieten viele Möglichkeiten, die Gegend zu Fuß, per Fahrrad oder auf Schlittschuhen zu erkunden. Besuchen Sie das **Maniototo Early Settlers Museum**. Hier wurden unzählige historische Relikte aus der Region zusammengetragen, welche die Siedler- und Goldgräbergeschichte erzählen. Die Goldgräber-Atmosphäre liegt noch immer in der Luft, denn die historischen Häuserfronten zeugen von vergangenen Tagen. Wer möchte, kann im **Information Centre** (16 Derwent St)

Naseby, Public Library

Schürfpfannen erwerben und sich in den Flüssen selbst auf Goldsuche begeben.

Ein wunderbares Ausflugsziel ist der **Nasby Forest**. Hier gibt es Wander- und Mountainbike Wege, die bis zu 15 Kilometer tief in die Wälder hineinführen. Für eine Stärkung nach der körperlichen Betätigung empfehlen wir das Black Forest Café. Dort gibt es köstlichen hausgemachten Kuchen (**Black Forest Café**, 7 Derwent St, Tel. 03 444 9820, geöffnet 9-16 Uhr). Nasby ist das Zentrum für Eisstockschießen in Neuseeland. Mit einer Spendenaktion wurde im Ort eine Eisbahn, der Naseby Ice Rink, gebaut. Die Bewohner betreiben Curling im Winter aber auch auf zugefrorenen Seen und Flüssen. Kalt genug wird es im Winter. Den Minusrekord hält das nahe Ranfurly mit −25,6 °C!

Naseby, i-SITE

Naseby, Curling-Halle

(164) WOMO-Campingplatz: Naseby Larchview HP

GPS: S 45°1'19" E 170°8'29", Swimming Dam Rd, Naseby, Tel. 03 444 9904, www.larchviewholidaypark.co.nz **Preise:** 30-50 NZD.

Beschreibung: Schöner geschützter Platz, von Wald umgeben. Er breitet sich über ein großes Areal aus. Verschiedene Wanderungen starten hier. Im nahen Teich - liegt am oberen Ende des HP - können Sie schwimmen.

Zufahrt: Am nordwestlichen Ortsrand ausgeschildert.

Ranfurly

Ranfurly ist mit gut 700 Einwohnern der größte Ort in der Maniototo Plain. Wegen der vorherrschenden Westwinde liegt die Stadt im Regenschatten der Südalpen und hat daher nur 300 bis 400 mm Jahresniederschlag. Der verschlafene Ort hat einige ansprechende Gebäude und Antiquitätenläden. Nachdem hier in den 1930er Jahren einige Feuer wüteten, baute man die Häuser im damals opportunen Art-déco-Stil wieder auf,

Ranfurly, i-SITE

Napier lässt grüßen. In dem Bestreben dies zu vermarkten, nennt sich Ranfurly seit der Jahrtausendwende »Rural Art Deco Town of New Zealand«. Dazu ließ man viele schlichte Flachbauten renovieren und im Art-déco-Stil anmalen. Seither wird jedes Jahr am letzten Februarwochenende das Art-déco-Wochenende zelebriert. Dann trägt man in Ranfurly Clubjacketts, Charlestonkleider und Federboas. Sie sollten das alles vorher wissen, denn beim Durchfahren der Stadt übersieht man Ranfurlys Stolz leicht. Bei genauerem Hinsehen werden Ihnen die Stromlinienformen, Stufenpyramiden und Zickzackmuster mancher Häuser sicherlich auffallen. Schönstes Exemplar dieser Gattung ist sicherlich die **Rural Art Deco Gallery**. Natürlich gibt es auch einen **Rural Art Deco Ranfurly Walk**. Im freundlichen **E-Central Café** (14 Charlemont St., Tel. 03 444 8300) können Sie bei Kaminfeuer lecker essen und dazu noch einheimische Kunst an den Wänden bewundern. In der **i-Site** (3 Charlemont Street, Tel. 03 262 7999), die in der hübsch mit Rosen bewachsenen ehemaligen Bahnstation untergebracht ist, erfahren Sie alles zur Geschichte des Ortes und zum Otago Central Rail Trail. Dieser führt direkt hinter dem alten Bahnhof vorbei und kann auch in Teilabschnitten gefahren werden. Räder können Sie leihen. Wie beliebt diese Radstrecke ist, können Sie an den immer wieder vorbeifahrenden Gruppen von Radfahrern ab-

Ranfurly, historischer Bahnhof

lesen.

Markant ist die Statue von **John Turnbull Thomson** samt seinem Vermessungsstativ. Thomson war Landvermesser und durchstreifte als die Gegend mit seinem Pferd. Er wanderte im Jahr 1857 von England nach Singapur aus, wo er sich wegen der hohen Qualität der von ihm angefertigten Karten einen Namen machte. Anfang 1856 kam er nach Neuseeland und übernahm die Stelle des Chief Surveyor der Provinz Otago. In den folgenden Jahren erkundete und vermaß er Otago und gab Bergen, Flüssen, Seen und Ortschaften Namen. Seine Arbeit hat der kurze Zeit später einsetzenden Run auf das begehrte Edelmetall ganz sicher enorm beschleunigt. Am 1876 wurde Thomson der erste Surveyor-General of New Zealand (Oberste Vermesser Neuseelands) im neu geschaffenen Survey Department und zog an den Amtssitz nach Wellington.

Ranfurly, Landvermesser-Denkmal

(165) WOMO-Campingplatz: Ranfurly HP

GPS: S 45°7'51" E 170°6'10", 8 Reade Street, Ranfurly, Tel. 03 444 9144, www.ranfurlyholidaypark.co.nz **Preise:** 30-50 NZD.
Beschreibung: Schöner geschützter Grasplatz mit Baumbestand. Im Ort gelegen. **Zufahrt:** Am südlichen Ortsrand ausgeschildert.

Route 2: Über Middlemarch nach Dunedin

Im sechszehn Kilometer entfernten **Kyeburn** biegt der SH87 rechts vom SH85 ab. Die 48 km lange Strecke nach Middlemarch ist sehr reizvoll und verläuft zwischen dem Taieri River und dem hoch aufragenden Bruchschollengebirge *Rock and Pillar Range*. Die Kuppen der Berge sind lange mit Schnee bedeckt, und auch im Sommer gibt es gelegentlich Temperaturstürze, die die Berggipfel weiß einpudern. In höheren Lagen ist die Vegetation der einer alpinen Landschaft vergleichbar. Stark vertreten sind robuste Kräuterpflanzen und das widerstandsfähige Tussock Gras. Auf Ihrer Fahrt im Tal begegnen Ihnen zur Pflanzengattung der Steineiben gehörende Totara-Bäume und »Broadleaf« genannte, vier Meter hohe Gewächse. Wenn Sie gerne in der Rock and Pillar Range wandern wollen, besorgen Sie sich vorher die Broschüre **Tracks in the Rock and Pillar Conservation Area**. Das DOC hat darin viele ausgezeichnete Wanderwege beschrieben, die nahe des SH87 starten und auf

Rock and Pillar Conservation Area

die Berge hinaufführen. Sie lernen auf diesen Wanderungen das Gebirge mit seiner alpinen Vegetation kennen und haben immer wieder fantastische Ausblicke hinab auf das Taieri-Tal.

(166) WOMO-Stellplatz: Tiroti Horseburn Road

GPS: S 45°15'33" E 170°16'12", Horseburn Road.. **Max. WOMOs:** 3.
Ausstattung: Keine.
Beurteilung: Ruhiger Platz in offenem Grasland, gut für eine Nacht.
Zufahrt: 15 km hinter der Abbiegung auf SH87 links in die Horseburn Road

einbiegen. Unter einer alten Eisenbahnbrücke (Otago Rail Trail) durchfahren. Platz liegt nach 200 m links neben der Straße.

Das knapp 200 Einwohner zählende **Middlemarch** liegt am Taieri River in der Mitte eines breiten früheren Gletschertals, Strath Taieri genannt. Das Tal ist eingebettet zwischen den beiden Bergketten der Rock and Pillar Range im Westen und der Taieri Ridge im Osten. Der kleine Ort Middlemarch liegt zwischen dem Ende der Eisenbahnlinie und dem Startpunkt des

Middlemarch, Bahnhof

Radwanderweges. Am Bahnhof zeigt die Landschaftsskulptur *Arches* den ankommenden Radlern die Richtung an in der der Radweg weiterführt. Gegenüber dem Bahnhof können sich ermattete Radler in der **Quench Café & Bar** (Tel. 03 464 3070) stärken. Sehenswert ist zudem die *St John's Presbyterian Church*, die am 12. Mai 1895 feierlich eröffnet wurde. Am SH87 liegt, am Ortsausgang Richtung Dunedin, das anheimelnde **Kissing Gate Café.** In dem alten Holzgebäude oder im Garten serviert man Ihnen zwischen 8.30 und 17 Uhr leckere Gerichte, auch glutenfreie! Das winzige Middlemarch verströmt eine ganz eigene ländliche Hochland-Idylle, die durch die Nähe zu Dunedin (51 km) weiter aufgewertet wird.

Middlemarch, Kissing Gate Café

Ein ganz besonders skurriles Ereignis findet alle zwei Jahre an ungeraden Jahreszahlen zu Ostern in Middlemarch statt, ein „Ball der einsamen Herzen". In einem Partyzelt warten dann die männlichen Singles der Region auf einen Zug voller Frauen, den die Taieri Gorge Railway an diesem Tag nach Middlemarch bringen wird. Bis Mitternacht haben die Partnersuchenden Zeit, sich näherzukommen. Dann fährt der Zug wieder zurück nach Dunedin. Er ist in jedem Jahr lange vor dem **Singles Ball** ausgebucht!

Sutton Lake

(167) WOMO-Campingplatz: Middlemarch HP

GPS: S 45°30'23" E 170°7'33", 6 Mold St, Middlemarch, Tel. 03 464 3776, www.middlemarchholidaypark.co.nz **Preise:** 30-50 NZD.
Beschreibung: Kleiner, freundlicher Grasplatz zwischen Bahnhof und Golfplatz. Sauber. Kleiner Sanitärtrakt.
Zufahrt: Nahe Strath Taieri School in die Mold St. einbiegen und dieser folgen. Um die Bahnlinie zu überwinden ist ein Linksschlenker erforderlich.

Sehr interessant ist der 45-minütige Rundweg um den **Sutton Lake**, Neuseelands einzigen Inland-Salzsee. Den Startpunkt der Wanderung erreichen Sie, wenn Sie sieben Kilometer hinter Middlemarch, kurz nachdem der SH87 die Eisenbahnstrecke überquert hat, rechts in die Kidds Road einbiegen und dieser Straße 2,5 km folgen. Sie müssen ein Gatter öffnen. Der idyllisch inmitten von unzähligen Felsen liegende Parkplatz (GPS: S 45°15'33" E 170°16'12") auf einer Wiese eignet sich auch ganz wunderbar für eine Rast. Die pittoresken Felsen werden Sie noch am SH87 noch eine Weile begleiten und die ansonsten karge Landschaft aufwerten.

(168) Offizieller WOMO-Stellplatz: Outram Glen Scenic Reserve

GPS: S 45°50'56" E 170°14'30", Formby St, Outram. **Max. WOMOs:** 3.
Ausstattung: Toilette. **Beurteilung:** Ruhiger, von Wald umgebener Parkplatz. Achtung: Für lange Womos schwierige Zufahrt. Nebenan liegt eine große Sandbank des Taieri River. Wanderweg vorhanden.
Zufahrt: Hinter Outram und direkt vor dem Taieri River links in den George King Memorial Drive einbiegen und diesem dem Fluss entlang 400 m folgen.

Die erste größere Stadt, auf die Sie treffen, ist Mosgiel. Der 6.700 Einwohner zählende Vorort Dunedins liegt am östlichen Ende der Taieri Plains am Taieri River und ist im Norden, Osten und Süden von den zum Pazifik hin auslaufenden Höhenzügen Otagos umgeben. Obwohl nur knapp zehn Kilometer Luftlinie

Landschaft auf dem Weg nach Palmerston

vom Stadtzentrum Dunedins entfernt, ist Mosgiel durch den dazwischenliegenden Kraterrand eines früheren Vulkans auf natürliche Weise von Dunedin City abgegrenzt. Das örtliche Motor Camp ist wenig attraktiv. Wir haben für Sie eine günstigere Übernachtungsmöglichkeit in Sichtweite aufgetan.

(169) WOMO-Stellplatz: Mosgiel Taieri Rugby Club

GPS: S 45°52'3" E 170°20'54". 5 Reid Road, Mosgiel. **Max. WOMOs:** 6.
Ausstattung: Entsorgungsstation.
Beurteilung: Ruhiger Parkplatz zwischen einem Sportplatz und dem Peter Johnstone Park. Nur zu nutzen, wenn keine Sportveranstaltung stattfindet.
Gebühr: Bitte geben Sie pro Wohnmobil 5 NZD in die an der Einfahrt zum Parkplatz links befindliche Box. Das Geld kommt der Jugendarbeit zugute.
Zufahrt: Vom SH87 hinter dem Campingplatz (Motor Camp) links abbiegen auf die Hartstonge Ave, nach 300 m links abbiegen auf Reid Ave, dieser 450 m folgen.

Route 3: Über Palmerston nach Dunedin

Diese Streckenführung entlang der Horse Range ist kürzer und schneller als Route 2, dafür weniger interessant. Nach 62 km trifft der SH85 in Palmerston auf den SH1 und damit Tour S04. Unterwegs empfehlen wir Ihnen einen günstigen Übernachtungsplatz in Dunback. Der Vorteil von Route 3 ist, dass sie Ihnen die Chance bietet, über einen 22 km langen Abstecher die Moeraki Boulders zu besuchen (siehe Tour S04).

(170) Offizieller WOMO-Stellplatz: Dunback Domain

GPS: S 45°23'27" E 170°38'16", Domain Rd, Makareao. **Max. WOMOs:** 5.
Ausstattung: Toilette, Wasser, Picknicktisch, Abfalleimer.
Beurteilung: Ruhiger geschützter Grasplatz neben dem Dunback Bowling Club. Saubere und gut gepflegte Toiletten. Geben Sie bitte 10 NZD pro Person in die Vertrauenskasse (Honesty Box).
Zufahrt: 1 km hinter Dunback links in die Domain Rd, dieser 250 m folgen.

TOUR S07
25 km
N
Dunedin
Brighton
181
WC
182
Taieri Mouth
Taieri River
Sinclair Feuchtgebiet
183
Tokomairiro River
Milton
8
Kaka Point
Nugget Point Leuchtturm
185
186
184
Balclutha
Clutha River
Pounawea
Jacks Blowhole
Purakaunui Falls
Tautuku Bay
Florence Hill Lookout
Cathedral Caves
Catlins Conservation Park
Mc Lean Falls
1
Clinton
90
93
Niagara Falls
187
Porpoise Bay
Curio Bay
Waikawa
188
Catlins Forest Park
92
Tokanui
189
Slope Point
Gore
94
Edendale
Otara
Fortrose
Waipapa Point Leuchtturm
190
Mataura River
96
191
Waituna Lagune
Toetoes Bay
98
Invercargill
192
Awarua Bay
Winton
6

Tour S07: Durch die rauen Catlins im Southland

Dunedin - Brighton - Taieri Mouth - Balclutha - Kaka Point Tautuku Bay - Curio Bay - Fortrose - Invercargill - 300 km

Stellplätze:	Brighton Domain, Taieri Mouth, Waikawa Domain, Slope Point, Fortrose Moray Terrace, Lignite Pit
Camping:	Lake Waihola, Balclutha, Kaka Point, Newhaven, Curio Bay, Invercargill
Besichtigen:	Nugget Point, Purakaunui Falls, Horseshoe Falls, Matai Falls, Florence Hill, Cathedral Caves, Jacks Blowhole, Curio Bay Fossil Forest, Slope Point, Waipoapa Point,
Baden:	Kaka Point, Tautuku Bay, Porpoise Bay
Wandern:	Kaka Point, Wattwanderung Pounawea, Jack's Blowhole, Purakaunui Falls, Matai Falls, Horseshoe Falls, Papatowai, Lake Wilkie, Tautuku Estuary Boardwalk, Cathedral Caves, McLean Falls, Stewart Island

Tour S07 führt Sie durch den südlichsten Teil Aotearoas. Das dünn besiedelte Southland hält für Sie eine der spektakulärsten Landschaften Neuseelands bereit. Sie fahren entlang der Southern Scenic Route und sehen eine bezaubernde Welt aus belaubten Hügellandschaften, gewaltigen Wäldern, wildem Busch, fruchtbarem Farmland, idyllischen Wasserfällen, rauen Küstenabschnitten und einsamen Stränden. In der Curio Bay, entlang des Catlins Coastal Heritage Trail, liegen an der Küste die versteinerten Überreste eines 160 Millionen Jahre alten Waldes. Die Ursprünglichkeit der Südinsel können Sie in den Catlins in vollen Zügen genießen, ungezähmt, wild und nahezu menschenleer. Lassen Sie sich auf Ihrer Reise auf Mensch und Natur ein, und Sie werden urige Gesellen und wahre Lebenskünstler kennen lernen. Weiter geht es auf der Southern Scenic Route bis Invercargill.

Von Dunedin nach Balclutha

Verlassen Sie auf Ihrer Weiterfahrtfahrt nach Süden den SH1 an der Ausfahrt Richtung Abbotsford/Sunnyvale/Brighton. Über die Brighton Rd gelangen Sie zum kleinen Küstenort Brighton

und zur Taieri Mouth Rd, die bis zur Mündung des Waipori River wunderschön entlang der Küste verläuft. Unterwegs haben Sie folgende reizvolle Gelegenheiten zur freien Übernachtung:

(181) Offizieller WOMO-Stellplatz: Brighton Domain

GPS: S 45°56'53" E 170°20'6", 1019 Brighton Road, Tel. 03 477 4000. **Max. WOMOs:** 15. **Ausstattung:** Toilette, Entsorgungsstation. **Beurteilung:** Großer Parkplatz neben einem Sportplatz / Spielplatz. Fünf Stellplätze liegen direkt am Meer. Von dort aus können Sie die waghalsigen Wellensurfer beobachten. Maximal zwei Nächte. **Zufahrt:** Einfahrt an der Brighton Rd gegenüber Bath St.

(182) Offizieller WOMO-Stellplatz: Taieri Mouth

GPS: S 46°1'3" E 170°14'10", Taieri Mouth Road, Brighton. **Max. WOMOs:** 2. **Ausstattung:** Keine. **Beurteilung:** Einsamer Stellplatz, sehr ruhig. Parkplatz am Meer, mit einige schützenden Bäumen, an der Taieri Mouth Road gelegen. **Zufahrt:** An der Küstenstraße, 11 km hinter Brighton und 6 km vor dem Waipori River.

(183) WOMO-Campingplatz: Lake Waihola HP

GPS: S 46°1'21" E 170°5'39", 10 Waihola Pl, Waihola, Tel. 03 417 8908, www.lakewaihola.co.nz. **Preise:** 20-40 NZD. **Beurteilung:** Nicht in neuestem Zustand, aber tolle Lage am Lake Waihola und sehr schöne Grasplätze im hinteren Teil der Anlage. Ausgesprochen freundliche Eigentümer. **Zufahrt:** Am SH1 ausgeschildert.

Nach Überquerung des Waipori River verlässt die Straße die Küste und bringt Sie als Finlayson Rd zurück zum SH1, auf den Sie nach 12 Kilometer Fahrt am Lake Waihola treffen. Nach 15 Kilometer wartet die 1.900 Einwohner Gemeinde Milton mit einer Kuriosität der Marke »Schildbürger« auf. Wie Sie feststellen werden, ist die Hauptstraße des Ortes an einer Stelle um eine gesamte Straßenbreite seitlich versetzt. Offensichtlich haben die Vermesser der beiden Straßenbautrupps die Straße, jeweils von sich aus gesehen, rechts der Vermessungslinie ausgerichtet.

Die 25 Kilometer entfernte Kleinstadt **Balclutha** liegt mit ca. 4000 Einwohnern am *Clutha River* inmitten eines fruchtbaren Schafweidegebietes. *James McNeil* war 1852 der erste Siedler

der Stadt. Er betrieb eine Fähre über den Clutha, die bis zur Eröffnung einer Brücke im Jahre 1868 von großer Bedeutung war. Heute ist Balclutha das landwirtschaftliche Versorgungszentrum von **South Otago** und landesweit bekanntes Zentrum für Schafzucht. Das *South Otago Museum* und die *Stirling-Käserei* können im Ort besichtigt werden. Vor der Weiterfahrt in die **Catlins** versorgen Sie sich im Clutha Visitor Center mit Informationsmaterial über diesen spektakulären Landstrich.

Die wilden Catlins

Sie folgen Hinweisschildern am Ortsausgang von *Balclutha* links in den Owaka Highway (SH92), der Sie unmittelbar in die einsame Hügel- und Küstenlandschaft der **Catlins** führt. Die Southern Scenic Route folgt kurvenreich dem Küstenverlauf und ist heute vollständig geteert. Die wilde und zerklüftete **Catlins Coast** ist wegen ihrer hohen Wellen unter Seeleuten berüchtigt, aber bei Big Wave Surfern beliebt, da sie hier viele Stellen zur Ausübung ihres gewagten Sports antreffen.

(184) WOMO-Campingplatz: Balclutha Motor Camp

GPS: S 46°14'18" E 169°44'0", 56 Charlotte St, Balclutha, Tel. 03 418 0088, www.balcluthamotorcamp.co.nz
Ausstattung: Supermarkt und Schwimmbad in Laufweite.
Preise: 30-40 NZD.
Beurteilung: Einfacher. kleiner und gemütlicher Platz. An einem Park gelegen, direkt hinter dem Damm des Clutha River. Sie können vom Camp aus den Blair Athol Walkway laufen, der 4,3 km am Ufer des Clutha Rivers entlangführt.

Zufahrt: Die Charlotte St läuft parallel zur Hauptstraße.

(185) WOMO-Campingplatz: Kaka Point CG

GPS: S 46°23'9" E 169°46'32", 34 Tarata Street, Kaka Point Otago 9012, Tel. 03 412 8801, www.kakapointcamping.co.nz
Ausstattung: Spielplatz. **Preise:** 30-50 NZD.
Beurteilung: Einfacher, ruhiger und sauberer Platz inmitten von Bäumen und Buschwerk, am Kaka Point Scenic Reserve. Laufen sie den »Nature Walk«! 400m zum Strand.
Zufahrt: In Kaka Point von der Küstenstraße in die Moana Street und wenig später in die Tarata Street abbiegen.

Der (falsch geschriebene) Name Catlin geht auf den Walfänger Kapitän *Edward Cattlin* zurück. Nachdem der Walfang an Bedeutung verloren hatte, begann die Zeit der blühenden Holzwirtschaft. Die großflächig abgeholzten Steineiben wurden in zahlreichen Sägemühlen verarbeitet. Ein großer Teil des Holzes wurde nach Dunedin verschifft und dort überwiegend für den Häuserbau verwendet. Ab 1879 wurde das Holz auch über die neue Bahnlinie abtransportiert und erst in den

Nugget Point Lighthouse

30er-Jahren des 20. Jahrhunderts verlor die Holzindustrie ihre Bedeutung für die Catlins. Heute dominieren die Wirtschaftszweige Milchviehhaltung und Fischerei. Daneben gewinnt zunehmend der Ökotourismus an Bedeutung. Das dünn besiedelte Gebiet hat heute etwa 1200 Einwohner, von denen 400 in **Owaka** leben, dem größten Ort der Catlins. Das Gebiet der Catlins umfasst einen 90 Kilometer langen Küstenstreifen zwischen dem Clutha River im Nordosten und dem Mataura River im Westen. Im Nordwesten weichen die rauen, mit Buschwerk bedeckten Hügel einem hügeligen Weideland.

Von Balclutha nach Invercargill

Es bietet sich an 21 Kilometer hinter Balclutha am **Kaka Point** einen Stopp einzulegen. Am bewachten goldenen Sandstrand der kleinen Feriensiedlung können Sie wunderbar schwimmen. Auch ein gut ausgeschilderter 2,5 Kilometer Rundweg durch ein schönes Naturschutzgebiet wartet hier auf Sie.

Deutlich spektakulärer ist die nächste Station, der in eindrucksvoller Landschaft gelegene **Nugget Point.** Dessen Parkplatz liegt neun Kilometer hinter dem Kaka Point. Sie wandern über einen befestigten Pfad, der Sie an schroffen Felskanten vorbeiführt. Vereinzelte windschiefe Bäume zeugen von den dauerhaften Stürmen, die an diesem Küstenabschnitt toben. Sie folgen nun der bis auf 133 Meter ansteigenden Bergflanke und hinter einer Biegung entfaltet sich Ihnen ein zauberhafter Blick. Vor Ihnen liegt am Ende einer Felszunge auf einem kleinen Felsen ein weißer Leuchtturm. Das 1869 errichtete **Nugget Point Lighthouse** befindet sich 76 Meter über dem Wasser und ist heute noch in Betrieb. Sie erreichen es über einen zunächst leicht abschüssigen und dann ansteigenden Weg, zu dessen beiden Seiten der Hang steil zum Meer hin abfällt. Eine Gruppe von Felsen, die in der Verlängerung der Landzunge im Meer liegen, und in der Abendsonne golden schimmern gab dem Ort seinen Namen. Vom Weg aus können **Pelzrobben** und - zwischen Oktober und März - die

Purakaunui Falls

selteneren **Seeelefanten** beobachtet werden (Fernglas nützlich). Ebenfalls vom Parkplatz aus erreicht man in zehn Minuten eine Beobachtungshütte für **Gelbaugenpinguine**. Die Tiere kommen nachmittags aus dem Meer und watscheln Richtung Steilhang, wobei sie immer wieder stehen bleiben. Sie müssen den gesamten steilen Hang hochklettern, um zu ihren Jungen zu gelangen. Wie sie das schaffen ist uns ein Rätsel. Ihr nächstes Ziel ist das bereits erwähnte **Owaka**. Am 5 Kilometer vor *Owaka* gelegenen

Matai Falls

Tunnel Hill haben Sie Gelegenheit einen historischen Eisenbahntunnel anzuschauen. In Owaka gibt es ein Museum und eine DOC Visitor Information. Der Campingplatz kann nicht empfohlen werden. Im vier Kilometer entfernten **Pounawea** finden Sie einen einfachen, aber sehr schön an der Mündung des Catlin River am Meer gelegenen Platz.

Der nächste Weg führt Sie zu **Jack's Blowhole**, einem imposanten 55 Meter tiefen Loch, das über einen 200 Meter langen Tunnel mit dem Meer verbunden ist. Zunächst folgen Sie einer Straße am Wasser entlang

Horseshoe Falls

Tautuku Bay

zu Jack's Bay. Dann wandern Sie 30 Minuten über Farmland, bis sich unvermittelt vor Ihnen ein 144 m langes und 68 m breites Loch auftut. Seine steil abfallenden Wände sind schön bewachsen und in 55 Metern Tiefe tost das Meer. Bitte seien Sie nicht frustriert, wenn das Blowhole seinem Namen keine Ehre macht. Eine Wasserfontäne ist nicht immer garantiert.

(186) WOMO-Campingplatz: Newhaven HP

GPS: S 46°28'23" E 169°43'4", 324 Newhaven Road, Surat Bay, Catlins, Tel. 03 415 8834, www.catlinsnewhavenholidaypark.co.nz
Ausstattung: Spielplatz. **Preis:** 35-45 NZD.
Beurteilung: Ein Platz für Naturliebhaber abseits der ausgetretenen Pfade, umweltfreundlich und mit wunderschönem Meerblick. Zur ruhigen und friedlichen Umgebung gehört die Surat Bay, an der Sie neuseeländische Seelöwen beobachten können. Ausgesprochen inspirierend.
Zufahrt: Von der Southern Scenic Route biegen Sie zwei Kilometer vor Owaka links ab und folgen sechs Kilometer der Gravelroad.

Kurz hinter *Owaka* wartet ein weiterer Spaziergang. Sie benötigten 20 Minuten, um über einen gut ausgezeichneten Pfad durch den Regenwald zum oberen Teil der **Purakaunui Falls** zu gelangen. Die Kaskade mehrerer Wasserfälle des *Purakaunui River* hat zwar nur eine Fallhöhe von 20 Meter, ist aber dennoch wunderschön und viel fotografiert. Den schönsten Blick auf die bezaubernden dreistufigen Wasserfälle hat man von deren Basis aus, zu der wir über den Weg absteigen können. Nur 5 Kilometer hinter der Abzweigung nach *Purakaunui* liegen die malerischen **Matai Falls**, die über eine leichte, 10-minütige Wanderung vom Parkplatz aus zu erreichen sind. Das Wasser fließt in Kaskaden über die moosbewachsenen Felsen. Oberhalb der Matai Falls liegen noch die **Horseshoe Falls**.
Acht Kilometer hinter den Matai Falls überqueren Sie den Tahakopa River und erreichen die kleine Siedlung **Papatowai.** Hier können Sie in einem Gemischtwarenladen Ihre Vorräte auffri-

Blühender Ratabaum bei Papatowai

schen und einige Waldspaziergänge unternehmen. Nur 2,5 Kilometer hinter Papatowai finden Sie, unweit des SH92, den mitten im Wald liegenden **Lake Wilkie**. Der kleine Rundwanderweg um den wunderschönen Moorsee wird auch Sie mit wundervollen Spiegelbildern in der glatten Oberfläche des Sees verzücken.

Mehrere Schilder erläutern das Fortschreiten der Verlandung und die dabei aufeinanderfolgenden Ansiedlungen von Pflanzen, vom Sphagnum-Moos bis zum ausgewachsenen Wald. Eine kleine Brücke führt an das Seeufer, wo Sie winzige Frösche von nur 1,5 - 2 cm Größe entdecken können. Nur 100 Meter hinter der Ausfahrt auf den SH92 erreichen Sie den **Florence Hill Outlook**, der uns einen wunderbaren Blick auf die bezaubernde Tautuku Beach liefert. Der **Tautuku Estuary Boardwalk** führt durch Feuchtgebiete im Mündungsbereich des Tahakopa River, der hier in einen Meeresarm übergeht (30 Minuten hin und zurück). Eine besonders beliebte Attraktion sind die **Cathedral Caves**, die zwei Stunden vor und nach der Ebbe zu begehen sind. Die geeigneten Zeiten sind am Eingang einzusehen (Eintritt 5 NZD). Streng genommen bestehen die Cathedral Caves aus einem System von bis zu 15 Höhlen, von denen aber meist nur zwei besichtigt werden. Diese beiden miteinander verbundenen Höhlen sind am leichtesten zugänglich und besitzen ca. 30 Meter hohe, eindrucksvolle Grotten.

Zurück auf der Hauptstraße zweigt bereits nach einem Kilometer die Rewcastle Road zum drei Kilometer entfernten Parkplatz der **McLean Falls** ab. Über einen Waldweg, durch dichten Regenwald, treffen Sie nach ca. 15 Minuten Fußmarsch auf die insgesamt 100 Meter hohen Wasserfälle, die sich aus fünf Stufen zusammensetzen. Am Spätnachmittag wird die 4. Stufe, mit 30 Meter Fallhöhe zugleich die größte, vom Sonnenlicht beschienen. Dies miterlebt zu haben, macht

McLean Falls

die ohnehin sehr.

(187) Offizieller WOMO-Stellplatz: Waikawa

GPS: S 46°37'20" E 169°8'7", Larne Street, Waikawa. **Max. WOMOs:** 5. **Ausstattung:** Toilette. **Beurteilung:** Schöne, ruhige Grasfläche am Waikawa Harbour. Erlaubt ist maximal eine Nacht. Gegenüber der Hauptstraße finden Sie eine beliebte Fish and Chips Bude.
Zufahrt: Von der Hauptstraße, Niagara-Waikawa Rd, in die Larne Street zum Meer hin abbiegen.

(188) WOMO-Campingplatz: Curio Bay CG

GPS: S 46°39'41" E 169°6'3,5", 601 Waikawa-Curion Bay Rd, Curio Bay, Tel. 03 246 8897, www.curioscape.co.nz. **Ausstattung:** Café/Restaurant, dessen Terrasse einen wunderbaren Blick bietet. **Preise:**.50-60 NZD.

Beurteilung: Traumhaft auf einer Halbinsel/Cliff in einer einzigartigen Küstenumgebung gelegen, zwischen der wilden Curio Bay und dem Badestrand der Porpoise Bay. Die Stellplätze liegen eingebettet zwischen Schilf und neuseeländischem Flachs, teilweise windgeschützt, teilweise mit Blick auf den Strand. Wer Glück hast, sieht die seltenen Hector-Delphine, Gelbaugen Pinguine oder Seelöwen. Auch gibt es einen versteinerten Wald zu besichtigen (siehe Text). Ein wirklich einzigartiges Campingerlebnis in einer rauen Küstenlandschaft. Laufen Sie zum Sonnenuntergang auf den Hügel und genießen den Blick auf beide Meeresbuchten!
Zufahrt: Die Curio Bay ist auf der Southern Scenic Route ausgeschildert und sechs Kilometer hinter Waikawa gelegen.

beeindruckenden *McLean Falls* zum unvergesslichen Erlebnis.

Sie fahren auf dem SH92 Richtung Invercargill und biegen, etwa 30 Kilometer hinter Papatowai, links in die Niagara Waikawa

Curion Bay Camping Groundi

Road ein. Diese folgt dem Waikawa River und bringt Sie nach acht Kilometern in das Fischerdörfchen **Waikawa**, am wunderschönen Waikawa Hafen gelegen. Hier gibt es neben einem kleinen Coffee-Shop eine alte Kirche und ein aus zwei alten Schulhäusern entstandenes Museum. Im *Dolphin Information Center* wird man ausführlich über eine Schule von etwa 20 **Hector Delphinen** informiert, die von November bis April in der nahe gelegenen Porpoise Bay ihre Jungen großziehen. Die kleinen Delphine können oft vom Ufer aus beim Spiel in der Brandung beobachtet werden. Wem das nicht genügt, kann ab Waikawa zu Dolphin Watching Boots-Touren starten. Der langgezogene Sandstrand der **Porpoise Bay** liegt am Ausgang des Waikawa Harbour und ist nur durch eine Landnase von der nächsten Attraktion, der **Curio Bay**, getrennt. Auf diesem Landvorsprung liegt ein Campingplatz, der *Curio Bay Camping Ground*, von dem aus man beide Buchten überblicken kann. Die Curio Bay hat eine besondere Attraktion zu bieten, den **Fossil Forest**. Von einem Aussichtspunkt unweit des Campingplatzes kann der versteinerte Wald mit versteinerten Baumstümpfen und umgekippten Stämmen bei Ebbe beobachtet werden.

Waipapa Point Lighthouse

Der **Slope Point,** mit seinen windzerzausten Bäumen der südlichste Punkt der Südinsel, liegt 16 Kilometer südwestlich von der Curio Bay. Weitere 22 Kilometer westlich liegt der **Waipapa Point** an einem Felsenkap, 10 Kilometer südöstlich der Mündung des Mataura River am äußersten südwestlichen Ende der Catlins. Der schöne Strand lädt zum Spaziergang und zu Sturmbeobachtungen am Meer ein. Am 28./29. April 1881 kam es hier zum schwersten zivilen Schiffsunglück Neuseelands, bei dem 131 Menschen an Bord der *SS Tararua* ihr Leben verloren, als diese auf das 13 Kilometer ins Meer hinausreichende **Otara Reef** auflief.

(189) Offizieller WOMO-Stellplatz: Slope Point

GPS: S 46°39'21" E 169°1'50", 195 Weir Rd, Haldane. **Max. WOMOs:** 20.
Ausstattung: Toilette, der Slope Point ist 3,2 km entfernt.
Beurteilung: Große Grasfläche an der Haldane Bay. Durch Bäume vom Wind geschützt, friedlicher und ruhiger Platz. Bei Ebbe kann man über die Lagune zum Strand laufen, Gute Vogelbeobachtung.
Zufahrt: Sie fahren von der Curio Bay Richtung Slope Point und biegen links in die Weir Road ein. Nach 2 km Schotterstraße sind Sie am Ziel.

(190) Offizieller WOMO-Stellplatz: Fortrose Moray Terrace

GPS: S 46°34'31" E 168°47'48", 46 Moray Tce, Fortrose. **Max. WOMOs:** 15.**Ausstattung:** Toilette, Picknicktische, Mülleimer, Café in der Nähe.
Beurteilung: Grasfläche in Fortrose am Ufer des Toetoes Harbour, in den der Mataura River und der Titiroa Stream fließen.
Hinweis: Erlaubt sind maximal zwei Nächte innerhalb des ausgewiesenen Bereiches. Der Platz wird gerne von Neuseeländern besucht.
Zufahrt: In Fortrose vom SH92 links in die Maray Tarrace einbiegen und dieser Straße 500 m folgen.

Als Reaktion auf das Unglück wurde 1884 ein hölzerner Leuchtturm gebaut, der 1976 automatisiert wurde und noch heute in Betrieb ist. Die Waipapa Lighthouse Road führt von der etwa 5 Kilometer nordöstlich gelegenen Ansiedlung Otara zum Leuchtturm. Zurück auf dem SH92 verlassen Sie kurz

Die Klippen von Fortrose

hinter **Fortrose**, nach Überquerung des Mataura River, die Catlins und erreichen nach 60 Kilometer Invercargill.

(191) Offizieller WOMO-Stellplatz: Lignite Pit

GPS: S 46°27'59" E 168°39'28", 15 Ashers Road, Kapuka, Tel. 03 239 5040, www.lignitepit.co.nz

Max. WOMOs: 4 mit Stromanschluss
Ausstattung: Toilette, Wasser, Spielplatz, Café.
Preise: 20-25 NZD.
Beurteilung: Der Platz liegt an einem kleinen See mit schönem Garten. Gutes Café mit Blick auf den See. Moderne, saubere Sanitäranlagen.
Zufahrt: 27 km vor Invercargill links am SH92, nur kleines Schild!

Invercargill

Mit rund 50.000 Einwohnern ist das großzügig angelegte Invercargill die südlichste Stadt Neuseelands. Die Stadt wurde schachbrettartig und mit sehr breiten Straßen (zum Teil 4 Spuren in jede Richtung) errichtet und weist im Kern viktorianische Architektur auf. Ein großer Anteil der Einwohner Invercargills ist schottischer Abstammung, was heute noch an vielen keltisch klingenden Ortsbezeichnungen zu erkennen ist. Einige Stadtteile sind nach Flüssen Schottlands benannt. Neben Dunedin gilt Invercargill als die am stärksten schottisch geprägte Stadt Neuseelands. Die Stadtgründung geht auf das Jahr 1856 zurück, als in der Gegend um **Bluff** ein Hafen erbaut wurde. Die in der Folge nördlich davon entstandene Siedlung erhielt den Namen *Inver-cargill*. Der erste Namensbestandteil *Inver* ent-

Panarama Blick vom Bluff Hill

stammt der schottischen Bezeichnung für Flussmündung, und der zweite, *Cargill*, geht auf den damaligen Gouverneur von Otago, William Cargill, zurück.

Als größte Stadt des Southlands ist Invercargill das Handelszentrum der Region und Reisende finden hier alle Artikel des täglichen Bedarfs. Der Wohlstand der Stadt gründet sich ganz wesentlich auf die Schlachthöfe, die ein Viertel der nationalen Produktion an Lammfleisch erzeugen. Das stets feuchte Klima lässt die Schafweiden das gesamte Jahr über üppig sprießen, was wiederum die Schafe fett macht. Das Erscheinungsbild von Invercargill ist durch weitläufige Grünflächen geprägt. Besonders sehenswert ist der fast in der Stadtmitte gelegene, ca. 80 Hektar große Queens Park, eine großzügige Grünanlage mit einem Hirschgehege, Gewächshäusern, einem Rosengarten und einem kleinen Rhododendron-Park. Im bereits 1869 angelegten Queens Park finden Sie darüber hinaus Skulpturengruppen, ein Café, einen 18-Loch-Golfplatz, mehrere Sportplätze und ein Wassersportzentrum. Am Südeingang des Parks liegt die eindrucksvolle Southland Museum and Art Gallery, in Form einer weißen Pyramide gebaut. Berühmt ist das Museum wegen seines preisgekrönten Tuatara-Brut-Programmes und seiner Antarktis-Abteilung. Neben Exponaten zur regionalen Geschichte werden bemerkenswerte Maori-Kunstwerke gezeigt. Im gleichen Gebäude ist auch die Touristeninformation untergebracht. Einen sehr guten Überblick über die Stadt hat man von dem 1889 aus Backstein errichteten und südöstlich vom Queens Park gelegenen 40 m hohen Wasserturm. Alle interessanten Gebäude der Stadt lernen Sie auf dem Invercargill Heritage Trail kennen. In der Stadt sind auch einige gute Restaurants anzutreffen, die vor allem für ih-

Invercargill, Queens Park

re frischen Austern und Fischspezialitäten bekannt sind. Die Bluff-Auster ist eine gefragte Delikatesse und hat den Ruf, die beste Austernart weltweit zu sein.

Eine halbe Stunde südlich von Invercargill befindet sich der Fischereihafen **Bluff**, in dem die Austern in der Zeit von April bis August absolut fangfrisch genossen werden können. Jedes Jahr im April oder Mai feiert der ganze Ort das *»Bluff Oyster and Southland Seafood Festival«*, ein Event rund um die Auster, gutes Essen und leckeren Wein. Von Bluff aus hat man die Möglichkeit, mit einer Fähre nach **Stewart Island** überzusetzen. Die Überfahrt durch die 30 Kilometer breite **Foveaux Strait** dauert nur eine Stunde und eignet sich damit auch für einen Tagesausflug. Stewart-Island ist ein Paradies für Wander- und Naturfreunde, ein Ort der Stille und Schönheit. Auf Stewart Island lassen sich die neuseeländische Tier- und Vogelwelt und der urwüchsige Urwald vortrefflich kennenlernen. Eine vom australischen *Great Barrier Reef* kommende warme Meeresströmung sorgt in den flachen küstennahen Gewässern für auffallend klares, warmes Wasser und eine artenreiche Unterwasser-Fauna.

(192) WOMO-Campingplatz: Invercargill HP

GPS: S 46°21'51" E 168°21'22", 77 McIvor Road, Invercargill, Tel. 0800 486 873, www.invercargilltop10.co.nz. **Preise:** 40-60 NZD. **Ausstattung:** Spielplatz. **Zufahrt:** Die McIvor Road zweigt Fünf Kilometer nördlich von Invercargills i-SITE am Queens Park rechts vom SH6 ab. **Beurteilung:** Kleiner und außergewöhnlich ordentlicher Platz mit sehr komfortablen und bemerkenswert sauberen Sanitäranlagen, Fünf Kilometer nördlich des Stadtzentrums gelegen. Stellplätze teils auf Beton, teils auf Gras. Der Platz liegt in der Nähe eines Parks (Gum Tree Farm) und ist von Monterey-Zypressen umsäumt. Die einzelnen Stellplätze liegen, gut voneinander abgegrenzt, unter schattenspendenden Bäumen.

TOUR S08
Sound
Poison Bay
1683 m
Mitre Peak
221
Milford Sound
Hollyford River
Southerland Sound
Bligh Sound
Mt Christina
2474 m
Homer Tunnel
Dart River
George Sound
Glenorchy
Fjordland National Park
2017 m
Triangle Peak
220
WC
219
WC
Lake Wakatipu
Mirror Lakes
Eglinton River
Mt Irene
1859 m
94
Lake Te Anau
North Mavora Lake
Mt Lyall
1892 m
South Mavora Lake
Eyre Peak
1969 m
Eyre Mountains
217
218
Te Anau
Eyre Mountains Conservation Park
Waiau River
Mararoa River
Lake Manapouri
216
215
Manapouri
The Key
94
Oreti River
222
Flat Mount
1748 m
Fjordland National Park
Rakatu Wetlands
Mossburn
1570 m
Aparima Peaks
Takitimu Mountains
Café
P
1634 m
Spence Peak
Blackmount
Green Lake
Oreti River
Lake Monowai
99
Dipton
Lake Hauroko
Kalksteinhöhlen
WC
214
Suspension Bridge
Clifden
Waiau River
Tuatapere
Winton
Otahua
Aparima River
McCracker's Rest
P
6
Orepuki
Te Waewae Bay
213
WC
99
Riverton
Hilltop
211
192
WC
212
Colac Bay
N
25 km
Oreti Beach
Invercargill

Tour S08: Fjordlands überflutete Täler 480km

Invercargill - Riverton - Manapouri - Tuatapere - Doubtful Sound - Te Anau - Milford Sound - Mossburn

Stellplätze:	Colac Bay, Opureki, Clifden Swing Bridge, Cascade Creek DOC, Deer Flat DOC
Camping:	Riverton, Manapouri: Possum Lodge + Holiday Park, Milford Lodge, Te Anau: Lakeview, Top 10, Mossburn
Besichtigen:	Riverton Hilltop Lookout, Clifden Caves und Suspension Bridge, Manapouri Power Station, Doubtful Sound, Te Anau Glowworm Caves, Milford Sound, Homer Tunnel
Wandern:	Riverton Hilltop Lookout, Clifden Caves, Rakatu Wetlands, LakeTe Anau, Brod Bay, Fjordland NP Day Walks: Key Summit, Humboldt Falls, Lake Marian
Essen:	Riverton: Mrs. Clarks Café, Tuatapere: Yesteryears-Café, Te Anau: Olive Tree Café & Restaurant, La Toscana, Redcliff, Restaurant & Bar, Mitre Peak Lodge, Blue Duck Café
Baden:	Oreti Beach, Monkey Island Beach, Brod Bay

In Tour S08 folgen Sie der Southern Scenic Route, die Sie von den Southlands in die Fjordlands führt. Unterwegs besuchen Sie Riverton, die älteste europäische Siedlung Neuseelands, Colac Bay, Tuatapere mit dem heimeligen Yesteryears-Café und die historische Clifden Suspension Bridge. Das Herzstück von Tour S08 ist jedoch das Fjordland, das vor über 100.000 Jahren von Gletschern geformt wurde. Heute rauschen tosende Wasserfälle über Klippen und Kaskaden in die tiefen schwarzen Fjorde. Urwüchsiger Regenwald überwuchert die steilen Hänge. Die schimmernden Seen und die Granitfelsen der Berggipfel sind seit tausenden von Jahren unverändert. Hier hat immer noch die Natur die Oberhand. Der Fjordland National Park gehört zum Weltnaturerbe und umfasst die Fjörde Milford, Dusky und Doubtful Sound. Von Manapouri aus besuchen Sie den Doubtful Sound und fahren danach weiter nach Te Anau. Durch den Homer Tunnel erreichen Sie, 120 Kilometer hinter Te Anau, den weltberühmten Milford Sound, Ausgangspunkt für den legendären Milford Track. Für Wanderfreunde bietet diese Tour viele wunderschöne Möglichkeiten, ihrer Leidenschaft zu frönen.

Blick vom Hilltop Lookout auf Riverton

Von Invercargill zum Lake Manapouri

Wer noch einen schönen Strand besuchen möchte, bevor er sich in die Fjordlands begibt, hat dazu am bezaubernden Sandstrand von **Oreti Beach** Gelegenheit. Um an diesen, auch bei Wellensurfern sehr beliebten Strand zu gelangen, verlassen Sie das Zentrum **Invercargills** Richtung Südwesten, fahren am Airport vorbei, überqueren den *Oreti River* und erreichen nach 10 Kilometer Oreti Beach. Der schöne Strand ist, wie viele Strände in Neuseeland, mit dem Auto befahrbar. Er erstreckt sich über 30 Kilometer bis zu unserer nächsten Station Riverton.

(211) WOMO-Campingplatz: Riverton Longwood HP

GPS: S 46°21'45" E 168°0'27", 43 Richard St, Riverton, Tel. 03 234 8132.
Ausstattung: Der freundliche Besitzer kämpft noch bei der Behörde um die Zulassung einer Entsorgungsstation. Die nächste liegt in Tuatapere in der King St. GPS: S 46°8'15" E 167°41'29". **Preise:** 40-60 NZD.
Beschreibung: Der Platz liegt auf einem Hügel, von Schafweiden umgeben. Sehr schöne Grasplätze. Gute und saubere Küche und Sanitäranlagen.
Zufahrt: Sie folgen dem SH94 über die Brücke und biegen links in die Shrewsbury St ein, dann links in die Church St und dann rechts in die Richard St. Der Platz liegt 1,4 km vor dem Hilltop Lookout links.

Sie verlassen Invercargill Richtung Nordwesten über den SH6 und biegen nach 8 Kilometer links in den SH99 ab. Nach 30 Kilometer erreichen Sie die 1.600 Einwohner Gemeinde **Riverton**, eine der ältesten Siedlungen Neuseelands. Schon seit 1820 wurde der Standort von Walfängern und Robbenjägern genutzt und 1836 formell von Kapitän *John Howell* als Siedlung gegründet. Sein noch heute erhaltenes Haus ist das älteste Gebäude der Südinsel. Die Existenzgrundlage von Riverton war traditionell der Fischfang. Mit dem allmählichen Rückgang der Fischerei gewann zunehmend die Landwirtschaft und Milchviehhaltung an Bedeutung.

Der Pourakino River und der Aparima River münden beide kurz vor Riverton in einen Meeresarm, um den Riverton angesiedelt ist. Einen beeindruckenden Blick über die Szenerie hat man vom **Hilltop Lookout**, der über einen 10-minütigen Fußmarsch vom Parkplatz am Ende der Richard St zu erreichen ist **(Mores Scenic Reserve).**

(212) Offizieller WOMO-Stellplatz: Colac Bay - Oraka

GPS: S 46°22'37" E 167°53'1", 335 Colac Foreshore Road, Colac Bay,
Max. WOMOs: 12. **Ausstattung:** Toilette.
Beschreibung: Grasstreifen neben der Schotterstraße, direkt an der Colac Bay. Sehr ruhig. Wird vorwiegend von Neuseeländern besucht.
Hinweis: Erlaubt sind maximal zwei Nächte.
Zufahrt: An der Colac Bay vom SH99 in die Colac Foreshore Rd abbiegen und dieser etwa 3.5 km bis ans Ende der Straße folgen.

(213) Offizieller WOMO-Stellplatz: Orepuki - Monkey Island

GPS: S 46°18'2" E 167°43'41". **Max. WOMOs:** 15.
Ausstattung: Toiletten, Wasser, Abfalleimer, Feuerstellen.

Beschreibung: Grasplätze an der Gemstone Beach, Monkey Island vor Augen. Bei Ebbe können Sie hinlaufen. Der Platz wird gerne von Neuseeländern für einen längeren Campingaufenthalt genutzt. Ein toller Freedom Camping Spot, um einen Tag zum Relaxen einzulegen! Erlaubt sind maximal 28 Nächte.
Zufahrt: An der Gemstone Beach, kurz vor Orepuki, vom SH99 links in die Frence Rd einbiegen und später rechts in die Monkey Island Road. Dieser bis zur Küste folgen. Rechts finden Sie nun einen Grasstreifen, der durch große Flachsbüsche vom Meer abgetrennt ist, auf dem Sie campen dürfen.

In Riverton gibt es mehrere Restaurants, Snackbars und Tearooms. In vielen Läden werden *Abalone Paua Muscheln* feilgeboten. Diese Meeresschnecken gelten in verschiedenen Ländern des Pazifik Raumes als Delikatesse und werden auch *Opale des Meeres* genannt. Besuchenswert ist das in der Palmerston Street gelegene Maori Craft Studio. Gleich nebenan kann man im bunt bemalten **Mrs Clark's Café** (108 Palmerston St, Tel. 03 234 8600) in schicker Umgebung einen leckeren Kaffee trinken. Nach elf Kilometern erreichen Sie die idyllische **Colac Bay** und nach weiteren 20 Kilometern den historischen

Clifden Suspension Bridge

Goldgräberort **Orepuki**. Hier können Sie sich eine Weile die hereinrollenden Brecher an der *Te Waewae Bay* anschauen, in denen gelegentlich Hector Delfine zu sehen sind. An der örtlichen Taverne gibt es einen Übernachtungsplatz für Wohnmobile. Nach einem Bad an der **Monkey Island Beach** geht es zurück auf den SH99, der zunächst in Strandnähe verläuft. Etwa acht Kilometer hinter Orepuki, kurz vor der Mündung des Waiau River in die Te Waewae Bay, befindet sich auf der linken Seite McCracken's Rest (GPS: S 46°13'41" E 167°40'9"), ein Parkplatz mit Picknicktischen und einer Aussichtsplattform. Letztere bietet einen herrlichen Blick auf die windgepeitschte Steilküste. Der SH99 biegt nun nach rechts in Richtung Norden ab.

Nach acht Kilometern erreichen Sie die kleine Landgemeinde **Tuatapere** (600 Einw.), durch die der Waiau River fließt. Der verschlafene Ort versucht sich als *Würstchen-Hauptstadt* zu vermarkten. Die wichtigsten Wirtschaftszweige sind jedoch Landwirtschaft und Forstwirtschaft. Tuatapere hat ein *Holzfällermuseum* und ist Ausgangspunkt für den viertägigen **Hump Ridge Track,** der im Westen des Blue Cliffs Beach Parkplatzes startet und nach 53 Kilometer dort auch endet. Der Blue Cliffs Beach Parkplatz kann von Tuatapere aus über die Papatotara Raod erreicht werden und eignet sich auch zum Besuch der nahe gelegenen *Blue Cliffs* oder zur Delfinbeobachtung in der *Blue Cliffs Bay*. Verweilen Sie noch etwas in Tuataperes heimeligen **Yesteryears-Café**, wo Sie Helens Carrot Cakes genießen und sich im angegliederten Museum umschauen können.

Sie überqueren den **Waiau River** und erreichen nach 13 Kilometern das landschaftlich sehr schön gelegene **Clifden**. Die **Clifden Caves** laden zu einer Höhlen-Erkundung auf eigene Faust ein. Man kann sich die gespenstischen Kalksteinhöhlen ohne Risiko anschauen. Vorsicht ist allerdings bei starken Regenfällen geboten, auch eine Taschenlampe sollte man dabeihaben und die Hinweisschilder beachten. Wer körperlich fit ist kann noch weiter in die Höhle vordringen (**GPS:** S 46°1'5" E 167°44'30"). Schön anzuschauen ist auch die **Clifden Suspension Bridge**, eine 1899 erbaute und 112 Meter lange Brücke mit einem ganz eigenen Charme. Direkt an der Brücke liegt ein Picknickplatz mit Plumpsklo, an dem freie Übernachtungen erlaubt sind.

(214) WOMO-Stellplatz: Clifden Suspension Bridge

GPS: S 46°1'43" E 167°42'54". **Max. WOMOs:** 10.

Ausstattung: Wasser, Toilette.

Beschreibung: Der abgebildete Platz ist nur noch zum Zelten frei gegeben. Er liegt malerisch an der alten Suspension Bridge über den Waiau River. Bademöglichkeit für Mutige. Sie Parken, immer noch ein stimmungsvoll, auf einem großen Platz direkt davor.

Zufahrt: Etwa 300 m hinter der Brücke über den Waiau River links vom SH99 in die Bates Rd abbiegen.

Am nächsten Tag setzen Sie Ihre Reise gen Norden fort. Nach etwa 40 km bietet sich Ihnen die Gelegenheit, die **Rakatu Wetlands** zu besuchen. Ein Schild an der Straße weist zu einem ein Kilometer entfernten Parkplatz. Sie laufen von dort zehn Minuten zu einem Aussichtspunkt, der Informationstafeln und Toiletten für Sie bereithält. Zwei Wanderungen zur Vogelbeobachtung warten auf Sie, der **Speight Wetland Rundweg** (1 h) und der **Rakatu Wetland Rundweg** (2-3 h). Auf halbem Wege liegt das empfehlenswerte **Brunel Peaks Café** (6 Monowai Borland Rd, Lake Monowai, Blackmount), eingebettet in den Ausläufern der majestätischen Takitimu-Berge.

Lake Manapouri - Doubtful Sound

Der 400 Einwohner Ort **Manapouri** liegt idyllisch am östlichen Ufer des Lake Manapouri an dessen Abfluss in den Waiau River. Der Ort profitiert von den steigenden Besucherzahlen und

Blackmount, Brunel Peaks Café

verfügt über eine Post, ein Café und einen kleinen Laden für die wichtigsten Einkäufe. Neben mehreren Motels und Pensionen gibt es auch zwei Campingplätze. Man kann sich Kajaks für Ausflüge auf dem See mieten oder Wanderungen unternehmen. Ausflugsboote starten von *Pearl Harbour*, einem schmalen Seitenarm des Sees, an dessen Ende sich ein Stauwerk befindet, über das das Niveau des Lake Manapouri reguliert wird.

(215) WOMO-Campingplatz: Manapouri Possum Lodge

GPS: S 45°33'59" E 167°36'15", 13 Murrell Ave, Manapouri, Tel. 03 249 6623 **Preise:** 45-55 NZD.

Beurteilung: Gemütlicher kleiner (unbedingt vorher buchen!) Campingplatz, auf dem Sie wunderbar entspannen können. Direkt am Lake Manapouri gelegen. Die Plätze auf Gras sind kreisförmig angeordnet. Die Sanitäranlagen fallen etwas ab. Zur Anlegestelle der Ausflugsschiffe zum Doubtful Sound, laufen Sie drei Minuten durch ein Buchenwäldchen. **Zufahrt:** Die Murrell Ave biegt von der Waiau Street ab (400m). Direkt an der Abbiegung können Sie sich eine leckere Pizza kaufen.

(216) WOMO-Campingplatz: Manapouri HP

GPS: S 45°33'32" E 167°37'11", 86 Cathedral Drive, Manapouri, Tel 03 249 6624, www.manapourimotels.co.nz **Preise:** 50-60 NZD.
Beschreibung: Etwas lotteliger Platz, aber schön in einem Tannenwäldchen hinter der Straße am Lake Manapouri gelegen. Für eine Nacht völlig ok. In 20 min kann man zur Anlegestelle der Schiffe zum Doubtful Sound laufen. Auf Wunsch werden Sie für die Touren am Campingplatz abgeholt.
Zufahrt: An der Straße nach Te Anau gelegen

Doubtful Sound

Der 178 Meter über dem Meer gelegene Lake Manapouri hat mehrere Inseln und in seinem westlichen Teil drei ausgeprägte Wasserarme. Sein Name bedeutet so viel wie »trauriges-« oder »ängstliches Herz«. Seine sanften Ufer sind dicht bewaldet, ebenso wie die Gipfel der Kepler Mountains im Hintergrund. Er wird oft als der schönste Alpensee Neuseelands bezeichnet. In den 1960er Jahren wurde am westlichen Ende des Lake Manapouri mit der Manapouri Power Station das größte Wasserkraftwerk des Landes mit einer Leistung von 850 MW errichtet. Das Kraftwerk, das größtenteils unterirdisch angelegt ist, nutzt den Höhenunterschied von 178 Metern zum Meeresspiegel zur Energiegewinnung. Die sieben energieerzeugenden Turbinen geben ihr Wasser über zwei 10 Kilometer lange Tunnelröhren in den Doubtful Sound ab. Der Bau des Kraftwerks war wegen der massiven Eingriffe in die Natur (der Waiau River führte zeitweise nur noch ca. 3% seines früheren Wasserstandes) sehr umstritten. Schlimmere Umweltsünden konnten durch massive Proteste verhindert werden, die als Beginn der grünen Bewegung in Neuseeland gelten. Das Manapouri-Kraftwerk gilt als Geburtsstätte des neuseeländischen Umweltbewusstseins. Der Doubtful Sound ist mit 40 Kilometern Länge der zweitgrößte Fjord im 1,2 Millionen Hektar großen Fjordland Nationalpark. Seine Seitenarme sind weit verzweigt und an der tiefsten Stelle ist er 430 Meter tief. Die höchsten Gipfel, die ihn umgeben, erreichen immerhin 1700 Meter. Die steilen Bergflanken links und rechts der Wasserarme sind dicht mit Regenwald bewachsen. Zu den Schönheiten des Fjords gehören auch seine zahlreichen Wasserfälle, von denen die Helena Falls und die Browne Falls mit einer Fallhöhe von 600 Meter am beeindruckendsten sind. Da die Fjordlandschaften zu den regenreichsten Gebieten der Erde gehören (hier fallen jährlich ca. 9 Meter Niederschlag), er-

Ausflugsboot auf dem Doubtful Sound

halten die Wasserfälle ständig neue Nahrung, so dass sich an den Steilhängen immer wieder neue Wasserfälle bilden. Durch die starken Regenfälle liegt eine mehrere Meter dicke Süßwasserschicht auf dem schwereren Salzwasser. Da sich die beiden Wasserschichten nicht vermischen und das Licht durch die ausgewaschenen Pflanzenreste in der Süßwasserschicht stark absorbiert wird, findet sich bereits wenige Meter unter der Wasseroberfläche eine reiche Fauna, die sonst nur in wesentlich größeren Wassertiefen anzutreffen ist. Dazu gehören verschiedene Seesterne und Anemonen sowie schwarze Korallen. Neben einer Kolonie Großer Tümmler leben im Fjord auch Dickschnabelpinguine und Robben, die von den Ausflugsbooten aus gut beobachtet werden können. Am Ausgang des Fjords zur offenen Tasmanischen See kann man zahlreiche Pelzrobben entdecken, die auf den Felsen lagern. Seinen ungewöhnlichen Namen verdankt der Fjord James Cook. Er erreichte 1770 mit seinem Schiff Endeavour die Mündung des Fjords, hatte aber Bedenken, in dem engen Fjord mit seinen besonderen Winden wenden zu können. Erst 23 Jahre später erforschte eine spanische Weltumseglungsexpedition unter dem Kommando von Alessandro Malaspina den Doubtful Sound. Er schickte ein großes Beiboot mit dem Hydrographen Don Felipe Bauza voraus. Ihm verdankt der Doubtful Sound viele spanische Ortsnamen.

Der Ausflug zum **Doubtful Sound** erfolgt über eine kombinierte Bus- und Schiffstour von Manapouri aus. Zunächst überquert man den gleichnamigen See, bevor man mit dem Bus über den 670 Meter hoch gelegenen **Wilmot Pass** auf die andere Seite der Berge gefahren wird. Dort, am *Deep Grove*, schließt sich die etwa dreistündige Bootstour durch den Fjord an. Auch ein Besuch des ferngesteuerten Wasserkraftwerkes am Lake Manapouri können Sie mit buchen. Die Straße über die Berge sowie die Pier im Fjord sind für den Bau und Betrieb dieses Kraftwerks angelegt worden.

Te Anau - Das Tor zum Milford Sound

Weiter geht es über den SH95 nach Te Anau (2.000 Einw.), dem Einfallstor zum legendären Milford Sound und Ausgangspunkt von drei der beliebtesten Wanderungen Neuseelands, dem *Milford Track,* dem *Routeburn Track* und dem *Kepler Track.* Auch direkt von Te Anau aus starten einige schöne Wanderungen. Freies Campen ist hier, wie auch schon in Manapouri, nicht erlaubt. Te Anau liegt am südöstlichen Ende des mit 344 km² zweitgrößten neuseeländischen Sees, des Lake Te Anau, dessen Hauptteil etwa 65 km in Nord-Süd-Richtung verläuft. Der für seinen Fischreichtum bekannte See wird durch mehrere Zuflüsse mit Frischwasser versorgt. Der Abfluss des Lake Te Anau erfolgt über den Waiau River, am südlichsten Ende des Sees, der nach nur 15 km in den Lake Manapouri mündet. Den Fluss Abschnitt zwischen den beiden Seen können Sie über eine sehr empfehlenswerte einstündige Jetboot-Tour erkunden **(Luxmore Jet, Tel. 0800 253 826, www.luxmorejet.com).**

(217) WOMO-Campingplatz: Te Anau Lakeview Kiwi HP

GPS: S 45°25'31" E 167°43'8", 77 Manapouri - Te Anau Rd, Te Anau, Tel. 0800 483 262, www.teanauholidaypark.co.nz **Preise:** 50-60 NZD.
Ausstattung: Sauna, Spapool.
Beschreibung: Empfehlenswerter Platz, vor allem in der Hochsaison, wenn der Top 10 Holiday Park in der Stadtmitte voll ist. Sehr gute Sanitäranlagen. 20 Minuten zu Fuß bis ins Stadtzentrum, am See entlang. Nur durch die Straße vom Lake Te Anau getrennt.
Zufahrt: An der Zufahrtstraße von Manapouri nach Te Anau gelegen.

An der Nordküste des *Lake Te Anau* befindet sich der Startpunkt des Milford Track. Während die Ostküste des Sees nur leicht hügelig ist, ragen am Westufer die Kepler- und Murchison Mountains bis zu 1.400 m in die Höhe. Die nähere Umgebung des Sees bildet den Lebensraum für zahlreiche

Helikopter Landeplattform am Lake Te Anau

geschützte und teilweise vom Aussterben bedrohte Tiere. Das Visitor Centre des DOC, das **Fjordland National Park Visitor Centre**, befindet sich in einem geschmackvollen neuen Gebäude am Seeufer. Hier erhält man nicht nur fachkundige Auskunft über Ausflüge und Wanderungen im Park, sondern kann auch ein Museum besuchen und ein 20-minütiges Video über die geologischen und historischen Gegebenheiten des Nationalparks sehen. Gegenüber dem Besucherzentrum liegt das *Underground Trout Aquarium*. Das vom DOC betriebene **Te Anau Wildlife Centre** liegt am Seeufer 1 km stadtauswärts. Die eigentlich der Forschung dienenden großen Freigehege sind frei zugänglich und neben einem *Kea* können mit etwas Geduld *Takahe, Sittiche, Kuckuckskauze* und andere Waldvögel beobachtet werden.

(218) WOMO-Campingplatz: Te Anau Top 10 HP

GPS: S 45°24'50" E 167°43'8", 15 Luxmore Drive, Te Anau, Tel. 0800 249 555.
Ausstattung: Spa, Sauna. **Preise:** 60-70 NZD.
Beschreibung: Komfortable Anlage mit guten beheizten Sanitäranlagen. Duschen ist hier ein Vergnügen. Zentrumsnah. Daraus resultiert eine gewisse Lärmbelästigung durch die Strasse und nahe Bars. Achten sie drauf, welchen Platz man ihnen zuteilt. Lieber erst mal durchlaufen.
Zufahrt: Gut ausgeschildert. Bis in das Zentrum von Te Anau fahren. Der Campingplatz liegt an der Kreuzung von Luxmore Drive und Milford Road.

Wenn Sie dem Uferweg weitere 45 Minuten folgen, können Sie sich die „Lake Te Anau Control Gates" anschauen. Hier wird der oben erwähnte Abfluss in den Waiau River und damit der Wasserstand des Lake Te Anau über ein Wehr automatisch gesteuert. Über das Wehr gelangt man auf die Westseite des Sees zum Ausgangspunkt des Kepler Tracks. Eine einstündige Wanderung entlang des Sees führt zum hübschen Sandstrand der **Brod Bay**. Hier können Sie baden oder den **Nature Walk** Rundweg begehen (30 Min.). Per Wassertaxi (Kepler Water

Taxi, Tel. 03 249 8364) gelangen Sie zurück nach Te Anau. Natürlich geht es auch andersherum. Sie lassen sich morgens in die Brod Bay bringen und wandern am See entlang zurück (2,5 h). Im touristischen Zentrum von Te Anau befinden sich viele Geschäfte, Restaurants, Cafés, Kunsthandwerksläden und auch eine Shopping Mall. Im **Olive Tree Café & Restaurant** (52 Town Centre, Tel. 03 249 8496) können Sie Ihren Kaffee im großzügigen Freiluftbereich trinken und beim beliebten Italiener **La Toscana** (108 Town Centre, Tel. 03 249 7756) gut und preiswert essen. In angenehmem Ambiente serviert man Ihnen kreative und sehr leckere Speisen im **Redcliff Restaurant & Bar** (12 Mokonui St., Tel. 03 249 7431, unbedingt reservieren). Um die Ecke befindet sich das **Fjordland Cinema** (7The Lane, Tel. 03 249 8844), in dem Sie den sehr eindrucksvollen Dokumentarfilm »Ata Whenua« sehen können. Diese halbstündige Einstimmung auf die Fjordlands sollten Sie sich auf keinen Fall entgehen lassen.

Läuft man vom Zentrum über die treffend »Town Center« genannte Straße, stößt man auf das am Seeufer gelegene **Visitor Centre** von Te Anau und das im gleichen Gebäude untergebrachte **Real Journeys Visitor Centre**, das Buchungsbüro einer der großen Tourenanbieter. Hier herrscht immer Gedränge. Eine der Aktivitäten ist der Besuch der **Te Anau Glowworm Caves**. Die Glühwürmchen-Höhlen befinden sich am Westufer des Lake Te Anau und sind Teil eines 6,7 km langen und ca. 12.000 Jahre alten Kalksteinlabyrinths, das von einem quirligen Flüsschen durchflossen wird. Der Besucher wird mit einem Boot über den See zum Ausgangspunkt einer geführten Tour gebracht. Am Ende eines teilweise sehr niedrig verlaufenden Weges durch die Höhle steigt man in ein Boot, das einen in eine stille und nur von den Glühwürmchen *beleuchtete Grotte bringt.* Viele weitere verschiedenartige Aktivitäten, wie Kajaktouren, Ausritte, Jagd- und Angelausflüge, Rundflüge oder Exkursionen in den Nationalpark werden angeboten. Für den Aktivurlauber wird mit Sicherheit ein interessantes Angebot dabei sein.

DOC Campsite Deer Flat

Milford Road

Aber die Hauptattraktion ist und bleibt der weltberühmte **Milford Sound**, der mit dem Auto nur über Te Anau zu erreichen ist. Die Straße wurde 1952 fertiggestellt. Wählen Sie eine Bustour, können Sie sich während der Fahrt ganz von der beeindruckenden Natur mit Wasserfällen und dichtem Regenwald einfangen lassen. Andererseits gibt es auch viele gute Gründe, die Strecke, die als eine der schönsten Bergstraßen der Welt gilt, mit dem Wohnmobil zu fahren. Sie sind Ihr eigener Herr und können an vielen Stellen für ein Foto stoppen oder auch Wanderungen unternehmen. Die Broschüre »Milford Road« erhalten Sie im »Visitor Centre«. Ein anderer Grund selbst zu fahren, liegt in den landschaftlich wunderschön gelegenen DOC-Campingplätzen, die zahlreich auf dem Weg zum Milford Sound anzutreffen sind! Wermutstropfen: Im Jahr 2016 wurde der Preis verdoppelt. Wir empfehlen Ihnen, mit dem Wohnmobil zum Milford Sound zu fahren (einfach 120 km). Tanken Sie Ihr Gefährt in Te Anau voll, denn zwischen Te Anau und dem Fjord gibt es keine Tankstelle und der Sprit am Milford Sound ist der teuerste in ganz Neuseeland. Besorgen Sie sich außer-

Mirror Lakes

dem die Broschüre »**Fjordland National Park Day Walks**«, um für die anstehenden Wanderungen gerüstet zu sein. Der Streckenverlauf der Milford Road führt Sie für 30 km sehr reizvoll am Ufer des Lake Te Anau entlang, um dann ins **Eglinton Valley** einzumünden.

(219) Offizieller WOMO-Stellplatz:
Deer Flat - DOC Standard

GPS: S 45°0'7" E 168°0'34", Tel. 03 249 7924. **Max. WOMOs:** 20
Ausstattung: Toiletten, Flusswasser, Picknicktische. **Preise:** 30-40 NZD.
Zufahrt: Vom SH94 (Milford Road) 62 km nach Te Anau links abbiegen
Beschreibung: Sehr idyllische Stellplätze am Eglinton River, von weitem Grasland und einem kleinen Buchenwäldchen umgeben! Genügend Platz auch für große Wohnmobile, Picknicktische und eine gute Badegelegenheit im Fluss bei dem kleinen Hügel in der Mitte des Campingplatzes.

(220) Offizieller WOMO-Stellplatz:
Cascade Creek - DOC Standard

GPS: S 44°53'43" E 168°4'36", Tel. 03 249 7924. **Max.WOMOs:** 120.
Ausstattung: Toiletten, Picknicktische, Schutzhütte.
Beschreibung: Große von Wald umgebene Grasfläche etwas südlich Lake Gunn. Idyllischer Campingplatz, letzter Platz vor dem Milford Sound.
Hinweis: Der hier startende **Lake Gunn Nature Walk** (45 Min.) führt durch einen moosbewachsenen Feen Wald. **Preise:** 30-40 NZD.
Zufahrt: Vom SH94 (Milford Rd) 76 km nach Te Anau links abbiegen.

Die Milford Road führt nun im raschen Wechsel durch offene Tussock-Ebenen und Südbuchenwälder, um sich im weiteren Verlauf bezaubernd durch steiles, dicht bewaldetes Bergland zu winden. 56 km nördlich Te Anau passieren Sie die **Mirror Lakes**, die bei sonnigem Wetter ihrem Namen Ehre machen und die gegenüberliegenden schneebedeckten Berge wundervoll spiegeln. Nach den Mirror Lakes steigt die Straße zu dem Pass **The Divide** an, der mit 532 m der am niedrigsten

Der Homer Tunnel

Der Homer Tunnel verbindet das Hollyford mit dem Claddau Valley. William H. Homer entdeckte 1889 den nach ihm benannten Pass und schlug vor, hier einen Tunnel zu bauen, um den Zugang zum Gebiet um den Milford Sound zu verbessern. Mit dem Bau des ebenfalls nach ihm benannten Tunnels wurde 1935 während der Wirtschaftskrise als Arbeitsbeschaffungsmaßnahme begonnen. Der Bau des Tunnels verlief unter extrem schwierigen Bedingungen und musste wegen Muren- und Lawinenabgängen immer wieder unterbrochen werden. Insgesamt verloren drei Arbeiter durch Lawinen ihr Leben. Außerdem ließen Risse im Felsen Schmelzwasser eindringen und machten Pumpen erforderlich, über die 40 000 Liter Wasser pro Stunde abgepumpt wurden. Während des zweiten Weltkrieges ruhten die Arbeiten, so dass der 921 m lange Tunnel erst 1953 in Betrieb genommen wurde. Der Tunnel besaß ursprünglich nur einen einzigen geschotterten Fahrstreifen, in der Zwischenzeit wurde er jedoch etwas erweitert und 1992 geteert, kann aber von Bussen und Wohnmobilen nur unter größter Vorsicht zweispurig befahren werden. Daher wird zwischen 6 Uhr und 20 Uhr die Durchfahrt durch den Tunnel über eine Ampelanlage geregelt. Dabei wird der vorherrschenden Verkehrsrichtung Rechnung getragen, was für den antizyklisch Reisenden bis zu 15 Minuten Wartezeit an der Ampel bedeuten kann. Außerhalb der genannten Kernzeiten wird der Tunnel mit Gegenverkehr befahren. Größere Fahrzeuge können sich an zwei *passing bays* ausweichen. Den aktuellen Status des Homer Tunnels können Sie unter www.highwayinfo.govt.nz, Tel. 0800 44 44 49, oder über die i-SITEs in Erfahrung bringen.

Die Durchfahrt durch den Tunnel ist bis heute ein kleines, leicht gruseliges Unterfangen geblieben. Er ist erst seit kurzer Zeit beleuchtet und die Tunnelwände bestehen aus unbekleidetem Granit. Das Ostportal befindet sich in 921 m Höhe, während Sie das westliche Ende bei 792 m Höhe verlassen. Das bedeutet ein Gefälle von etwa 1:8. Direkt am Tunnelausgang des Westportals geht es scharf in eine Rechtskurve, in der es immer wieder zu Unfällen kommt, daher ist hier besondere Vorsicht geboten. Bis heute ist der Tunnel im neuseeländischen Winter wegen Lawinengefahr oder auch Lawinenabgängen häufig gesperrt. Zwischen Mai und November ist das Mitführen von Schneeketten Pflicht (in Te Anau erhältlich).

gelegene Ost-West-Pass der Neuseeländischen Alpen ist. Eine lohnenswerte Wanderung führt vom Pass-Parkplatz zum **Key Summit (919m)**, der einen schönen Blick über mehrere Täler bietet (3 h hin und zurück). Auf der anderen Seite des Passes führt die Straße ins Tal zum Hollyford River und folgt dem Fluss flussaufwärts.

Straße zum Milford Sound

31 km hinter den Mirror Lakes zweigt nach rechts die Lower Hollyford Road ab, die als unbefestigte Stichstraße 15 Kilometer ins *Hollyford Valley* hineinführt. Bis zum Lake Marian Carpark ist die Straße asphaltiert. Hier gibt es die Möglichkeit zu einer Wanderung (3 h, 400 Hm), die steil hinauf zum schönen **Bergsee Lake Marian** führt. Am Ende der Lower Hollyford Road befindet sich der Ausgangspunkt zum 60 km langen *Hollyford Track* an die Westküste. In 30 Minuten (hin und zurück) gelangt man zu den 3-stufigen **Humboldt Falls**, die insgesamt 200 Meter hoch sind. Auf halber Strecke liegt die Siedlung **Gunns Rest**, in der sich ein Laden, ein kleines Museum und ein paar Hütten zum Übernachten finden.

Sie folgen dem SH94, der ab hier Milford Sound Highway heißt, und erreichen nach 13 Kilometerden **Homer Tunnel**. Hinter dem Tunnel führt die Straße mit einem Gefälle von 1:10 steil bergab zum Cleddau River. An dieser Stelle sei der technische Hinweis erlaubt, hier in einen niedrigen Gang zu schalten, um einer Überhitzung der Bremsen entgegenzuwirken. Vom Parkplatz *The Chasm* erreichen Sie in wenigen Minuten seine reißenden Stromschnellen. Im weiteren Verlauf windet sich die Straße in Serpentinen zum Fjord hinunter, den sie 17 Kilometer hinter dem Homer Tunnel erreicht. Die Straße endet auf einem großen Park-

Milford Sound, Anleger der Ausflugsboote

platz und das Panorama des Fjords mit dem beherrschenden **Mitre Peak (1.695 m)** nimmt den Besucher sofort gefangen. Die Popularität des Milford Sound kann man an den Kolonnen von Reisebussen, die täglich den weiten Weg bis an den Fjord suchen, erkennen. Wer vor 10 Uhr morgens am Fjord erscheint, kann durchaus noch mit relativ leeren Booten die Natur genießen, danach sind viele der Ausflugsboote ausgebucht. Es ist also empfehlenswert, auf einem der beschriebenen DOC-Campingplätze zu nächtigen und am nächsten Morgen nicht zu spät aufzubrechen. So bewegt man sich vor der Welle der Reisebusse, kann sich an der bezaubernden Natur erfreuen und dabei doch dem größten Rummel aus dem Wege gehen. Vom Parkplatz führt ein sehr schöner Weg am Ufer des Fjords entlang zum Bootsanleger, an dem auch das Visitor Centre untergebracht ist. Eine Ausflugsfahrt mit dem Boot in den Milford Sound sollten Sie sich keinesfalls entgehen lassen. Die spektakuläre Schönheit und Erhabenheit des Fjordes kann hier am eindrucksvollsten erlebt werden.

Milford Sound

Entgegen der Bezeichnung Sound, die von frühen europäischen Siedlern gewählt wurde, handelt es sich in Wahrheit um einen Fjord. Ein Sound entsteht, wenn ein Flusstal vom Meer überflutet wird, während ein Fjord durch Gletschererosion geformt wird. Namensgebend war die Bucht Milford Haven an der walisischen Küste. Als *Rudyard Kipling* vor 1900 die Gegend besuchte, nannte er den Milford Sound das »Achte Weltwunder der Erde«. Fiordland ist eine der regenreichsten Gegenden Neuseelands. Im Durchschnitt regnet es in Milford Sound an 182 Tagen im Jahr. Die dreistündige Fahrt führt bis zur Tasmanischen See mit Zwischenstopps

Milford Sound, Mitre Peak

an interessanten Punkten. Bis zum *Dale Point* sind 12 Kilometer zurückzulegen, bis zum Leuchtturm am *St Anne Point* 16 Kilometer. Beeindruckend wird der Fjord von über 1000 Meter hohen Felswänden umschlossen, von denen mehrere Wasserfälle ins Meer hinabstürzen. Der markanteste Berg ist der Mitre Peak (Bischofsmütze), der fast senkrecht bis zur Wasseroberfläche abfällt.

In der Nähe der *Fairy Falls* hat sich eine Robbenkolonie angesiedelt und in aller Regel können unzählige Robben beim Schläfchen auf einem der Felsen beobachtet werden. An die 155 m hohen *Stirling Falls* manövrieren die Kapitäne ihre Ausflugsboote gerne so weit heran, bis das Wasser auf das Deck prasselt. Auf dem Rückweg können Sie an der *Harrison Cove* aussteigen und das Unterwasser Observatorium **Milford Deep Underwater Observatory** besichtigen. Man steigt 10 m unter die Wasseroberfläche hinab und kann von einer Aussichtsplattform aus durch Scheiben die erstaunliche Flora und Fauna der Unterwasserwelt beobachten. Auf dem Rückweg zum Bootsanleger können Sie eine beliebige Fähre wählen und werden auch von den Booten anderer Anbieter

Milford Sound, Stirling Falls

mitgenommen. Es werden diverse Bootstouren angeboten, wobei der Veranstalter **Real Journeys** auch die Übernachtung an Bord, an einem geschützten Ankerplatz im Fjord, anbietet, sicher ein ganz besonderes Erlebnis.

Das Grab des ersten Siedlers, des Schotten *Donald Sutherland*, befindet sich hinter dem Hotel zwischen den Unterkünften der Angestellten. Donald Sutherland ließ sich 1877 am Fjord nieder und errichtete das erste Hotel am Ort. Bereits 1823 gelangte der europäische Entdecker John Grono an diesen Fjord und benannte ihn nach dem südwalisischen Milford Haven. Die Maori, denen der Fjord schon lange vorher bekannt war, nannten ihn *Piopiotahi (»einsame Drossel«)*.

Milford Sound, Blue Duck Café

(221) WOMO-Campingplatz: Milford Lodge CG

GPS: S 44°40'38" E 167°56'17", Am SH49, Tel. 0800 7829645, www.milfordlodge.com, **Ausstattung:** Keine Entsorgung. **Preise:** 70-80 NZD.
Beschreibung: Gute Lage am Cleddau River, durch Bäume vom Highway abgeschirmt. Saubere Sanitäranlagen. Teure, kleine Stellplätze auf Schotter, trotzdem überfüllt. Unbedingt rechtzeitig buchen.
Zufahrt: Am SH49 ausgeschildert, 2 km vor den Schiffsanlegestellen.

Milford Sound, Robbenkolonie

Direkt am Parkplatz befindet sich die Mitre Peak Lodge mit dem **Blue Duck Café**. Hier wird vom Frühstück bis zum Abendessen eine gute Küche angeboten, und das angesichts der Monopolstellung zu einem vernünftigen Preis-Leistungs-Verhältnis. Am Milford Sound angekommen, werden Sie auf einen Parkplatz geleitet. Für 26 NZD können Sie hier fünf Stunden Parken. Regelmäßig verkehrende Shuttlebusse bringen Sie in wenigen Minuten zur Bootsanlegestelle.

Tour S05 endet in **Mossburn**. Vom Milford Sound fahren Sie die herrliche Milford Road zurück nach Te Anau und biegen dort links in den SH94 ab. Dieser Highway bringt Sie nach 60 km bis Mossburn, wobei an Attraktionen am Wegesrand nur die **Red Tussock Conservation Area** zu erwähnen ist.

(222) WOMO-Campingplatz: Mossburn Country Park

GPS: S 45°39'16" E 168°16'11", 333 Mossburn, Five Rivers Rd, Tel. 03 248 6444.
Preise: 50-70 NZD.
Beurteilung: Sie fühlen sich auf diesem großen und freundlichen Campingplatz mitten auf dem Land wie auf einer Farm. Alpakas, Ziegen und Schafe können gefüttert werden, ideal für Kinder. Gute Sanitäranlagen.
Zufahrt: Hinter Mossburn links in die Mossburn Five Rivers Road. Der Platz liegt 2 km nach dem Überqueren des Oreti River links.

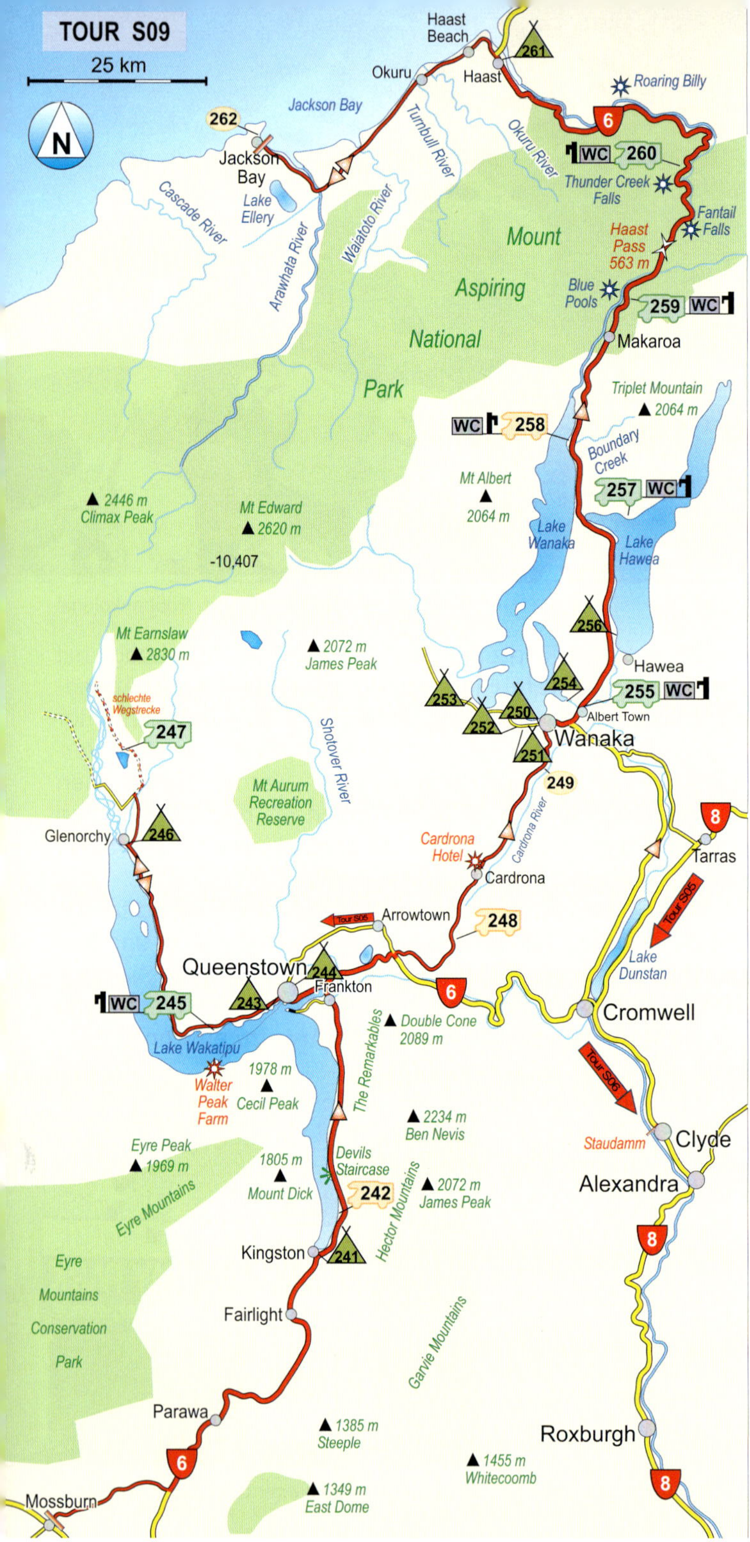
TOUR S09
25 km
N
Haast Beach
Okuru
Haast
Jackson Bay
Jackson Bay
Lake Ellery
Cascade River
Arawhata River
Waiatoto River
Turnbull River
Okuru River
Roaring Billy
Thunder Creek Falls
Fantail Falls
Haast Pass 563 m
Mount Aspiring National Park
Blue Pools
Makaroa
Triplet Mountain 2064 m
Boundary Creek
Mt Albert 2064 m
Lake Wanaka
Lake Hawea
2446 m Climax Peak
Mt Edward 2620 m
-10,407
Mt Earnslaw 2830 m
2072 m James Peak
schlechte Wegstrecke
Shotover River
Mt Aurum Recreation Reserve
Hawea
Albert Town
Wanaka
Cardrona River
Cardrona Hotel
Cardrona
Tarras
Tour S05
Glenorchy
Arrowtown
Queenstown
Frankton
Lake Dunstan
Cromwell
Double Cone 2089 m
The Remarkables
Lake Wakatipu
Walter Peak Farm
1978 m Cecil Peak
Tour S06
2234 m Ben Nevis
Staudamm
Clyde
Eyre Peak 1969 m
1805 m Mount Dick
Devils Staircase
2072 m James Peak
Alexandra
Eyre Mountains
Hector Mountains
Kingston
Eyre Mountains Conservation Park
Fairlight
Garvie Mountains
Parawa
1385 m Steeple
Roxburgh
1455 m Whitecoomb
Mossburn
1349 m East Dome
6
8
241 242 243 244 245 246 247 248 249 250 251 252 253 254 255 256 257 258 259 260 261 262
WC

Tour S09: Adrenalin pur in Queenstown 320 km

Mossburn - Lake Wakatipu - Queenstown - Glenorchy - Wanaka - Lake Hawea - Makarora - Haast Pass - Haast

Stellplätze:	Lake Wakatipu, Twelve Mile Delta, Diamond Lake, Crown Range Summit, The Larches, Albert Town, Kidds Bush Boundary Creek, Cameron Flat, Pleasant Flat, Jackson Bay
Camping:	Kingston Top 10 HP, Queenstown: Lakeview, Creeksyde, Wanaka (5); Glenorchy, Lake Hawea, Haast.
Besichtigen:	TSS Earnslaw, Bob's Peak, Cardrona Valley, Haast Pass.
Wandern:	Queenstown, Bob's Cove Nature Trail, Glenorchy, Wanaka: Waterfall Creek, Outlet Track, Lake Diamond, Mount Iron, Kids Bush Nature Walk Rob Roy Glacier, Walk, Blue Pools Walk, Pleasant Flat Walks, Haast Highway Walks, Okuru Hapuka Estuary, Jackson Bay
Essen:	Queenstown: Pedro's House Of Lamb, Fergburger, Patagonia, Pier 19, Skyline Restaurant, Glenorchy Café, Wanaka: The Landing, Relish Café, Kai Whakapai, Edge water Resort, Jackson Bay: The Craypot
Baden:	Lake Wakatipu, Lake Wanaka, Lake Hawea, Blue Pools

Tour S09 führt Sie 320 Kilometer nach Norden zur Tasmanischen See. Zunächst geht es auf dem SH6 zum Lake Wakatipu, der sich in Form eines riesigen »S« über eine Länge von 84 Kilometer in die Landschaft schlängelt. Eingerahmt von Bergketten liegt an seinen Ufern malerisch das pulsierende Queenstown, die Hauptstadt des Lakes District, der zur Region Otago gehört. Dieses Zentrum des Abenteuertourismus verlässt man in Richtung Norden über die zunächst extrem steil ansteigende, wildromantische Cardrona Road (SH89) nach Wanaka. Der SH6 schlängelt sich dann zwischen Lake Wanaka und Lake Hawea hindurch in den Mt Aspiring National Park. Weiter nördlich überquert man den Haast Pass und fährt durch tiefgrüne Regenwälder 60 km hinunter zur Tasmanischen See. Die Strecke von Wanaka nach Haast ist sehr abwechslungsreich und landschaftlich ungemein reizvoll.

Sommer am Lake Wakatipu

Mit einer Länge von 84 Kilometer ist **Lake Wakatipu** der längste See des Landes. Er befindet sich in einer Höhe von 310 m ü.d.M. und führt bis an seine tiefste Stelle 380 Meter weit hinab bis unter den Meeresspiegel. Die auffälligste Eigenschaft des Lake Wakatipu ist seine lange, schlanke S-Form. An seinem nördlichen Ende fließt der *Dart River* in den See, der zunächst etwa 30 Kilometer nach Süden führt, um dann Richtung Nordosten zu verlaufen. Nach weiteren 20 Kilometern wendet er sich wieder Richtung Süden, um nach 30 Kilometern bei Kingston ohne Abfluss zu enden. Der See mündet stattdessen 10 Kilometer östlich von Queenstown bei Frankton in den Kawarau River. Ein ins Auge springendes Charakteristikum des Sees ist der Wechsel seiner Farbe. Während Sie ihn in Kingston zunächst in einem klaren Blau erleben, wechselt er bis nach Glenorchy seine Farbe immer weiter in ein Türkis, wie Sie es vom Lake Pukaki kennen. Der Lake Wakatipu weist eine weitere Besonderheit auf. Sein Wasserspiegel hebt und senkt sich im 27-Minuten Rhythmus um ca. 20 Zentimeter. Während die Maori-Mythologie als Ursache dieser Oszillation den Herzschlag eines auf dem Seegrund schlafenden Riesen sieht, führt die westliche Wissenschaft das Phänomen auf eine stehende Welle zurück. Sie entsteht durch einen Resonanzeffekt zwischen den Wellen des Sees mit denjenigen, die das Ufer zurückwirft.

Am Lake Wakatipu entlang nach Queenstown

Die hübsch am Südende des Lake Wakatipu gelegene Gemeinde Kingston erreichen Sie 70 Kilometer hinter Mossburn. Auf dem letzten Abschnitt des 60 Kilometer langen Weges nach Kingston werden Sie mit einigem Glück auf einen Zug mit Dampflok aufmerksam. Der Kingston Flyer wird heute als Touristeneisenbahn genutzt und fährt von Kingston ins 15 Kilometer südlich am SH6 gelegene Fairlight. Die ehemalige königliche Zuglokomotive wurde 1927 in Dunedin gebaut. 1982 wurde der Zug restauriert und unter privater Führung wieder in Betrieb genommen Perioden von Fahrbetrieb und Stilllegung wechseln sich seitdem munter ab. Erkundigen Sie sich nach dem aktuellen Stand (www.the-kingstonflyer.nz, Tel. 027 415 8838).

(241) WOMO-Campingplatz: Kingston Top 10 HP

GPS: S 45°20'17" E 168°43'23", 16 Kent Street, Kingston, Tel. 0800 807 836, www.kingstontop10.co.nz. **Preise:** 50-60 NZD.
Ausstattung: Spielplatz (außerhalb). **Zufahrt:** Gut ausgeschildert, am SH6.
Beschreibung: Sehr freundlicher und sauberer Platz nahe dem Highway. Zum See laufen Sie acht Minuten.

Sie verlassen Kingston Richtung Norden und erreichen nach etwa sieben Kilometern einen in einem Wäldchen direkt am See gelegenen Picknickplatz. Hier können Sie für ein (sehr kühles) Bad verweilen und die Nacht verbringen. Ein herrlicher freier Stellplatz! Der SH6 windet sich nun reizvoll zwischen dem See und der Bergkette der *Remarkables* hindurch, und erreicht 47 km hinter Kingston das Touristenzentrum Queenstown.

(242) Offizieller WOMO-Stellplatz: Lake Wakatipu

GPS: S 45°17'44" E 168°45'33", Kingston Road. **Max. WOMOs:** 30.
Ausstattung: Toilette, Picknicktische, Mülleimer.
Beschreibung: Romantischer, bildschöner Stellplatz am Lake Wakatipu. Die Stellplätze liegen in einem Wäldchen direkt am See. Nach starken Re-

genfällen kann es matschig werden. Maximal zwei Nächte.
Zufahrt: Am SH6, sechs Kilometer hinter Kingston.

Die heute etwa 13.000 Einwohner zählende Gemeinde **Queenstown** liegt an einem der beiden Knicke des s-förmigen Lake Wakatipu, des zweitgrößten Sees der Südinsel. Die ersten Menschen, die die seltene Schönheit der Lage entdeckten, waren Maori, die hier jagten und nach Jade suchten. Heute ist

Blick auf Queentstown vom Bobs Peak

Queenstown nicht nur für seine herrliche Landschaft weltweit bekannt, sondern auch für die variantenreichen Möglichkeiten, ein adrenalinförderndes Abenteuer zu erleben. Wie keine andere Stadt Neuseelands zieht Queenstown vergnügungs- und abenteuerlustige Besucher an, jährlich etwa 1,5 Millionen.

Die Outdoor City bietet dem Besucher etwas zu jeder Jahreszeit. Die Südalpen funktionieren wie ein Schutzwall gegen die kühlen und regenbringenden Westwinde. Die langen, oftmals heißen Sommertage sind ein Traum für Mountainbiker und Wanderer und der Herbst taucht die Bäume in rote und goldene Farben. Im kalten Winter lassen die umliegenden schneebedeckten Berge das Herz von Skifahrern und Snowboardern höher hüpfen und der Frühling bringt wieder frisches Grün. Zu der Vielzahl der angebotenen Erlebnistouren zählen: Whitewater Rafting, Jetboating, Wildwasserfahrt durch Canyons, Bungee Jumping und Tandem-Gliding, Swinging, Helikopterflug, Ski- oder Skateboardfahren im Winter, lange Wanderungen im *Paradise Valley* oder Geländefahrten per Jeep.

(243) WOMO-Campingplatz: Queenstown Lakeview

GPS: S 45°1'49" E 168°39'26", 4 Cemetery Road, Queenstown, Tel. 0800 482 735, www.holidaypark.net.nz **Preise:** 50-70 NZD.

Beschreibung: Zentral gelegene große Anlage. Sie laufen 500 m bis zum See, gute Sanitäranlagen. Andererseits hat der Platz kein Flair. Es sehr eng, die Womos sind dicht auf dicht gepackt. **Zufahrt:** Gut ausgeschildert. Vom Zentrum aus die Brecon Street Richtung Gondola fahren und links in die Cemetery Rd abbiegen.

Wir wollen in diesem Buch nicht näher auf die einzelnen Aktivitäten eingehen und verweisen auf die unzähligen Buchungsbüros und das DOC Visitor Centre, 38 Shotover Street. Trotz des Urlauberansturmes hat der malerisch zwischen dem romantischen, azurblauen See und den zerklüfteten Bergen gelegene Ort einiges von seinem ursprünglichen Charakter behalten. In der verhältnismäßig kleinen Innenstadt befinden sich unzählige Bars und Cafés.

Um sich einen Überblick über Stadt und Umgebung zu verschaffen, fahren Sie zunächst einmal mit der **Skyline Gondola** zu der Bergstation auf dem Bob's Peak *(762 m).* Genießen Sie auf der Aussichtsterrasse angekommen den herrlichen Blick auf die umliegenden Berggipfel, zu denen die Remarkables, der Crown Peak und der Coronet Peak gehören. In der Bergstation gibt es eine Cafeteria und ein **Skyline Restaurant** (Tel. 03 442 7860), in dem Sie ein Mittag- oder Abendessen vom Buffet mit spektakulärer Aussicht auf den See einnehmen können. In der Bergstation finden Sie auch Souvenirshops und ein Theater, in dem der sehenswerte High-Tech-Film Kiwi Magic zu sehen ist.

(244) WOMO-Campingplatz: Queenstown Creeksyde HP

GPS: S 45°1'33" E 168°39'37", 54 Robins Road, Queenstown, Tel. 0800 786 222, www.camp.co.nz.

Preise: 50-70 NZD.

Beschreibung: Der Platz ist in mehrere wunderschöne Parzellen aufgeteilt und hat viele heimelige und von üppigem Grün umgebene Stellplätze. Bäume spenden Schatten. Die Toiletten und Duschen sind einzigartig künstlerisch gestaltet. Sie laufen 10 min zu Fuß bis zum Stadtzentrum Unser klarer Favorit in Queenstown.

Zufahrt: Ausgeschildert.

Zurück in der Talstation besuchen Sie den Kiwi & Birdlife Park und den alten Friedhof, in dem einige der Pioniere der Stadt begraben sind. Danach promenieren Sie entlang der Uferstraße Lake Esplanade bis zur Steamer Wharf, wo zahlreiche Kneipen Bars und Restaurants auf Sie warten. Im Fergburger einen Gourmet-Burger zu essen gehört fast zum Pflichtprogramm eines Queenstown-Besuches. Vor dem Tresen des winzigen Ladens stehen Backpacker und Wohnmobil-Reisende gleichermaßen Schlange um einen »Sweet Bambi« oder »The Morning Glory« zu erwischen. **Fergburger**, 42 Shotover St, Tel.03 441 1232, www.fergburger.com.

Queenstown, Bay Beach

Direkt nebenan können Sie sich mit ausgezeichnetem Brot und leckeren Pies eindecken. Probieren Sie eine »Lamb Shank Pie«, bei der das Lamm mit Rotwein, Zwiebeln und Lauch zum delikaten Sugo geschmort wird. **Fergbaker**, 40 Shotover St. Eines der am besten bewerteten Restaurants der Stadt ist das **Pedro‘s House Of Lamb** (47 Gorge Road, Tel. 03 441 4526), gegenüber dem Creeksyde Holidaypark.

Am Anleger Steamer Wharf schauen Sie sich die **TSS Earnslaw** an. Dieses 51 Meter lange, elegante und immer noch auf Hochglanz polierte Dampfschiff hatte 1912 seine Jungfernfahrt. Es ist das einzig Überlebende einer Flotte von fast drei Dutzend Schiffen, die vor 150 Jahren Passagiere und Fracht (1.500 Schafe fanden Platz) über den See transportierten. Mehrfach am Tage legt die TSS Earnslaw zu einer Ausflugsfahrt über den See zur *Walter Peak Country Farm* ab, wo dem Interessierten High Country Schafzucht demonstriert wird. Von den Außenplätzen des Restaurants Pier 19 aus können Sie wunderbar das Treiben um die Ablegestelle beobachten und dazu noch einen leckeren Venison Burger genießen (**Pier 19**, Steamer Wharf, Tel. 03 442 4006). Die beste Eiscreme in Queenstown gibt es im **Patagonia** (2 Rees Street).

Von der Anlegestelle der TSS Earnslaw folgen Sie dem Seeufer und gelangen bald zu einem Komplex von Bootsrampen. An der zweiten Pier, in der Verlängerung der Mall gelegen, befindet sich Underwater World, eine unterseeische Galerie mit Aussichtsfenstern zum See. Da die Neuseeländischen Alpen als Schutzwall gegen die kühlen Westwinde wirken, liegt die durchschnittliche Höchsttemperatur in Queenstown im Sommer um zwei Grad höher als die der deutlich nördlicher gelegenen Hauptstadt Wellington. Auch der Niederschlag fällt dank des Regenschattens der Süd-Alpen eher moderat aus.

Queenstown, Steamer Wharf mit TSS Earnslaw

Als Ergebnis gilt das Hinterland Queenstowns als eines der besten Weinbaustandorte Neuseelands. Geführte Weintouren, die vornehmlich Weingüter im nahe gelegenen Gibbston Valley besuchen, werden in Queenstown angeboten.

Falls Sie über genügend Zeit verfügen, sollten Sie einen reizvollen Abstecher in das 46 Kilometer entfernte **Glenorchy** unternehmen, das friedvoll am Nordende des Lake Wakatipu liegt. Sie erreichen dieses selbsternannte *Tor zum Paradies* über eine Straße, die dem Verlauf des Seeufers folgt und immer wieder tolle Ausblicke auf See und Bergwelt gewährt. Vor dem Ortseingang liegt die Blanket Bay Lodge, eine 4-Sterne-Unterkunft für hohe Ansprüche und starken Geldbeutel.

Ausflug nach Glenorchy

Glenorchy ist der östliche Ausgangspunkt für einige Fjordland Tracks. Es besteht im Wesentlichen aus dem Glenorchy Information Center, dessen Funktion sich nicht in einer Touristeninformation erschöpft. Es ist Dorfladen und Souvenirshop, Rezeption für den Glenorchy Holiday Park und selbstverständlich können auch alle Touren hier gebucht werden. Zu letzteren gehören Trips mit Jetboots und Funyaks, aufblasbaren Kanadiern, auf dem Dart River, einem wilden und ursprünglichen Gletscherfluss (**Dart River Safaris**, 45 Mull

Straße am Dart River

Street, Tel. 0800 327 853, www.dartriver.co.nz). Wir können die Jetboot Tour sehr empfehlen. Sie werden in Queenstown abgeholt und schon die Busfahrt nach Glenorchy ist phantastisch. Wählen Sie eine Tour, die mit der Jetboot-Fahrt startet, dann haben Sie die schneebedeckten Berge des Mount Aspiring National Park immer im Blick. Nach der Bootsfahrt unternehmen Sie einen geführten Spaziergang durch den Wald (Herr der Ringe Location) und werden anschließend mit einem 4WD-Bus nach Glenorchy zurückgebracht.

(245) Offizieller WOMO-Stellplatz: Twelve Mile Delta - DOC Standard

GPS: S 45°4'1" E 168°32'39". **Max. WOMOs:** 100
Ausstattung: Toiletten, Trinkwasser, Picknicktische.
Beschreibung: Sehr schönes weiträumiges Gelände am Ufer des Lake Wakatipu. Der Platz ist wunderbar in den natürlichen Bewuchs eingebettet, mit tollem Blick auf den See und die umliegenden Berge. Ideale Basis um die Umgebung wandernd zu erkunden (Mt Chrichton Loop Track, **Bob's Cove Track**, Lake Dispute Track). Da auch eine Bootsrampe verfügbar ist, wird der Platz gerne von Kiwis zum Fischen benutzt. **Preise:** 30-40 NZD.
Zufahrt: Neun Kilometer hinter Queenstown ausgeschildert.

(246) WOMO-Campingplatz: Camp Glenorchy Eco Retreat

GPS: S 44°51'6" E 168°23'23". 60 Oban Street, Glenorchy, Tel. 03 409 0401, www.theheadwaters.co.nz **Preise:** 65-75 NZD.
Beschreibung: Hier erwartet sie etwas ganz Besonderes, ein richtiges Kunstwerk! Das extrem ressourcensparende Camp wurde strikt umweltfreundlich nach den Richtlinien der "Living Building Challenge" konzipiert. Die Energieversorgung läuft über die größte Solaranlage der Südinsel. Die Wasser-Versorgung des Gartens geschieht über gesammeltes und gereinigtes Abwasser. Nehmen sie auch an einer der Nachhaltigkeitstouren teil. Hochpreisig.
Zufahrt: In Glenorchy, an der Hauptstraße, nicht zu verfehlen.

Das besondere Alpenpanorama macht Glenorchy zum begehrten Filmset. Einige Szenen aus *Herr der Ringe* wurden hier gedreht. **Nomad Safaris** (37 Shotover St, Queenstown, Tel. 03 442 6699, www.nomadsafaris.co.nz) bietet Jeeptouren zu den verschiedenen Drehorten an.

Keinesfalls entgehen lassen, sollten Sie sich einen Besuch im **Glenorchy Café** in der Mull Street (Tel. 03 442 9978). Das Café hat viele schöne Plätze auf seinen Verandas. Sie sitzen unter Apfel- und Walnussbäumen, eine sehr schöne, relaxte Stimmung. Auch der Innenraum ist *cosy*. Alles, was angeboten wird, ist ausgesprochen lecker! Wir waren besonders von den diversen berry crumbles angetan. Auch der Cappuccino war vortrefflich.

(247) Offizieller WOMO-Stellplatz: Diamond Lake - DOC Basic
GPS: S 44°43'51" E 168°22'49". **Max. WOMOs:** 8 **Ausstattung:** Keine.
Beschreibung: Sehr schöne Lage am Lake Diamond, mitten im Mount Aspiring National Park. Reizvoll für Herr der Ringe Fans (Isengard, Lothlorien)!
Hinweis: Maximal 4 Nächte. Campen unter Bäumen wird nicht empfohlen.
Zufahrt: Sie folgen von Glenorchy aus der Glenorchy-Paradise Road, die nach 8 km zur *Gravelroad* wird. Das Ziel erreichen Sie nach insgesamt 15 km.

(248) Offizieller WOMO-Stellplatz: Crown Range Summit - DOC
GPS: S 44°59'32" E 168°56'20". **Max. WOMOs:** 10. **Ausstattung:** Keine.
Beschreibung: Großer Parkplatz am Crown Range Summit. Dem Wind ausgesetzter, baumloses Platz mit tollem Ausblick.
Zufahrt: An der Straße, nicht zu übersehen. Auf Gedenkstein achten.

Nach Wanaka über das Cardrona Valley

Wenn Ihr Camper nicht gar zu groß ist, sollten Sie als Route nach Wanaka die Crown Range Road über Cardrona wählen, die im späteren Verlauf Cardrona Valley Road heißt. Sie windet sich zunächst als extrem steile Serpentinenstraße in vielen engen Haarnadelkurven über die Crown Terraces, bevor sie die Passhöhe von 1076 Metern erreicht. Der Crown Range Summit ist der höchste asphaltierte Pass in Neuseeland.

Es bieten sich immer wieder atemberaubende Ausblicke hinab auf das Tal des Kawarau River und den Lake Hayes. Im weiteren Streckenverlauf führt die Straße durch das schmale und ausgesprochen pittoreske

Cardrona Valley Road

Cardrona Valley. Die das Tal umgebenden steilwandigen Hügel sind von kugelförmigen und meist braunen Tussock-Grasbüscheln übersät. Auf halber Strecke nach Wanaka passieren Sie das schrullige Dorf *Cardrona* mit seinem alten malerischen *Cardrona Hotel*. Das liebevoll restaurierte Gebäude ist von altem europäischem Charme und in seinem historischen Schankraum wurde schon zu Goldgräberzeiten gezecht. In dem idyllischen Garten können Sie wunderbar Kaffee und Kuchen genießen. Sie sollten hier unbedingt eine Pause einplanen.

Alternativstrecke nach Wanaka über Cromwell

Die einfacher zu fahrende 45 Kilometer längere Alternativroute folgt bis Cromwell Tour S05. Danach verläuft sie an der Westseite des Lake Dunstan entlang und folgt schließlich für die Reststrecke von 36 Kilometer dem Clutha River bis zu seinem Ausfluss aus dem Lake Wanaka.

Situation der Wohnmobilstellplätze in Wanaka

Wanaka lässt kein freedom camping zu. Im Stadtgebiet müssen Sie also auf freies Campen verzichten und mit einem der zahlreichen Campingplätze vorliebnehmen. Direkt am Strand

gibt es Parkplätze mit einer ganz wunderbaren Regelung. Auf einige Plätze dürfen sich ausschließlich Wohnmobile mit einer festgelegten Mindestlänge stellen. Und das klappt sogar! Wir können Ihnen knapp außerhalb der Stadtgrenze eine freie Übernachtungsmöglichkeit anbieten. **The Larches** liegt 8 Kilometer südlich von Wanaka an der Cardrona Valley Road von Queenstown nach Wanaka, ist also nicht ganz störungsfrei. Der Platz liegt zwischen der Straße und einem Waldstück. Er eignet sich für die Übernachtung, wenn Sie abends von Queenstown kommen oder den Tag am Lake Wanaka verbracht haben.

(249) Womo Stellplatz: The Larches, GPS: S 44°45'45" E 169°5'53"

Nun zu den fünf Campingplätzen. Am zentralsten liegt der **Wanaka Lakeview HP.** Er ist nicht unbedingt eine Schönheit, aber Sie laufen nur 10 Minuten bis zur Stadtmitte.

WOMO-Campingplätze am Lake Wanaka

(250) Lakeview Holiday Park, **GPS:** S 44°42'3" E 169°7'41".
212 Brownston St, Wanaka, Tel. 03 443 7883, www.wanakalakeview.co.nz
(251) Kiwi Holiday Park & Motels, **GPS:** S 44°42'20" E 169°6'32".
Studholme Rd Nth, Wanaka, Tel. 03 443 7360, wanakakiwiholidaypark.nz
(252) Wanaka Top 10 Holiday Park, **GPS:** S 44°41'57" E 169°6'4".
217 Mt Aspiring Rd, Wanaka, Tel. 03 443 7766, www.wanakatop10.co.nz
(253) Glendhu Bay Motor Camp, **GPS:** S 44°40'27" E 169°1'0".
Mt Aspiring Rd, Glendhu Bay, Tel. 03 443 7243,
(254) Lake Outlet Holiday Park, **GPS:** S 44°39'59" E 169°9'10".
197 Outlet Rd, Lake Wanaka, Tel. 03 443 7478, www.lakeoutlet.co.nz

Vom **Top10** und dem **Wanaka Kiwi Holiday Park & Motels** laufen Sie dagegen zwischen 20 und 25 Minuten. Die beiden empfehlenswerten Plätze liegen westlich vom Zentrum und in einiger Entfernung vom See. Direkt am Ufer liegt das **Glendhu Bay Motor Camp**, 11 Kilometer westlich von Wanaka. Die Lage an der Glendhu Bay ist wirklich fantastisch. Dennoch wird Ihnen der Platz vermutlich nicht zusagen. Er ist sehr groß und trotzdem mit Zelten und Wohnwagen überfüllt. Die Sanitäreinrichtungen sind äußerst schlicht. Ausgesprochen interessant ist unserer Meinung nach der **Lake Outlet Holiday Park**, der 6 Kilometer nördlich vom Zentrum an dem Ausfluss des Lake Wanaka in den Clutha River liegt. Sie campen dort sehr na-

Badevergnügen am Lake Wanaka

turverbunden.

Wanaka

Lake Wanaka ist der viertgrößte See des Landes und mit 45 Kilometer Länge stets präsent. Der langgestreckte See wird Sie auf dem Weg nach Haast noch eine Weile begleiten. Lake Wanaka hat einige kleine Inseln, auf deren nördlichster ein kleiner See zu finden ist. Sie werden sicherlich bezaubert sein von dieser Seenlandschaft inmitten von hohen Bergketten.

Der an der Südspitze des *Lake Wanaka* gelegene beschauliche Ort **Wanaka** (7.000 Einw.) bietet eine gute Mischung aus Abenteuer, Sport und Entspannung. Bei schönem Wetter laden im Sommer viele Stellen am See zum Picknick ein und im Winter ist Wanaka beliebte Basis für die Skigebiete Cardrona und Treble Cone. Angeboten werden in der selbsternannten Abenteuer-Destination neben mehreren Wildwassertouren, Jetbootfahrten auf dem *Matukituki River* und Kreuzfahrten, Angeltouren und Wasserski auf dem See. Auch Sightseeing-Flüge, Gleitschirmfliegen und Fallschirmspringen können Sie buchen. Total in ist heutzutage das Stand-up-Paddle-Boarding und das Aqua Biking. Am Seeufer gibt es einen regen Badebetrieb.

Wanaka hat viele kleine Läden, einen großen Supermarkt,

Wanaka Willow, Weide im Wasser

diverse Restaurants und Cafés und eine wunderschöne Lage zwischen dem See und den Ausläufern des Mt. Aspiring National Parks. Suchen Sie noch ein Mitbringsel? Dann schauen Sie doch im reizenden »Gifted Design Store« vorbei. Hier finden Sie wunderschöne Artikel die in Neuseeland hergestellt wurden, oft von lokalen Künstlern oder kleinen Handwerksbetrieben. **Gifted Design Store**, 19 Helwick Street, Tel. (03) 443 2035. An der Ardmore Street, die an der Uferpromenade entlangführt, gibt es eine ganze Reihe schöner Cafés, die mit dem **Relish Café** beginnt. Das städtische »free WiFi« empfangen Sie am besten im **Kai Whakapai**, Ecke Helwick Street. Gleich nebenan, 103 Ardmore Street, finden Sie die **i-SITE** (Tel. 03 443 1233, geöffnet von 8.30 - 17.30 Uhr). Das Mount Aspiring National Park Visitor Centre (DOC) befindet sich 500 Meter von der Uferpromenade entfernt an der Ecke Ardmore St / Ballantyne Rd, Tel. 03 443 7660, tgl. geöffnet von 8 - 17 Uhr.
Besuchen Sie unbedingt das **Paradiso Cinema**. Dieses witzige Kino hat einzigartige und doch bequeme Sitzgelegenheiten. Sie können sich auf Polstersesseln und Ledersofas niederlassen und sogar in einem Auto. In der Pause gibt es frisch gebackene Cookies und vieles mehr. Alles sehr zu empfehlen (72-76 Brownston St., Tel. 03 443 1505, www.paradiso.net.nz).

Das ausgezeichnete Restaurant **The Landing** (Ecke Ardmore St / Lakeside Dr, Tel. 03 443 5099) liegt sehr schön mit Blick zum See und den dahinter thronenden Bergen. In den letzten Jahren hat sich Wanaka stark entwickelt und ist damit deutlich in Konkurrenz zu Queenstown getreten. Die Fläche unterhalb von *Mt. Iron*, Wanakas kleinem Hausberg, war im Jahr 2000 noch Weidefläche für Schafe und ist heute weitestgehend bebaut. Der Spazierweg hinauf auf den Gipfel des **Mt Iron (549 m)** ist auch bei Einheimischen sehr beliebt und

bietet einen herrlichen Panoramablick.

Zwei Kilometer östlich des Ortszentrums bietet der Vergnügungspark **Great Maze** einen hölzernen Irrgarten, mehrere Geduldsspiele, eine Hologramm-Halle und das Holzhaus *Tilted House*, dessen Fußboden 15 Grad gegen die Horizontale geneigt ist. Historisch interessierte Besucher finden im New Zealand Fighter Pilots Museum die größte Sammlung von Kampfflugzeugen in der südlichen Hemisphäre und am Wanaka Airport ein Transport- und Spielzeugmuseum. Schließlich können sie die preisgekrönte Brauerei Wanaka Beer Works besichtigen, und drei Biersorten für 4 NZD probieren.

Wanderungen am Lake Wanaka

In der DOC-Broschüre Wanaka Outdoor Pursuits sind leichte und sehr anspruchsvolle Wanderungen am Lake Wanaka beschrieben. Wir wollen Ihnen einige ausgewählte *walks* vorstellen.

1. Mount Iron Walk (5 km, 1-2 h, 240 Hm): Der Klassiker unter den *Walks* führt Sie hinauf auf den Mt. Iron (549 m), Wanakas Hausberg. Wir raten Ihnen, den Rundweg im Uhrzeigersinn zu laufen. Der Weg führt durch Weideland und ist bis auf die tollen Ausblicke nicht sehr spannend. Der Gipfel bietet Ihnen dafür eine wunderbare Rundumsicht, die Ihnen die Orientierung in der Gegend erleichtert. Sie haben einen herrlichen Panoramablick auf Wanaka, Lake Wanaka, Albert Town, Lake Hawea, das obere Clutha Tal, das Cardrona Valley und die umliegenden Bergketten. Der Abstieg führt in der Nähe der Steilwand durch Busch und den vogelreichen Wald des *Mount Iron Scenic Reserve* in Serpentinen recht steil nach unten. Der Ausgangspunkt der Wanderung liegt 1,5 Kilometer östlich von Wanaka am SH84, gegenüber dem Great Maze. **GPS:** S 44°41'46" E 169°9'44".

2. Outlet Track: Wenn Sie vom Zentrum aus dem östlichen Ufer Richtung Norden folgen, kommen Sie nach 20 Minuten zum *Eely Point* und nach weiteren 30 Minuten zum *Beacon Point*, der der großen Halbinsel *The Peninsula* direkt gegenüberliegt. Wenn Sie weiterhin dem Seeufer folgen, erreichen Sie nach 15 Minuten den Ausfluss in den Clutha River. Hier befindet sich der Lake Outlet Holiday Park. Der Uferweg führt nun in 45 Minuten nach Albert Town.

3. Waterfall Creek Track: Wenn Sie vom Zentrum aus dem Seeufer in westliche Richtung folgen, laufen Sie eine knappe Stunde bis zum *Waterfall Creek*. Sie können hier entspannen und den Kiwis zuschauen, die an einer Bootsrampe ihre Motorboote ins und aus dem Wasser bugsieren. Unterwegs treffen Sie auf das schöne **Edgewater Resort**, das Sie zu einem Kaffee inmitten einer grünen Rasenfläche einlädt. Wenig später taucht oberhalb des Wanderweges das *Rippon Vinyard auf*. Wenn Sie dem Wanderweg über den Waterfall Creek hinaus folgen, erreichen Sie in 2 h die Glendhu Bay mit dem bereits beschriebenen *Motor Camp*.

Wanaka, Paradiso Cinema

4. Diamond Lake Track (7 km hin und zurück, 2,5 h, 400 Hm): Start der Wanderung ist ein Parkplatz, der 18 Kilometer nordwestlich von Wanaka liegt. Sie folgen der Straße Richtung Mt Aspiring Nationalpark an der Glendhu Bay vorbei. Schon nach 500 m mit leichtem Anstieg erreichen Sie den von wunderbarem Grün eingefassten Lake Diamond. In 30 Minuten können Sie diesen schönen See umrunden. Der Wanderweg führt über 245 Stufen hinauf zum *Lake Diamond Lookout* an. Um einen Blick auf Lake Wanaka zu bekommen, müssen Sie insgesamt mit fast einer Stunde rechnen. Dafür werden Sie mit einem absolut famosen Blick belohnt, der seinesgleichen sucht. Der *Rocky Mountain Track* führt Sie noch etwas weiter hinauf, jedoch ohne neue Einblicke zu gewähren.

Auch der **Roys Peak Track** (11 km hin und zurück, 5-6 h, 1.300 Hm) kommt in Frage.

Wer anspruchsvollere Wanderungen sucht, hat dazu im nahen Mount Aspiring Nationalpark in allen Schwierigkeitsstufen Gelegenheit. Ein bei Neuseeländern sehr beliebtes Ziel ist der **Rob Roy Glacier Walk** (10 km hin und zurück, 3,5 h, 400 Hm). Er startet 50 km westlich von Wanaka am Raspberry Carpark im Matukituki Valley. Schon die etwa einstündige Fahrt zum Parkplatz ist wunderschön, allerdings wechselt der Straßenbelag kurz hinter Lake Diamond zu Schotter. Der Wanderweg folgt

Diamond Lake

dem *Rob Roy Stream* durch Buchenwald mit einem reichen Unterholz aus Farnen und Moos bis zur Baumgrenze. Hier gibt die niedere alpine Vegetation spektakuläre Blicke auf die hängenden Gletscher unterhalb des *Mount Rob Roy* frei.

Weiterfahrt über den Haast Pass

Eine preiswerte Übernachtungsmöglichkeit ist das schön in einer Flussschleife des Clutha River gelegene **Albert Town Camp**. Es liegt 6 Kilometer nordöstlich vom Zentrum am SH6, also in Richtung des Tourzieles Haast. Sie finden hier Toiletten und Wasser, aber keinen Strom.

(255) Offizieller WOMO-Stellplatz: Albert Town Camp

GPS: S 44°40'45" E 169°11'26", Lake Hawea-Albert Town Rd, Albert Town, Queenstown Lakes District Council, Tel. 03 443 0024. **Max. WOMOs:** 40.
Ausstattung: Toilette, Wasser, Mülleimer. **Preise:** 20-25 NZD.
Beschreibung: Einfacher großer Grasplatz, sehr schön in einer Flussschleife am Clutha River gelegen. Viele Schattenplätze. Ausgangspunkt verschiedener Wanderungen.
Zufahrt: Direkt hinter der Brücke über den Clutha River am SH6.

Nur wenige Kilometer östlich vom Lake Wanaka liegt der Lake Hawea, mit einer Fläche von 141 Quadratkilometern der kleinste und nördlichste der fünf großen Gletscherseen Neuseelands. An der engsten Stelle („The Neck“) sind beide Gewässer nur etwa 1000 Meter voneinander entfernt. Am Südufer des **Lake Hawea** wurde im Jahr 1958 ein 30 Meter hoher Damm gebaut und damit der Wasserspiegel um 20 Meter angehoben. Das angestaute Wasser wird, im Bereich zwischen 10 und 200 Kubikmeter pro Sekunde, kontrolliert abgegeben und dient im 100 Kilometer entfernten Roxburgh Wasserkraftwerk (siehe Tour S06) als zusätzliche Ressource zur Stromgewinnung. Aller-

Lake Wanaka, relaxen

dings verlor der See durch dieses Bauwerk einiges von seinem Reiz, denn die ursprünglichen Badestrände gingen verloren. Am Staudamm, unweit seines Abflusses in den Hawea River, befindet sich die einzige größere Siedlung am See, der etwa 300 Einwohner zählende Ort **Hawea**.

(256) WOMO-Campingplatz: The Camp - Lake Hawea
GPS: S 44°36'25" E 169°14'44", 1208 Makarora- Lake Hawea Rd, Lake Hawea, Tel. 03 443 1767, https://thecamp.co.nz **Preise:** 30-40 NZD.
Beschreibung: Schöner, weitläufiger Platz in einem Wäldchen. Die schönsten (und teuersten) Stellplätze liegen direkt am Lake Hawea. Das Gelände ist zum See hin leicht abfallend. Die Sanitäranlagen sind veraltet.
Zufahrt: Vom SH6 Richtung Norden kurz nach Hawea rechts abbiegen.

Im nördlichen Bereich des Sees fließt, neben vielen kleinen Zuflüssen, der Hunter River in den Lake Hawea. Der See ist nicht so beliebt wie sein größerer Nachbar, eignet sich aber hervorragend für verschiedene Arten von Wassersport und lädt wegen seines Fischreichtums zum Angeln von Forellen und Lachsen ein. Ebenfalls am nördlichen Ende des Sees, an der engsten Stelle zwischen den beiden Seen, zweigt eine Schotterstraße nach rechts ab (Meads Road), die Sie nach sechs Kilometern zu einem charmant am See gelegenen DOC Cam-

Lake Hawea

pingplatz bringt (Kidds Bush Reserve). Hier beginnt der gut ausgeschilderte Rundweg **Nature Walk**, der über eine Anhöhe durch den Wald führt und etwa 35 Minuten in Anspruch nimmt.

(257) Offizieller WOMO-Stellplatz: Kidds Bush Reserve - DOC Standard Campsite

GPS: S 44°26'28" E 169°15'42", Meads Rd, Hunter Valley. **Max. WOMOs:** 40.
Ausstattung: Toiletten, Trinkwasser. **Preise:** 30-40 NZD.
Beschreibung: Sehr idyllische Stellplätze auf einer Wiese, malerisch am Lake Haweam gelegen! Unbedingt den Rundweg »Nature Walk« gehen.
Zufahrt: Am Kopfende des Lake Hawea rechts in die Meads Rd einbiegen und sechs Kilometer der Schotterstraße folgen. Auf Kühe achten!

(258) Offizieller WOMO-Stellplatz: Boundary Creek

GPS: S 44°21'7" E 169°10'9", Tel. 027 629 1012 **Max. WOMOs:** 40.
Ausstattung: Toiletten, Wasser, Picknicktische. **Preise:** 30-40 NZD.
Beschreibung: DOC Standard. Sehr idyllische Plätze, auf einer Landnase am oberen Ende des Lake Wanaka. Durch Büsche und Bäume geschützt.
Zufahrt: Von Wanaka den SH6 Richtung Norden. Der Platz liegt 9 km nachdem der SH6 wieder auf den Lake Wanaka getroffen ist auf der linken Seite.

Der **Haast Pass** ist mit nur 563 m ü.d.M. die am tiefsten gelegene Passstraße über die Südalpen. Er ist nach dem

Lake Hawea

deutschen Geologen *Julius von Haast* benannt, welcher ihn als erster Europäer nach dem Goldsucher *Charles Cameron* (1863) bezwang. Die Straße über den *Haast Pass* ist der südlichste Zugang zur *West Coast.* Sie wurde in den 30er Jahren, in der Zeit der großen Depression, als Arbeitsbeschaffungsmaßnahme angelegt, 1965 für den öffentlichen Verkehr freigegeben und erst in den 90er Jahren durchgehend asphaltiert. Die Streckenführung folgt einem bereits von den **Ngai Tahu** genutzten Pfad an die Westküste, den diese zum Handel mit Jade benutzten. Ihr Weg zum Haast Pass führt Sie durch eine vielfältige Szenerie: Regenwald, Feuchtgebiete, Seen, Gletscherflüsse und Stromschnellen.

Zunächst erreichen Sie den an der Südostseite des Mount Aspiring National Park gelegenen kleinen Ort **Makarora**, mit Motor Camp und DOC Visitor Centre ausgestattet. Die Region um Makarora ist mit ihrem dichten Südbuchenbestand und alpiner Vegetation von fesselnder Schönheit. Für unternehmungslustige Reisende werden hier Rundflüge und Jetbootfahrten auf dem Makarora River angeboten. Ein besonderer Leckerbissen ist das sogenannte *Siberia Experience*, das einen 30-minütigen Flug mit dem Kleinflugzeug, danach 3 h Bushwalk und eine abschließende Jetbootfahrt umfasst. In Makarora gibt es die letzte Tankstelle vor der Westküste (80 km bis Haast).

(259) Offizieller WOMO-Stellplatz: Cameron Flat

GPS: S 44°9'40" E 169°17'14", Haast Pass-Makaroa Rd. **Max. WOMOs:** 30.
Ausstattung: Toiletten, Wasser, Picknicktische. **Preise:** 30-40 NZD.
Beschreibung: DOC Standard. Naturbelassener Platz mit tollem Blick auf die Berge und den Makarora River. Mehrere terrassenförmig angeordnete Parkbereiche oberhalb der Straße. Sie können von hier aus zu den Blue Pools wandern. **Zufahrt:** 11 km nördlich Makarora am SH6.

Blue Pools

In Makarora sollten Sie die Broschüre »Walks along the Haast Highway« erstehen, die eine Vielzahl gut markierter kurzer Wanderungen entlang der Straße nach Haast beschreibt (**Achtung, volle Parkplätze**): Cameron Lookout (1 km), Haast Pass Track (3,5 km), Fantail Falls Bush Walk (1 km), Thunder Creek Falls Bush Walk (0,2 km), Pleasant Flat Bush Walk (0,2 km), Roaring Billy Bush Walk (1 km), jeweils einfache Strecke. Wir wollen den **Blue Pools Walk** (3 km hin und zurück, 1 h) hervorheben, der mit sensationellem Blick auf die Berge zu einer Serie von Wasserbecken führt, die über die Jahrhunderte aus den Steinen gewaschen wurden. In dem kristallklaren Wasser tummeln sich unzählige Forellen. Der leicht zu laufende Weg zu den Pools führt durch reizvollen Silberbuchenwald. Am DOC Visitor Centre startet der Makarora Bush Nature Walk: (1 km, 15 min, Rundweg).

Sie überqueren siebzehn Kilometer hinter Makarora den Haast Pass und lassen damit endgültig die trockene, sanft gewellte Tussock-Landschaft von Central Otago hinter sich und tauchen in die tiefgrünen Regenwälder der regenreichen Westküste ein. Die Fahrt vom Haast Pass nach **Haast** ist sehr abwechslungsreich und ungemein reizvoll. Zunächst folgen Sie dem Haast River vorbei an dicht bewaldeten Gebirgsfluchten steil hinab ins Tal und dann dem nun breiten Flussbett mit seinen von Treibholz gespickten Schotterbänken.

Etwa 60 Kilometer hinter dem Haast Pass erreichen Sie die abgeschiedenen und ruhig gelegenen Siedlungen **Haast Township, Haast Junction** und, an der tasmanischen See gelegen, **Haast Beach**. Umgeben von ausgedehnten Regenwäldern und unberührt gebliebenen Stränden zieht Haast vor allem naturbegeisterte Reisende an. Sie sollten Ihre Vorräte möglichst noch in Wanaka ergänzt haben, denn der kleine Su-

Makaroro River

permarkt in Haast Township bietet nur sehr begrenzte Einkaufsmöglichkeiten. Immerhin können Sie in Haast tanken, freilich etwa 15 Cent pro Liter teurer als in Wanaka. Die Region um Haast wurde bereits in den 1870er Jahren von Europäern besiedelt, aber erst spät über befestigte Straßen mit dem Rest des Landes verbunden. Die wichtigsten Wirtschaftszweige der Region sind Landwirtschaft, Fischerei und Tourismus. Sehr empfehlenswert ist eine 90-minütige Jetboot-Fahrt den Haast River aufwärts, die Ihnen einen wunderbaren Einblick in die prächtige Natur dieses Flusslaufes gibt (**Haast River Safari**, www.haastriver.co.nz, Tel. 0800 865 382). Sie startet direkt unterhalb der *Haast River Bridge*, auf der von Haast abgewandten Seite der Brücke.

(260) WOMO-Stellplatz: Pleasant Flat - DOC Standard

GPS: S 44°0'43" E 169°22'53", Haast Pass-Makarora Rd. **Max. WOMOs:** 10
Ausstattung: Toiletten, Trinkwasser. **Preise:** 30-40 NZD.
Beschreibung: Toller Blick auf den schneebedeckten Mt Hooker. Vom SH6 durch Bäume geschützt. Hinter dem Platz startet ein kurzer Wanderweg durch den Wald. Striktes Feuerverbot! **Zufahrt:** Am SH6, direkt hinter der Brücke über den Haast River, 45 km vor Haast.

(261) WOMO-Campingplatz: Haast River Motels & HP

GPS: S 43°51`52" E 169°2'48". 52 Haast Pass-Makarora Road, Haast, Tel. 03 750 0020, www.haastrivermotels.co.nz **Preise:** 30-40 NZD.
Beschreibung: Der Platz liegt im offenen Gelände mit wenig Buschwerk. Gute und saubere Sanitäranlagen. Großer Spielplatz für Kinder.
Zufahrt: Am SH6, auf der linken Seite.

Ausflug in die Jackson Bay

Falls Sie über genügend Reisezeit verfügen, können Sie das Gefühl für Einsamkeit noch etwas weiter auf die Spitze treiben und links in die Küstenstraße *Haast Jackson Bay Road* einbie-

Hapuka Estuary Nature Walk

gen, die Sie nach etwa 50 km ins südwestlich gelegene Jackson Bay bringen wird. Die Straße verläuft nahe der Küste direkt hinter den Dünen durch eine dicht bewaldete Schwemmlandebene. Aus dem undurchdringlichen Unterholz ragen immer wieder 20 bis 30 m hohe Baumriesen hervor. Der Bewuchs ist geprägt von großen Farnen sowie vielen Flechten und Moosen. 10 km hinter Haast Beach erreichen Sie die ehemalige Maori Siedlung **Okuru,** in der es auch einen Zugang zum Meer gibt.

Die etwa vier Kilometer vorgelagerte Inselgruppe *Open Bay Islands* wurde zum Schutzgebiet für Pelzrobben und Dickschnabelpinguine erklärt. In Okuru lädt der 20-minütige Rundgang **Hapuka Estuary Walk** zu einem kleinen Spaziergang ein, der über eine Brackwasser-Lagune (Plankenweg) und durch einen Kowhai-Wald führt. Er beginnt an einem kleinen Parkplatz (**GPS:** S 43°54'1" E 168°54'2"). Die geteerte Küstenstraße endet nach weiteren 35 km in Jackson Bay. Dieser Ort war ursprünglich eine Walfangstation und sollte später zu einer Hafenstadt für die südliche West Coast ausgebaut werden. Der Versuch Getreide anzubauen, scheiterte an den dauerhaften Regenfällen und nur einige Unentwegte, die ihren Lebensunterhalt mit Hummer und Fischfang verdienen, sind geblieben. Sie können mit ihren Fischerbooten heute eine Pier nutzen, die für eine US-Basis gedacht war, deren Bau aber aufgegeben

Anleger in Jackson Bay

wurde. Im Schutze eines Landvorsprunges, Jackson Head, tummelt sich eine große Kolonie Pelzrobben und Dickschnabelpinguine haben hier ihre Brutplätze.

Hinter *Jacksons Head* führt der **Wharekai Te Kou Walk** zu einer Felsküste (40 Minuten hin und zurück). Der **Smoothwater Track** (1,5 h hin und zurück) folgt es einem alten Pionierpfad, bis der Smoothwater River erreicht ist und hält für den Wanderer immer wieder wundervolle Ausblicke zur Küste bereit. Der **Lake Ellery Track** (3 h hin und zurück) ist ein angenehmer Walk, der sich entlang des Ellery Streams durch Buchenwald zu einem von Gletschern geformten See schlängelt.

Stärken kann man sich nach getaner Wanderung gleich neben der Pier im urigem **The Craypot**, die neben »Fish & Chips« auch andere sehr empfehlenswerte Speisen bereithält.

(262) WOMO-Stellplatz: Jackson Bay - freedom camping

GPS: S 43°58'20" E 168°36'50", Pier St, Jackson Bay. **Max. WOMOs:** 10. **Ausstattung:** Keine. **Zufahrt:** In Jackson Bay, 100 m hinter dem Craypot. **Beschreibung:** Einfacher Parkplatz am Meer, der bei Regen etwas schlammig werden kann. Nahe am Startpunkt der obigen Wanderungen.

Etwa auf halber Strecke zwischen Haast und Jackson Bay mündet der Waioto River in die Tasmanische See. Dort werden 2,25-stündige Jetbootfahrten angeboten, die wir sehr empfehlen können. Eine großartige Landschaft und ein kenntnisreicher Führer warten auf Sie. Am Wendepunkt nach 16 km wird eine geführte Wanderung in den Wald angeboten. Start täglich um 10, 13 und 16 Uhr. **Waioto River Safari**, 1975 Jackson Bay Road, Tel. 0800 538 723, info@riversafaris.co.nz.

Tipp: Im DOC Besucherzentrum in Haast gibt es ein Telefon mit dem 0800er Nummern angewählt werden können.

TOUR S10
25 km
Tasmanische See
Hokitika
Arahura River
Hokitika River
Lake Kaniere
Lake Mahinapua
Hokitika Gorge
Ross
Mikonui River
Kakapotahi
Waitaha River
Pukehura
Lake Ianthe
Wanganui River
Poerua River
Salzwasser Lagune
Harihari
Okarito Lagune
Whataroa
Whataroa River
Okarito
Lake Mapourika
Franz Josef
Franz Josef Gletscher
Lake Matheson
Fox
Fox Gletscher
Gillespies Beach
Aoraki Mt Cook
2724 m
Tasman Lake
Mt Cook Village
Karangarua River
Bruce Bay
Mt Hopkins
2678 m
Lake Pukaki
Paringa River
Lachsfarm
Lake Paringa
Mt Hooker
2640 m
Mt Glenmary
2590 m
Ruataniwha Conservation Park
Knights Point
Lake Moeraki
Ship Creek
Anita Peak
2380 m
Tour S09
Lake Ohau
Haast River
Mount Aspiring National Park
Mt Brewster
2515 m
Ahuri Conservation Park
Haast Beach
Haast
Okuru
Okuru River
Jackson Bay
Haast Pass
563 m

Tour S10: Die Gletscher der West Coast 280 km

Haast - Fox-Gletscher - Franz-Josef-Gletscher Okarito - Harihari - Ross - Hokitika

Stellplätze:	Lake Paringa, Paringa Salmon Farm, Lake Mapourika, Okarito, Lake Ianthe, Kakapotahi Beach, Ross Empire Hotel, Lake Mahinapua, Lake Kaniere Hans Bay
Camping:	Fox Glacier, Franz Josef, Ross Beach, Hokitika
Besichtigen:	Ship Creek, Knights Point, Bruce Bay, Lake Matheson, Gletscher, Okarito Lagune, Hokitika, Hokitika Gorge
Wandern:	Kahikatea Swamp Forest, Mataketake Dune Lake, Monro Beach Fox River, Chalet Lookout, Lake Matheson, Peak Viewpoint, Gillespies Beach, Franz-Josef-Gletscher, Okarito Trig, Three Mile Lagoon, Harihari Coastal Walk, Ross: Water Race Walkway, Hokitika Gorge, Treetop Walk
Essen:	Café Lake Matheson, West Coast Treetop Walk Café, Hokitika: Stumpers Bar and Café

Vor Ihnen liegen zwei außergewöhnlich schöne, naturbetonte Touren entlang der Westküste der Südinsel. Auf der ersten von beiden besuchen Sie zwei bis ins Tal hinabreichende Gletscher und eine friedvolle Lagune, in der seltene Wattvögel nach Nahrung suchen. Tour S10 endet nach 280 Kilometern in der Jadestadt Hokitika. Sie durchfahren einen schmalen Landstreifen zwischen der Bergkette der südlichen Alpen und der oft wilden Tasmansee, der selten breiter als 30 Kilometer ist und von den Neuseeländern West Coast genannt wird.

West Coast

Die wilde und ursprüngliche **Westküste** umfasst ein 23.000 Quadratkilometer großes Gebiet, in dem nur rund 33.000 Menschen leben,und ist damit die am dünnsten besiedelte Region Neuseelands. Sie erstreckt sich über eine Entfernung von 600 Kilometer vom **Awarua Point** im Süden (ca. 60 km südlich Jackson Bay) bis zum **Kahurangi Point** (ca. 120 km nördlich Westport) im Norden. Da es nur drei Pässe über die Südalpen

Blick vom Knights Point

gibt, ist die West Coast vom übrigen Land recht isoliert. Ihre Einwohner werden von den Kiwis als »**Coasters**« bezeichnet und stehen im Ruf, sehr besonders zu sein, skurril und trinkfest. Neuseelands Ex-Premierministerin *Helen Clark* rutschte für die Coasters der Begriff Ferals (Verwilderte) heraus. Das wird von den Coasters durchaus als Kompliment verstanden, sieht man sich selbst doch als ungezähmt und freiheitsliebend. Dieser Ruf wird von den Coasters mit Veranstaltungen wie dem Wildfood Festival in Hokitika gepflegt, in dem man von rohem Seeigel über Mövenleberpastete und getrockneten Würmern in Trüffeln bis zu Opossum mit Stechginsterwein alles (Ekelhafte) geboten bekommt. Im benachbarten Okarito wohnt *Keri Hulme*, Neuseelands exzentrischste Schriftstellerin, die mit *Unter dem Tagmond* den *Booker-Preis* gewann. Vor ihrem achteckigen, selbstgebauten Holzhaus prangt ein Schild mit der Aufschrift »piss off«.

Ebenso ungezähmt wie die Menschen ist die Landschaft. Statt sanfter Wellen schlägt eine wütende Brandung auf die langen Strände, zum Baden ist es meist zu gefährlich. Das Baden ist auch an geschützteren Küstenabschnitten wegen der allgegenwärtigen **Sandflies** kaum möglich, die sich sofort in großen Schwärmen auf jeden potenziellen Blutlieferanten stürzen. Da die Feuchtigkeit bringenden Winde von Westen kommen, wird der schmale westliche Küstenstreifen jährlich mit 7 bis 9 Metern Regenmenge beglückt. Auf den Berggipfeln gibt es sogar bis zu 15 Meter Niederschlag und die Gletscher werden mit reichlich Nachschub versorgt, was dazu führt, dass die bekanntesten, der Fox- und der Franz-Josef Gletscher, bis auf eine Höhe von etwa 250 Meter ins Tal und damit nahe an die Westküste hinabreichen. Wer nun seine Reisepläne überdenkt, dem sei gesagt, die Sonne scheint an der West Coast

Strand der Bruce Bay

oft und lange, wenn es jedoch regnet, dann wie aus Kübeln. Die Westküste ist geprägt von schroffen, gischtbespritzten Felsformationen. An einigen Stellen ist die Küstenstraße in Gefahr, weggewaschen zu werden. Bei starken Regenfällen, und die sind hier die Regel, stürzen Wasserfälle direkt neben der Küstenstraße herab und werden unter der Straße hindurch ins Meer geleitet. Unmittelbarer als hier kann man die Elemente der Natur in Neuseeland nicht erleben. Dieses Aufeinandertreffen von wilder Strandlandschaft, reißenden Flüssen, unzähligen Wasserfällen, friedlichen Seen, üppigem Regenwald, riesigen Gletschern und schneebedeckten Bergen auf engstem Raum ist einzigartig. In Tour S10 werden Sie den wildesten und am dünnsten besiedelten Teil der Westküste erleben. Freuen Sie sich auf eine wunderschöne Landschaft.

Von Haast zu den Gletschern der West Coast

Sie verlassen Haast über die längste einspurige Brücke Neuseelands, die 700 m lange Haast River Bridge. Der SH6, bis Hokitika »The Glacier Highway« genannt, verbleibt für die nächsten 28 Kilometer in Küstennähe. Sie werden die wilde Tasmanische See aber erst in Ship Creek wieder zu Gesicht bekommen, denn rechts und links der Straße zeigt sich ein wundervoll dichter Bewuchs. Besonders im ersten Abschnitt hinter Haas ist das Grün unglaublich schön modelliert. Wie von einem Landschaftsgärtner geschaffen wird das dichte Buschwerk langsam höher und geht schließlich in Wald über, auch bei Regen ein sehr nachhaltiges Naturerlebnis. Nach 18 Kilometern erreichen Sie **Ship Creek**, wo Sie sich von einem in unmittelbarer Nähe zum Parkplatz gelegenen Aussichtspunkt einen Überblick über den einsamen wilden Strand, die Dünen und den umsäumenden Wald verschaffen können. Informationsschilder weisen auf zwei kurze Wanderungen hin. Der **Kahi-**

Ship Creek Coast

katea Swamp Forest Walk (20 Minuten) folgt dem Flüsschen Ship Creek flussaufwärts durch Sumpfland und Kahikatea-Wald zu einem Aussichtspunkt. Der **Mataketake Dune Lake Walk** verläuft in Strandnähe zum Lake Mataketake (30 Minuten).

Der Highway steigt bald an und erreicht nach neun Kilometern **Knights Point**. Von dieser Klippe bietet sich Ihnen ein wunderschöner Blick auf die zerklüftete Küstenlandschaft der West Coast. Eine Tafel erinnert daran, dass hier 1965 die Straßenverbindung zwischen nördlicher und südlicher Westküste geschlossen wurde. Die Straße biegt nun ins Landesinnere ab und erreicht nach sieben Kilometern den fischreichen (Forellen, Lachse, Whitebait) Lake Moeraki, der Brutplatz der Kotuku (White Heron, Silberreiher) ist. Noch bevor Sie den See sehen können, führt Sie ein Hinweisschild an der Straße zu einem Parkplatz. Dort, am Westende des Sees startet der **Monro Beach Walk** (5 km, 1,5 h, hin und zurück), der Sie durch einen wunderbaren Wald mit uralten *Kahikatea Baumriesen* an einen Strand führt, an dem Sie **Dickschnabelpinguine** beobachten können. Die seltenen Pinguine nisten hier zwischen Juli und Dezember und kommen im Februar zur Mauser an Land.

Nach weiteren 16 Kilometern erreichen Sie das einsame Ufer des ebenfalls sehr fischreichen **Lake Paringa.** Am See befindet sich ein reizend gelegenes DOC-Camp. Auch wenn Sie nicht vorhaben, hier zu übernachten, sollten Sie sich diesen

Fox-Gletscher

idyllischen Ort anschauen. Der SH6 überquert sieben Kilometer hinter dem Lake Paringa den Paringa River. Sie haben hier die Gelegenheit, eine nahe Lachsfarm zu besuchen, die auch über ein Café mit leckerem selbstgemachtem Kuchen verfügt. Nach weiteren 18 Kilometern trifft der SH6 an der **Bruce Bay** wieder auf die Küste. Der mit Treibholz übersäte Strand mit seinen vielen rund geschliffenen, wundervollen Steinen lädt zum Verweilen ein. Zum Schutz des Highways vor der oft wilden Tasmanischen See wurden an der zum Meer hin gelegenen Straßenseite große Felsbrocken aufgehäuft. Bald darauf verlassen Sie wieder die Küste, passieren den Karangarua State Forest und den Karangarua River und erreichen nach 46 Kilometer Fox.

(271) Offilzieller WOMO-Stellplatz: Lake Paringa

GPS: S43°43'19"E169°24'43". **Max. WOMOs:** 12. **Ausstattung:** Toilette, Picknicktisch. DOC Standard. **Beschreibung:** Romantischer Platz mit schöner Bademöglichkeit. Könnte besser gepflegt sein. Viele Sandflies unterwegs. Direkt am Lake Paringa, durch ein Waldstück vom SH6 getrennt. **Zufahrt:** Am SH6 ausgeschildert. **Preise:** 30-40 NZD

(272) WOMO-Stellplatz: Paringa Salmon Farm Café

GPS: S 43°42'34" E 169°29'46", Tel. 03 751 0837. **Max. WOMOs:** 15. **Ausstattung:** Toilette, Wasser, Mülleimer, Restaurant/Café. **Beschreibung:** Friedlich am Waldrand gelegener Parkplatz mit Blick auf den Fluß und offenes Land. Etwas uneben. Das Café hat sehr leckeres Essen. **Zufahrt:** Am SH6, 500 m hinter dem Paringa River links abbiegen.

Auf dem Weg zum Fox-Gletscher

Die Gletscher der Westküste

In der 300 Seelen Gemeinde **Fox Glacier Township** angekommen, ist es ratsam, sich zunächst Wanderkarten zu besorgen. Der Ort wird ganz vom nahen **Fox Glacier** beherrscht, zu dessen Erkundung er ein idealer Ausgangspunkt ist. Die Eismassen des Fox-Gletscher werden von den Gipfelregionen des Mount Tasman (3.497 m), des Mount Haidinger (3.065 m) und des Bismarck Peaks gespeist und fließen über eine Länge von 14 Kilometer hinab bis auf 400 m ü.d.M. Wie überall auf der Welt zieht sich die Gletscherzunge immer weiter zurück, zwischen unseren Besuchen 2008 und 2015 um stattliche 500 m. Noch im 19. Jh. hat sie bis zum heutigen SH6 gereicht und vor 15.000 Jahren soll sie gar ins Meer gekalbt haben.

(273) WOMO-Campingplatz: Fox Glacier HP

GPS: S 43°27'50" E 170°0'30", Kerr Road, Fox Glacier, Tel. 03 751 0821, 0800 154 366, www.foxglacierholidaypark.co.nz **Preise:** 60-70 NZD.
Beschreibung: Ein sehr schöner, zentrumsnah gelegener, gepflegter Platz.
Zufahrt: In Fox Glacier die Cook Flat Road Richtung Gillespie Beach / Lake Matheson nehmen und nach 1 km links in die Kerr Road abbiegen.

Die Straße zum Fox Glacier Parkplatz wurde gesperrt, nachdem sich im November 2018 ein schwerer Erdrutsch ereignete. Am Parkplatz nahe SH6 (**GPS** S 43°28'45" E 170°00'30") starten mehrere Wanderungen. Der **Fox Glacier South Side Walk** (6,8 km, 178 Hm. hin und zurück) ist eine leichte Wanderung, die zunächst entlang des Fox Rivers und dann mit stetigem Anstieg über einen Moränenpfad zu Gletscheraussichtspunkten führt. Eine anstrengende Alternative ist die **Mount Fox Route** (7,1 km, 1162 Hm. hin und zurück), ein kurzer, aber herausfordernder Aufstieg zum Mount Fox, mit großartigen Blicken auf den Gletscher. Wer ihn hautnah erleben möchte, kann sich ei-

Lake Matheson

ner professionell geführten Gletschertour zu Fuß oder mit dem Hubschrauber anschließen.

Der drei Kilometer östlich von Fox gelegene **Lake Matheson** ist berühmt für die nahezu perfekten Spiegelbilder, die seine Wasseroberfläche wirft. Sein Wasser ist von den organischen Rückständen des umliegenden Waldes dunkelbraun gefärbt und bildet dadurch an windstillen Tagen eine perfekte Reflektionsfläche. Die umliegenden Berge, unter ihnen an prominentester Stelle Mount Cook und Mount Tasman, sind dafür ein fantastisches Motiv. Ein gut ausgeschildeter Pfad führt durch einen uralten Wald mit großen Rimu und Kahikatea Bäumen um den See. Auf der Strecke liegt auch eine Aussichtsplattform, die ein Stück weit in den See hinausragt. Aber auch von vielen anderen Stellen aus hat man einen wundervollen Blick auf den See. Die etwa 1,5-stündige Wanderung sollten Sie möglichst frühmorgens oder am späten Nachmittag unternehmen, dann ist die Oberfläche des Sees absolut glatt und liefert die schönsten Spiegelungen. Am Ende des Rundganges wartet das ausgezeichnete **Café Lake Matheson** auf den Wanderer. Hier hat man einen fantastischen Ausblick und bekommt sehr gutes Essen serviert. Nicht nur deswegen sollten Sie sich den Lake Matheson keinesfalls entgehen lassen. Sie folgen weiterhin der Stichstraße zum Meer (Cook Flat Road) und erreichen bald den **Peak View Point**. Der Aussichtspunkt ermöglicht Ihnen einen Blick auf den Fox Gletscher in voller Länge und Schönheit und die ihn speisende Bergwelt. Auf der Weiterfahrt zur **Gillespies Beach** haben Sie 11 Kilometer einer windungsreichen und sehr engen nicht geteerten Straße vor sich. Vorsichtig fahren! Am Strand der ehemaligen Goldgräbersiedlung werden Sie staunen über unzählige vom Meer angespülte Baumstümpfe, Äste in jeder Gestalt und Grö-

Auf dem Weg zum Franz-Josef-Gletscher

ße, Wurzelwerk und vereinzelt auch über vollständige Baumriesen. Das Treibgut bildet, zusammen mit den geschliffenen Steinen unterschiedlichster Größe, eine bizarre Landschaft, ein Festschmaus für Fotografen. Auf dem DOC- Campingplatz darf heute leider nur noch gezeltet werden. Von Gillespies Beach aus bietet sich Ihnen ein traumhafter Blick ins Hinterland mit den Gipfeln der Südalpen, den riesenhaften Gletschern und verwunschenen Wäldern. Vom in den Dünen gelegenen, ausgeschilderten Parkplatz starten verschiedene Wanderungen, von denen die längste in knapp zwei Stunden zu einer Robbenkolonie an der *Galway Beach* führt.

Nur 23 Kilometer hinter Fox Glacier Township bringt Sie der SH6 über einige Anhöhen nach **Franz Josef Village.** Der Franz-Josef-Gletscher wurde 1865 von dem deutschen Entdecker *Julius von Haast* nach Franz Josef I. von Österreich benannt. In unmittelbarer Nähe zum Franz-Josef-Gletscherdorf können viele Highlights mitten intakter Natur erkundet werden. Immergrüne Regenwälder, Wasserfälle und kristallklare Seen laden dazu ein, die Schönheit der Region hautnah zu erleben.

Wie sein südlicher Nachbar, der Fox-Gletscher, wird er aus den Gipfelregionen der Südalpen gespeist, seine Abflüsse fließen über den Waiho River in die Tasmanische See. Die Balance zwischen Abschmelz-und Nachschubmenge aus den Akkumulationsgebieten bestimmt, ob ein Gletscher wächst oder schrumpft. Wie praktisch bei allen Gletschern der Erde fällt die Bilanz beim **Franz-Josef-Gletscher** generell negativ aus, d.h. seine Gletscherzunge verschiebt sich in immer größere Höhen. Auch seine Fließgeschwindigkeit ist beeindruckend. Bei einer Durchschnittsgeschwindigkeit von 5 m pro Tag erreicht er bisweilen Spitzengeschwindigkeiten von bis zu 8 m pro Tag. Ein

Franz-Josef-Gletscher

Kleinflugzeug, das nach einer Notlandung in eine Gletscherspalte gerutscht war, tauchte fünf Jahre später vier Kilometer unterhalb der Unglücksstelle wieder auf.

(274) WOMO-Campingplatz:
Franz Josef Rainforest Holiday Park

GPS: S 43°23'8" E 170°11'1", 46 Cron Street, Franz Josef, Tel. 03 752 0220, 0800 873 346, hello@rainforest.nz, www.rainforestholidaypark.co.nz

Ausstattung: Kramladen, Sauna, Spa-Pool, Restaurant.
Beschreibung: Solch ein schöne Umgebung findet sich kaum ein zweites Mal. Die Camper stehen idyllisch unter hohen Bäumen, Baumfarnen und Busch. Der Platz macht seinem Namen alle Ehre. Von daher unbedingt zu empfehlen! Manko: Recht enge Stellplätze. **Preise:** 60-70 NZD. **Zufahrt:** Ausgeschildert.

Wer den Gletscher hautnah erleben möchte, kann eine geführte Eiswanderung oder eine Gletscherklettertour inklusive Helikopterflug buchen. In einer 4-stündigen Wanderung wird mit einem Führer die alpine Landschaft des Gletschers mit seinen hoch aufragenden Eis-Zinnen erkundet. Panoramaflüge ohne Eislandung sind eine weitere Option. **Franz Josef Glacier Guides,** 63 Cron Street, Franz Josef Village, Tel. 03 752 0763.

Um zur Gletscherzunge zu gelangen, biegen Sie an der Brücke über den Waiho River in die Franz-Josef Glacier Road ab, die Sie nach 4 km zu einem großen Parkplatz bringt. Der hier

startende Pfad verläuft zunächst über Waldboden und danach im breiten, steinigen Flussbett der Gletschermoräne. Festes Schuhwerk ist hier ein Muss. Die Wanderung endet mit einem kurzen Anstieg zum Aussichtspunkt, in etwa 750 Metern Entfernung zum Gletscher. Ebenfalls zu empfehlen ist der **Douglas Walk**, ein schöner einstündiger Rundweg, der am Aussichtspunkt Peters Pool vorbeiführt und mehrere Moränen überquert, bevor er auf dem Weg zurück zur Brücke über den Dolly Creek absteigt. In der 300 Einwohner Gemeinde Franz-Joseph-Village erhalten Sie die DOC-Broschüre *The Glacier Region*, die neben den genannten auch noch andere Wanderungen beschreibt, darunter den anspruchsvollen **Alex Knob Track** (12 km, 8 h, hin und zurück, 1000 Hm) und den spektakulären **Roberts Point Track** (9 km, 5 h, hin und zurück, 600 Hm).

(275) Offizieller WOMO-Stellplatz:
Otto/MacDonalds - DOC Standard

GPS: S 43°17'47" E 170°13'32". **Max WOMOs:** 15
Ausstattung: Toilette, Wasser, Picknicktische. **Preise:** 30-40 NZD.
Beschreibung: Sehr schöner, ruhiger, idyllischer Platz direkt am Lake Mapourika, Tisch und Bänke für ein Picknick im Otto-Teil. Sehr gute Bademöglichkeit. Ein freundlicher Host schaut nach dem Rechten und hält alles sauber. **Zufahrt**: Am McDonalds Creek links vom SH6 abbiegen, Schild beachten. Links geht es zum Otto-, rechts zum Mac Donalds Teil.

Vom Franz-Josef-Gletscher nach Harihari

Neun Kilometer hinter Franz Joseph Village passieren Sie den wunderschönen **Lake Mapourika**, dessen Ufer dicht bewachsen sind. Nach weiteren 8 km biegen Sie links in eine Stichstraße (Forks Okarito Road) zum Meer ein, die Sie nach 13 km nach **Okarito** bringt. Bevor Sie den kleinen Ort erreichen, gelangen Sie zu einem Ausläufer der **Okarito Lagune.** Das Haff der Okarito Lagune ist mit einer Fläche von 30 km² das größte unberührte Feuchtgebiet Neuseelands. Viele klei-

Gebäude der Touranbieter in Okarito

ne Flüsse fließen in die Lagune, darunter auch der Abfluss des Lake Mapourika. In ihr leben viele Wattvögel. Darunter ist besonders der extrem seltene *Kotuku (White Heron, Silberreiher)* hervorzuheben. Man sieht die prachtvollen Vögel in großer Zahl auf der Suche nach Fischen durch die flache Lagune staken. Die Beobachtung ihrer Nistplätze in der benachbarten **Waitangi Roto Nature Reserve** ist jedoch schwierig, da sie in den Schilfgebieten der Lagune liegen. Mit ihrer friedvollen Schönheit zieht die Lagune den Betrachter sofort in ihren Bann und weckt den Wunsch, sie auf dem Wasser zu erkunden.

Am südlichen Ende der Lagune liegt die verschlafene kleine Siedlung **Okarito** mit etwa 30 permanenten Bewohnern, darunter die preisgekrönte Schriftstellerin Keri Hulme und der Landschaftsfotograf Andris Apse. Kaum vorstellbar, dass hier um 1866, in einer nur 18 Monate dauernden Phase des Goldrausches, 50 Läden, Hotels und Bars entstanden und *Okarito* den Ruf einer verruchten Hafenstadt einbrachten. Davon ist heute kaum etwas zu bemerken. An die stürmische Vergangenheit erinnert lediglich die Okarito Wharf, ein rekonstruierter Anleger, und **Donovan's Store**, der als Jugend herberge dient.

So klein und beschaulich Okarito auch ist, hat es doch einige Aktivitäten zu bieten. Zuallererst sind hier die begleiteten Kajaktouren zu nennen, die Sie bei Flut durch das Flachwasser der Lagune führen. Sie können bei Ihrer Kajaktour neben dem Silberreiher Schwärme von schwarzen Schwänen, Kormoranen und Königslöfflern beobachten. An den Ausläufern der Lagune wachsen Kahikatea- und Rimu-Bäume und das undurchdringliche Dickicht des Okarito Forest ist Lebensraum für viele weitere Vogelarten (**Okarito Nature Tours**, Okarito,

Blick vom Okarito Trick auf die Lagune

Tel. 03 753 4014, www.okarito.co.nz). Im gleichen Gebäude werden Fahrten zur Vogelbeobachtung in der Lagune im offenen Spezialboot angeboten. Sehr zu empfehlen sind die »Early Bird Tour«, die um 7.30 Uhr startet und für die eine Anmeldung erforderlich ist, und die um 9 Uhr beginnende »2h Nature Tour«. Die frühe Zeit ist nicht nur gut für die Vogelbeobachtung. Oft präsentieren sich dann auch noch die schneebedeckten Berge ohne Wolken (**Okarito Boat Tours**, Okarito, Tel. 03 753 4223). Der reizende Ort bietet Ihnen eine weitere Attraktion. Nach Einbruch der Dunkelheit beginnen 2.5-stündige Kiwi-Beobachtungstouren unter erfahrener Führung (**Okarito Kiwi Tours,** Okarito, Tel. 03 753 4330).

(276) Offizieller WOMO-Stellplatz: Okarito Campground

GPS: S 43°13'22" E 170°9'46", 1 Russell St, Okarito, Tel. 03 753 4223, Okarito Community Association. **Max. WOMOs:** 30

Ausstattung: Wasser, Toilette, Dusche (1 NZD), Unterstand mit Kühlschrank und Essecke. **Preise:** 30-40 NZD.

Beschreibung: Der von Büschen und Bäumen eingesäumte, einfach ausgestattete Campingplatz ist liebevoll gepflegt und vermittelt eine angenehm entspannte Atmosphäre. Er liegt nahe der Beach und der Okarito Lagune.

Zufahrt: Vom SH6 13 km über die Forks Okarito Rd nach Okarito, dort ist der Platz ausgeschildert.

Neben lohnenden Spaziergängen am wildromantischen Strand gibt es zwei ausgezeichnete Wanderwege. Zunächst bietet sich der **Okarito Trig Walk** an, der auf den 170 m hohen Hügel Okarito Trig führt, wo sich an regenlosen Tagen eine grandiose Aussicht auf die schimmernden Eisgipfel der südlichen Alpen, die blaue und oft wilde Tasmanische See, den dichten grünen Regenwald und die dunkelgrün eingefasste Lagune bietet (90 Minuten, hin und zurück).

Daneben gibt es die Wanderung zur südlich gelegenen **Three Mile Lagoon**, die deutlich kleiner als ihre nördliche

Schwester ist. Bei Ebbe, jeweils in der Zeitspanne 2 Std. vor bis 2 Std. nach Niedrigwasser, kann man direkt am Strand zur Lagune laufen. Eine Gezeitentabelle ist am Startpunkt der Wanderung einzusehen. Zu anderen Zeiten folgt der Wanderweg einer historischen Packstraße und klettert zum *Kohuamarua Bluff* mit eindrucksvollem Ausblick hinauf, führt dann durch Pinienwald, bevor er zum Meeresarm hinunterführt. Es bietet sich an, beide Wanderungen zu kombinieren, falls es die Gezeiten zulassen. Man ist dann insgesamt drei Stunden unterwegs. In Okarito gibt es keine Einkaufsmöglichkeit und kein Restaurant, dafür einen empfehlenswerten einfachen Campingplatz.

Bootstour auf der Okarito Lagune

Zurück auf dem SH6 biegen Sie links ab, passieren bald darauf den *Lake Wahapo* und erreichen 24 km hinter Okarito die am Westufer des gleichnamigen Flusses gelegene 400-Seelen-Gemeinde **Whataroa**. Von hier aus starten Touren zur oben bereits erwähnten Brutkolonie des Silberreihers, dessen gesamter neuseeländischer Bestand von etwa 200 Exemplaren sich in der Zeit von November bis Februar am nördlichen Ende der Okarito Lagune zum Brüten einfindet. Die einzige vom DOC autorisierte Tour ist die von **White Heron Sanctuary Tours** (SH6, Tel. 0800 523 456, www.whiteherontours.co.nz). Siebenmal täglich startet eine 2,5-stündige Tour, die mit einer kurzen Busfahrt beginnt. Ein Jetboot bringt die Tourteilnehmer auf dem Whataroa River zu einem Beobachtungsplatz, von dem aus die brütenden Silberreiher 30 Minuten lang beobachtet werden können.

Harihari erreichen Sie 25 km hinter Whataroa. Die kleine ländliche Siedlung tauchte am 8. Januar 1931 in den Schlagzeilen auf, als der australische Flieger Guy Menzies im nahe gelegenen La-Fontaine-Sumpf eine Bruchlandung hinlegte, wobei sich das Flugzeug überschlug. Ulkiges Detail: Nachdem er die Anschnallgurte geöffnet hatte, landete er kopfüber im Sumpf. Die positive Nachricht: Menzies hatte im Alleinflug die Strecke von Sydney über die Tasmansee, mit 11 h 45 min, in Rekordzeit zurückgelegt. Am 7. Januar 2006 feierte man mit 400 Gästen das 75-jährige Jubiläum dieses Ereignisses.

Lohnenswert ist ein Abstecher zur 20 Kilometer entfernten Küste, wobei die letzten acht Kilometer nicht befestigt sind. Sie biegen kurz vor Harihari links in die Wanganui Flats Road ein

Mündungsbereich des Wanganui River

und acht Kilometer später, ebenfalls links, in den La Fontaine Drive. Am Ende der unbefestigten Straße erreichen Sie einen Parkplatz, der sich auch gut für eine freie Übernachtung eignet [**GPS:** S 43°02'30" E 170°26'36"].

(277) Offizieller WOMO-Stellplatz: Lake Ianthe Matahi
GPS: S 43°3'34" E 170°38'3", DOC Standard. **Max. WOMOs:** 8.
Ausstattung: Toilette, Wasser, Picknicktische, Umkleide.
Beschreibung: Wunderschöner, idyllischer Platz mit Bademöglichkeit. Direkt am Lake Ianthe Matahi, durch ein Waldstück vom Highway getrennt.
Zufahrt: Am SH6 ausgeschildert, 15 km hinter Harihari. **Preise:** 30-40 NZD.

Hier beginnt der wunderschöne 2,5-stündige **Harihari Coastal Walk**. Der Rundwanderweg folgt zunächst dem dicht bewachsenen Flussufer des Wanganui River durch einen schönen Kahikatea-Wald. Ab und zu gibt eine Lücke im Bewuchs den Blick auf den Fluss frei. An einigen Stellen sehen Sie Gestelle, die bei Bedarf in den Fluss abgelassen werden und dem Whitebait-Fang dienen. Besonders bezaubernd ist der Mündungsbereich des Wanganui River, in dem zahlreiche Vögel beobachtet werden können. Ein Schild informiert den Wanderer darüber, dass der nächste Wanderabschnitt, der entlang der Lagune zum Strand führt, im Zeitraum 2 h vor bis 2 h nach der Flut nicht begangen werden sollte. Auch eine Gezeitentabelle ist angebracht. Der nun folgende Abschnitt bis zum Strand führt am Watt entlang und ist eine mühsame Kletterpartie. Die 56 m hohe Felsnase, auf die Sie am Strand treffen, ist der *Mount One One,* auch *Doughboy* genannt. Der Aufstieg ist derzeit gesperrt. Der Wanderweg verläuft nun entlang der wildromantischen Küste mit starker Brandung und viel angespültem Treibgut. Bereits nach 1,5 km erreichen Sie den Mündungsbereich des

Mündungsbereich des Poerua River

Poerua River. Nun verläuft der Track durch üppiges Grün landeinwärts vorbei an einigen wenigen Häuschen, die vermutlich Menschen als Unterkunft dienen, die am Wochenende zum Fischen kommen. Im letzen Abschnitt des Weges folgen Sie einem alten Handelspfad durch den leicht hügeligen *Wanganui Forest*, der Sie zum Ausgangspunkt dieser wirklich bezaubernden Wanderung zurückbringt.

Von Harihari nach Hokitika

Sie fahren zurück zum SH6, in den Sie nach links einbiegen. Er bringt Sie nach 17 km zum idyllischen **Lake Ianthe**, einem beliebten See zum Fischen und Schwimmen. Nach 7 km wird eine riesige Sandfliege am Straßenrand Ihre Aufmerksamkeit erregen. Sie haben das touristische **Pukekura** erreicht, das eigentlich nur aus dem *Bushman's Center* und dem *Puke Pub* besteht. Zu Ersterem gehört ein Museum, das in einer rustikalen Blockhütte untergebracht ist. Es informiert auf unbekümmerte Art und Weise über die Jagd, Waldwirtschaft und Holzverarbeitung und alles andere, dass ein *Coaster* zum Überleben braucht. Im Restaurant *Puke Pub* wird für die West Coast typisches Wild Food angeboten, vom Wildschwein über Gämsen bis zum Possum.

(278) WOMO-Stellplatz: Kakapotahi Beach

GPS: S 42°57'22" E 170°39'59", Beach Rd, Kakapotahi. **Max. WOMOs:** 10. **Ausstattung:** Dixie Toilette. **Beschreibung:** Wilder und naturschöner Platz bei einem urigen Strand, nahe an der Mündung des Waitaha River. **Zufahrt:** In Kakapotahi in die Beachroad einbiegen und dieser 3,5 km folgen, davon 2,5 km Gravel.

Dreiundzwanzig Kilometer hinter Pukekura liegt die ehemalige Goldgräbersiedlung **Ross,** die zu ihrer Blütezeit 3.000 Einwohner hatte. Im Jahre 1909 stieß man auf einen 3,1 kg schweren Goldklumpen, den größten, der je in Neuseeland gefunden wurde. Auch heute noch wird in der *Birchfields Ross Mine* Gold gefördert. Ross liegt auf einem der ergiebigsten Seifengoldfeldern Aoateroas (**Seifengold** ist Gold, das in Flüssen in Form von kleinen Plättchen vorkommt). In der i-SITE können Sie sich eine Multimedia-Show anschauen, die über die kurze Phase des Goldrausches und die nachfolgende Zeit der Holzfäller und Farmer informiert. Wer Lust hat selbst nach Gold zu

Lake Ianthe

schürfen, kann sich in der i-SITE Goldgräberutensilien ausleihen (tgl. 9-16 Uhr, Tel. 03 755 4077). An der i-SITE beginnt und endet auch ein beliebter Rundwanderweg in die goldene Vergangenheit, der einstündige **Water Race Walkway**.

(279) WOMO-Campingplatz: Ross Beach Top 10 Holiday Park

GPS: S 42°52'56" E 170°48'2", 145 Ross Beach Road, Ross, Tel. 03 429 8277, www.rossbeachtop10.co.nz, info@rossbeachtop10.co.nz
Ausstattung: Spielplatz. **Preise:** 60-70 NZD.
Beschreibung: Der Platz liegt wunderbar zwischen Flachs-Pflanzen eingebettet direkt am Meer (Sonnenuntergang über der Tasmanischen See). Etwas ganz Besonderes! Wir stehen gerne direkt an der Beach (ohne Strom).
Zufahrt: Am Ortseingang von Ross links in die Ross Beach Rd einbiegen

(280) WOMO-Stellplatz: Historic Empire Hotel

GPS: S 42°53'59" E 170°49'0", 16 Alymer St, Ross, Tel. 03 755 4005.

Max. WOMOs: 8. **Ausstattung:** Toilette, Dusche 4 NZD.
Preise: 20-30 NZD.
Beschreibung: Parkplatz im Hof des Hotels. Lassen Sie sich das besondere Ambiente des Hotels mit seiner rustikalen Bar nicht entgehen.
Zufahrt: Sie folgen in Ross dem SH6, bis er nach links abbiegt. Hier biegen sie rechts in die Alymer Street ein. Das Hotel liegt nach 100 m auf der rechten Seite.

Er führt an Relikten aus der Goldgräberzeit und am alten Friedhof vorbei. Das 1866 errichtete *Empire Hotel* in der Aylmer Street bietet Wohnmobilen einige Stellplätze und im Pub eine ausgesprochen urige Atmosphäre. Nördlich von Ross fließen in kurzem Abstand der Totara River und eine Reihe kleiner Flüsschen in die Tasmansee. Um dem Mündungsbereich die-

Ross, historischer Friedhof

ser Flüsse und einem kleinen Vorgebirge auszuweichen, verläuft der SH6 für die nächsten 11 km ca. 3 km von der Küste entfernt. Vor dem **Lake Mahinapua** wendet er sich bis *Hokitika* wieder der Küste zu. Genau hier zweigt die Hokitika Rimu Road ab, die Sie nach 2 km zum 2012 eröffneten Treetop Walk bringt. Auf einer Länge von 450 m können Sie zwischen 25 und 47 m über dem Waldboden durch die Wipfel des heimischen Buschwaldes laufen. 200 bis 300 Jahre alte Rimu und Kamahi Bäume sind mit Farnen, immergrünen und im Frühjahr hellroten Horopito-Sträuchern, Orchideen und anderen aufsitzenden Schmarotzerpflanzen gespickt. Anschließend können Sie im angegliederten Café noch eine kleine Stärkung genießen (**Hokitika Rimu Treetop Walk**, 1128 Woodstock Rimu Rd, Tel. 03 755 5052, www.treetopsnz.com, täglich von 9 bis 17 Uhr geöffnet).

(281) Offizieller WOMO-Stellplatz: Lake Mahinapua

GPS: S 42°47'42" E 170°54'4", Shanghai Rd, Ruatapu. **Max. WOMOs:** 100
Ausstattung: Toilette, Wasser, Picknicktische. **Preise:** 30-40 NZD.
Beschreibung: Sehr schöner, großzügiger DOC Standard Platz auf ausgedehnten Wiesen, direkt am See, Badesteg, von Wald umgeben. Sonntags können Sie bei dem benachbarten Verein segeln.
Zufahrt: 10 km südlich von Hokitika in die Shanghai Rd einbiegen.

Der flache Lake Mahinapua liegt nur etwa 500 Meter von der Küste entfernt. Er war früher eine Lagune, wurde dann aber durch die Ansammlung von Dünen vom Meer abgetrennt und ist heute von dichtem Regenwald umsäumt. 1907 wurde das *Lake Mahinapua Scenic Reserve* ins Leben gerufen, um den Bereich um den See mit seinen Graureihern, schwarzen Schwänen und Wildenten zu schützen. Sie können das Gebiet mit einigen Walks erkunden (DOC-Broschüre). Der empfehlenswerte **Jum Michel Walk** (30 min) taucht in den Wald ein und führt durch dichtes und faszinierendes Buschwerk, vorbei an hohen Farnen und Bäumen, die fast schon gespenstisch mit Flechten, Moosen und feinblättrigen Kletterpflanzen bewachsen sind. Etwa auf halber Strecke zwischen Ross Beach und Hokitika haben Sie die Gelegenheit zu einer gemütlichen Fahrt

Lake Manhinapua

durch Flachslandschaft auf einem Riverboat. Es befährt den Mahinapua Creek zwischen Tasmanischer See und Lake Mahinapua. Unterwegs gibt es White Herons zu sehen. Uns hat die Tour sehr gut gefallen (**West Coast Scenic Waterways**, 389 Ruatapu Road, Hokitika, Tel. 0274301777, www.westcoastscenicwaterways.co.nz)

Die Jadestadt Hokitika

Die Geschichte der 3.100-Seelen-Gemeinde Hokitika begann 1864 als Goldgräbersiedlung. „Hok", wie die Stadt heute von ihren Bewohnern genannt wird, wuchs bis 1867 auf 4.000 Einwohner an, danach auf über 6.000 Einwohner und war bald das Zentrum des Goldrausches in Westland. Der Hafen an der Mündung des *Hokitika River* gewann schnell an Bedeutung, da der größte Teil der erstaunlichen monatlichen Gold-Fördermenge von über einer Tonne hier verschifft wurde, meist nach Melbourne. 1873 wurde Hokitika Hauptstadt der neu geschaffenen *Provinz Westland*, allerdings nur für drei Jahre, denn bereits 1876 erfolgte eine Änderung der Verwaltungsgliederung. Neben diesem Bedeutungsverlust setzten nachlassende Goldfunde und immer aufwändigere und damit weniger wirtschaftliche Verfahren zur Goldgewinnung der jungen Gemeinde zu.

Hokitika, Driftwood Art

Nach dem Niedergang der Goldindustrie wurden zunächst Milchwirtschaft, Holzindustrie, Abbau von Kohle und die Verarbeitung von Jade zu Tragpfeilern der Wirtschaft. Nachdem

Jadestadt Hokitika

auch diese Wirtschaftszweige eine stetig nachlassende Bedeutung hinnehmen mussten, kam es zu einem starken Bevölkerungsrückgang. Einzig die Milchwirtschaft blieb einträglich und Westland Milk Products hat heute eine Monopolstellung in der nördlichen Westküste inne. Die negative Wirtschaftsentwicklung wurde in den letzten Jahren hauptsächlich durch steigende Touristenzahlen aufgefangen. Hokitika ist zu einem wichtigen Stopp für Touristen in der Westküsten-Region geworden und vor allem bei Ökotouristen sehr beliebt.

Wenn Sie im Stadtzentrum von Hokitika ankommen, fällt Ihnen sofort der 1903 zur Feier der Krönung von Edward VII. eingeweihte, markante **Glockenturm** ins Auge, der auf kaum einer Aufnahme von Hokitika fehlt. Ganz in der Nähe finden Sie das 1908 im neoklassizistischen Stil erbaute Carnegie Building. Hier ist das **West Coast Historic Museum** untergebracht. In Letzterem werden Sie über das Leben der Pioniere, Maori Artefakte und Jade Schmuck informiert. Eine sehenswerte 20-minütige audiovisuelle Vorführung startet alle 30 Minuten. In der ganz in der Nähe des Glockenturmes befindlichen i-SITE erhalten Sie die Broschüre **Hokitika Historic Walk**, die Sie zu den schönsten Bauten aus dem 19. und frühen 20. Jahrhundert, den Hafenanlagen um den Gibson Quay und einigen Denkmälern führt. Darunter die Statue von *Richard Seddon*, der von 1893 bis 1906 Premierminister Neuseelands war. Ein weiteres Denkmal am Anlegeplatz am Flussufer erinnert an die zahlreichen Boote, denen die Sandbank im Mündungsbereich des Hokitika River zum Verhängnis wurden. Am Ende der Landzunge befindet sich der Signal Station Lookout.

Hokitika Gorge

(282) WOMO-Campingplatz: Hokitika Shining Star

GPS: S 42°42'28" E 170°58'26", 16 Richards Drive, Hokitika, Tel. 03 755 8921, 0800 744 646, www.shiningstar.co.nz.
Ausstattung: Spielplatz. **Preise:** 40-50 NZD.
Beschreibung: Sehr schöne, kleine Anlage mit hübschen, bepflanzten Stellplätzen und Zugang zur Beach, 1,4 km vom Stadtzentrum entfernt. Die Sanitäranlagen sind sehr gut. **Zufahrt:** Vom Stadtzentrum Richtung Greymouth fahren, links in den Richards Drive einbiegen, Schilder beachten.

Zu den weiteren Sehenswürdigkeiten Hokitikas zählen das National Kiwi Center in der Sewell St., eine Glühwürmchen Höhle am Nordrand und das kleine Aquarium Westland Water World, das die in den Flüssen und im Meer der West Coast lebenden Fische zeigt. Eine der Hauptattraktionen von Hokitika sind freilich die zahlreichen Kunsthandwerker-Shops und Galerien, in denen kunstvolle Jade- und Glasarbeiten feilgeboten werden. Darunter befinden sich Geschäfte, in denen man den Künstlern bei der Arbeit zuschauen kann. **Tipp:** William Steyn, 41 Weld Street. Erwähnung finden muss natürlich auch das weithin bekannte und beliebte **Hokitika Wildfood Festival**. Alljährlich am zweiten Wochenende im März strömen ca. 18.000 Menschen in die Stadt, um eine Reihe von Schrecklichkeiten zu essen. Darunter sind Kuheuter-Spießchen, Possum-Balls (deftige Hackbällchen aus dem Fleisch des Opossums), und Huhu Grubs (gegrillte Larven des Huhu-Käfers) noch die harmlosesten „Leckereien". Im Lokal **Stumpers Bar and Café** (2 Weld St, Tel. 0800 788 673) können Sie in Kaffeehaus Atmosphäre wesentlich verträglichere Kost zu sich nehmen und im gegenüber der i-SITE gelegenen **Café de Paris** (19 Tancred St, Tel. 03 755 8933) gediegen französisch essen.

Lake Kanierer

Tipp: Unternehmen Sie einen Ausflug zur **Hokitika Gorge**, die Sie mit ihrem durch Gletschermehl türkis gefärbtem Wasser begeistern wird. Sie starten in Hokitika in der Stafford St und fahren zunächst hinter der Molkerei vorbei. Die 30 Kilometer lange Anfahrt verläuft im weiteren Streckenverlauf im Zickzack durch Weideland und Berge, ist aber sehr gut ausgeschildert. Ihr Ziel, der neu eingerichtete Parkplatz mit Toilettenblock, an dem ein 2,2 Kilometer langer Rundweg über zwei Hängebrücken startet, liegt am Ende der Whitecombe Valley Road (**GPS:** S 42°57'23" E 171°1'10"). Vom Parkplatz führt ein 600 Meter langer Fußweg durch einen Steineibenwald bis zu einer Besucherplattform, von der aus sich Ihnen spektakuläre, fast unwirklich anmutende Blicke auf das milchig-blaue Wasser des Hokitika River eröffnen. Wenn Sie Zeit und Lust haben, können Sie noch ein Stück über eine Hängebrücke zu einer zweiten Aussichtsplattform wandern, an der Sie noch deutlich näher an das blaugrüne Wasser und den steilen Abhang herankommen. Weiter oben in der Schlucht ist das Wasser nicht mehr so ruhig. Das Kajak-Abenteuer im tosenden *whitewater* ist hier ein beliebter Freizeitsport, und die Streckenabschnitte zwischen den Granitfelsen gehören zu den besten der Welt. Den Ausflug zur Hokitika Gorge können Sie mit einem Besuch des **Lake Kaniere** mit seinem reizenden Wasserfall **Dorothy Falls** verbinden.

(283) Offizieller WOMO-Stellplatz:
Lake Kaniere Hans Bay - DOC Standard

GPS: S 42°48'32" E 171°9'19", Hans Bay Rd, Kokatahi. **Max. WOMOs:** 20.
Ausstattung: Toilette, Kochstelle. **Preise:** 30-40 NZD.
Beschreibung: Wunderschöner Platz mit Bademöglichkeit etwas oberhalb Lake Kaniere. Es gibt mehrere Bereiche mit Stellplätzen, etwas uneben.
Zufahrt: Am nordöstlichen Ende des Sees.

TOUR S11
Greymouth
Brunner Mine Memorial
Stillwater
Grey River
7
Tour S12
Shantytown
6
Hokitika
Kumara
301
Arnold River
Hokitika River
Kapitia Reservoir
Arahura River
73
Taramakau River
303
Moana
Lake Hochstedter
Lake Brunner
302
304 WC
Lake Kaniere
Dorothy Falls
Lake Poerua
Jacksons
305
WC 306
Otira
Mount Armstrong 2110 m
Arthur's Pass 920 m
Otira Viadukt
Mount Pfeifer 1704 m
Arthur's Pass Village
Devils Punchbowl Waterfall
Mount Murchison 2408 m
307 WC
Arthur's Pass National Park
Craigieburn Forest Park
1630 m Mount Bruce
308 WC
Grey Hill 1845 m
Lake Coleridge
WC 309
Lake Pearson
Waimakariri River
Puketeraki Range
Castle Hill - Kura Tawhiti
Cave Stream
WC 310
P
Lake Lyndon
P
Korowai Torlesse Tussocklands Park
Black Hill 1335 m
Porters Pass 939 m
Korowai Torlesse Tussocklands Park
Ablegestelle Alpine Jet
Springfield
311 WC E
Mount Thomas 1023 m
Tour S03
Oxford
Waddington
Waimakariri Gorge
77
Rakaia River
Glentunnel
Tour S03
Darfield
10 km
N
Rangiora
73
Kaiapoi
Rakaia
6
Rollestone
Christchurch

Tour S11: Great Alpine Highway 250km

Hokitika / Greymouth - Lake Brunner - Arthur's Pass Lake Pearson - Castle Hill - Springfield - Christchurch

Camping:	Jacksons Retreat HP, Lake Brunner Country Motel
Stellplätze:	Kumara, Okuku, Otira Hotel, Lake Brunner, Klondyke, Lake Pearson, Craigieburn, Porters Lodge, Springfield
Besichtigen:	Otira-Viadukt, Brunner Mine, Cave Stream, Castle Hill
Wandern:	Brunner Mine, Ara o te Kinga Track, Mount Te Kinga Track, Arthur's Pass Village: Historic Walk, Devil's, Punch Bowl, Bridal Veil Nature Walk, Dobson Nature Walk, Bealey Valley Walk, Taramakau Valley Walk, Craigieburn Forest Park: Hut Creek Walk, Dracophyllum Flat Walk, Craigieburn Valley Track, Cave Stream, Castle Hill
Baden:	Lake Brunner, Lake Pearson, Lake Lyndon

Tour S11 bringt Sie von der Westküste über den Arthur's Pass nach Christchurch. Sie folgen dabei in weiten Teilen der Streckenführung des TranzAlpine Express, der täglich zwischen Christchurch und Greymouth verkehrt. Die 250 Kilometer lange Strecke von Greymouth nach Christchurch über den Arthur's Pass, der Great Alpine Highway, ist bei den Neuseeländern sehr beliebt und gilt als eine der schönsten Passstraßen der Welt. Vorbei am malerischen Lake Poerua und dem deutlich größeren Lake Brunner geht es steil hinauf zum Arthur's Pass, der mit 924 Metern die höchste der drei Passstraßen über die Südalpen ist. Hinter der Passhöhe erwartet Sie eine atemberaubende Berglandschaft mit Bergseen, Wasserfällen und ausgedehnten Südbuchenwäldern sowie die beiden Attraktionen Cave Stream und Castle Hill - Kura Tawhiti. Unterwegs bieten sich Ihnen immer wieder spektakuläre Bergpanoramen.

Wir beschreiben die Tour von den beiden Startpunkten Hokitika und Greymouth aus. Die beiden Routen treffen sich nach etwa 68 Kilometern am SH73 in Jacksons, 32 Kilometer vor der Passhöhe. Für beide Wegstrecken geben wir Übernachtungsmöglichkeiten

Blick von der Kumara Powerstation auf den Taramakau River

an. Sie haben die Möglichkeit, im Anschluss an Tour S10 von Hokitika aus einen Ausflug zum Arthur's Pass zu unternehmen und danach zurück nach Greymouth an die Westküste zu fahren, um dann Ihre Reise mit Tour S13 fortzusetzen.

Route von Hokitika nach Jacksons

Sie verlassen **Hokitika** über den SH6 Richtung Norden und überqueren den Arahura River. 20 Kilometer hinter Hokitika biegen Sie rechts in den SH73 ein und kehren damit der West Coast den Rücken zu. Nach 7 Kilometern treffen Sie auf das kleine Örtchen *Kumara* (300 Einw.). Die ehemalige Goldgräbersiedlung hatte in

(301) WOMO-Stellplatz: Kumara Powerstation

GPS: S 42° 38' 6" E 171° 11', 68 Kumara-Inchbonnie Rd. **Max. WOMOs:** 10.
Ausstattung: Keine. **Beurteilung:** Parkplatz an einer Nebenstraße, oberhalb des Taramakau River. Sehr schöner Blick über den Taramakau River.
Zufahrt: Sie biegen am Ortsende von Kumara rechts in die Kumara-Inchbonnie Rd ein und folgen dieser ca. 600 m.

(302) WOMO-Stellplatz: Okuku Reserve

GPS: S 42° 42' 55" E 171° 14' 41", Otira Highway. **Max. WOMOs:** 15.
Ausstattung: Toilette, Picknicktische, Mülleimer.
Beschreibung: Parkplatz, an der Straße gelegen. Gegenüber liegt das breite Flussbett des Taramakau River.
Zufahrt: Rechts neben dem Otira Highway (SH73), 11 km hinter Kumara.

früherer Zeit einmal 4.000 Einwohner. State Highway 73, der die Westküste und Christchurch miteinander verbindet, verläuft für die nächsten 59 Kilometer im Tal des Taramakau River, bevor er sich in steilen Serpentinen die Südalpen hochwindet. Unterwegs zeigen wir Ihnen zwei freie Übernachtungsmöglichkeiten auf.

Route von Greymouth nach Jacksons

Sie verlassen die größte Stadt der West Coast über den SH7 Richtung *Reefton*. State Highway 7 verbindet die Westküste

Industriedenkmal Brunner Coalfield

mit der Ostküste über den nördlichsten der drei Pässe über die Südalpen, den 864 m hoch gelegenen *Lewis Pass*. Der SH7 folgt zunächst dem *Grey River*, auf dessen gegenüberliegender Seite nach 12 Kilometern das erste Industriedenkmal Neuseelands auftaucht, die Ruine der **Brunner Mine Industrial Site**. Hier wird an ein schweres Grubenunglück im Brunner Coalfield erinnert, das sich im Jahre 1896 ereignete. 65 Bergleute verloren ihr Leben. Wer die denkmalgeschützte Ruine besuchen möchte (kostenlos), parkt - der Schornstein der Brunner-Mine ist nicht zu übersehen - und kann auf einer alten Versorgungsbrücke den Grey River überqueren. Es gibt einen sehr informativen Rundgang mit Erklärungstafeln, eine Kokerei und eine Ziegelei und natürlich das Denkmal eines Kohlearbeiters mit Erinnerungstafel an die ums Leben gekommenen Kumpel.

(303) WOMO-Campingplatz: Lake Brunner Country Motel
GPS: S 42°33'43" E 171°28'39", 2014 Arnold Valley Rd, Tel. 03 738 0144, www.lakebrunnermotel.co.nz
Ausstattung: Hot Pools. **Preise:** 40-60 NZD.
Beschreibung: Schöne, gepflegte Anlage auf großem, offenem Grasland. Kleine, aber saubere Sanitäranlagen. Schön und ruhig gelegen, nahe dem Arnold River und zwei Kilometer nördlich des Lake Brunner. Die Bahnstecke des bekannten TranzAlpine von Christchurch nach Greymouth führt nahe am Camp vorbei. Fotoapparat bereithalten!
Zufahrt: Von Moana kommend fahren Sie 2 km die Arnold Valley Rd und biegen dann links zum ausgeschilderten Platz hin ab.

Nach dem Parkplatz biegen Sie nach zwei Kilometern rechts in die Arnold Valley Road ein und folgen dieser 22 Kilometer bis nach Moana. Der Arnold River ist Ihr ständiger Begleiter. Der Fluss ist bei Wildwasserkajakfahrern und Forellenanglern sehr beliebt. Seine Wasserkraft wird in der Arnold Power Station nahe der Mündung in den Grey River zur Energiegewinnung genutzt. Der Arnold River wird seinerseits vom Brunnersee gespeist.

Drohnenaufnahme von Jacksons Retreat

Der Lake Brunner, einst aus einer Gletschermulde entstanden, ist mit einer Fläche von 40 Quadratkilometern der größte See im Nordwesten der Südinsel.

(304) Offizieller WOMO-Stellplatz: Lake Brunner - Iveagh Bay

GPS: S 42°36'51" E 171°30'3", Centennial Dr, Cashmare Bay, 03 769 8600. **Max. WOMOs:** 8. **Ausstattung:** Toilette, Picknicktische. **Beschreibung:** Gute Übernachtungsstelle am See, ruhige, friedliche Lage, saubere Toiletten. Der **Ara O Te Kinga Track** führt zu zwei Aussichtspunkten über den See, den Crooked River and Moana (10,8 km, 3 h, hin und zurück). Zum Gipfel des **Mount Te Kinga** laufen Sie 24,8 km, 8 h, hin und zurück. **Zufahrt:** 5 km hinter Moana zweigt die Cashmere Bay Rd rechts von der Lake Brunner Road ab. Der Cashmere Bay Rd 2 km folgen, dann nach rechts über den Centennial Dr zum See fahren 250 m.

(305) WOMO-Campingplatz: Jacksons Retreat Campervan Holiday Park

GPS: S 42°44'45" E 171°30'40", 4464 Great Alpine Highway, Tel. 03 738 0474, www.jacksonsretreat.co.nz **Preise:** 40-60 NZD. **Beschreibung:** Die Plätze auf Schotter sind terrassenförmig angeordnet und sehr schön durch Bepflanzungen voneinander abgetrennt. Pittoreske Hanglage, oberhalb der Straße. Die jeweiligen Picknicktische befinden sich auf Gras. So hat jeder einen großartigen Panoramablick über das Tal. Startpunkt von Bergwanderungen und Jetbootfahrten auf dem Taramakau River. Ausgezeichnete Sanitäranlagen. Sie laufen nur wenige Minuten, um eine wirklich beeindruckende Zahl von Glow Worms zu sehen. **Zufahrt:** Am SH73, 37 km hinter Kumara und 33 km vor dem Arthur's Pass. Unmittelbar an der Abzweigung zum Lake Brunner.

Der See ist vom großen Touristenstrom bis heute verschont geblieben und die Kiwis lieben es, in ihm nach Forellen zu angeln. Die Maori nennen den See *Kotukumoana (Reihersee)*. Auch der kleine Urlaubsort **Moana** ist bei den Neuseeländern sehr beliebt. Auf Ihrer Weiterfahrt nach Jackson passieren Sie

Campingplatz Jacksons Retreat

bald den Lake Poerua. Wir empfehlen Ihnen an diesem malerischen und friedvollen See eine Rast einzulegen. Die Berge spiegeln sich im Wasser und es gibt neben einigen Kühen unzählige Libellen in schillernden Farben, die schwirrend durch die Luft sausen. Man hört nichts außer den Geräuschen der Natur.

(306) Offizieller WOMO-Stellplatz: Otira Stagechoach Hotel
GPS: S 42° 49' 51" E 171° 33' 42", Otira Highway SH73, Otira, info@otirahotel, Tel. 03 738 2890. **Max. WOMOs:** 10.
Ausstattung: Toilette, Mülleimer, Restaurant, Art Gallery.
Beschreibung: Parkplatz am Hotel, nahe dem Highway und dem Otira Bahnhof. Gut für eine Nacht.
Zufahrt: Am Otira Highway (SH73) kurz hinter der Abzweigung zum Ort Otira.

Weiterfahrt zum Arthur's Pass

Ihr nächstes Ziel ist der Arthur's Pass. Der an der Grenze zwischen Westland und Canterbury gelegene Pass verläuft auf einem Sattel zwischen den Tälern des Otira River auf der Westseite und des Bealy River auf der Ostseite. Die Maoris kannten den höchsten Pass über die Südalpen schon lange, bevor sein Namensgeber **Arthur Dudley Dobson** ihn »entdeckte«. Das Gebiet um den Arthur's Pass ist sehr regenreich und Sie dürfen sich nicht wundern, wenn die Berge, die Sie mit Ihrem Wohnmobil erklimmen wollen, wolkenverhangen sind. Die Strecke durch die enge **Otira Gorge** wird immer steiler, was verständlich macht, warum manche Vermieter vom Befahren des Arthur's Passes abraten. Bis 1990 war dieser steile Anstieg berüchtigt wegen häufiger Lawinen und Erdrutsche, doch dann erfolgten umfangreiche Ausbauarbeiten, die die Lage entschärft haben. Wichtigstes Ergebnis dieser Baumaßnahmen war der 1999 nahe der Siedlung **Otira** fertiggestellte

Arthurs Pass Village

eindrucksvolle **Otira-Viadukt**, der das Tal auf einer Länge von 440 m überspannt. Die Enge des Tales zwang die Baumeister, die Brücke mit einer außergewöhnlich hohen Steigung von 12-16% zu errichten. Sie lassen sich davon nicht schrecken und fahren Ihr Motorhome immer weiter die Südalpen hinauf.

Es ist erstaunlich, dass es zu Beginn des 20. Jahrhunderts gelungen ist, eine Eisenbahnlinie durch die Südalpen zu bauen. Über 40 Jahre waren die Ingenieure mit deren Bau beschäftigt, alleine für den 8,5 Kilometer langen Otira-Tunnel benötigten sie 15 Jahre. Im Jahr 1923 konnte die Trasse von Christchurch nach Greymouth schließlich in Betrieb genommen werden. Heute wird auf der Strecke zwar noch Kohle transportiert, aber ohne den touristischen *TranzAlpine* würde sie wohl stillgelegt. Etwa 10 Kilometer hinter dem Otira-Viadukt erreichen Sie die Passhöhe von 924 Meter, gekennzeichnet durch das **Arthur Dudley Dobson Memorial**. Häufig trifft man hier auf den bekanntesten Bergbewohner, den spitzbübischen **Kea**. Dieser berühmt berüchtigte Bergpapagei zeichnet sich durch Neugierde, Frechheit und einen Hang zur Kleptomanie aus. Lassen Sie in der Nähe eines *Keas* nie etwas unbeobachtet, Ihre Habseligkeiten könnten sonst leicht im Schnabel eines Keas davonfliegen. Sie fahren noch fünf Kilometer über den Pass hinaus in die 740 m hoch gelegene Siedlung Arthur's Pass Village. Die reizvoll am Bealey River gelegene 40-Seelen-Gemeinde ist

Otira Viadukt

ein beliebter Ausgangspunkt für Ausflüge in den Arthur's Pass Nationalpark. Der Nationalpark mit seinen schneebedeckten Gipfeln, Gletschern und Geröllfeldern erstreckt sich über die Ost- und die Westseite und weist zwei völlig unterschiedliche Landschaftsbilder auf. Während die Ostseite von breiten Flussbetten und ausgedehnten Wäldern bestimmt ist, zeichnet sich die Westseite des Parks durch häufige Regenfällen und Flüsse aus, die durch dichten Regenwald fließen. Im Hochgebirge der Westseite dominieren artenreiche Koniferen- und Hartholzwälder, in den tieferen Lagen gedeihen die Podocarpaceen.

(307) Offizieller WOMO-Stellplatz:
Klondyke Corner - DOC Standard

GPS: S 43°0'7" E 171°35'22". **Max. WOMOs:** 10
Ausstattung: Toilette, Wasser, große Schutzhütte mit Picknicktischen.
Beschreibung: Weiträumiger grüner Platz am Waldrand, zum Bealey River hin geöffnet. Sie finden Stellplätze am Ufer des Bealey River oder, dichter an der Straße, geschützte Plätze unter Bäumen. Der Platz wird gerne von Keas besucht. **Preise:** 30-40 NZD.
Zufahrt: 8 km südlich Arthur's Pass, links vom SH73, direkt nachdem sich der Wald öffnet, um dem Waimakariri River Raum zu geben.

Höchste Erhebung des Nationalparks ist *Mount Murchison* mit 2.400 Meter. Im DOC Visitor Centre erhalten sie die DOC-Broschüre *Walks in Arthur's Pass National Park*. Neben dem **Historic Walk** (1h) bieten sich zwei leichte Touren an. Zum einen der **Devil's Punch Bowl** (2 km, 1 h, hin und zurück, 100 Hm), der zum Fuß eines 131 Meter hohen Wasserfalles führt, und zum anderen der **Bridal Veil Nature Walk** (2,5 km, 1,5 h, hin und zurück, 50 Hm), ein durch Südbuchenwald führender Naturlehrpfad. Wem das nicht genügt, kann zwei jeweils vierstündige Wanderungen in Angriff nehmen, den **Dobson Nature Walk** und den **Bealey Valley Walk**. Das an der Haupt-

Lake Pearson

straße gelegene DOC Visitor Centre zeigt ein 20-minütiges Video und sehenswerte Exponate zur Geschichte des Arthur's Passes. Vor einer längeren Wanderung sollten Sie sich hier über mögliche Wetterumschwünge informieren.

Vom Arthur's Pass nach Christchurch

Sie folgen nun dem Bealey River nach Osten. Bald öffnet sich der Wald und gibt den Blick auf das imposante Flussbett des Waimakariri River frei. Hier liegt Klondyke Corner, ein weiträumiger Picknickplatz, auf dem Sie frei übernachten können (siehe Stellplatz 307). Der Platz lohnt einen Stopp, denn er wird oft von dem wohl bekanntesten Einwohner dieser Gegend besucht, dem **Kea**. Der Hochgebirgspapagei, der für seine Intelligenz und Neugier bekannt ist, findet es sehr amüsant, alles mit seinem Schnabel zu untersuchen. Alles wird unter die Lupe genommen, Ihr Schnürsenkel genauso wie Ihr Rucksack. Nicht selten zieht und pickt er an den Türrahmen- oder Scheibengummis der parkenden Wagen. Die Freude, dem Kea bei seinem Treiben zuzuschauen, kann dabei getrübt werden.

(308) Offizieller WOMO-Stellplatz: Lake Pearson - DOC Standard

GPS: S 43°5'38" E 171°46'47". **Max. WOMOs:** 20.
Ausstattung: Toilette, Picknicktische. **Preise:** 30-40 NZD.
Beschreibung: Weiträumiger, grüner Platz direkt am Lake Pearson. Die Stellplätze liegen wunderschön unter Bäumen in genügender Entfernung zur Straße. Sie werden sich hier wohlfühlen!
Zufahrt: 33 km südlich des Arthur's Pass, links vom SH73, ausgeschildert.

(309) Offizieller WOMO-Stellplatz: Mistletoe Flats (Craigieburn Shelter) - DOC Standard

GPS: S 43°9'4" E 171°43'51". **Max. WOMOs:** 10.
Ausstattung: Toilette, Schutzhütte, Picknicktische. **Preise:** 30-40 NZD.
Beschreibung: Geschützter Platz, von Buchenwald umgeben.
Zufahrt: 40 km südlich des Arthur's Passes, 300 m rechts vom SH73.

Waimakariri River

Wenig später treffen sowohl Bealey River als auch SH73 auf den mächtigen *Waimakariri River*. Hier liegt auf einer Anhöhe das altehrwürdige **Bealey Hotel**. Ein Zwischenstopp ist lohnend, denn neben preisgünstigen Stärkungen werden auch einige geschichtliche Erinnerungsstücke geboten. Sie folgen dem breiten Schotterbett des Waimakariri River, biegen bald im weiten Bogen nach Süden ab und treffen auf den reizvollen **Lake Pearson**.

Der Arthur's Pass Nationalpark wird jetzt durch den westlich der Straße gelegenen *Craigieburn Forest Park* abgelöst, der sich bis zum Wilberforce River erstreckt. Das Landschaftsbild des Tales bestimmen subalpine Sträucher und braunes Tussock Gras. Am Picknickplatz *Craigieburn Recreation Area*, auf den Sie wenige Kilometer später treffen, haben Sie Gelegenheit, in den Forest Park hineinzu wandern. Ein Unterstand mit Landkarte informiert Sie über zahlreiche Wanderungen, von denen wir Ihnen drei Beispiele nennen: **Hut Creek Walk** (1h), **Dracophyllum Flat Walk** (1-2h) und **Craigieburn Valley Track** (2-3h). Wenn Sie im Forest Park wandern wollen, hilft Ihnen die Broschüre *Craigieburn Forest Park Day Walks*. Bei Ihrer Wanderung im moosbewachsenen Südbuchenwald (Mountain Beech), der im Sommer durch unzählige Misteln mit roten

Farbklecksen versehen ist, werden Sie die Rufe eine Vielzahl heimischer Vogelarten wir dem Pfauenschwanz, Zwergschlüpfer oder Makomako hören. Auf dem Gelände gibt es auch eine bei Kletterern sehr beliebte DOC Campsite.

Feuchtes Höhlenabenteuer im Cave Stream

Der untere Eingang der Höhle ist leicht zu finden. Es ist ein wunderbares rundliches Loch, aus dem das glasklare kühle Wasser strömt. Kaum sind wir in die Dunkelheit eingetaucht haben wir auch schon den ersten Pool vor uns. Nichts mehr mit knöcheltief! Schon stehen wir bis zum Hintern im kalten Wasser. Zum Glück gewöhnen wir uns recht schnell an die Temperatur des Wassers. Gegen den kalten Strom geht es nun durch Gänge und Pools leicht bergan. Wir nehmen uns immer wieder die Zeit auch mal nach oben zu blicken, und die Höhle in ihrer ganzen Schönheit zu bewundern! Sie erreicht oft eine Höhe von bis zu 10 m.

Gelegentlich gilt es, kleine Wasserfälle zu erklimmen, was sich jeweils als unkompliziert erweist. Ab und zu treten wir unvermittelt in einen tieferen Pool und wir stehen leicht erschreckt bis zum Bauchnabel im Wasser.

Tipp: Leuchten Sie mit einer starken Taschenlampe unter Wasser. Das Licht bricht sich an der Wasseroberfläche und beleuchtet die ganze Höhle!

Zu guter Letzt steht uns plötzlich ein massiver Felsklotz mitten im Weg. Bei genauerer Betrachtung erweist er sich als eine drei Meter hohe Wand, die mit Metallsprossen ausgestattet ist. Wunderbar: Wir steigen hoch - ein kurzer Quergang ist durch eine Eisenkette gesichert - dem Ausgang entgegen. Da die Höhle an ihrem Ausgang sehr niedrig ist, müssen wir die letzten zwei Meter über Felsgestein krabbeln.

Done! Die Höhlenerkundung war zwar recht feucht, aber sehr spaßig, spannend und ungefährlich. Super Sache!

Zwölf Kilometer südlich wartet eine besondere Attraktion auf Sie, das **Cave Stream Scenic Reserve**. Hier haben Sie die seltene Gelegenheit, eine Kalksteinhöhle auf eigene Faust zu erkunden. Die **Cave Stream** Höhle, auch **Broken River Cave** genannt, ist 594 m lang und wird fast auf ihrer gesamten Länge von einem Wasserlauf durchzogen. Was sollten Sie für die Höhlenerkundung beachten: Gehen Sie nicht alleine! Tra-

Castle Hill - Kura Tawhiti

gen Sie geeignete Schuhe und Kleidung, die triefnass werden kann! Sie werden teilweise hüfttief im Wasser stehen. Eine gute, wasserfeste Taschenlampe, am besten eine Kopflampe, ist absolut erforderlich. Für Fotos sollten Sie eine wasserdichte Kamera benutzen. Alles, was nicht wasserfest ist, sollte besser im Wohnmobil bleiben. Vom Parkplatz führen zwei Wege zu den beiden Eingängen der Höhle. Wir empfehlen, die Erkundung der Höhle vom unteren Ende her zu beginnen. Das Wasser kommt hier knöcheltief aus dem Berg heraus. Wenn das Wasser am Eingang der Höhle mehr als hüfthoch ist, schnell fließt oder gar aufschäumt, sollten Sie auf das Abenteuer besser verzichten. Wenn alles gut geht, werden Sie nach etwa einer Stunde um eine tolle Erfahrung reicher am oberen Ende der Höhle wieder das Tageslicht erblicken. Wer sich das feuchte Höhlenabenteuer nicht zutraut, kann die Umgebung des Parkplatzes auf zahlreichen Pfaden wandernd erkunden. Zu sehen gibt es neben den eindrucksvollen Bergketten der *Craigieburn Range* und der *Torelesse Range,* eine tiefe bachdurchrauschte Schlucht und im Gegensatz dazu stehend ein Trockental,

Castle Hill - Kura Tawhiti

das ehemalige Bachbett des Flusses, der heute im Untergrund durch die Broken River Cave fließt.

Kurz nach dem Cave Stream Scenic Reserve passieren Sie die kleine Feriensiedlung Castle Hill Village und wenig später sehen Sie rechter Hand eine Gruppe markanter Kalksteinfelsen. Parken Sie hier und wandern Sie auf gut ausgebauten Wegen zu den unterschiedlich großen Felsblöcken, die in der Gegend verstreut liegen und zum Teil skulpturale Formen aufweisen. Das Gebiet heißt **Castle Hill - Kura Tawhiti**. Für die Maori ist es ein mystischer Ort, ebenso wie für den 14. Dalai Lama. Bei seinem Besuch im Jahre 2002 bezeichnete Tendzin Gyatsho den Castle Hill als »spirituelles Zentrum des Universums«. Kein Wunder, dass hier einige Szenen aus »Der Herr der Ringe« und Teile des Films »Die Chroniken von Narnia« gedreht wurden. All das hält die neuseeländische Kletterszene aber nicht davon ab, die unzähligen Kalkblöcke unterschiedlicher Größe zum Bouldern zu nutzen. Beim Bouldern, einer eigenen Disziplin des Sportkletterns, wird ohne Seil und Gurt an Felsblöcken geklettert. In der sehr trockenen Gegend ist das Bouldern meist möglich und Sie werden sicher Gelegenheit haben, den waghalsigen Kletterern zuzusehen. Lassen Sie sich diesen stimmungsvollen Ort nicht entgehen!

SH73 folgt nun dem Porter River und taucht in den Korowai/Torlesse Tussocklands Park ein, einem Schutzgebiet für das einzigartige Tussock-Grasland. Hier treffen Sie auf den 815 Meter hoch gelegenen Lake Lyndon. Nur drei Kilometer hinter Lake Lyndon liegt der **Porters Pass (939 m)** und hier erreicht der SH73 seine größte Höhe, was einen großartigen Blick auf die Canterbury Plains ermöglicht. Der Highway führt nun kontinuierlich hinab ins 18 km

Straße durch den Tussocklands Park

entfernte Springfield, wobei die braunen Tussock-Grasflächen zunehmend durch saftig grünes Weideland abgelöst wird.

Springfield (220 Ew.) ist das Tor zu vier umliegenden Skigebieten und hat einen preiswert und geschützt liegenden kleinen Übernachtungsplatz, der von der Gemeinde betrieben wird (siehe Stellplatz 311). **Alpine Jet** (Tel. 0800 263626, www. alpinejet.co.nz, Ablegestelle: Rubicon Road, Springfield) bietet Jetbootfahrten durch die enge *Waimakariri Gorge* an. Die 70 Kilometer lange, flache Strecke nach Christchurch, durch die fruchtbaren Canterbury Plains, wird bestimmt durch hohe Windschutzhecken, die allgegenwärtig zu sein scheinen.

(310) Offizieller WOMO-Stellplatz: Porters Lodge and RV Park

GPS: S 43°16'35" E 171°39'45", Porters Ski Area Access Rd, Castle Hill, Tel. 03 318 4011. **Max. WOMOs:** 10.
Ausstattung: Toilette, Dusche, Strom, Aufenthaltsraum, Restaurant.
Beschreibung: Die Stellplätze liegen etwas unterhalb der Lodge auf einer Höhe von 952 m. Tolle Aussicht auf die umgebende Bergwelt. In der Lodge gibt es Toiletten und eine wunderbare Dusche. Sie hat einen sehr gemütlichen Aufenthaltsraum mit Blick auf die atemberaubende Umgebung. Es gibt freies Internet und ausgezeichnetes Essen. Die freundlichen Eigentümer schaffen eine absolute Wohlfühl-Atmosphäre. Sie können in das 4 km oberhalb gelegene Skigebiet wandern. **Preise:** 30-40 NZD.
Zufahrt: Am SH73 ausgeschildert. 5 km südlich Castle Hill führt eine fünf Kilometer lange gut ausgebaute Schotterstraße in dieses Idyll.

(311) Offizieller WOMO-Stellplatz: Kowhai Pass Reserve Springfield

GPS: S 43°20'34" E 171°56'31", 12 Domain Road, Springfield, Tel. 03 318 4864 und 0277408952. **WOMOs:** 15 mit Stromanschluss.
Ausstattung: Toiletten, Wasser, Dusche (2 NZD für 4 Minuten), Spielplatz, Entsorgungsstation. **Preise:** 30-40 NZD (Bitte mit Bargeld zahlen).
Beschreibung: Einfacher grüner ruhiger Platz der Gemeinde Springfield, mit Baumbestand. Zwei Tennisplätze nebenan. Sehr freundliche Betreiber, entspannte Atmosphäre. Ordentliche und saubere Sanitäranlagen.
Zufahrt: Sie biegen 1,5 km hinter Springfield schräg links in die Domain Rd ein. Der Platz liegt nach 120 m auf der rechten Seite.

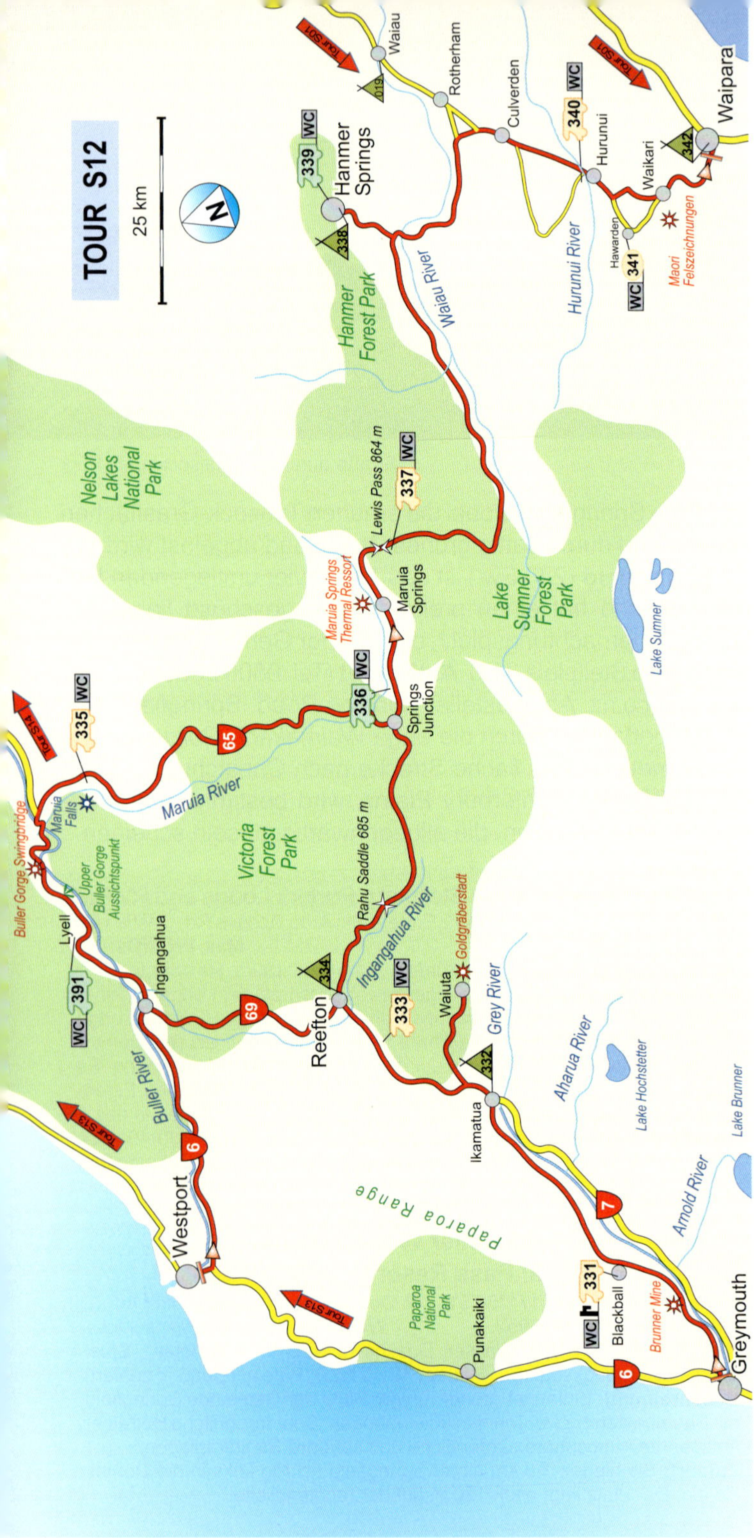
TOUR S12
25 km
N
Tour S01
Tour S01
Tour S13
Tour S13
Tour S14
Waiau
Rotherham
Culverden
Waipara
Hanmer Springs
Hurunui
Waikari
Hawarden
Maori Felszeichnungen
Hurunui River
Waiau River
Hanmer Forest Park
Nelson Lakes National Park
Lewis Pass 864 m
Maruia Springs Thermal Ressort
Maruia Springs
Lake Sumner Forest Park
Lake Sumner
Springs Junction
Maruia River
Maruia Falls
Buller Gorge Swingbridge
Upper Buller Gorge Aussichtspunkt
Victoria Forest Park
Rahu Saddle 685 m
Lyell
Inangahua
Inangahua River
Goldgräberstadt
Waiuta
Grey River
Reefton
Ikamatua
Aharua River
Lake Hochstetter
Lake Brunner
Buller River
Westport
Paparoa Range
Paparoa National Park
Punakaiki
Blackball
Brunner Mine
Arnold River
Greymouth
019 338 339 340 341 342 337 336 335 334 333 332 331 391
WC
6 7 65 69

Tour S12: Über den Lewis Pass — 300 km

Greymouth - Blackball - Reefton - Lewis Pass - Maruia Springs - Hanmer Springs - Balmoral State Forest - Waipara

Camping:	Ikamatua HP, Reefton, Hanmer Springs Top10, Waipara
Stellplätze:	Blackball, Slab Hut Creek, Maruia Falls, Marble Hill, Deer Valley Creek, Hanmer Springs Amenity Area, Balmoral Forest
Besichtigen:	Brunner Mine, Blackball, Goldgräberstadt Waiuta, Reefton Powerhouse, Maruia Falls und Springs, Hanmer Springs Queen Mary Hospital, Weka Pass, Waipara Valley
Wandern:	Brunner Mine, Blackball Croesus Track, Waiuta, Reefton: Heritage Walk, Powerhouse Walk, Alborns Coal Mine Track; Kirwans Tunnel Swingbridge Walk, Lake Daniell Track, Waterfall Walk, Alpine Nature Walk, Hanmer Springs: Concial Hill, Dog Stream Waterfall, Chatterton River Track, Woodland Walk; Waikari Walkway
Essen:	Blackball Formerly the Blackball Hilton, Reefton: Reef Cottage Café, Maruia Springs Restaurant, Hanmer Springs Powerhouse Café, Waipara Springs Winery and Café

Tour S12 bringt Sie von der Westküste über den Lewis Pass zu dem etwa 60Kilometerördlich von Christchurch auf der Ostseite der Südinsel gelegenen Waipara. Sie folgen dabei dem gut ausgebauten Lewis Pass Highway (SH7), der nördlichsten der drei Passstraßen über die Südalpen. Der mit 864 m niedrigste der drei Pässe ist nicht so ursprünglich wie der Haast Pass (Tour S09) und führt nicht durch das Hochgebirge wie der Arthur's Pass (Tour S11), ist aber dennoch sehr empfehlenswert. Die Straße schlängelt sich durch Rot- und Weißbuchenwälder, die Flussufer werden von einheimischen Kowhai-Bäumen gesäumt. Auf dem Weg lernen Sie das kultige Blackball kennen, den Geburtsort von Neuseelands Labour-Bewegung. Danach sollten Sie im Victoria Forest Park und im Lewis Pass Scenic Reserve unbedingt eine Wanderung unternehmen. Noch vor dem Lewis Pass können Sie in den heißen Thermalquellen der Maruia Springs baden oder, auf der anderen Seite der Südalpen angelangt in den Hanmer Springs Thermal Pools and Spa entspannen. Durch den Balmoral Forest Park führt Sie Tour S12 schließlich in die Weinregion Waipara Valley. Es ist das am schnellsten wachsende Weinanbaugebiet Neuseelands.

Grey River

Wir beschreiben die Tour von den beiden Ausgangspunkten Greymouth und Westport aus. Beide Routen treffen sich nach ca. 78 Kilometer in Reefton, 66 78 Kilometer vor der Passhöhe. Sie haben also die Möglichkeit, von Greymouth zunächst nach Westport zu fahren (Tour S13), unterwegs als Highlight die Punakaiki Pancake Rocks zu besichtigen und anschließend die Südalpen in Richtung Christchurch zu überqueren.

Route von Greymouth nach Reefton

Sie verlassen die größte Stadt der West Coast auf dem SH7 Richtung Reefton. Der State Highway 7 verbindet die Westküste mit der Ostküste über den nördlichsten der drei Südalpenpässe, den 864 m hoch gelegenen Lewis Pass. Sie folgen zunächst für 50 km dem Grey River, dessen Tal zur Küste hin durch die Paparoa Range abgeschirmt wird. Die zerklüftete Gebirgskette weist zahlreiche 1000er-Gipfel auf, von denen der Mount Uriah mit 1.501 Metern der höchste ist. Teile der Paparoa Range gehören zum **Paparoa Nationalpark**, zu dem auch die Pancake Rocks gehören. In den Bergen und im Grey Valley wurden Gold- und später auch Kohlevorkommen entdeckt. Auf der Fahrt nach Reefton werden Sie einige dieser Fundstätten besichtigen. Schon 12 Kilometer hinter Greymouth taucht auf der gegenüberliegenden Seite des Flusses das erste Industriedenkmal Neuseelands auf, die Ruine der Brunner Mine Industrial Site. Sie erinert an ein schweres Grubenunglück, das sich im Jahre 1896 im **Brunner Coalfield** ereignete. 65 Bergleute verloren dabei ihr Leben. Wenn Sie die denkmalgeschützte Ruine besuchen möchten, beachten Sie bitte unsere Hinweise in Tour S11.

Wenig später sollten Sie in Stillwater, dem Eingang des Arnold Valley, die Brücke überqueren, um den ehemaligen Goldgräber- und Kohlebergbauort **Blackball** zu besuchen. Der 450 Einwohner Ort liegt auf einem Plateau an den Hängen der

Paparoa Range. Hier gibt es überwiegend einfache Holzhäuser mit viel Wildwuchs drum herum. Der zunächst unscheinbare Ort hat es zu einiger Berühmtheit gebracht. Zuallererst ist der **Cribtime-Strike** zu nennen. In einem 10-wöchigen Streik setzten die Kohleminenarbeiter eine Verlängerung der Mittagspause von 15 auf 30 Minuten durch. Da dem Streik damals die rechtliche Grundlage fehlte, zog man den Arbeitern 75 £ von ihrem schwer erarbeiteten Lohn ab, was zur Gründung der **Minor's Federation** führte. Die Gewerkschaft benannte sich später in **Foundation of Labour** um. Damit schlug in Blackball die Geburtsstunde der Labour-Bewegung in Neuseeland.

Blackball, Hotelbar

(331) Offizieller WOMO-Stellplatz:
Blackball District Community Centre

GPS: S 42°21'46" E 171°24'31", 43 Roa Road. **Max. WOMOs:** 10.
Ausstattung: Toilette, Wasser, Dusche, Waschmaschine, Picknicktische.
Preise: 20-30 NZD. Gebühr bitte in einem Umschlag in die Briefbox werfen.
Beschreibung: Wirkt zunächst sehr schräg. Bietet aber viel für wenig Geld.

Sehr eng, nicht geeignet für Fahrzeuge über 7 m. Die Stellplätze liegen hinter dem Blackball Community Centre.
Zufahrt: 18 km hinter Ikamatua und 8 km vor Reefton rechts abbiegen und 500 m in den Wald hineinfahren. Ausgeschildert.

Heute sind die Kohlereviere längst von Wald überwuchert. Vereinzelt wird aber noch nach Gold gesucht. Die Gold- und Kohlegebiete können auf Wanderungen erkundet werden.

Rastplatz Moonlight Road

Der **Croesus Track** (22 km, 1-2 Tage) führt über die Paparoa Mountains nach Barrytown. Der Ausgangspunkt der Wanderung liegt sieben Kilometer nördlich von Blackball am Parkplatz Smoko-ho. Es gibt einen Shuttle-Service zum anderen Ende der Wanderung, der All Nations Tavern in Barrytown (Kea, 0800 532 868). Eine Zwischenübernachtung ist möglich (Ces Clark oder Garden Gully Hut, DOC-Broschüre Central West Coast). Noch anspruchsvoller ist der **Papamoa Track** (56 km, 2-4 Tage), der zu den Great Walks gehört und über die Paparoa Range bis nach Punakaiki führt (www.paparoaguidedwalks.com). Nehmen Sie fettarme Wild- und Rindersalami mit auf die Wanderung (**Blackball Salami** Co, 11 Hilton St, Tel. 03 732 4111).

(332) WOMO-Campingplatz: Ikamatua Holiday Park

GPS: S 42°16'16" E 171°41'6", 218 Main Road, Tel. 03 732 3555, www.ikamatuahotel.co.nz. **Preise:** 30-40 NZD. **Zufahrt:** Am SH7.
Beschreibung: Großer Grasplatz hinter dem Hotel. Ein eher etwas ungewöhnlicher Platz, aber voll ausgestattet. In der Kneipe können sie essen.

Eine weitere Attraktion im Ort ist das Formerly Blackball Hilton Hotel, das noch aus der Ära des Bergbaus stammt. Das geschwungene »Formerly« vor seinem Namen verdankt es einem Anwaltsbrief der Hilton Hotelkette, der dringend davon abriet, den geschützten Namen Hilton weiter zu verwenden. Das skurrile Backpacker-Hotel fand eine Lösung aus dem Dilemma und profitiert inzwischen von der Aktion. Es wurde zum New Zealand Historic Place ernannt und ist heute das Zentrum des öffentlichen Lebens in Blackball. Genehmigen Sie sich einen Drink an der historischen Theke oder speisen Sie im Restaurant (**Formerly the Blackball Hilton**, 26 Hart St, Tel. 03

Anfahrt nach Waiuta

732 4705). In **Ikamatua**, 26 km vor Reefton, trifft die Blackball Rd wieder auf den SH7. Der Grey River trennt sich nun vom Highway und wendet sich nach Südosten. Er entspringt dem Lake Christabel, 12 km südlich des Lewis Pass. Drei Kilometer hinter Ikamatua biegt in **Hukarere** eine 13 km lange Straße in die Geisterstadt Waiuta ab (5 km Gravel), wo es einmal die ergiebigste Goldmine der Südinsel gab. Ein lohnender Abstecher, denn schon die Anfahrt durch üppigen und traumhaft schönen Buchenwald ist sehr reizvoll. Allerdings müssen Sie sich wochentags auf der gut zu fahrenden schmalen Straße vor den Langholzfahrzeugen in Acht nehmen. Am Parkplatz gibt es eine Infotafel (GPS: S 42°17'22.5" E 171°49'10"). Wenn Sie das Gelände nicht zu Fuß erkunden wollen, können Sie auch eine Rundfahrt mit Ihrem Wohnmobil unternehmen.

Viel ist heute nicht mehr übrig von der einstigen Goldgräberstadt **Waiuta**, die 1951 innerhalb weniger Wochen von den meisten ihrer 6.000 Bewohner verlassen wurde, nachdem es in 900 m Tiefe zum Einsturz eines Minenschachtes kam. Die Gold führenden Quarzadern wurden dadurch verschüttet und ein weiterer Abbau lohnte nicht mehr. Heute gibt es nur noch eine Handvoll Gebäude, darunter das Orginalpostamt. Zwi-

schen den verstreut liegenden Bauten befinden sich einige bewohnte Cottages. Spüren Sie bei einem Rundgang der glorreichen Vergangenheit nach. Es sind überall Informations- und Schautafeln aufgestellt. In der Umgebung können Sie einige schöne kleine Wanderungen unternehmen. Es wird sicherlich niemanden stören, wenn Sie in dem besonderen Ambiente der Geisterstadt in Ihrem Wohnmobil die Nacht verbringen.

(333) Offizieller WOMO-Stellplatz: Slab Hut Creek

DOC Standard. **GPS:** S 42°9'24" E 171°47'34". Einfahrt am SH7: S 42°9'1" E 171°47'13". **Max. WOMOs:** 18. **Preise:** 30-40 NZD. **Ausstattung:** Toilette, Picknicktische. **Beschreibung:** Tolle Lage. Ruhiger, lauschiger Ort. Große Stellplätze auf Gras mitten im Wald an einem Bach. **Zufahrt:** 18 km hinter Ikamatua und 8 km vor Reefton rechts abbiegen und 400 m in den Wald hineinfahren. Am SH7 ausgeschildert

Reefton liegt friedlich am Ufer des Inangahua River. Der 950 Einwohner Ort gehört zum Buller District und verdankt seine Existenz goldführenden Quarzadern der Gegend, denen er auch seinen Namen verdankt. Das Goldvorkommen war so ergiebig, dass Reefton zu einigem Wohlstand kam und sich als erste Stadt der südlichen Erdhalbkugel eine öffentliche Stromversorgung leisten konnte. Der von Wasserturbinen erzeugte Strom wurde für die Betreibung von Straßenlaternen genutzt und die Stadt nannte sich fortan »The Town Of Light«. Nach einem Rückgang der Goldförderung wird die Goldsuche heute wieder intensiviert. Wichtiger ist im Moment aber der Kohleabbau, der über 100.000 t pro Jahr beträgt. In der Reefton **i-SITE** (67-69 Broadway, Tel. 03 732 8391) können Sie eine hochinteressante Ausstellung besuchen, die dem Bergbau gewidmet ist. Auch der Stollengang eines Goldbergwerkes ist täuschend echt nachgebaut. Eindrucksvolle historische Bauwerke sind das Surveyors House (1871), das Courthouse (1873), die Oddfellows Hall (1872), die Bank of New Zealand (1873), die National Bank (1873), die Catholic Church (1877), die St Stephens Anglican Church (1878) und die Reefton School of Mines (1886). Auf dem 30-minütigen **Heritage Walk** können Sie sich die teils renovierungsbedürftigen Gebäude anschauen. Auch der 40-minütige **Powerhouse Walk** trägt Sie in die Vergangenheit. Eine Hängebrücke über den Inangahua River führt

Reefton, Café

zum alten Powerhouse, das 1888 für die Stromversorgung des Ortes sorgte. Wollen Sie zünftig mit Hartschalenhelm und Schutzweste in die goldene Vergangenheit eintauchen, wenden Sie sich an **Globe Gold Mine Tours** (31 Broadway, Tel. 027 442 4777, www.reeftongold.co.nz). Informationen zu Wanderungen in alten Goldgräbergebieten liefert die Broschüre *Walks in the Murry Creek Goldfield*. Im gemütlichen aus Holz gebauten **Reef Cottage Café** (51-55 Broadway, Tel. 03 732 8440) erhalten Sie bei Kaminfeuer leichte Mahlzeiten und Tagesgerichte.

(334) WOMO-Campingplatz: Reefton Motor Camp

GPS: S 42°7'12" E 171°52'10", 26 Ross Street, Tel. 03 732 8477, www.reefton.co.nz

Preise: 40-50 NZD.

Beschreibung: Alte und gut gepflegte Sanitäranlagen, ruhig und empfehlenswert am Ufer des Inangahua River gelegen. Stattliche Nabelbäume sorgen für Schutz und bei Bedarf für Schatten.

Zufahrt: Am östlichen Stadtrand, etwas südlich des SH7.

Route von Westport zum Lewis Pass Highway SH7

Sie folgen von Westport aus dem imposanten **Buller River**. Die Maori gaben dem Buller River den Namen *Kawatiri*, was so viel wie »schnell und tief« meint. Wie in Tour S14 näher beschrieben, ist dies eine sehr treffende Bezeichnung, denn der Fluss musste sich seinen Weg zwischen den Gebirgszügen der Lyell Range und der Brunner Range bahnen, wobei fan-

Maruia Falls von oben

tastische Schluchten entstanden sind. 46 km hinter Westport, kurz bevor Sie die 60 Seelen Gemeinde **Inangahua Junction** erreichen, biegen Sie rechts in den SH69 ein. Die 33 km lange Fahrt nach Reefton verläuft durch das Tal des Inangahua River, zwischen der Paparoa Range und der Brunner Range. 11 km vor Reefton haben Sie die Gelegenheit zum **Kirwans Tunnel Swingbridge Walk** (siehe Victoria Forest Park, nächste Seite).

Es gibt eine zweite Verbindung zwischen Westport und dem Lewis Pass Highway SH7. Sie folgt wiederum der Buller Gorge fast bis Murchison. 23 km hinter Lyell und wenige Kilometer hinter Neuseelands längster Hängebrücke treffen Sie auf den SH65, in den Sie rechts einbiegen. Der *Shenandoah Highway* genannte SH65 folgt dann dem Verlauf des Maruia River, dem wichtigsten Nebenfluss des Buller River, die Ostflanke der Victoria Range entlang nach Süden und passiert die winzigen Ortschaften Glengarry, Shenandoah, Minehaha, Paenga, Burnbrae, Warwick Junction und Maruia. In Springs Junction treffen Fluss und SH65 schließlich nach 72 km auf den SH7. Diese Strecke ist etwas weiter als über den SH69 und Reefton, dafür bietet Sie Ihnen die Gelegenheit zum Besuch der **Maruia Falls**. Kurz vor dem Ort Shenandoah, 10,5 km hinter der Abbiegung auf den SH65, erreichen Sie das *Maruia Falls Scenic Reserve*. Der Maruia River stürzt hier in einem zehn Meter hohen und wegen seiner Breite und gewaltigen Wassermassen beeindruckenden Wasserfall in die Tiefe. Ein atemberaubendes Naturschauspiel. Vielleicht haben Sie das Glück, einige waghalsige Kajakfahrer die Fälle passieren zu sehen. Vom ausgeschilderten Parkplatz aus sind die Fälle in fünf Minuten zu erreichen.

Die Maruia Falls entstanden am 17. Juni 1829 durch ein Erdbeben der Stärke 7,8, das an dieser Stelle eine starke Ver-

Maruia Falls

werfung verursachte. Siebzehn Menschen kamen bei dem Beben ums Leben und es dauerte 18 Monate, bis die zerstörte Buller Gorge Road, der heutige SH6, repariert war.

(335) Offizieller WOMO-Stellplatz:
Maruia Falls Carpark - DOC Freedom Camping

GPS: S 41°51'33" E 172°15'11", Tel. 03 521 1806. **Max. WOMOs:** 8.
Ausstattung: Toilette, Picknicktische.
Beschreibung: Parkplatz nahe SH65. Kleiner Schotterplatz, etwas staubig. Sehr schöne Umgebung. Kein nennenswerter Straßenlärm.
Zufahrt: Kurz vor dem Ort Shenandoah, 10,5 km hinter der Abbiegung auf den SH65, rechts.

Route von Reefton nach Waipara

Auf der weiteren Fahrt Richtung Lewis Pass kreuzt der SH7 den **Victoria Forest Park**, der mit 182.000 ha das größte Waldschutzgebiet Neuseelands ist. Den Park durchziehen zwei ausgedehnte Gebirgsketten, die Victoria Range im Osten und die Brunner Range im Westen. Der Wald wird durch fünf verschiedene Buchenarten dominiert: Rotbuche, Weißbuche, Bergbuche, Schwarzbuche und Hartbuche. Das Spektrum der Wanderwege reicht von kurzen Spaziergängen bis zu mehrtägigen Wanderungen. Mehrere kleine Hütten im Park bieten Unterkunft. Wir wollen Ihnen zwei der kürzeren Wanderungen vorstellen:

Alborns Coal Mine Track (1.30 h). Auf dem gut präparierten Rundweg werden Sie auf eine Fülle von eindrucksvollen Relikten aus Bergbauzeit stoßen. Den Ausgangspunkt der Wanderung erreichen Sie, wenn Sie etwas südlich von Reefton rechts in die Soldiers Road einbiegen und dieser 9 km folgen.

Kirwans Tunnel Swingbridge Walk (1 h hin und zurück). Diese kurze Wanderung folgt dem Boatman Creek über einige Hängebrücken zu einer eindrucksvollen Stelle, an der eine

Rastplatz Inangahua Swingbridge Reserve

Hängebrücke direkt hinter einem Tunnel startet. In der Goldgräberzeit gab es in dieser Gegend viele Ansiedlungen. Der Ausgangspunkt der Wanderung ist ein Parkplatz an der Stelle, an der das alte Capleston stand. Sie erreichen ihn, indem Sie von Reefton aus elf Kilometer den SH69 Richtung Westport fahren und dann rechts in die Boatmans Rd einbiegen und dieser fünf Kilometer folgen. Einen sehr stimmungsvollen Rastplatz finden Sie zwölf Kilometer hinter Reefton Richtung Lewis Pass. Bei GPS S 42°11'17" E 171°56'19" müssen Sie rechts abbiegen und 300 m durch den Wald fahren. Sie stehen dann an einer kleinen Hängebrücke über den Inangahua River.

Siebenundzwanzig Kilometer hinter Reefton verlässt der SH7 das Tal des Inangahua River und überquert einen kleineren Pass, den Rahu Saddle. Nach weiteren achtzehn Kilometern treffen die Highways SH7 und SH65 in **Springs Junction** aufeinander. Der Ort besteht aus einigen verstreuten Häusern und bietet eine Raststätte mit der Möglichkeit zum Tanken und Einkaufen.

(336) Offizieller WOMO-Stellplatz:
Marble Hill - DOC Standard

GPS: S 42°21'5" E 172°13'17". **Max. WOMOs:** 20. **Preise:** 30-40 NZD.
Ausstattung: Toilette, Picknicktische, Schutzhütte.
Beschreibung: Tolle Lage am Waldrand, ruhiger Ort, großartige Ausblicke auf den Maruia River und die Bergwelt. Geräumige Stellplätze auf Gras, mit oder ohne Schatten, ganz wie Sie wollen. Viele Wanderwege (Lake Daniell Track!). **Zufahrt:** 4,5 km hinter Springs Junction auf der linken Seite.

Lake Daniell Track (6 h, 16 km hin und zurück). Diese leicht zu laufende und gut ausgeschilderte Wanderung ist für Familien geeignet. Der Wanderer überquert bald nach dem Start auf der „Troll Bridge" den Maruia River, der hier in einer tiefen engen Schlucht fließt, und folgt dann dem Alfred River durch

Thermalbecken der Maruia Spings

Rotbuchenwald zu einem flachen See. Lake Daniell eignet sich sehr gut zum Schwimmen. Neuseeländer fangen in ihm gerne Forellen. Sie können die sechzehn Kilometer an einem Tag laufen, oder in der Manson Nicholls Memorial Hut übernachten. Die Wanderung startet an der Marble Hill Campsite.

Waterfall Walk (0,5h, 2 km hin und zurück). Einfacher Spaziergang durch Rot- und Weißbuchenwald zu einem Aussichtspukt mit Blick auf einen spektakulären 40 m hohen Wasserfall. Der Startpunkt liegt 8 km hinter Springs Junction am SH7.

Das **Maruia Springs Thermal Resort** liegt 15 km hinter Springs Junction am Südufer des Maruia River und ist von Südbuchenwald umgeben. Das Maori-Wort *Maruia* bedeutet »schattig« oder » geschützt«. Der Bäderkomplex umfasst drei angenehm in die Landschaft integrierte Thermalpools unter freiem Himmel sowie Frauen- und Männerbadehäuser im japanischen Stil. Das Farbenspektrum des stark mineralischen Thermalwassers variiert von schwarz bis milchigweiß. Sowohl die Farbe als auch die Temperatur der Pools verändern sich täglich. Auf einer Informationstafel wird dies mit der absoluten Natürlichkeit der Quellen erklärt. Uns schien der Eintrittspreis etwas hoch gegriffen, denn die Anlage ist renovierungsbedürftig. Nehmen Sie auf jeden Fall etwas gegen die Sandflies mit, die hier besonders zahlreich vertreten sind. Die Pools sind von 8 bis 19.30 Uhr geöffnet. Spätestens um 19.30 Uhr müssen Sie auch im angeschlossenen Restaurant Platz genommen haben, um eine der europäischen oder japanischen Speisen serviert zu bekommen.

Der sieben Kilometer hinter den heißen Quellen folgende **Lewis Pass** ist wenig spektakulär und vergleichsweise flach. Er führt über einen Sattel zwischen den Tälern des Maruia River im Nordwesten und des Lewis River im Südosten. Im Lewis

Hope River

Pass Scenic Reserve und dem angrenzenden Lake Sumner Forest Park gibt es viele Wanderwege. Besorgen Sie sich die DOC Broschüre *Lake Sumner and Lewis Pass*. Ein Beispiel:

Alpine Nature Walk (20 Minuten). Der Rundweg führt durch alpine Feuchtgebiete mit wunderbaren Blicken auf den Gloriana Peak und die Spenser Mountains. Der Startpunkt liegt am St James Wanderparkplatz, 400 m östlich Lewis Pass. Picknicktische sind verfügbar. Hier startet auch der anspruchsvolle **St James Walkway** (66 km, 4-5 Tage).

(337) Offizieller WOMO-Stellplatz: Deer Valley Campsite - DOC Standard

GPS: S 42°24'13" E 172°23'48". **Ausstattung:** Toilette. **Max. WOMOs:** 10. **Preise:** 30-40 NZD. **Beschreibung:** Tolle Lage am Lewis River von Wald umgeben, großartige Ausblicke. Die Stellplätze wurden überholt und liegen nun eben auf Schotter. Wenig Lärm vom nahen SH7. **Zufahrt:** 9 km vor den Maruia Springs, 2 km hinter dem Lewis Pass rechts.

Freuen Sie sich auf eine wunderschöne Fahrt durch ein lila Blütenmeer. Die Straße führt über verschiedene Anhöhen und eröffnet immer wieder großartige Ausblicke auf die breiten Flussbetten des Hope River und später des Waiau River. Zunächst aber fließt neben dem SH7 der Lewis River, dann der Boyle River, bevor der Hope River und schließlich der mächtige Waiau River folgen. Entlang der Wegstrecke gibt es immer wieder Parkplätze und gut ausgeschilderte Wanderungen. Zweiundsechzig Kilometer hinter dem Lewis Pass biegen Sie links auf den SH7a Richtung Hanmer Springs ab. Kurz hinter dieser Abzweigung haben Sie an der 1887 gebauten eindrucksvollen **Waiau Ferry Bridge** die Gelegenheit zum Bungee Jumping. Das hier gelegene Adventure Centre **Thrillseekers Canyon**

Waiau Ferry Bridge

bietet außerdem Wildwasser- und Jetboot-Fahrten an (Tel. 03 315 7046, 0800 661 538).

Die 850 Einwohner zählende Gemeinde **Hanmer Springs** liegt eingebettet zwischen einem fruchtbaren Talkessel und einer bezaubernden Berglandschaft in einer Höhe von 400m. Die Bergketten an der Nordgrenze des Ortes bieten ausgezeichnete Wintersportbedingungen und die bereits 1859 entdeckten heißen Quellen verströmen noch heute ihren Charme. Beide Attraktionen fließen in den Marketingslogan New Zealand's Alpine Spa Village ein. Sehenswert ist das historische **Queen Mary Hospital** (Haupteingang Amuri Ave, neben der i-SITE). Es wurde 1897 erbaut und diente ab 1916 als Sanatorium für verwundete Soldaten, später Heilanstalt für psychisch erkrankte Frauen und zuletzt als Rehabilitationszentrum für Alkoholiker und Drogensüchtige.

In der an der Hauptstraße gelegenen i-SITE (40 Amuri Ave) erhalten Sie eine Broschüre mit lokalen Wanderungen (Hanmer Forest Park). Hanmer Springs ist ein wahres Paradies für Wanderer. Das Gebiet ist mit gut markierten Wanderwegen durchzogen. Auf jeden Fall ist es lohnend, auf den 550 m hohen Conical Hill hinaufzusteigen. Der halbstündige, steile Aufstieg wird mit einem herrlichen Ausblick auf die Stadt und die umliegenden Berge belohnt.
Weitere kurze Wanderungen sind:

Waterfall Track (2 h 30 min hin und zurück). Der Wanderweg steigt stetig durch Bergbuchenwald bis zum 41 m hohen **Dog Stream Waterfall** an. Unterwegs sehen Sie Farne, neuseeländische Orchideen, Moose und Flechten. Startpunkt ist der Parkplatz am Ende der Mullans Rd (489 m, 3,5 km Schotterstraße, GPS: S 42°30'14" E 172°50'37").

Hanmer Springs, Thermalbecken

Chatterton River Track (2 h 30 min hin und zurück). Die Wanderung folgt dem Chatterton River auf einem alten Kuhpfad und wechselt dann zum Jacks Pass Bridle Track mit Blicken auf das Hanmer Basin. Startpunkt ist ein Parkplatz am Ende der Chatterton Rd, südlich Hanmer Springs.

Woodland Walk (1 h, Rundweg). Führt an einem Teich (Woodland Pond) vorbei durch Weideland, dann durch Douglasien-, Pappel- und Redwood Wald. Zur Erklärung: Der Hanmer Forest wurde zwischen 1903 und 1913 von Strafgefangenen gepflanzt. Der Startpunkt liegt an der Jollies Pass Rd.

(338) Offizieller WOMO-Stellplatz: Hanmer Amenity Area - DOC managed

GPS: S 42°31'6" E 172°50'29", Pawsons Road, Tel. 04 471 0726. **Max. WOMOs:** 5. **Ausstattung:** Toilette. **Beschreibung:** Saubere Toiletten mit Lichtsensoren in der Nacht. Ruhiger Fleck am Waldrand neben dem eingezäunten DOC-Gelände. Campen zwischen 17 Uhr und 9 Uhr erlaubt für maximal vier Nächte. Waldwanderwege starten hier.
Zufahrt: Etwas hinter der i-SITE rechts in die Jollies Pass Rd abbiegen, dieser 1,1 km folgen. Platz liegt links.

Nach der körperlichen Aktivität können Sie sich im direkt neben der i-SITE liegenden Thermalbad entspannen, das immerhin schon auf mehr als 125 Jahre Geschichte zurückblickt **Hanmer Springs Thermal Pools and Spa** (42 Amuri Avenue, Hanmer Springs, Tel. 03 315 0000, geöffnet täglich zwischen 10 und 21 Uhr, außer am 25. Dezember).Die zwölf Außenbecken mit unterschiedlichster Badetemperatur zwischen 33°C und 42°C sind teilweise von Farnen eingefasst und in natürlich wirkenden Felsformationen arrangiert. Durch ihre Hauptwirkstoffe Natriumborat und Natriumchlorid sind die Quellen vor

Hanmer Springs, Teich am Woodland Walk

allem für die Behandlung von Hauterkrankungen und Arthritis geeignet. Wenn Sie zwischen dem Entspannen in den Pools aktiv werden wollen, können Sie dies in zwei 29°C warmen Frischwasser Schwimmbecken tun. Bei Einsetzen der Dämmerung werden die Becken von unten beleuchtet. Nach dem Thermalbad sollten Sie sich nicht mehr allzu viel vornehmen, denn es wird sich eine typische nachhaltige Müdigkeit einstellen. Sehr guten Kaffee und reichhaltige Mittagsgerichte bekommen Sie im **Powerhouse Café** (8 Jacks Pass Rd, Tel. 03 315 5252), das in einem Gebäude von 1926 untergebracht ist.

(339) WOMO-Campingplatz: Hanmer Springs Top 10 HP
GPS: S 42°31'40" E 172°49'48", Hanmer Springs Rd, Tel. 03 315 7113, www.top10.co.nz/parks/hanmer-springs **Preise:** 50-60 NZD.
Beschreibung: Schöne, große Anlage mit Baumbestand und etwas engen Stellplätzen. Ganz neue Kombikabinen mit Dusche und Toilette. Zentrale Lage, in Fußnähe zur Stadtmitte und zu den Hanmer Springs Thermal Pools
Zufahrt: Im Stadtzentrum, an der Hanmer Springs Rd.

Bis Waipara fahren Sie nun eine der Strecken der **Alpine Pacific Triangle** genannten, 370 km langen Rundfahrt**.** Die beiden anderen Seiten des Dreiecks (von Waipara nach Kaikoura entlang des SH70 und von Kaikoura nach Hanmer Springs) beschreiben wir in Tour S01. Besorgen Sie sich vor der Weiterfahrt nach Waipara den *Alpine Pacific Triangle Touring Guide*. Wenn Sie an der Weinregion **Waipara Valley** interessiert sind, besorgen Sie sich die Broschüre *North Canterbury Food & Wine Trail*, die Sie sich auch downloaden können.

Bis kurz vor Mouse Point folgt der SH7 dem breiten Flussbett des Waiau River. Der Fluss wendet sich nun nach Süden, während SH7 durch **Culverden** nach **Hurunui** weiterführt. Der Highway überquert dort den Hurunui River und führt an

Flußlandschaft am SH7

den Weinanbaugebieten des Waipara Valley entlang nach **Waikari**. Dieser Ort ist für seine Maori Felszeichnungen bekannt.

(340) Offizieller WOMO-Stellplatz: Balmoral Recr. Res.
GPS: S 42°52'0" E 172°46'9", Tel. 03 314 8816. **Max. WOMOs:** 30.
Ausstattung: Wasser, Toilette, **Beschreibung:** Von Wald umgebene große Grasfläche. Schwimmen im Hurunui River möglich. Falls kein Host anwesend ist, 5 NZD pro Person in der Caltex Tankstelle in Culverden zahlen.
Zufahrt: Vom SH7 kurz vor der Brücke über den Hurunui River rechts in die Balmoral Station Road einbiegen. Einfahrt nach 60 m auf der linken Seite.

(341) WOMO-Stellplatz: Hawarden Reserve
GPS: S 42°55'23" E 172°38'18", 17 Allandale Road. **Max. WOMOs:** 2.
Ausstattung: Toilette. **Beschreibung:** Ruhiger und geschützter Platz.
Zufahrt: Nach dem Hurunui River rechts nach Hawarden abbiegen.

Hier haben Sie die Möglichkeit, den Weka Pass Walkway zu begehen, der Sie in 40 Minuten zum Weka Pass Historic Reserve führt und Ihnen einen herrlichen Panoramablick über die Canterbury Plains bis hin zu den Südalpen bietet. Der **Weka Pass** ist eine Schlucht, die der Waipara River in den weichen Kalkstein gegraben hat. Unter einem Überhang eines Kalksteinfelsens befinden sich Felszeichnungen der Māori.

Das Landschaftsbild wird nun von hügeligem Weidenland und ausgedehnten Weinfeldern bestimmt, Bäume fehlen weitgehend. Auf der Weiterfahrt nach Waipara sollten Sie eine der fast 40 Weingüter besuchen. Viele haben einen Direktverkauf und wenn obendrein ein Lunch angeboten wird, sind die Gerichte immer von ausgezeichneter Qualität. Informationen zu allen Weingütern bietet Ihnen die Webseite www.waiparavalleynz.com. Ein Beispiel: **Waipara Springs Winery and Café**, 409 Omihi Rd (SH1), Waipara, Tel. 03 314 6777, täglich 11-17 Uhr.

Die Region ist aufgrund der Flussschotterböden und des Klimas mit trockenen, warmen Sommern und kühlen Wintern prädestiniert für hervorragende Weißweine. Aber auch der

Felsen am Weka Pass

Pinot Noir gedeiht im Weinbaugebiet Waipara Valley prächtig. Jedes Jahr Anfang März findet das Waipara Wine and Food Festival statt. Nähere Informationen finden Sie auf der Website www.waiparawineandfood.co.nz. Wer an einem Sonntag in Waipara ist, kann mit der Weka Pass Railway fahren. Die Oldtimer-Dampflokomotive fährt 14 Kilometer auf der 1882 erbauten original Hurunui-Bluff Main Truck Line von Waipara über den Weka Pass nach Waikari (**Weka Pass Railway** Inc, 113 Glenmark Dr, Waipara, Tel: 03 389 4078, www.wekapassrailway.co.nz).

Haselnüsse, Oliven und Lavendel aus lokaler Produktion werden auf dem **Waipara Valley Farmers Market** im 10 km südlich gelegenen **Amberley** angeboten (Carters Road, Amberley, Sa 9-12 Uhr). Direktverkauf gibt es bei: **Athena Olive Groves**, 164 Mackenzies, Waipara, Tel. 3 314 6774 und **The Purple Patch Lavender Farm - Bethshean**, 42 Greneys Lane, Amberley. Sehenswert ist auch der **Iron Ridge Quarry Sculpture Park**, 707 Ram Paddock Road, Amberley, Tel. 03 314 9198. Einen schönen Stopp einlegen können Sie am **Nor'Wester Café,** 95 Carters Rd (SH1), Amberley, Tel. 03 314 9411.

(342) WOMO-Campingplatz: Waipara Sleepers

GPS: S 43°3'50" E 172°45'17", 12 Glenmark Dr, Waipara, Tel. 03 314 6003, www.waiparasleepers.co.nz **Preise:** 30-40 NZD. **Beschreibung:** Ausgesprochen origineller Platz! Das Office ist einer Bahnhofsstation nachempfunden und Übernachtungsgäste können in umgebauten historischen Eisenbahnwagons schlafen. Morgens gibt es frisch gebackenes Brot als kostenlose Zugabe! **Zufahrt:** Sie biegen in Waipara vom SH7 links in den Glenmark Drive ein. Nach 100 m rechts.

TOUR S13
20 km
N
Kohaihai
WC 376
Oparara Basin
375
Karamea River
Karamea
Kahurangi National Park
Little Wanganui
374
Little Wanganui River
373
Mokihinui
Seddonville
67
WC 372
Hector
Mokihinui River
Mangatini Waterfalls
Ngakawau River
Granity
Orikaka Ecological Area
Stockton Mine
Kohletagebau
Waimangaroa
Mount William
1062 m
371 WC
Denniston
370
Westport
Cape Foulwind
Buller River
Tour S14
6
WC 369
Mount Gallileo
1256 m
69
Charleston
Mount Euclid
1450 m
Mount Faraday
1485 m
Inangahua River
Victoria Forest Park
WC 368
Paparoa National Park
Reefton
Irimahuwhero Lookout
367
Punakaiki
Pancake Rocks
Range
1276 m
Mount Marshall
366
6
7
Paparoa
Ikamatua
365
Barrytown
Grey River
Tour S12
Blackball
Aharua River
364
Rapahoe
362
Lake Hochstetter
Stillwater
363
Arnold River
361
Greymouth

Tour S13: Versteinerte Pfannkuchen 230 km

Greymouth - Punakaiki - Westport - Karamea - Kohaihai

Camping:	Greymouth, Rapahoe, Punakaiki, Westport, Mokihinui, Karamea
Stellplätze:	Greymouth, Barrytown, McMillen, Fox River, Jack's Gasthof, Westport Kawatiri, Little Wanganui River, Kohaihai DOC
Besichtigen:	Brunner Coal Mine, Pancake Rocks, Kaipakati Point, Cape Foulwind, Denniston, Oparara Basin Arches
Wandern:	Point Elisabeth Track, Dolomite Point Walk, Punakaiki: Cavern Track, Truman Track, Ballroom Overhang, Cape Foulwind Walkway, Denniston, Charming Creek Walkway, Oparara Basin, Nikau Walk, Zig-Zag Track
Essen:	Barrytown: All Nations Barrytown, Punakaiki: Pancake Rock Café, Cape Foulwind: The Bayhouse Café, Granity: Blue Zephyr Kitchen, The Karamea Village Hotel
Baden:	Rapahoe Beach, Kohaihai River

Tour S13 führt Sie von Greymouth, dem Handelszentrum der Westküste, bis nach Westport, der zweitgrößten Stadt der Region. Hier mündet der wilde Buller River in die Tasmanische See. Unterwegs lernen Sie in Punakaiki die neben den Gletschern bekannteste Attraktion der Westküste kennen, die Pancake Rocks. Es ist gar nicht so einfach, gute Fotos von den Pfannkuchenfelsen zu machen, denn die Insassen der zahlreichen Reisebusse liefern sich nicht selten ein Wettrennen um die besten Fotospots. Wer es ruhiger mag, sollte von Westport aus nicht gleich die SH6 Richtung Nelson nehmen, sondern sich einen Ausflug nach Karamea, dem einsamen nördlichen Ende der West Coast, gönnen.

Greymouth (13.000 Ew) ist die größte Stadt an der Westküste. Neben den Goldminen verdankt die Stadt ihre Größe dem Kohlebergbau. Nachdem Thomas Brunner 1846 Kohlevorkommen im Grey Valley entdeckt hatte, entstanden bis zu 130 Gruben, von denen heute nur noch zwei in Betrieb sind. 1896 ereignete sich im Brunner Coalfield ein schweres Grubenunglück, bei dem 65 Bergleute ums Leben kamen. Wer die unter Denkmalschutz stehende Ruine der Zeche Brunner besichtigen möchte, parkt - vom Brunnersee kommend - zwei

West Coast nördlich Rapahoe

Kilometer nach der Abzweigung von der SH7. Der Schornstein der Grube Brunner ist nicht zu übersehen. Eine alte Brücke führt über den Grey River. Es gibt einen sehr informativen Rundweg mit Schautafeln, eine Kokerei und eine Ziegelei.

(361) WOMO-Campingplatz:
Greymouth Seaside Top 10 Holiday Park

GPS: S 42°28'1" E 171°11'14", 2 Chesterfield Street, Greymouth, Tel.0800 867 104, www.top10greymouth.co.nz. **Ausstattung:** Spielplatz, Spa. **Preise:** 50-70 NZD. **Beschreibung:** Großzügige, schöne Anlage mit breiten Stellplätzen, direkt hinter den Dünen zum Stand. Etwa 4 km südlich des Stadtzentrums, am Strand, neben dem Flughafen. Der nahe Flughafen hat wenige Flugbewegungen. Es ist spannend, den Anflug zu beobachten. **Zufahrt:** Von Hokitika kommend vor Greymouth links abbiegen, beschildert.

(362) Offizieller WOMO-Stellplatz:
Greymouth Cobden Bridge

GPS: S 42°26'44" E 171°12'56", Tel. 03 769 8600. **Max. WOMOs:** 15.
Ausstattung: Entsorgungsstation, Wasser, Picknicktisch.
Beschreibung: Gut besuchter, etwas exponiert liegender Platz auf einer großen Grasfläche. An der Nordseite des Grey River, westlich der Cobden Bridge. Sie können in 5 Min. zu Fuß in die Stadt laufen. Max. 2 Nächte.
Zufahrt: In Greymouth angekommen, folgen Sie nicht dem SH6 links über die Cobden Bridge, sondern fahren gerade aus in die Bright Street. Der Platz liegt unmittelbar vor Ihnen, Sie müssen aber der Bright St ca. 200m folgen und zweimal links abbiegen, bevor Sie ihn erreichen.

Rund um Greymouth wird zwar noch Gold abgebaut, doch ist dies kein bedeutender Wirtschaftsfaktor mehr. Heute füllen vor allem Fischerei, Bergbau, Forstwirtschaft und Tourismus die Stadtkasse. In den letzten Jahren versucht sich Greymouth als Stadt des Ökotourismus zu etablieren. Bekannt ist Greymouth auch für seine Jade-Galerien. Wer sich für Kunstgegenstände aus Jade, Gold oder Silber interessiert, sollte die Jade Boulder Gallery besuchen (Ecke Guiness/Tainui St, täglich von 8 bis 18 Uhr geöffnet). In der Monteith's Brewing Company (60 Herbert St, Tel. 03 768 4149) wird seit 1868 Bier gebraut. Sie können an Führungen teilnehmen und anschließend die verschiedenen Biere probieren.

(363) WOMO-Stellplatz: Greymouth Nelson Quay

GPS: S 42°26'21" E 171°11'53", Nelson Quay, Tel. 03 769 8600.
Max. WOMOs: 10 **Ausstattung:** Toilette.
Beurteilung: Sehr schöner Parkplatz in Strandnähe.
Zufahrt: In Greymouth biegen Sie hinter der Cobden Bridge links in die Bright Street. Nach 500 m links in die Taylor St abbiegen. Diese verläuft leicht nach rechts und wird zum Nelson Quay. Noch 750 Meter.

Sehr markant im Stadtbild ist die große Mauer am Grey River. Sie wurde Anfang der 1990er Jahre als Hochwasserschutzmauer errichtet, da das jährliche Hochwasser immer wieder zu Überschwemmungen führte. Bisher hat die „Great Wall" ihren Zweck erfüllt und lädt darüber hinaus zum Spaziergang ein, bei dem man einen schönen Blick über die Stadt hat. Direkt unterhalb des Clock Tower haben Sie die Möglichkeit, im neoklassizistischen Gebäude der Left Bank Art Gallery Ausstellungen von Jadesammlungen zu besichtigen. Anschließend können Sie durch die Grünanlagen des Victoria- und des Anzac Park schlendern. Informationen zu kurzen Spaziergängen erhalten Sie bei i-SITE (Ecke Herbert und Mackay St., Tel. 03 768 5101).

(364) WOMO-Campingplatz: Rapahoe Bay Holiday Park

GPS: S 42°22'20" E 171°14'35", 10 Hawken St. Rapahoe, Tel. 03 762 7025, www.rapahoebeach.co.nz. **Ausstattung:** Pool. **Preise:** 50-70 NZD.
Beschreibung: In die Jahre gekommener gemütlicher Campingplatz in sehr schöner Lage direkt am Meer. Suchen sie sich dort einen Stellplatz! Die ausgezeichnete Küche liegt in einem alten Schulgebäude.
Zufahrt: In Rapahoe vom SH6 links in die Hawken St abbiegen.

Nördlich von Greymouth verlässt der SH6 für elf Kilometer die Küste, um bei der kleinen Ortschaft Rapahoe wieder auf sie zu treffen. Bis zur nächsten größeren Station, den 46 km entfernten Pancake Rocks in Punakaiki, führt der SH6 direkt an der schroffen und spektakulären Steilküste entlang. Wer Lust auf ein Bad im Meer hat, kann dies gefahrlos am **Rapahoe Beach** tun. Hier befindet sich eine der wenigen sicheren Badebuchten an der sonst so wilden Westküste. In diesem kleinen, friedlichen Paradies kann man schöne Spaziergänge machen, Robbenkolonien beobachten und mit etwas Glück Hector Delfine in der Brandung spielen sehen. An der Brücke nahe der Mündung des Seven Mile Creek beginnt der reizvolle **Point Elisabeth Track** (5 km, 3 h, leicht, 100 hm). Er endet am nördlichen Ende der Cobden North Beach Rd. Unterwegs zweigt ein Pfad zum Point Elisabeth Lookout mit Picknicktisch

Blick vom Irimahuwhero Lookout

und Panoramablick ab (4 km, 2 h, hin und zurück). Das Rapahoe Beach Motor Camp lädt dazu ein, an diesem friedvollen Platz eine Nacht zu verbringen.

(365) WOMO-Stellplatz: Barrytown

GPS: S 42°14'42" E 171°18'34". **Max. WOMOs:** 3. **Ausstattung:** Keine. **Beschreibung:** Direkt am wilden Strand, am Ende der Stichstraße. Ruhiger dem Wind ausgesetzter Platz, den sie vermutich für sich ganz alleine haben werden. Tolle Strandwanderung möglich. Genießen sie den Sonnenuntergangüber der Tasmanischen See. **Zufahrt:** Sie biegen am SH6 in Barrytown zum Strand ab und folgen der Cargills Road 1.5 km bis zum Strand.

Die nächste Station ist die ehemalige Goldgräberstadt Barrytown, neunzehn Kilometer hinter Rapahoe. Wer sich dort stärken möchte, kann dies im **All Nations Barrytown** (SH6, Tel. 03 731 1812) tun. Weiter geht es entlang der wildromantischen Küste und einen Kilometer vor den Pancake Rocks können Sie im **Pancake Rock Café** (SH6, Tel. 03 731 1122) eine der vielen Pancake-Varianten kosten. Kurz vor dem Ort Punakaiki erreichen Sie die berühmten Pancake Rocks. Das Besucherzentrum des Paparoa Nationalparks liegt direkt an der Straße. Der gegenüberliegende Dolomite Point Walk führt in zehn Minuten zu den Pfannkuchenfelsen. Ihren Namen haben sie erhalten, weil die bizarren Kalksteinformationen im Meerwasser wie riesige Berge aufeinander gestapelter Pfannkuchen aussehen. Mehrere Schautafeln erklären die Entstehung dieser beeindruckenden Felsformationen. Ein ganz besonderes Schauspiel bietet sich bei Flut, wenn das Meerwasser durch Spalten und Kammern in den Felsen schießt und fontänenartig emporschießt. Diese »Blowholes« sind wirklich beeindruckend.

Eine weitere Attraktion im **Paparoa Nationalpark** ist die Kolonie der Westlandsturmvögel. Der schwarze Verwandte des

Punakaiki, Pancake Rocks

Albatros brütet hier, weltweit einzigartig, in der Zeit von April bis November. Die Kolonie kann nur im Rahmen einer Führung beobachtet werden (Paparoa Nature Tours, Tel. 03 322 7898).

(366) WOMO-Stellplatz: Mc Millen Road

GPS: S42°7'46" E 171°19'41". **Max. WOMOs:** 6. **Ausstattung:** Keine. **Beschreibung:** Wildromantischer Platz, umrahmt von hohen Flaxbüschen. Direkt am Meer, 100 m von der Straße. Bei der Stellplatzsuche auf weichen Sand achten! **Zufahrt:** Auf dem SH6 1,2 km hinter dem Punakaiki River links in die Mc Millen Rd abbiegen. Platz liegt am Ende der Sackgasse.

Es gibt einige lohnende Wanderungen. Sehr zu empfehlen ist der **Truman Track**, der ca. drei Kilometer nördlich des »Visitor Centre« startet, und der durch dichten Regenwald ans zerklüftete Steilufer **Perpendicular Point** führt (30 min, hin und zurück). Wer will, kann zum anmutigen Strand hinunterklettern. Eine weitere kurze Wanderung ist der **Punakaiki Cavern Track**, der 500 m nördlich der Pancake Rocks startet und zu einer eindrucksvollen Glühwürmchen Höhle und einigen Wasserfällen führt. Eine dritte - als schwierig einzustufende - Wanderung führt 6 km ins Landesinnere zum **Ballroom Overhang**, einem imposanten Kalksteinfelsüberhang, der mit 100 m Länge der größte dieser Art auf der Südinsel ist. Das Felsendach ist eindrucksvoll mit Flechten, Gräsern, Farnen und auch einigen Bäumen überwachsen. Wegen einiger Flussdurchquerungen kommt diese Wanderung bei starken Regenfällen nicht in Frage.

Die Wanderung startet 12,5 Kilometer nördlich Punakaiki am Nordufer der neuen Brücke über den Fox River. Die alte Brücke hat man als historisches Bauwerk stehen lassen. Nahe der Mündung des Fox River in die Tasmansee, am südlichen Ende der langestreckten Woodpecker Bay, liegt der **Kaipakati Point**, von dessen Anhöhe man einen ausgezeichneten Blick

Punakaiki, Pancake Rocks

auf die urwüchsige und wildromantische Küstenlandschaft hat. Neunzehn Kilometer hinter dem Fox River treffen Sie auf Charleston. Die **Charleston Goldfields** gehörten zu den ergiebigsten Schürfgebieten der Westküste. Von den ehemals 18.000 Bewohnern sind **Charleston** heute gerade noch 30 verblieben. Neben einigen Wanderungen in der schönen Bucht wird noch eine 25-minütige Fahrt mit dem **Nile River Forest Train** durch ein Kalksteingebiet geboten.

(367) WOMO-Campingplatz: Punakaiki Beach Camp

GPS: S 42°6'26" E 171°20'10", Owen St, Punakaiki, Tel. 03 731 1894, www.punakaikibeachcamp.co.nz, **Ausstattung**: Campingplatzüblich.
Preise: 30-40 NZD. **Beschreibung:** Hübscher freundlicher Platz in Punakaiki, an die Beach angrenzend. Saubere und ansprechende Sanitäranlagen. Zu den Pancake Rocks laufen Sie 20 Minuten.
Zufahrt: 1,2 km nach den Pancake Rocks biegt die Owen St links ab.

Kurz hinter Charleston verlässt der SH6 die Küste, trifft nach 20 km auf den Buller River und führt dabei immer weiter ins Hinterland. Sie verlassen nun den SH6, um zum nahe gelegenen Westport weiterzufahren. Wenige Kilometer vor der Stadt biegen Sie links ab, um **Cape Foulwind** einen Besuch abzustatten. Das rund zehn Kilometer westlich von Westport gelegene Kap verdankt seinen garstigen Namen *James Cook*, dessen Schiff *Endeavour* vor dem Kap wegen Windflaute einige Zeit herumdümpelte. Sie folgen der Straße entlang der Küste und gelangen schließlich über *die* Cape Foulwind Road zum, für die nautische Navigation genutzten, 1926 errichteten, 30 m hohen Leuchtturm (das Leuchtfeuer befindet sich 231 m ü.d.M.). Eine Besichtigung oder Besteigung des Leuchtturmes ist leider nicht möglich. Vom Parkplatz führt ein 4 km langer Wanderweg, der **Cape Foulwind Walkway**, zu einer Robben-

Morgenstimmung am Fox River

kolonie, der **Tauranga Bay Seal Colony**. Die Tiere können über Aussichtsplattformen beobachtet werden.

(368) Offizieller WOMO-Stellplatz: Fox River

GPS: S 42°1'53" E 171°23'7".
Max. WOMOs: 5.
Ausstattung: Toilette, Fahrbares Rusty Cup Café.
Beurteilung: Großer wilder Schotterplatz an der alten Brücke (siehe Bild oben). Liegt neben dem SH6 und dem Fox River, 100 m bevor der Fluss in die Woodpecker Bay mündet. Vor dem Highway geschützt. Startpunkt verschiedener Wanderungen. Einen idyllischen Platz finden Sie direkt vor der alten Brücke. Maximal zwei Nächte.
Zufahrt: Am SH6. Vor der Brücke über den Fox River links abbiegen.

Wem diese wunderbare Wanderung durch herrliche Landschaft zu viel ist, der kann mit dem Auto noch bis zum Parkplatz am Strand der *Tauranga Bay* fahren und hat dann nur noch 10 Minuten bis zu den Aussichtsplattformen per pedes zurückzulegen. Südlich der Robbenkolonie haben Sie die Gelegenheit, das idyllisch an einer kleinen Bucht gelegene Restaurant **The Bayhouse** (433 Tauranga Bay Road, Tauranga Bay, Tel. 03 789 7133) zu besuchen. Es wurde mehrfach Preisträger in verschiedenen Wettbewerben des Landes.

Nahe dem Kap befindet sich auch die Gaststätte Star Tavern, die damit wirbt, die Australien am nächsten gelegene Gaststätte Neuseelands zu sein. Auf dem Rückweg nach Westport kommen Sie am breiten Strand der **Carters Beach** vorbei, der Sie mit seinem festen, grauen Sand zum Strandspaziergang einlädt. Hier befindet sich ein Top 10 Campingplatz.

Tauranga Bay, Strand nahe Cape Foulwind

(369) Offizieller WOMO-Stellplatz: Jack's Gasthof

GPS: S 41°52'52" E 171°28'24", SH6, Tel. 03 789 6501; jack.schubert@xtra.co.nz **Max. WOMOs:** 12.
Ausstattung: Toilette, Dusche, Wasser, Restaurant **Preise:** 20-30 NZD.
Beurteilung: Ausgesprochen stimmungsvoller Platz auf gepflegtem Rasen, heimelige Stellplätze, viele blühende Büsche und Bäume. Die fehlende warme Dusche kann durch Baden und Waschen im Little Totara River ersetzt werden. Oder sie nehmen die kalte Außendusche. Der Gasthof unter deutscher Leitung bietet Ihnen hervorragende Speisen, wobei Sie sich die Pizza keinesfalls entgehen lassen sollten. Hervorragendes Vollkornbrot!
Zufahrt: Am SH6, 22 km südlich Westport. Die Einfahrt zum Platz liegt direkt vor dem Little Totara River.

(370) WOMO-Campingplatz: Carters Beach Top 10 Motels and Holiday Park

GPS: S41°44'57"E171°33'19", 57 Marine Parade, Carters Beach, Tel. 03 789 8002, www.top10westport.co.nz
Preise: 40-50 NZD.
Beschreibung: Angenehmer Platz auf Gras. Am langen Strand, etwa sechs Kilometer westlich des Stadtzentrums von Westport. Sehr gute Sanitäranlagen.
Zufahrt:
An der Straße von Cape Foulwind nach Westport.

Westport wurde als erste Stadt an der Westküste 1861 gegründet. Wie an den meisten anderen Orten, zogen auch hier Goldfunde die Menschen an. In der neu gegründeten Stadt fanden die Gold-Digger alles, was sie für ihr einfaches Leben benötigten. Aber die Region war nicht nur reich an Gold. Nachdem die Goldsucher weitergezogen waren, sicherten die

Bayhouse Café

Kohlevorkommen das Überleben der Stadt. Der *Buller River* wurde kanalisiert und ein Hafen gebaut, der sich schnell zum bedeutendsten Kohleverladehafen des Landes entwickelte. Er profitierte von der geschützten Lage im „Windschatten" des Cape Foulwind. Auch heute noch ist der Kohleabbau ein Wirtschaftsfaktor in der Region. Das **Coaltown Museum** (Queen St, Tel. 03 789 8204, www.coaltown.co.nz, Oktober bis April 9-16.30 Uhr, Mai bis September 10-16 Uhr) informiert seine Besucher instruktiv über die Geschichte des Bergbaus. Neben dem Kohlebergbau sind das hier angesiedelte größte neuseeländische Zementwerk und die ebenfalls nicht kleine Fischereiflotte wichtige Wirtschaftsfaktoren.

(371) WOMO-Stellplatz: Westport Kawatiri Beach Reserve
GPS: S 41°44'4" E 171°36'22", Craddock Drive, Westport, Tel. 03 788 9111.
Max. WOMOs: 5. **Ausstattung:** Toilette.
Beschreibung: Wilder ursprünglicher Platz am Ende der Stichstraße nahe der Kawatiri Beach. Bei der Stellplatzsuche auf sandige Stellen achten! Maximal zwei Nächte. Müll bitte mitnehmen.
Zufahrt: In Westport vom SH67 Richtung Meer in die Derby St abbiegen. Nach 1,6 km geht diese in den Beach Drive über, diesem 0,7 km folgen.

Ausflug nach Karamea und Kohaihai

Wenn es Ihre Zeit erlaubt, dann sollten Sie einen Ausflug nach Karamea unternehmen. Um zur nördlichsten Stadt von Neuseelands Westküste zu gelangen, folgen Sie von Westport aus 97 km dem SH67, der eingezwängt zwischen der Tasmanischen See und dicht bewaldeten Hügeln der Küstenlinie folgt. Sie werden auf dieser Strecke wenig Menschen antreffen, dafür aber eine abwechslungsreiche Landschaft kennenlernen, in der sich Sandstrände, Steilküsten und Riffe abwechseln. Ihr Abstecher in den einsamen Norden der Westküste lohnt sich

Denniston, Historische Kohlenminenanlagen

auch wegen zahlreicher Kalkstein- und Tropfsteinhöhlen, in denen neben fossilen Versteinerungen auch ein gut erhaltenes Moa-Skelett gefunden wurde.

Im 17 Kilometer hinter Westport gelegenen *Waimangaroa* ist ein Abstecher nach **Denniston** lohnend, das sie nach 9 Kilometern auf dem 600 Meter hohen Mount Rochford Plateau erreichen. Hier wurde 1859 das damals größte Kohlevorkommen Neuseelands entdeckt (Abbau 13 Mio. t jährlich). Nach Auflagen der Regierung können Führungen in der »Banbury Historic Coalmine« derzeit nicht durchgeführt werden. (**The Denniston Experience**, Tel. 0800 881 880, www.dennistonmineexperience.co.nz). Die heute verlassene Stadt (In seiner Blütezeit hatte Denniston 1.500 Einwohner) können Sie über den 40-minütigen **Town Walk** erkunden und dem ebenfalls 40- minütigen **Breakhead Walk** zu imponierenden Relikten aus der Bergbauzeit folgen. Breakhead ist der Name der 2008 restaurierten Verladestation, in der bis 1967 Loren mit der abgebauten hochwertigen Kohle gefüllt wurden. Über eine 90 Jahre zuvor in Betrieb genommene Grubenbahn wurden die Loren über eine Strecke von 1,7 Kilometer ins fast 600 m tiefer gelegene Tal transportiert. Die nur durch Schwerkraft getriebene »*Denniston Self-Acting Incline*« beförderte täglich über 1000 Tonnen Kohle, ein faszinierendes Beispiel neuseeländischer Ingenieurskunst.

Wer sich fit genug fühlt, kann über dem **Denniston Incline Walk** (2 km einfach 2-3 h, 520Hm) dem Weg der Loren folgen. Im alten Schulhaus können Sie sich im Visitor Centre im Detail informieren. Das Gebäude dient gleichzeitig als Museum, in dem historische Fotos und Gerätschaften ausgestellt werden (Friends of the Hill, Tel. 03 789 9755, sonntags 10 – 15 Uhr). Genießen Sie den wunderbaren Blick über die Küste, bevor Sie von diesem stimmungsvollen Ort wieder hinab ins Tal fahren.

Denniston Experience, Einfahrt in den Stollen

Das größte heute noch in Betrieb befindliche Kohlebergwerk Neuseelands, die Stockton Mine, liegt rund 25 km nordöstlich von Westport und knapp drei Kilometer südlich von Granity.

(372) Offizieller WOMO-Stellplatz: Hector FC

GPS: S 41°36'22" E 171°52'39", Main Road, Hector. **Max. WOMOs:** 5.
Ausstattung: Toilette. **Zufahrt:** Am SH67
Beschreibung: Parkplatz am Kiesstrand an der Mündung des Ngakawau River. Der Charming Creek Walkway startet um die Ecke (650m).

Kurz hinter **Granity** zweigt die Straße hinauf nach Millerton und im weiteren Verlauf nach Stockton ab. In der verschlafenen 200 Seelen Gemeinde Granity können Sie im **Blue Zephyr Kitchen**, 85 Torea St, leckere Pasteten aus eigener Herstellung kosten. Drei Kilomter hinter Granity liegt Ngakawau, der gut ausgeschilderte südliche Startpunkt des reizvollen **Charming Creek Walkway** (GPS: S 41°36'34" E 171°52'48"). Die leicht zu laufende Wanderung führt an einem alten Schienenstrang entlang durch die Ngakawau River Gorge, passiert die Mangatini

Blick von Denniston

(373) WOMO-Campingplatz: Gentle Annie Mokihinui Holiday Park

GPS: S 41°31'16" E 171°56'24". 328 De Malmanches Rd, Mokihinui, Tel. 03 782 1826, www.gentleannie.co.nz **Preise:** 30-40 NZD.
Ausstattung: Pizza Ofen, großes Holzfeuer BBQ, Feuerstellen
Beschreibung: Ein Paradies hoch im Norden der West Coast, zwischen Westport und Karamea, direkt am typischen wilden Strand der West Coast an einer Flussmündung gelegen. Der Platz hat große, saftig grüne Rasenflächen, die einzelnen Stellplätze sind mit mannshohen, üppig blühenden Hortensien und Agapanthus-Büschen abgegrenzt, überall blüht es, in allen Farben. Sie werden an Ihrem Stellplatz sicherlich von einigen frechen Wekas besucht.

Dazu das Cowshed Café, ein alter Kuhstall, charmant in Western Manier umgebaut, urwüchsig, heimelig, mit Fischteich, Baumfarn, Couch, Hollywoodschaukel und rustikalen Tischen. Sie betreten diesen Raum und fühlen sich zu Hause, alles wirkt entspannt, locker, fröhlich und unbeschwert. Sie können hier einen leckeren Cappuccino trinken, ausgezeichnet essen und während der Wartezeit das freie *Wifi* genießen.
Zur Verdauungsförderung bieten sich Ihnen gleich vier Wanderungen an: **der Gentle Annie Point Walk, Lower Bush Walk, Waterfall Creek Walk** und für Abenteuerlustige der **Gold Mining Relic Walk**.
Zufahrt: 44 km hinter Westport, direkt hinter dem Mokihinui River, links in die De Malmanches Rd einbiegen und dieser 3.3 km folgen (Gravel).

Gentle Annie Point Walk

Falls und erreicht schließlich einem Picknickplatz an den Überresten der alten Watson's Mills. Sie benötigen bis hierher 2-3 Stunden und etwas länger bis zum nördlichen Ende der Wanderung, das hinter Seddonville liegt. Falls Sie die 9,5 Kilometer nicht wieder zurück wandern möchten, organisiert die Touristeninfo in Westport einen Abholservice für Sie (i-Site, 123-125 Palmerston St, Westport, Tel. 03 789 6658).

Sechzehn Kilometer hinter dem Ngakawau River treffen Sie auf den Mokihinui River. Wir raten Ihnen hier zu einem drei Kilometer langen Abstecher zur **Mokihinui Beach**, wo Sie auf dem Gentle Annie Mokihinui Holiday Park wunderbar einige Zeit entspannen können. Nördlich des Mokihinui River verlässt der SH67 die Küste, um dem Karamea Bluff auszuweichen, auf das Sie mit Ihrem Wohnmobil hinaufklettern müssen. Nach 32 km fahren Sie wieder hinab ins Tal und treffen auf den Little Wanganui River, an dessen Mündung wir Ihnen einen freien Stellplatz anbieten können. Sie fahren nun durch von Milchwirtschaft geprägtes Farmland, überqueren den Karamea River und erreichen wenig später das geruhsame Karamea.

In **Karamea** (430 Einw.) haben Sie das Ende des SH67 erreicht. Die Stadt liegt nördlich des gleichnamigen Flusses, der hier eine große Lagune bildet, bevor er in die Karamea Bight

Karamea River

mündet. Diese Bucht derTasmansee erstreckt sich über die stattliche Länge von 100 Kilometer bis Cape Foulwind. Wie an anderen Orten der West Coast waren die ersten Europäer und Chinesen, die in diese Gegend kamen, Goldgräber. Zur Zeit der ersten Besiedlung 1874 stellte der Hafen eine Verbindung mit der Außenwelt her.

(374) WOMO-Stellplatz: Little Wanganui River

GPS: S 41°23'32" E 172°03'35". **Max. WOMOs:** 4.
Ausstattung: Keine.
Beurteilung: Wilder, ursprünglicher sandiger Grasplatz am Fluss, von Flachs und Dünengras umgeben, nahe der Mündung des Little Wanganui River. Schöne Sonnenuntergänge über der Tasmanischen See. Am Flussufer werden Sie genügend Kleinholz für ein Lagerfeuer finden. **Hinweis:** Auch auf der anderen Seite des Flusses gibt es einen offiziellen freien Stellplatz. Folgen Sie einfach der Stichstraße bis zu den entsprechenden Schildern.
Zufahrt: Sie biegen 22 km vor Karamea links in die Little Wanganui Wharf Road ein und folgen dieser 2,2 km (Schotterstraße).

(375 WOMO-Campingplatz: Karamea Holiday Park

GPS: S 41°15'32" E 172°6'25", 67 Maori Point Rd, Karamea, Tel. 03 7826 758, www.karamea.com, **Ausstattung:** Campingplatzüblich.
Preise: 30-40 NZD.
Zufahrt: Kurz vor Karamea biegen Sie in einer scharfen Rechtskurve links in die Maori Point Rd ein und folgen dieser 600 m.
Kontakt: 67 Maori Point Rd, Karamea, Tel. 03 7826 758, www.karamea.com
Beurteilung: Sehr schön, auf einer Landnase im Mündungsbereich des Karamea River gelegen Der Platz ist sicherlich »*old fashioned*«, aber liebevoll gepflegt und ausgesprochen ruhig. Die Plätze liegen auf großen Grasflächen, umgeben von altem Baumbestand. Überall sind Wasseranschlüsse verfügbar. Sie können Kajaks mieten.

Das Murchison-Erdbeben von 1929 führte jedoch zur Verlandung des Hafens und schnitt auch die Straßenverbindung des Ortes für zwei Jahre ab. In Karamea finden Sie einen Gemischtwarenladen, einen Supermarkt, eine Tankstelle und ei-

Mündung des Kohaihai River

nen Laden für Kunsthandwerk. Auch ein Café, ein Hotel und ein Informationszentrum (www.karameainfo.co.nz) fehlen nicht. Die Stadt dient der nördlichen West Coast als Versorgungs- und Dienstleistungszentrum. Dank des milden, ja subtropisch zu nennenden Klimas in der Region wächst um Karamea das Sphagnum-Moos und zwar so gut, dass es kommerziell angebaut und in alle Welt vertrieben wird. Das Moos ist nicht nur bei Orchideen-Liebhabern begehrt, sondern wird auch zur Zubereitung außergewöhnlicher Gerichte verwendet. Im **The Karamea Village Hotel** haben Sie die Gelegenheit, eines davon zu probieren (Ecke Waverley St / Wharf Road, Tel. 03 782 6800, www.karameahotel.co.nz). Besucher werden vor allem durch die unmittelbare Nähe des **Kahurangi Nationalparks** und den Beginn des **Heaphy Tracks** angezogen, einem der Great Walks Neuseelands. Im Karamea River können Sie angeln, Kanu fahren und schwimmen. Darüber hinaus lassen sich in der Umgebung teils auf eigene Faust und teils im Rahmen geführter Touren eindrucksvolle Höhlen erforschen.

Das erste Höhlensystem, das Oparara Basin, liegt 20 Kilometer nördlich von Karamea. Auf halber Strecke zweigt eine Straße zum Höhlensystem ab. Es ist verboten, mit dem Wohnmobil bis zum abgelegenen Parkplatz zu fahren (ist auch kaum möglich, der Schotterweg ist schmal und steil, tief hängende Äste). Man kann sich einer organisierten Tour anschließen oder ein Auto mieten, was wesentlich billiger ist. Die Touristeninformation in Karamea hilft Ihnen gerne weiter (106 Bridge St, Market Cross, Karamea, Tel. 03 782 6652). Oder Sie schließen sich einer geführten Tour an. Es lohnt sich! Sie finden eine Reihe von Kalksteinhöhlen inmitten eines dichten Urwaldes, dessen Bäume mit dichtem Moos bewachsen sind.

Nikau Walk

Die erste Attraktion sind die Oparara Basin Arches, große natürlich entstandene Flusstunnel, die vom Wasser des Oparara River ausgeformt wurden. Hier bietet sich Ihnen ein buntes Farbenspiel, weißer Kalkstein im durch die Sedimente rötlich wirkenden Wasser. Dazu sind die Steine am Ufer und die herumliegenden alten Baustämme moosbewachsen und sattgrün. Die Farne und die moosbewachsenen Bäume des Waldes schaffen eine märchenhafte Welt.

Die erste der Höhlen, die **Oparara Arch**, spannt sich in 43 Meter Höhe über eine Länge von 219 Metern und einer Breite von 79 Metern über das Flussbett und ist durch ein Loch unterbrochen, durch das die Sonne scheint - unglaublich stimmungsvoll! Der 1,5-stündige Rundweg führt nun am See Moria Gate Mirror Tarn vorbei zur **Moria Gate Arch**, in die Sie durch einen Schacht hinabsteigen. Die Höhle ist kleiner als die Oparara Arch, aber nicht weniger imposant. Das Höhlengewölbe ist mit

kleinen Stalaktiten übersät. Die zweite Attraktion, die **Honeycomp Hill Caves**, können Sie nicht auf eigene Faust erkunden. Wenden Sie sich an **Operara Experience** (Tel. 03 7826 652, www.oparara.co.nz). Auch Kajaktouren über den Fluss werden angeboten. In der Honeycomp Hill Höhle wurden unzählige Knochen von insgesamt 50 verschiedenen Spezies gefunden, darunter Moa und Haast Adler. Man vermutet, dass die Tiere

Blick auf Scotts Beach

(der Adler wohl eher nicht) durch ein Loch in der Höhlendecke herabgefallen und durch die starken Sedimentablagerungen am Höhlenboden der Nachwelt erhalten geblieben sind.

Hinter Karamea führt eine nicht asphaltierte Straße 17 Kilometer weiter nach Norden. Sie endet an der ausgesprochen stimmungsvollen Mündung des **Kohaihai River**, in der Sie sicher schwimmen können (nicht im Meer!). Sie finden hier einen sehr empfehlenswerten DOC-Campingplatz. Direkt dahinter startet der **Heaphy Track**, der mit 78,4 Kilometer der längste von Neuseelands Great Walks ist. Er führt zunächst die beeindruckende

(376) Offizieller Womo-Stellplatz: Kohaihai - DOC Standard
GPS: S 41°6'34" E 172°6'8". **Max. WOMOs:** 20.
Ausstattung: Toiletten, Wasser, Picknicktische, BBQ. **Zufahrt:** Sie fahren ab Karamea auf der Karamea-Kohaihai Rd 16 km nach Norden.
Preise: 30-40 NZD. **Tipp:** Wenn sie die Morgensonne genießen wollen, dann wählen Sie einen der hinteren vier Stellplätze. Achtung Sandflies!
Beurteilung: Geschützter Platz, reizend an der Mündung des Kohaihai River gelegen, umgeben von einheimischem Busch und vielen Nikau Palmen. Sicheres Schwimmen ist im Fluss und an der nördlich gelegenen Scotts Beach möglich. Am Camp starten auch zahlreiche kürzere Wanderungen. Sie dürfen maximal zwei Nächte bleiben.

Küste entlang und biegt dann ins Landesinnere ab, wo er durch die dichten Wälder des Kahurangi Nationalparks führt. Er endet 34 Kilometer nordwestlich von Collingwood (Golden Bay, siehe Tour S15). Sie haben in Kohaihai aber auch einige kürzere Wandermöglichkeiten, über die Sie Schautafeln ausgezeichnet informieren. Wenn Sie dem Heaphy Track folgen, erreichen Sie schon nach wenigen Minuten den Rundweg **Nikau Walk** (30-40 Min.). Eine weitere Möglichkeit ist es, den Heaphy Track bis zur **Scotts Beach** zu wandern (1,5 h hin und zurück). Schließlich können Sie noch über den **Zig-Zag Track** einen Aussichtspunkt erklimmen (40 Min. hin und zurück).

TOUR S14
10 km
Little Wanganui
Kahurangi National Park
Arthur Range
The Twins
1809 m
Marahau
Kaiteriteri
Tour S13
Motueka River
Motueka
Westport
371
370
Granity
Mount Glasgow
1424 m
Mount Frederick
1105 m
Waimangaroa
Denniston
67
6
Mount Rochfort
1040 m
Buller River
Mount Patriarch
1701 m
McLean Picnic Area
WC 399
Woodstock
Tour S15
60
Mapua
Tapawera
Rabbit Island
Marino Mountains
Matakitaki River
Owen River
Richmond
WC 400
Wai-iti River
Nelson
Tour S16
Wai-iti
Wakefield
Bright water
391 WC
Lyell
Buller Gorge Swingbridge
Upper Buller Gorge Aussichtspunkt
Inangahua Junction
Inangahua River
Mount Gallileo
1256 m
Brunner Range
69
392
393
394
Clark Valley Recreation Area
P
Mount Hope
1244 m
WC 398
395 WC
Murchison
1470 m
Mount Murchison
Kawatiri
Gowanbridge
Rotoroa
Maruia Falls
335 WC
Mount Wynn
1413 m
65
Maruia River
Matakitaki River
63
Buller River
Nelson Lakes National Park
WC
102
Saint Arnaud
396 WC
Lake Rotoroa
Lake Rotoiti
Mount Thomson
1270 m
Mount Richmond Forest Park
Wairau River
Lake Argyle
7

Tour S14: Durch die Buller Gorge 270 km

Buller Gorge - Murchison - Kawatiri - Nelson Lakes - Motueka

Camping:	Murchison Riverside und Motorhome Park, Owen River
Stellplätze:	Lyell DOC, Kawatiri Junction DOC, Lake Rotoiti: West Bay, Kerr Bay DOC, Hope Saddle, McLean Picnic Area, Wai-iti
Besichtigen:	Buller Gorge, Lyell, Kawatiri, Lake Rotoiti, Lake Rotoroa, Hope Saddle, Brightwater, Rutherford Memorial Hall
Wandern:	Lyell: Lyell Cemetery, Croesus Battery, Murchison, Kawatiri Railway Walkway, Lake Rotoiti: West Bay, St Arnaud: Short Walks, Day Walks, Lake Rotoroa
Baden:	Motueka River, Lake Rotoiti, Lake Rotoroa

Freuen Sie sich auf diese reizvolle Tour, die Sie von Westport über eine abwechslungsreiche und landschaftlich äußerst reizvolle Strecke bis ins sonnenverwöhnte Nelson führt. Über den SH6 erreichen Sie das 230 Kilometer entfernte Nelson auf direktem Weg in etwa vier Stunden. Einen lohnenden Abstecher sollte man sich aber auf jeden Fall gönnen. Er folgt dem wilden Buller River, der mit 170 Kilometern einer der längsten Flüsse Neuseelands ist, bis zu seinem Ursprung, dem Lake Rotoiti im Nelson Lakes Nationalpark. Falls Sie nicht direkt nach Nelson wollen, sondern zunächst den Abel Tasman National Park (Tour S15) besuchen möchten, beschreiben wir Ihnen die Fahrt über den Motueka Valley Highway nach Motueka und zeigen Ihnen unterwegs eine freie Übernachtungsmöglichkeit.

Sie verlassen Westport auf dem SH67 entlang des Buller River. Diesem imposanten Fluss folgen Sie bis zu seiner Quelle am Lake Rotoiti. Doch zunächst biegen Sie einige Kilometer hinter Westport links auf den SH6 ab. Die Maori gaben dem Buller River den Namen »Kawatiri« , was soviel bedeutet wie »schnell und tief«. Wie sich bald herausstellen sollte, eine sehr treffende Bezeichnung, denn der Fluss musste sich zwischen den Gebirgszügen der Lyell Range und der Brunner Range seinen Weg bahnen und hat dabei fantastische Schluchten geschaffen. Zwischen breiteren und ruhigeren Abschnitten verwandelt sich der Fluss immer wieder in einen reißenden Strom. An diesen Stellen, wo das Tal sehr eng wird, wurde die Straße in mühsamer Arbeit den Felsen abgerungen und führt teilweise einspurig unter Felsüberhängen hindurch. Für Wohnmobilfahrer eine besondere Herausforderung. 46 Kilometer hinter Westport erreicht man die 60-Seelen-Gemeinde Inangahua Junction, die immerhin über eine Tankstelle, ein Café und einen Gemischtwarenladen verfügt. Nächste Station ist Lyell, eine ehemalige Goldgräberstadt hoch

Buller River

über dem Buller River, von der heute nur noch ein paar windschiefe Grabsteine zu sehen sind. Hier können Sie auf einem großen DOC-Stellplatz übernachten und einige Wanderungen unternehmen.

(391) Offizieller WOMO-Stellplatz: Lyell Upper Buller Gorge - DOC Standard Campsite

GPS: S41°47'44" E172°2'55".
WOMOs: 50 Stellplätze
Ausstattung: Toilette, Wasser, Picknicktische.
Preise: 30-40 NZD.
Beschreibung: An der Upper Buller Gorge gelegen, von Wald umgeben. Sehr schöner, großzügiger Platz, nahe den Überresten einer alten Goldgräberstadt. Wanderungen dorthin werden angeboten.
Zufahrt: 18 km hinter Inangahua Junction am SH6.

Dreiundzwanzig Kilometer hinter Lyell treffen Sie auf den SH65, der rechts vom SH6 abzweigt und eine Verbindung zum SH7 (Lewis Pass Road) herstellt. Wir empfehlen Ihnen einen zehn Kilometer langen Abstecher zu den **Maruia Falls**. Nähere Informationen zu den Wasserfällen erhalten Sie in Tour S12. Auf dem Parkplatz der Maruia Falls können Sie frei übernachten.

Die Buller Gorge Swingbridge liegt direkt am State Highway 6, vierzehn Kilometer vor Murchison. Wer die 110 Meter lange, schwingende Hängebrücke in luftiger Höhe überqueren möchte, wird dafür auch noch zur Kasse gebeten. Der Mutige wird mit einem herrlichen Blick in die Schlucht

Jetboot auf dem Buller River

belohnt und sieht mit etwas Glück ein Jetboot vorbeirasen. Auf der anderen Seite des Flusses erwartet ihn tiefgrüner Dschungel. Verschiedene Wanderwege wurden angelegt, die zwischen 15 und 60 Minuten dauern. Wem der Sinn eher nach Abenteuer steht, der kann im Adventure and Heritage Park zahlreiche andere Aktivitäten wie Goldwaschen oder eine Fahrt im Jetboot unternehmen. Jede dieser Aktivitäten muss jedoch separat bezahlt werden. Um in den Abenteuerpark zu gelangen, muss man zunächst die gefährlich schwankende Hängebrücke überqueren. Wer noch mehr Adrenalin braucht oder den Rückweg abkürzen möchte, kann sich mit dem Flying Fox an einem 160 Meter langen Drahtseil über den Buller River sausen lassen. Zurück auf dem SH6 erreicht man nach elf Kilometern die 850-Seelen-Gemeinde Murchison am Zusammenfluss von Buller River und Matakitaki River. Das Gebiet nordwestlich von Murchison wird Four Rivers Plain genannt, weil hier auch der Mangles River und der Matiri River zusammenfließen. Das Museum der ehemaligen Goldgräbersiedlung vermittelt einen aufschlussreichen Eindruck von den Zerstörungen durch das Erdbeben von 1929.

Buller Gorge Swingbridge

(392) WOMO-Campingplatz: Murchison Riverside HP

GPS: S 41°47'41" E 172°20'24", 19 Riverview Road, Tel. 0800 523 9591, www.riversidemurchison.co.nz. **Ausstattung:** Schwimmstelle am Fluß. **Preise:** 30-40 NZD. **Beurteilung:** Friedlicher Platz direkt am Buller River mit entsprechend schönen Ausblicken. Seit April 2022 neues Management. Die Einrichtungen werden seit dem erneuert. **Zufahrt:** Am Ortsende von Murchison links in die Review Road abbiegen. Der Platz liegt nach zweihundert Metern links.

(393) WOMO-Campingplatz: Murchison Motorhome Park

GPS: S 41°45'23" E 172°23'34", SH6, Tel. 03 523 9666, www.murchison-motorhomepark.co.nz, **Ausstattung:** Campingplatzüblich **Preise:** 30-40 NZD. **Beurteilung:** Im Dezember 2008 eröffneter sauberer Platz am Buller River, der über alle Annehmlichkeiten, einschließlich eines gemütlichen Holzkamins, verfügt. Sie bekommen Top-10-Standard zum günstigen Preis. Und wer möchte, kann sich am selbst angebauten Gemüse bedienen. **Zufahrt:** 8 km nördlich Murchison am SH6.

Murchison ist ein ländliches Versorgungszentrum für die umliegenden Farmen und ein international bekanntes Wildwasserrevier. Die selbsternannte »Whitewater Capital of New Zealand« zählt neben den genannten vier Flüssen noch den Gowan River, Glenroy River und Maruia River zu ihrem exzellenten Wildwasser-Revier. Im Murchison Museum kann man sich über die Zeit des Goldrausches informieren und im Visitor Centre die DOC Broschüre **Murchison Day Walks** besorgen. Auch über einige interessante Mountainbike-Wege sind dort Informationen erhältlich.

(394) WOMO-Campingplatz: Owen River Recreation Reserve Camping Ground

GPS: S 41°41'12" E 172°27'16", Kawatiri Murchison Highway, Tel. 03 523 9273, www.owenrivertavern.co.nz. **Ausstattung:** Grillstelle Picknicktische. Anmelden und zahlen an der Taverne. **Preise:** 30-40 NZD. **Beurteilung:** Wunderbare große Grasfläche an der Mündung des Owen River in den Buller River. Zum Buller River hin finden Sie geschützte Plätze hinter hohen Bäumen. Ausgesprochen friedvoller Platz zum Seele baumeln lassen. Die Duschen funktionieren nicht immer wie gewünscht.

Zufahrt: Am SH6, 16 km hinter Kawatiri-Junction.

Ihr nächstes Ziel ist **Lake Rotoroa**. Sie erreichen ihn, indem Sie 29 Kilometer hinter Murchison am Gowan River rechts abbiegen und dem Fluss entlang der Gowan Valley Road folgen. Lake Rotoroa ist neben Lake Rotoiti eine der Hauptattraktionen des 1956 gegründeten, 1020 Quadratkilometer großen und weitgehend unberührten Nelson Lakes Nationalparks im nördlichsten Teil der neuseeländischen Alpen.

Bootssteg am Lake Rotoiti

Während der letzten Eiszeit haben gewaltige Gletscher die beiden Seen geschaffen, die dem Park heute seinen Namen geben. Die beiden Gletscherseen haben unterschiedliche Gesichter. Lake Rotoiti ist der touristischere, mit Camping- und Wassersportmöglichkeiten. Die Vorzüge von Lake Rotoroa sind seine Schönheit und Einsamkeit. In seinen ruhigen Gewässern spiegeln sich sowohl die schneebedeckten umliegenden Berge als auch der üppige einheimische Busch. Beide Seen können über zahlreiche Wanderwege durch den umgebenen Südbuchenwald erkundet werden. Um Vom Lake Rotoroa zum Lake Rotoiti zu gelangen, müssen Sie wieder elf Kilometer zum SH6 zurückfahren und diesem sechs Kilometer bis zur **Kawatiri Junction** folgen. Hier können Sie auf dem, nahe der Kreuzung von SH6 und SH63 an der historischen Eisenbahnstation gelegenen, DOC-Campingplatz frei übernachten.

(395) Offizieller WOMO-Stellplatz:
Kawatiri Junction - DOC Standard

GPS: S 41°41'36" E 172°37'4", Kreuzung SH6 und SH63. **Max. WOMOs:** 8.
Ausstattung: Toilette, Wasser, Picknicktische. **Preise:** 30-40 NZD.
Beurteilung: Grüner Platz, aber direkt am Highway, zwischen Gowan River, SH6 und SH63. Wanderung zur historischen Eisenbahn ist möglich: Kawatiri Railway Walkway (siehe Text).
Zufahrt: Am SH6 direkt hinter der Kreuzung von SH6 und SH63.

Die alte Eisenbahnbrücke, der Eisenbahn Tunnel und die historische Eisenbahnstation können vom Wanderplatz aus über den 20-minütigen **Kawatiri Railway Walkway** gut erkundet werden. SH63, der 100 Kilometer weiter bis Blenheim führt, bringt Sie nach **St Arnaud**, ein kleiner Ort am Nordufer des **Lake Rotoiti**. Er wird vom Komplex des *Nelson Lakes Village Centre* beherrscht, das neben einem Laden und einem Imbiss

auch ein Postamt und eine Tankstelle zu bieten hat.

Das moderne DOC Visitor Centre liegt an der Hauptstraße (**DOC Nelson Lakes Visitor Centre**, View Road, Tel. 03 521 1806, nelsonlakesvc@doc.govt.nz, im Sommer von 8.00 bis 16.30 Uhr geöffnet) und liefert neben Informationen zu möglichen Aktivitäten auch die Broschüren **St Arnaud Short Walks** und **St Arnaud Day Walks**. Per Wassertaxi besteht die Möglichkeit, sich zu beliebigen Stellen am Seeufer bringen oder von dort abholen zu lassen (**Rotoiti Water Taxis**, 47 Main Road, Tel. 03 521 1894, watertaxi@clear.net.nz, Kajaks und Kanus können gemietet werden). Das bietet die komfortable Möglichkeit, Wanderungen am Seeufer nicht auf dem gleichen Weg zurückgehen zu müssen. Ein besonderes Highlight des Nelson Lakes National Park ist das 2004 ins

(396) Offizieller WOMO-Stellplatz: Kerr Bay - DOC Serviced

GPS: S 41°48'22" E 172°50'41", Kerr Bay Road. **Max. WOMOs:** 9 mit Strom, 30 ohne. **Ausstattung:** Toilette, Wasser, Dusche, Dump Station, Waschmaschine, Trockner. **Preise:** 40-50 NZD. **Beschreibung:** Sehr schöner, geschützter Platz, im Wald gelegen. Unweit dem Nordende des Lake Rotoiti, von Wald umgeben. Wanderungen werden angeboten. Nicht geeignet für Wohnmobile länger als 7 m. Buchung über Tel. 03 521 1806, www.doc.goct.nz. **Zufahrt:** Über den SH63 nach Saint Arnaud fahren, dort in die Kerr Bay Road einbiegen.

Leben gerufene **Rotoiti Nature Recovery Project**. Hier wird durch rigorose Schädlingsbekämpfung versucht, in einer abgegrenzten Zone einen Lebensraum für einheimische Arten zu schaffen. Im zugehörigen Gebiet sind Wanderungen zwischen 15 Minuten und 1,5 Stunden frei zugänglich angelegt. Die Wälder beherbergen viele Vögel wie Blaumeisen, Rotkehlchen und den *tiny rifleman*, Neuseelands kleinsten Vogel. In manchen Regionen findet man auch den Südinsel *Kaka* (Waldpapagei). Besonderer Stolz ist der *Great spotted Kiwi*, der hier nach seiner erfolgreichen Rücksiedlung brütet. Sie verlassen St Arnaud und Lake Rotoiti über den SH63 Richtung *Blenheim* und stoppen bereits nach 8 Kilometern am historischen *Tophouse Settlement*, das in den 1880ern den Pionieren (z.B. Schaftreck-Begleitern) als Hotel diente. Das schön renovierte Gebäude wird heute wieder als Hotel genutzt und wirbt mit einem originellen 9-Loch-

(397) Offizieller WOMO-Stellplatz: West Bay - DOC Standard

GPS: S 41°47'51" E 172°49'38". **Max. WOMOs:** 40. **Preise:** 30-40 NZD.
Ausstattung: Toilette, Wasser, Dusche, Küche.

Beurteilung: Wunderschöne abgegrenzte Plätze in bezaubernder Natur (Kanuka/Manuka Wäldchen). Der nahe See und die dahinter liegende Berg Kulisse sind atemberaubend.
Hinweis: Sie können die Mt Robert Rd ein Stück weit den Berg hochfahren und so noch großartigere Ausblicke genießen. Am Platz starten mehrere sehr schöne Wanderungen. Achtung Sandflygebiet! Buchung über Tel. 03 546 9335, Bezahlung im DOC Visitor Centre.
Zufahrt: Vom SH63 vor dem See rechts in die Mt Robert Rd abbiegen.

(398) WOMO-Stellplatz: Hope Saddle Lookout

GPS: S41°37'44" E172°43'14".
Max. WOMOs: 5.
Ausstattung: Toiletten, überdachter Picknickplatz.

Beschreibung: Parkplatz am Hope Saddle Aussichtspunkt, von Bäumen umgeben. Der Hope Saddle liegt auf 467 m Höhe und bietet einen fantastischen Rundblick. Sehr schöne Übernachtungsstelle, etwa 300 m vom SH6 entfernt.
Zufahrt: Der Lookout ist am SH6 ausgeschildert, etwa zehn Kilometer hinter der Abzweigung des SH63 zum Lake Rotoiti.

Alpin-Golfplatz auf seinem Gelände. Die Tophouse Road bringt Sie nach wenigen Kilometern auf die Korere Tophouse Road, der Sie in nördliche Richtung folgen. Nach 39 Kilometern erreichen Sie die **Clark Valley Recreation Area**. Wenn Sie diese zur freien Übernachtung geeignete Gelegenheit nicht in Anspruch nehmen möchten, biegen Sie am SH6 rechts ab, folgen diesem für zwölf Kilometer und müssen nun entscheiden, ob Sie direkt nach Nelson fahren wollen, oder zunächst über Motueka in den Abel Tasman National Park.

Motueka River

Strecke nach Motueka

Biegen Sie links auf den Motueka Valley Highway ab. Sie folgen nun dem Motueka River in Richtung der gleichnamigen Stadt. Nach acht Kilometern passieren Sie die Ortschaft Tapawera (370 Einw.) und gelangen durch Waldgebiete und eine sanfte Hügellandschaft in eine fruchtbare Mündungsebene. Direkt am Straßenrand bieten Obstbauern an Ständen ihre Früchte an, darunter Erdbeeren, Himbeeren und Heidelbeeren. Auch der Hopfenanbau boomt. Auf dem 50 Kilometer langen Weg nach Motueka, das bereits 1842 gegründet wurde, treffen Sie auf zahlreiche Hopfenplantagen.

(399) WOMO-Stellplatz:
Motueka River Valley - McLean Picnic Area

GPS: S 41°17'19" E 172°48'26", Motueka Valley Hwy. **Max. WOMOs:** 9. **Ausstattung:** Plumpsklo. **Beschreibung:** Friedlicher Picknickplatz inmitten von Büschen und Bäumen zwischen dem Motueka Valley Highway (SH61) und dem Motueka River. Das Gras wird nicht sehr oft gemäht. Badegelegenheit im Fluss! **Hinweis:** Es ist maximal eine Übernachtung erlaubt. **Zufahrt:** Links am SH61, 6 km hinter Stanley Brook.

Strecke direkt nach Nelson

Der fortan Wakefield-Kohatu Highway genannte SH6 führt Sie nach Zweiundsechzig Kilometern in die sonnigste Stadt Neuseelands. Die Region bis Nelson ist geprägt von Farmwirtschaft (Milchwirtschaft und Obstanbau), Weinbau und Holzverarbeitung.

Wakefield (1.900 Einw.), auch Wakefield Village genannt, ist 25 km südwestlich von Nelson am Ufer des *Wai-iti River* gelegen. Die Ortschaft entstand zeitgleich mit der Besiedlung und Gründung von Nelson durch die *New Zealand Company* im Jahre 1842. Die Ansiedlung wurde 1843 unter dem Namen

Motueka River, Training für Hütehunde

»Pitfure« gegründet, wenig später aber nach der Stadt Wakefield im englischen Yorkshire umbenannt. Die im Dorfkern liegende St Johns Church ist die zweitälteste Kirche Neuseelands und die älteste der Südinsel.

Wenig später erreichen Sie **Brightwater** (1.800 Einw.). Das am Ufer des *Wairoa River* liegende Städtchen, wurde wie Wakefield bereits 1843 von Europäern besiedelt. Brightwater entstand vom wenig entfernten Spring Grove aus, in dem der Siedler Alfred Saunders hier eine Flachsmühle errichtete. Das klare Wasser des Wairoa River soll für den Ortsnamen verantwortlich zeichnen. Der Atomphysiker und Nobelpreisträger **Ernest Rutherford** (1871-1937) wurde hier geboren. Besuchen Sie seine Gedenkstätte oder auch die Kunstschmiede und Töpferei, bevor Sie ins einundzwanzig Kilometer entfernte Nelson aufbrechen.

Brightwater, Rutherford Memorial Hall

(400) Offizieller WOMO-Stellplatz: Wai-iti Domain

GPS: S 41°25'48" E 172°59'34", Tel. 03 543 8400. **Max. WOMOs:** 15.
Ausstattung: Plumpsklo, Abfalleimer.
Beschreibung: Großer von Wald umgebener Grasplatz nahe dem Wai-iti Flüsschen. Maximal zwei Nächte sind erlaubt. **Zufahrt:** Vom SH6 am Wai-iti River in Richtung Süden abbiegen. Nach 250 m liegt der Platz links.

TOUR S15
10 km
N
Cape Farewell
Wharanaki Beach
429
Pillar Point Leuchtturm
Farewell Spit Nature Reserve
Port Puponga
428 WC
Farewell Spit Leuchtturm
Whanganui Inlet
Pakawau Inlet
Burnett Range
Ruataniwha Inlet
427
Collingwood
Parapara Inlet
Naked Possum
Aorere
Rockville
Te Anaroa Caves
Aorere River
Golden Bay
Mutton Cove
Ligar Bay
430
Pohara
431 WC
Totaranui
Awaroa Bay
Pupu Springs
Takaka
Wainui Falls
Rawhiti Caves
Kahurangi National Park
Abel Tasman National Park
Bark Bay
Torrent Bay
Devil River Peak
1784 m
Ngarua Caves
791 m
426 WC
425
Marahau
424
Kaiteriteri
Takaka River
Harwood Lookout
Takaka Lookout
Hawkes Lookout
Gobb Reservoir
Tasman Bay
Motueka
423
422 WC
Motueka River
Arthur Range
Moutere River
Kina
432 WC
60
The Twins
1809 m
Woodstock
433
Mapua
Rabbit Island
Nelson
421
Richmond

Tour S15: Captain Cook farewell sagen 360 km

Nelson - Motueka - Marahau - Kaiteriteri - Takaka Collingwood - Totaranui - Mapua - Nelson

Camping:	Motueka Top 10, Kaiteriteri, Marahau, Collingwood, Wharariki Beach, Pohara Top 10, Mapua Leisure Park
Stellplätze:	Richmond, Kina Beach, Motueka Beach Reserve, Hawkes Lookout, Taupata Gravel Reserve, Totaranui Beach DOC
Besichtigen:	Abel Tasman NP, Ngarua Caves, Pupu Springs, Wainui Falls, Farewell Spit, Totaranui Beach, Rabbit Island
Wandern:	Motueka Walkway, Abel Tasman NP, Pupu Hydro Walkway, Kaituna Track, Farewell Spit Walk, Hilltop Walk, Wharariki Beach, Rawhiti Caves Walk, Wainui Falls Walk,
Essen:	Neudorf Vineyards, Motueka: The Gothic, Red Beret, European Bakery & Café, Marahau: Park Café, Takaka: Bio Café, Mussel Inn, Collingwood: Courthouse Café, Naked Possum Café, Pohanga: Paddlecrab Café, Mapua: The Smokehouse, Seifried Estate
Baden:	Motueka River, Kaiteriteri, Abel Tasman NP: Torrent Bay, Bark Bay, Totaranui Beach, Golden Bay: Pohara Beach, Limestone Bay, Ligar Beach, Tata Beach, Rabbit Island

Freuen Sie sich auf diese ausgesprochen reizvolle Tour, die Sie zum grandiosen Abel Tasman National Park und zur bezaubernden Golden Bay führt. Während der Abel Tasman NP nicht allzu weit von der Rundstrecke entfernt liegt, befindet sich die Golden Bay abgelegen in einer Sackgasse. Von dort ist die Westküste nicht mit dem Wohnmobil zu erreichen, sondern nur über den 78 km langen Heaphy Track. Die Wanderung durch den Kahurangi National Park endet nördlich von Karamea am Kohaihai Bluff (siehe Tour S13). 1642 entdeckte der Holländer Abel Tasman als erster Europäer Neuseeland. Die Bucht, in der er ankerte, heißt heute Golden Bay, nachdem hier im vorigen Jahrhundert Gold gefunden wurde. Es waren also nicht die goldenen Sandstrände, die der Bucht ihren Namen gaben. Vielmehr ist es die Abgeschiedenheit, die der Golden Bay ihre Ursprünglichkeit bewahrt hat. Abel Tasman ist auch der Namensgeber des wohl schönsten Nationalparks

Neuseelands. Der 1942 gegründete Abel Tasman National Park besticht durch seine abwechslungsreiche Landschaft: Verkarstete Kalksteinhügel, regenerierter Urwald mit fast lückenlosem Busch, Nikaupalmen und Riesenfarnen sowie feinsandigen, südseeähnlichen Stränden mit türkisfarbenem Wasser, Wasserfällen und breite Flussmündungen. Die Tageswanderungen im Park werden zu den Highlights Ihres Neuseelandurlaubes gehören!

(421) Offizieller WOMO-Stellplatz: Richmond Public DS
GPS: S 41°19'45" E 173°11'25", 14 Fittal Street. **Max. WOMOs:** 10.
Ausstattung: Entsorgungsstation, Toilette, Wasser, Picknicktische.
Beschreibung: Parkplatz im Industriegebiet. Die nahe Beach und ein vorbeiführender Radweg machen den Übernachtungsplatz trotzdem attraktiv, ausgesprochen saubere Toiletten. Nutzung zwischen 19 Uhr und 9 Uhr am Morgen frei.
Zufahrt: Vom SH6 rechts in die Lower Queen St abbiegen, dann rechts in die Stratford St, die in die Beach Rd übergeht. Nach 1 km biegen Sie links in die Fittal St ab, die sie nach 200 m zum Platz führt.

Von Nelson nach Marahau

Über den SH6 fahren Sie von Nelson zunächst nach Richmond und dann auf dem SH60 nordwestwärts nach Motueka. Etwa auf halber Strecke bietet sich ein Abstecher an, um ein ausgezeichnetes Weingut der Region kennenzulernen, das sieben Kilometer westlich des SH60 liegende Neudorf (**Neudorf Vineyards**, 138 Neudorf Rd, Upper Motuere, Tel. 03 543 2643, www.neudorf.co.nz, 11 bis 17 Uhr). In dem ansprechenden

scheunenartigen Komplex, der teilweise von Ranken bedeckt ist, können Sie diverse Weine verkosten, unter denen der Pinot Noir und der Chardonnay herausstechen. Die bereits 1842 gegründete 7.500 Einwohner Stadt **Motueka** ist ein Versorgungszentrum des umliegenden landwirtschaftlichen Anbaugebietes für Tee, Hopfen und verschiedene Obstsorten wie Äpfel, Birnen, Pfirsiche, Trauben und Kiwis. In den Erntemonaten wächst die Bevölkerung sprunghaft an, denn in dieser Zeit suchen die Farmer nach Hilfskräften bei der Obst- und Hopfenernte. Die kleine Stadt wird dann zum Anziehungspunkt für viele junge »Work & Travel« Reisende. Die frischen Produkte der umliegenden Farmen werden in einigen sehr guten Restaurants zu delikaten Speisen verarbeitet (**The Gothic**, 208 High St, Tel. 03 528

6699 und **Red Beret**, 145 High St, Tel. 03 528 0087). Ausgezeichnetes Brot bekommen Sie in der Bäckerei **European Bakery & Café**, 235 High St. Der Besitzer ist Deutscher.

(422) Offizieller WOMO-Stellplatz: Motueka Beach

GPS: S 41°8'5" E 173°1'24", Everett St, Motueka. **Max. WOMOs:** 10.
Ausstattung: Toilette, Wasser, Picknicktische, Feuerstelle, kalte Dusche, Spielplatz.
Beurteilung: Großer Grasplatz am Meer, in Hafennähe. Er hat erstaunlich viel zu bieten und ist entsprechend beliebt. Nebenan befinden sich eine Fischfabrik, ein Salzwasser Schwimmbecken und der Küstenwanderweg. Maximal zwei Nächte. Ein Ranger checkt, ob ihr Womo »self contained« ist.
Zufahrt: Hinter dem Moutere Inlet biegen Sie rechts vom SH60 in die Wharf Rd ein (Richtung Motueka Harbor). Diese geht nach 1 km leicht links in die Everett St über, an deren Ende der Platz liegt.

(423) WOMO-Campingplatz: Motueka Top 10 HP

GPS: S 41°6'15" E 173°0'48", 10 Fearon Street, Motueka, Tel. 03 528 7189, 0800 668 835, www.motuekatop10.co.nz **Preise:** 50-60 NZD.
Ausstattung: Abenteuerspielplatz, Swimmingpool mit 28°C, Spa.
Beschreibung: Gute und saubere sanitäre Anlagen, viele große Bäume. Schattiger, aber sehr enger Platz, in der Saison voll.
Zufahrt: Am nördlichen Ende von Motueka in die Fearon St einbiegen.

Motueka ist ein beliebter Ausgangsort für Touren in den Abel Tasman Nationalpark und den Kahurangi Nationalpark. Die aufstrebende Stadt hat dem Besucher einiges zu bieten. Auf dem **Motueka Sunday Market** (Wallace St, Tel. 03 540 2709, So ab 8 Uhr) werden Schmuck und Kunsthandwerk angeboten. Gartenfreunde werden sich sicherlich die beiden Rosengärten Motueka Rose Gardens und Tasman Bay Roses anschauen. Ebenfalls empfehlenswert ist der Besuch des kleinen Motueka District Museum oder des Motueka Quay, am geschäftigen Hafen des Fischereizentrums gelegen. Etwas außerhalb der Stadt laden Galerien und Kunsthandwerkstätten zu einem Be-

Kaiteriteri Beach, Fähre in den Abel Tasman NP

such ein und in den umliegenden Weingütern können Sie die ausgezeichneten regionalen Weine probieren. Hingewiesen sei auch auf die Möglichkeit zum Tandem-Fallschirmspringen auf dem Flughafen drei Kilometer südwestlich der Stadt (**Skydive Abel Tasman**, Tel. 0800 422 899, www.skydive.co.nz) und einem 30-minütigen Rundflug mit einem Ultraleichtflugzeug über den Abel Tasman National Park (**Tasman Sky Adventures**, Tel. 0800 114 386, www.skyadventures.co.nz).

(424) WOMO-Campingplatz: Kaiteriteri Reserve Camp

GPS: S 41°2'12" E 173°1'3", 5 Kaiteriteri-Sandy Bay Road, Kaiteriteri, Tel. 03 527 8010, www.kaiteriteribeach.co.nz
Preise: 50-60 NZD.
Beschreibung:
Idealer Platz für Touren in den Abel Tasman National Park. Er liegt an der Küstenstrasse. Trotz der beachtlichen Größe des Camps unbedingt reservieren! **Zufahrt:** Im Stadtzentrum, an der Küstenstraße, nicht zu übersehen.

Auf Ihrem Weg in den **Abel Tasman National Park** verlassen Sie Motueka über den SH60, überqueren den **Motueka River** kurz vor seiner Mündung und biegen fünf Kilometer später rechts, direkt hinter dem Riwaka River, in die Riwaka Kaiteriteri Rd ein. Die Straße steigt sofort leicht an und windet sich eine Anhöhe hinauf, von der aus Sie bald einen atemberaubenden Blick auf den beliebten Badeort **Kaiteriteri** haben. Sie fahren hinab an den Sandstrand der lang geschwungenen Bucht, wo Kajakverleiher und Wassertaxis auf Kundschaft lauern.

Split Apple Felsen

Hinter der Uferpromenade laden großzügige Terrassen einiger Hotels zum Verweilen ein, im flachen Mündungsbereich des **Riwaka River** können Familien mit Kleinkindern geschützt baden, die Stadt ist ganz auf Strandurlaub eingestellt. Das riesige Kaiteriteri Reserve Camp liegt in Strandnähe direkt hinter der Straße und bietet sage und schreibe 400 Stellplätze mit Strom an. Am Strand gegenüber starten Touren in den Abel Tasman NP (**Abel Tasman Wilson`s Experiences**, Tel. 0800 221 888, www.abeltasmannz.com). Zwischen Kaiteriteri und dem ganz im Norden des Parks gelegenen Mutton Cove verkehren Wassertaxis, die Sie zu einem Zielort bringen und am Nachmittag an einem anderen wieder abholen. So können Sie den wunderschönen **Abel Tasman Coastal Track**, den jedermann bequem in vier bis fünf Tagen bewältigen kann, nach eigenen Wünschen in Tageswanderungen aufteilen. Sie verlassen diesen idyllischen Ort, um noch ein Stückchen näher an den Abel Tasman NP heranzufahren. Die enge Kaiteriteri Sandy Bay Road windet sich um die Felsnase, an der Kaiteriteri liegt und folgt schließlich der Sandy Bay Marahau Road durch Schwemmland bis **Marahau**.

Der rund 500 Einwohner zählende Ort liegt direkt am östlichen Eingang des Abel Tasman Nationalpark und ist somit ein prädestinierter Ausgangspunkt für Ausflüge in den Park. Wir wurden gleich bei der Ankunft Zeuge eines beeindruckenden Schauspiels. Es war Ebbe und Ankunftszeit einer ganzen Reihe von Wassertaxis. Wegen des sehr flachen Wassers fuhren Traktoren ins kniehohe Wasser, dockten das Wassertaxi auf der Anhängerladefläche an und fuhren über eine Rampe an Land. Auf der Straße bleibt das Boot auf dem Anhänger und die Fahrgäste der Einfachheit halber im Boot, bis das Ziel erreicht

Abel Tasman NP, Antakapau Bay

ist. Ein faszinierendes Schauspiel, das irgendwie beschaulich wirkt. Allerdings haben es die Traktoren eilig, ins Meer zurückzufahren, um das nächste Boot abzuholen.

(425) WOMO-Campingplatz: Marahau Beach Camp

GPS: S 41°0'19" E 173°0'32", 229 Sandy Bay-Marahau Road, Marahau, Tel. 0800 808 018, www.abeltasmancentre.co.nz **Preise:** 40-50 NZD.
Beurteilung: Liegt direkt neben den Anbietern von Wassertaxis am Strand, der allerdings nicht zum Baden geeignet ist! Idealer Platz zum Start in den Abel Tasman National Park. Gepflegt mit vielen Bäumen, alle anderen Plätze in Marahau haben unzureichende sanitäre Anlagen. Allerdings gibt es im Camp zu wenige Toiletten und Duschen. Ein Restaurant ist dem Camp angeschlossen. Sie bekommen einen Platz in diesem Camp nur dann, wenn Sie auch das Water Taxi oder Kajaktouren buchen!
Zufahrt: Mitten in Marahau an der Waterfront.

Ausflüge in den Abel Tasman National Park

Wer den Nationalpark zu Fuß erkunden möchte, kann sich mit dem Wassertaxi in eine der vielen idyllischen Buchten bringen lassen (**Abel Tasman Aqua Taxi**, Tel. 800 278 529, www.aquataxi.co.nz und **Abel Tasman Sea Shuttle**, Tel. 0800 732 748, www.abeltasmanseashuttles.co.nz), wobei der Start natürlich wiederum an Land erfolgt, indem man das Wassertaxi auf der Landerampe eines Traktors besteigt! Der Traktor bringt das Boot über die Rampe

zurück ins Wasser und lässt es von der Ladefläche heruntergleiten. Nun kann es zu seiner rasanten Fahrt in den National-

Abel Tasman NP, Anapai Bay

park starten. An den Ankunftspunkten verlässt man das Wassertaxi am Strand und sollte dazu seine Schuhe ausziehen. Die einzelnen Buchten, die von den Wassertaxis angefahren werden, sind durch schmale Wanderpfade hoch über der Tasmansee verbunden. Sie führen meist durch dichten Bewuchs, geben aber auch immer wieder einen bezaubernden Blick auf Meer und Strände frei. An manchen Stellen führen gesicherte Pfade/Treppen zu goldgelben Buchten hinab, in denen oft Kajakfahrer bei einer Rast anzutreffen sind. Lässt man sich morgens mit dem Wassertaxi in den Park bringen, um den Weg nach Marahau zurückzulaufen (von der **Torrent Bay** benötigt man dazu etwa vier Stunden, von der **Bark Bay** etwa 6,5 Stunden), so entfällt der Druck, zu einem vereinbarten Zeitpunkt am Abholpunkt zu sein. Für uns wurden die wundervollen Wanderungen im Abel Tasman NP zum sehr eindrucksvollen und unvergesslichen Erlebnis. Auch der Weg vom Eingang des NP zurück nach *Marahau*, der teilweise über Holzstege durch das Schwemmland des Mündungsbereiches des *Marahau River* und einiger weiterer kleiner Einmündungen führt, ist sehr beeindruckend. Bei Ebbe fallen weite Bereiche trocken, dann ist das Meer ganz, ganz weit weg, ähnlich wie an der Nordseeküste. Statt dunklem Schlickwatt ist hier über weite Strecken

Abel Tasman NP, warten auf die Fähre

welliges, goldgelbes Sandwatt zu sehen. In den verbliebenen Wasserpfützen planschen kleine Krebse und blaue Seesternchen. *White-faced Herons (Weißwangenreiher)*, deren bevorzugter Lebensraum hier im Gezeitenbereich der Küsten zu finden ist, sind auf der Jagd und warten auf ihren langen Beinen starr im nassen Sand, um dann blitzschnell zuzuschlagen. Für eine benötigte Stärkung wartet am Parkausgang das empfehlenswerte **Park Café** (Tel. 03 527 8270, www.park-cafe.co.nz) auf Sie.

Blick auf die Torrent Bay

Unweit des Parkausganges finden Sie die **Old Mac Donald's Farm**, einen Familienbetrieb mit großem Campingplatz. Auf den Weiden gibt es u.a. Lamas und Alpakas. Das Grundstück ist riesig, die Stellplätze auf Gras sind großzügig und von Büschen und Bäumen umgeben (Harvey Road, Tel. 03 527 8288, www.oldmacs.co.nz). Um den Nationalpark von der Wasserseite aus zu erkunden, leiht man sich in Marahau einen Kajak und paddelt nach einer ausführlichen Einweisung die Küste des Parks entlang, wobei auch Übernachtungen in DOC-Hütten möglich sind (ganzjährig buchungspflichtig, direkt in einem der DOC-Büros oder online über www.doc.govt.nz, »Great

Abel Tasman NP, Torrent Bay Estuary

Walks« und dann »Abel Tasman Coast Track« auswählen). Es können auch geführte Touren und mehrtägige Touren mit Übernachtung gebucht werden (**Abel Tasman Kayaks**, Tel. 800 732 529, www.abeltasmankayaks.co.nz).

Fahrt in die Golden Bay

Mit Ziel **Golden Bay** verlassen Sie Marahau wie Sie gekommen sind, biegen jedoch nicht Richtung Kaiteriteri ab, sondern folgen der Riwaka Sandy Bay Road bis zum SH60. Dort fahren Sie rechts in den State Highway ein, der sich nun kurvenreich und steil den **Takaka Hill** hinaufwindet. Unterwegs gibt es immer wieder Aussichtspunkte mit spektakulären Fernblicken auf Motueka, die Tasman Bay und die umgebende Bergkette der Richmond Ranges. Bereits 10,5 km hinter der Abzweigung erreicht die Straße die 791 m hohe Passhöhe des Takaka Hill, angezeigt durch das Schild »Welcome to Golden Bay«. Zum Takaka Lookout laufen sie vom Parkplatz aus zwei Kilometer. Es lohnt sich! Hier oben gibt es unzählige Höhlensysteme, die Forscher aus aller Welt anziehen. Kurz vor Erreichen der Passhöhe bietet sich Ihnen die Gelegenheit, eine dieser Höhlensysteme genauer anzuschauen.

(426) Offizieller WOMO-Stellplatz: Hawkes Lookout

GPS: S 41°1'25" E 172°54'29". **Max. WOMOs:** 5. **Ausstattung:** Toiletten.
Beschreibung: Parkplatz am Lookout. Toller Blick, der aber von lauten nächtlichen Lastwagen getrübt wird. Ein Stopp, um vorbei an interessanten Felsformationen zum 400 m entfernten Aussichtspunkt zu laufen, lohnt aber allemal. Prächtiger Blick auf die Tasman Bay, von Motueka bis Nelson.
Zufahrt: Am SH60 ausgeschildert, etwa 20 km hinter Motueka.

Die **Ngarua Caves**, die für den Tourismus erschlossen wurden, liegen auf der rechten Straßenseite. Ein Stopp ist absolut lohnenswert, auch wegen des wunderbaren Blickes auf die Berge und hinab zu den Meeresbuchten. Das weithin bekannte

Ngarua Caves

Höhlensystem, das versteckt in einer 450 Millionen Jahre alten Kalksteinformation liegt, wird von Forscher aus aller Welt besucht. Eine kurze Schotterstraße bringt Sie zum Eingang der Karsthöhle, wo Sie effektvoll beleuchtete Stalaktiten und Stalagmiten erwarten. Auf einer Länge von 400 m können Sie die von Bächen und Regenwasser ausgehöhlte, poröse Karstlandschaft der Tropfsteinhöhle in einer Führung erkunden. Die Führung ist ausgezeichnet und sehr informativ. Der 45-minütige Rundgang zeigt auch mehrere Moa-Skelette (**The Ngarua Caves**, Takaka Hill, Tel. 03 528 8093, 10 bis 16 Uhr).

Vierhundert Meter hinter der Passhöhe gibt der Harwood Lookout den Blick auf das Takaka River Valley und die Golden Bay frei. Schautafeln informieren über die Geologie der Karstformationen und die Geschichte des Takaka Valley. Der unter extrem hohem Druck entstandene Takaka-Marmor wurde in vielen neuseeländischen Gebäuden verarbeitet, unter anderem im alten Parlamentsgebäude in Wellington. Nach der Passhöhe schlängelt sich die Straße steil den Berg hinunter. Kurz bevor Sie auf einer schmalen Brücke den Takaka River überqueren, biegt links eine Straße zum Cobb-Stausee mit dem Cobb Kraftwerk ab. Das Kraftwerk wurde 1944 erbaut und wird aus dem Cobb Reservoir gespeist, welches stattliche 819 m hoch liegt. Nur der erste Teil der 30 Kilometer langen Straße ist asphaltiert (bis zum Kraftwerk). Sie ist sehr eng, steil und windungsreich und hat kaum Ausweichstellen. Dieser reizvolle Ausflug in den Kahurangi Nationalpark ist daher leider nur Nutzern von kleinen Wohnmobilen anzuraten (mit Vorbehalt). Wer den Ausflug wagt, findet am Ende des Stausees einen freien Stellplatz und die Möglichkeit zu ausgesprochen reizvollen Wanderungen.

Siebzehn Kilometer hinter der Uruwhenua Bridge erreichen Sie **Takaka**, das Geschäftszentrum der Golden Bay (1.300 Einw.). Die Stadt kennzeichnet ein entspanntes Miteinander von Farmern, Fischern, Aussteigern und Künstlern. Exponate von Letzteren können Sie in verschiedenen Galerien der Commercial Street (Takakas am SH60 gelegene Lebensader) bewundern, die auch moderne Bistro-Cafés und schicke Boutiquen für Sie bereithält. besuchen. Gleich am Ortseingang links finden Sie die i-SITE. Im empfehlenswerten **Bio-Laden** bekommen Sie Vollkornbrot. **Tipp:** Unbedingt besuchen sollten Sie das das von außen unscheinbar wirkende **Wholemeal Café** (60 Commercial St, Tel. 03 525 9426). Der Innenraum ist ein Schmuckstück!

Sie verlassen Takaka zunächst Richtung Norden, überqueren den Takaka River (Waitapu River Bridge, Stellplatz 428) und biegen gleich hinter der Brücke links in die Pupu Rd ein, die Sie nach 3,5 Kilometer zum Parkplatz der *Te Waikoropupu Springs* bringt. Das für die Maori religiös bedeutsame Quellgebiet wird meist kurz **Pupu Springs** genannt und ist das Beeindruckendste seiner Art in Neuseeland. An insgesamt 16 Stellen werden pro Sekunde 14.000 Liter kristallklaren Wassers zu Tage gefördert. Die Unterwasser-Sichtweiten sind unübertroffen. Bei einem ausgesprochen lohnenden 15-minütigen Rundgang können Sie sich das Quellgebiet über Bohlenwege anschauen.

Takaka, Wholemeal Café

An dem kleinen See der Hauptquelle werden Sie an Schautafeln über die besonderen geologischen Gegebenheiten informiert, die das Wasser des Takaka River über ein steinaltes Röhrensystem hierher befördern und vermischt mit etwas Meerwasser aufsprudeln lassen. Der von weißem Sand bedeckte Seeboden wird an mehreren Stellen von kleinen Quell-Schloten aufgewirbelt. Diese sogenannten »dancing

Te Waikoropupu Springs

sands« werden Ihnen sicherlich gefallen. Werfen Sie auch einen Blick durch die Glaswand auf die Unterwasserwelt des imposanten Quellsystems. Mit etwas Glück werden sie einen der einheimischen Flusskrebse entdecken. Ganz in der Nähe, am Ende der Pupu Valley Rd, können Sie einen leicht zu bewältigenden und sehr lohnenden Spaziergang machen, den **Pupu Hydro Walkway**. Er folgt einem ausgeklügelten System an Kanälen und Aquädukten. Das Wasser wurde zunächst für das Schürfen von Gold und in späteren Jahren zur Stromgewinnung genutzt. Die knapp zweistündige Wanderung führt an dem restaurierten Pupu-Wasserkraftwerk vorbei.

Ihr nächstes Ziel ist das 24 Kilometer nördlich gelegene Collingwood. Vierzehn Kilometer hinter Takaka lohnt es sich eine Rast im **Mussel Inn**, das links an der Straße liegt und sich selbst als *Bush Café* bezeichnet (1259 SH60, Onekaka, Tel. 03 525 9241). In dem urigen Holzgebäude können Sie in bequemen Holzmöbeln selbstgebrautes Bier trinken, leckere Muscheln essen und Livemusik hören. Lassen Sie sich diese Institution der Golden Bay nicht entgehen.

Kaum zu glauben, aber das winzige **Collingwood** (250 Einw.) stand während des Goldrausches als Neuseelands Hauptstadt im Gespräch. Heute verlaufen sich in diesen abgelegenen Teil des Landes nur diejenigen Touristen, die den Heaphy Track laufen oder das Farewell Spit erkunden wollen. Das im Herzen des Aorere Valley angesiedelte Collingwood liegt sehr ansprechend auf einer Landzunge zwischen dem Ruataniwha Inlet und der Golden Bay. Neben einem liebenswerten winzigen Museum gibt es ein entzückendes Café im ehemaligen Gerichtsgebäude (**Courthouse Café**,

Collingwood, Courthouse Café

11 Elizabeth St, Tel. 03 524 8194) und das Office der **Farewell Spit Eco Tours** (Tasman St, Tel. 0800 808 257, www.farewellspit.com). Als beliebteste Tour wird hier eine 6,5-stündige Fahrt angeboten, die über das Farewell Spit zum Leuchtturm führt und auch den nördlichsten Punkt Neuseelands, das **Cape Farewell**, mit einschließt. Die Fahrt in einem allradgetriebenen Bus verläuft am Strand entlang der Flutlinie. Es werden verschiedene Stopps eingelegt und immer wieder sind Robben und Seevögel zu sehen. Am Leuchtturm gibt es Kaffee und frische Muffins. Wir können diese Tour sehr empfehlen.

(427) WOMO-Campingplatz: Collingwood HP

GPS: S 40°40'32" E 172°40'54", 6 William Street, Collingwood, Tel. 03 524 8149, www. goldenbayholidaypark.co.nz.
Ausstattung: Campingplatzüblich, **Preise:** 30-50 NZD.
Beurteilung: Auf einer Landnase gelegen, die in die Golden Bay bzw. das Ruatanwha Inlet hineinragt. Idealer Platz für Eco-Touren zum Farewell Spit. Schöne Lage, von Wasser umgeben, im Mündungsbereich des Aorere River.
Zufahrt: Der SH60 bringt Sie 18 km hinter Takaka ins Zentrum von Collingwood. Dort biegen Sie links in die Tasman St ab und an deren Ende rechts in die William St.

Von Collingwood aus bietet sich ein Ausflug ins Aorere Valley an. Am oberen Ende des Tals, bei Brown Hut, 34 Kilometer von Collingwood entfernt, beginnt der Heaphy Track. Wer das grandiose Naturerlebnis dieser 78 Kilometer langen Wanderung durch den Kahurangi National Park mit seiner ausgesprochen abwechslungsreichen Landschaft genießen möchte, sollte sich rechtzeitig beim DOC anmelden. Die vier- bis sechstägige Wanderung vorbei an den mystischen Gould Downs ist sehr beliebt und die Zahl der Übernachtungsplätze in den Hütten begrenzt.

Das rustikale Naked Possum Café

Sie starten Ihre Fahrt in das Aorere Valley über die Collingwood-Bainham Main Rd, die Sie nach neun Kilometer nach Rockville bringt. Dort führt ein nicht asphaltierter Abstecher zu den *Goldfields*, den *Devil's Boots* - einer Felsgruppe die an ein Paar Stiefel erinnern soll - und zu den **Te Tanaroa Caves**. Das System von Tropfsteinhöhlen können Sie über geführte Touren erkunden. Bitte reservieren (526 Plain Road, Rockville, Tel. 0800 832 283, www.teanaroacaves.co.nz, info@teanaroacaves.co.nz). Zurück in Rockville überqueren Sie den *Aorere River* und erreichen in Aorere den *Kaituna River*. Wenn Sie nun zwei Kilometer der Carter Rd folgen, stoßen Sie geradewegs auf das rustikale **Naked Possum Café** (158 Carter Rd, Rockville, Tel. 03 524 8433, www.nakedpossum.com). Dem Motto »undress the possum to redress our forest« folgend, sind die Kissen im Café mit Possumfellen bezogen. Von ursprünglichem Busch umgeben, können Sie an Picknicktischen auf einer großen Wiese ausgezeichneten Wildbeerkuchen genießen. Die Wildgerichte (*bush tucker*) sind die Spezialität des Hauses. Am Café startet der **Kaituna Track**, der an schönen Flussgabelungen und ei-

ner alten Goldwaschanlage vorbei zu den *Kaituna Forks* führt (2 h hin und zurück). Wer die Fahrt zur Brown Hut fortsetzen will, sollte berücksichtigen, dass in Bainham, neun Kilometerm hinter Aorere, die asphaltierte Straße endet.

(428) WOMO-Stellplatz: Taupata Gravel Reserve

GPS: S 40°32'54" E 172°43'13". **Max. WOMOs:** 9. **Ausstattung:** Toilette. **Beschreibung:** Schotterplatz an der Mündung des Taupata Stream in die Golden Bay. Gut geschützt von der Straße. Empfehlenswerter Übernachtungsplatz mit tollem Blick auf die Golden Bay und Farewell Spit. Gut besucht! Geöffnet vom 1. Oktober bis 31. März. **Zufahrt:** Am SH60, direkt vor der Taupata Stream Bridge, etwa 3 km vor Puponga.

Zurück in Collingwood wenden Sie sich nun auf der Collingwood-Puponga Main Rd nach Norden. Sie umfahren das *Ruataniwha Inlet* und folgen dann der Küste (an der **Pakawau Beach** ist Schwimmen möglich) insgesamt 24 km bis Puponga. Sie fahren an der Kreuzung zunächst geradeaus zum **Farewell Spit Visitor Centre** (Tel. 03 524 8454, 9.30-18.30 Uhr). Die Straße nach Norden endet hier und das Naturschutzgebiet um den Farewell Spit beginnt. Es bietet sich an, im benachbarten und etwas höher gelegenen **Paddlecrab Café** bei Kaffee und Kuchen die herrliche Aussicht auf die langgezogene Sandzunge zu genießen. Über verschiedene Wanderungen können Sie den vorderen Teil der Halbinsel erkunden. Weiter vordringen in das Naturschutzgebiet dürfen Sie jedoch nur über geführte Touren (Farewell Spit Eco Tours, Farewell Spit Nature Experience). In der DOC-Broschüre *Farewell Spit and Puponga Farm Park* sind elf Wanderungen beschrieben und mit detaillierten Wegskizzen versehen.

Das **Farewell Spit** ist mit seiner einzigartigen geographischen Formation und der ungewöhnlichen Flora und Fauna die Hauptattraktion der Golden Bay. Das Farewell Spit ist eine 600 - 800 m breite, etwa 35 Kilometer lange Landzunge, die ausschließlich aus Sand besteht. Geographische und klimatische Gegebenheiten sorgen dafür, dass hier jährlich fast **vier** Millionen Kubikmeter Sand zusätzlich angehäuft werden. Die sichelförmige Landzunge wird so von Tag zu Tag ein kleines Stückchen größer und wächst immer weiter in die Tasman

Cape Farewell Arch

Bay hinein, etwa 400 m pro Jahr! Die fortwährende starke Strömung der Cook Strait gibt der Nehrung ihre hakenartige Form, die eine tödliche Gefahr für Wale darstellt. Ganze Walschulen - im Februar 2017 strandeten mehr als 400 Wale - verirren sich im Watt, finden nicht mehr aus der Bucht heraus und stranden. Trotz sofortiger menschlicher Hilfe können die Tiere oft nicht gerettet werden. Bei Ihrem Spaziergang an der Wattseite werden Ihnen zahlreiche Walskelette am Strand auffallen.

Während sich auf der der Golden Bay abgewandten Seite ein kilometerlanger Sandstrand befindet, ist die gegenüberliegende Seite größtenteils mit Vegetation bedeckt. Bei Ebbe zieht sich das Wasser bis zu sieben Kilometer zurück und es entsteht eine ausgedehnte Wattlandschaft, die zahlreichen Vögeln Nahrung bietet. Das Watt, die Salzmarschen und die Dünen mit ihren eingeschlossenen Seen bilden einen idealen Lebensraum für mehr als 100 Vogelarten. Schwarze Schwäne, große Schwarzschaben, Austernfischer, Regenbrachvögel, Uferschnepfen, Strandläufer und Steinwälzer teilen sich die schmale Landzunge, an deren äußerster Spitze von September bis April drei Kolonien Australtölpel brüten. Neben dem Watt finden die Vögel auf den grün bewachsenen Dünen Nahrung und Nistmaterial. Viele der gefiederten Gäste sind Zugvögel aus Sibirien oder Alaska,

Cape Farewell Lighthouse

die am Farewell Spit den arktischen Winter gegen den neuseeländischen Sommer eintauschen. Nach dem Farewell Spit besuchen Sie das Pillar Point Lighthouse, das Cape Farewell und die Wharariki Beach. Sie erreichen diese Attraktionen über die nicht asphaltierte Wharariki Rd, die in Puponga Richtung Nordwesten abzweigt oder über den famosen **Hilltop Walk** (2-3 h).

Whakariri Beach

(429) WOMO-Campingplatz: Wharariki Beach HP

GPS: S 40°30'31" E 172°41'13", 560 Wharariki Road, Wharariki Beach, Tel. 03 524 8507, www.whararikibeachholidaypark.co.nz. **Ausstattung:** Spielplatz, Keine Entsorgung. **Preise:** 40-50 NZD. **Beurteilung:** Von grünen Hügeln und Felsen umgeben, nahe dem Wanderparkplatz zur Wharariki Beach (20 Minuten). Sehr einfach und teuer, dafür in großartiger Lage. Nachhaltige Bewirtschaftung. Plumpsklo. Dusche kostet extra (wie fast alles). Geräumige Küche mit riesiger Tafel aus Kauriholz. Wegen der vielen Tiere toll für Kinder. Nebenan finden Sie das Archway Café.
Zufahrt: Den SH60 bis nach Puponga zum Ende der Asphaltstraße fahren, dann 6 km der Schotterstraße zur Wharariki Beach folgen.

Die **Wharariki Beach** ist einer der schönsten Strände Neuseelands. Sie ist durch kühne Steilküsten, hohe Felsbögen und Klippen, Höhlen, Felsen, Felsbrücken und riesige Dünen gekennzeichnet. Der Strand bietet mit den vorgelagerten hohen Dünen, einer Pelzrobbenkolonie, unzähligen Seevögeln und den vorgelagerten Felsinseln Archway Islands nicht zu übertreffende Fotomotive. Das Schwimmen ist wegen starker Unterströmungen allerdings nicht zu empfehlen. Sie erreichen die Wharariki Beach über eine knapp halbstündige Wanderung vom Wharariki Beach Holiday Park oder den kurz dahinter gelegenen Parkplatz. Sie können die wunderschöne Landschaft auch auf dem Rücken eines Pferdes erkunden (**Cape Farewell Horse Tracks**, 23 McGowan St, Puponga, Tel. 03 524 8031, www.horsetreksnz.com).

Wanderweg zur Whakariri Beach

Zurück in Takaka steht der Besuch des östlichen Teils der Golden Bay auf dem Programm. Hier erwarten

Wharariki Beach

Sie goldene Sandstrände, die **Wainui Wasserfälle** und der nördliche Eingang zum Abel Tasman Nationalpark. Nur drei Kilometer östlich von Takaka wartet der bezaubernde **Labyrinth Rocks Park** (Scotts Rd, ganztags kostenlos zugänglich) auf Ihren Besuch. Auf einem zweistündigen Rundweg kann man durch Kalksteinschluchten und Urwälder wandern. Ein weiterer empfehlenswerter Ort, um bizarr geformte Kalksteinfelsen zu sehen, ist **The Grove Scenic Reserve**. Auf dem Weg nach Pohara ist es in Clifton rechts ausgeschildert (1 km). Prachtvoll rot blühende Ratabäume, die aus den bizarren Kalksteinfelsen wachsen und diese mit ihren mächtigen Wurzeln wie Tentakel überwuchern, verleihen dem Ort einen leicht unheimlichen Charakter. Ein 10-minütiger Weg durch eine enge Felsspalte führt zu einem herrlichen Aussichtspunkt. Zwischen diesen beiden Kalksteinformationen kann man in Motupipi den Schildern zu den **Rawhiti Caves** folgen (Packard Rd, 3 km). Sie können die atemberaubende Höhle entweder auf eigene Faust erkunden oder sich einer Führung anschließen (Kahurangi Guided Walks, Tel. 03 525 7177, www.kahurangiwalks.co.nz). Für die dreistündige Wanderung sind gute Wanderschuhe erforderlich.

(430) WOMO-Campingplatz: Pohara Beach Top 10 HP

GPS: S 40°49'59" E 172°53'4", 809 Abel Tasman Drive, Tel. 0800 764 272, www.poharabeach.com. **Ausstattung:** Spielplatz, Café. **Preise:** 50-60 NZD. **Beschreibung:** Großer Platz mit guten Sanitäranlagen, direkt an der Beach, wobei einige Plätze weit von dieser entfernt sind. Wanderweg am Strand, in den Abendstunden können Pinguine beobachtet werden. **Zufahrt:** Von Takaka aus dem Abel Tasman Drive 10 km Richtung Küste folgen.

Nun ist es an der Zeit, sich den Stränden der Golden Bay zuzuwenden. In dem kleinen Ferienort **Pohara**, der mit einem großen Campingplatz ausgestattet ist, treffen Sie auf den

Blick vom Rawhiti Caves-Aussichtspunkt

langgezogenen, feinsandigen Strand der Golden Bay. An diesem Strand, der sich bis zur Limestone Bay erstreckt, können Sie sicher baden. Wenn Sie dem Küstenverlauf entlang der Ligar Bay folgen, treffen Sie auf eine Felsnase, die sich in die Golden Bay schiebt. Hier liegt Tarakohe Harbour, der Hafen Poharas. Dahinter durchfahren Sie einen kurzen Tunnel und erreichen zunächst Ligar Beach und direkt danach *Tata Beach*. An diesen traumhaften und intensiv goldfarbenen Sandstränden wird sicherlich auch bei Ihnen der Eindruck entstehen, die Golden Bay hätte ihnen ihren Namen zu verdanken. Sie können an beiden Stränden sicher schwimmen und sich danach ein kurzes Sonnenbad gönnen. Die nahe gelegene graue Zementfabrik wird Sie sicherlich bald aus Ihren Träumen reißen.

Nicht weit entfernt finden Sie einen Parkplatz unterhalb des Denkmals für Abel Tasman. Wenn Sie dem Abel Tasman Drive weiter folgen, passieren Sie die Wainui Bay und das Wainui Inlet und erreichen 7 km hinter der Tata Beach einen Parkplatz, von dem aus Sie eine Wanderung zu den **Wainui Falls** unternehmen können (40 min hin und zurück).

Wainui Falls

Limestone Bay bei Ebbe

Der leicht zu gehende Weg führt durch faszinierenden Urwald entlang einem reißenden Wildbach, den Sie über eine wacklige Einpersonen-Hängebrücke queren müssen. Kurz hinter dem Parkplatz der Wainui Falls geht der Abel Tasman Drive in die Totaranui Rd über und erreicht nach 8 km eine Weggabelung. Wie auch immer Sie sich entscheiden, Sie müssen nun auf Gravel weiterfahren. Rechts führt die Awaroa Rd zum herrlich an der Awaroa Bucht gelegenen **Totaranui**, mit großem DOC-Campingplatz. Links von der Weggabelung führt eine leicht zu fahrende Schotterstraße zu einem Parkplatz, der am nördlichen Einstieg des Abel Tasman Tracks liegt. Sie können diesen Great Walk je nach verfügbarer Zeit ein Stück weit wandern oder einen kurzen Spaziergang zur **Taupo Bay** unternehmen.

(431) WOMO-Stellplatz: Totaranui - DOC Standard Campsite

GPS: S 40°49'22" E 173°0'12", Totaranui Road. **WOMOs:** 269 ohne Strom. **Ausstattung:** Toilette, Wasser, kalte Dusche, Dump Station, **Preise:** 36-40. NZD. **Beschreibung**: Sehr schöner Platz an einem feinen weißen Traumstrand, mit der Möglichkeit ein Teilstück des Abel Tasman Track zu wandern. **Hinweise:** Großer Campingplatz für bis zu 850 Personen, der in 23 Zonen eingeteilt ist, die durch Schutzelemente abgeteilt sind. Die Stellplätze zum Strand hin sind den Wanderern des Abel Tasman Coast Track vorbehalten. In der Zeit zwischen dem 26. Dezember und dem 8. Februar ist die Maximalzahl der Übernachtungen 14. Der Platz ist bei Kiwis unglaublich beliebt. Unbedingt reservieren! Buchung über Tel. 03 528 8083, www.doc.goct.nz **Zufahrt:** Von Takaka Richtung Pohara fahren. Dem Abel Tasman Drive und dann der Totaranui Rd folgen. Die letzten 12 km verlaufen auf einer kurvenreichen, aber breiten Schotterstraße.

Headland Walk (Rundweg 1 h). Von der Totaranui Beach aus können Sie eine wunderbare einstündige Wanderung im Abel Tasman Nationalpark unternehmen. Der Weg beginnt am

Abel Tasman NP, Blick vom Headland Top

nördlichen Ende der Totaranui Beach. Ganz wichtig ist es, vor Beginn die Gezeitentafeln zu studieren, denn nur bei Ebbe führt der Weg trockenen Fußes zurück zum Ausgangspunkt. Zunächst überqueren Sie den Meeresarm über Sandwatt und Holzstege. Dann zweigt der Weg rechts ab und steigt relativ schnell an und führt schließlich durch einen wunderschönen Wald zum Headland Top hinauf. Dieser Abschnitt ist etwas anspruchsvoll. Dafür wartet oben eine tolle Aussichtsbank mit einem Postkartenblick auf die Totaranui Beach. Später öffnet sich der Blick auch nach Süden in Richtung Awaroa. Begleitet vom Gesang einheimischer Vögel führt der Wanderweg durch ein Manuka-Wäldchen zurück zum Ausgangspunkt. Falls der Meeresarm jetzt überflutet ist, können Sie den Rückweg über den hinteren Teil des Totaranui Campingplatzes nehmen.

Wenn Sie Ihren Ausflug in die Golden Bay beendet haben, fahren Sie zurück nach Motueka. Sie durchfahren Motueka und folgen dem SH60, der im weiteren Verlauf an der Küste entlangführt, mit fabelhaften Ausblicken auf die Tasman Bay. Direkt hinter Port Motueka liegt etwa ein Kilometer vor der Küste zunächst Jackett Island und, nach einer schmalen Öffnung zum Meer, die Kina-Halbinsel.

(432) Offizieller WOMO-Stellplatz:
Kina Beach Reserve

GPS: S 41°11'6" E 173°3'56", Cliff Rd, Tel. 03 526 6161. **Max. WOMOs:** 20.
Ausstattung: Toiletten, Wasser, Waschbecken. **Preise:** 20 NZD.
Beurteilung: Ein sehr schönes uriges Camp an der Tasman Bay, das vorwiegend von Neuseeländern genutzt wird. Das Meer ist recht flach und fällt bei Ebbe stellenweise trocken. Bei Flut gibt es schöne Badestellen.
Zufahrt: Sie biegen 9 km hinter Mapua, kurz vor dem Moutere Inlet, rechts von der Küstenstraße (nicht SH60) ab. Die Kina Beach Rd verläuft nach rechts und wird zu Cliff Rd. Nach 2 km haben Sie den Platz erreicht.

Mapua Wharf, gegenüber Rabbit Island

Verlassen Sie am Ende des Motuere Inlet den SH60 und fahren Sie die küstennahe Aporo Road, die bald direkt an der Ruby Coast verläuft. 17 Kilometer hinter Port Motueka erreichen Sie **Mapua**, das Herz des Weinbaugebietes der Region Nelson. Der Name des 3500 Einwohner zählenden Ortes bedeutet »Fülle und Reichtum«. Im Visitor Centre erhalten Sie zahlreiche Broschüren über die Weingüter der Region. Um nicht in Alkoholkonflikte zu geraten, kann man sich einer geführten Tour anschließen (z.B. **Nelson Excursions**, Tel. 03 544 4744).

Mapua, mit seinem schönen am Waimea Inlet gelegenen Fischerhafen, hat sich in den letzten Jahren zunehmend vom ruhigen, auf das Räuchern von Fisch spezialisierten Dorf zum sommerlichen Szene-Treff gewandelt. Das Maskottchen des Ortes ist die Statue eines weißen Reihers, der für mehr als 18 Jahre an der Wharf des Ortes überwinterte. Das an der alten Wharf gelegene **The Smokehouse** (Shed 2, Mapua Wharf, Nelson, Tel. 03 540 2280) liefert geräucherte Fischspezialitäten, Muscheln und weithin beliebte Fischpasteten. Sie finden hier neben weiteren Restaurants und Cafés auch raffinierte Kunstgewerbeläden und reizvolle Galerien. In der **Cool Store Gallery** (7 Aranui Rd, Tel. 03 540 3778, 11 bis 17 Uhr) finden Sie vortreffliche Kunstwerke regionaler Künstler. Der in Neuseeland sehr populäre Maler Toss Woolaston lebte von 1936 bis 1949 in Mapua. Heute machen hier angesiedelte Maler, Bildhauer, Schriftsteller, Töpfer und andere Künstler Mapua zu einer ausgesprochen lebendigen Gemeinde. Das für Kinder interessante Aquarium Touch the Sea ist im September 2011 einem Brand zum Opfer gefallen. Eine kleine Personenfähre setzt Sie auf Wunsch nach Rabbit Island über (www.mapua-ferry.co.nz). An der Anlegestelle können Sie sich ein Fahrrad mieten und so die beliebte Insel erkunden. Anschließend erwartet die Golden Bear Brewing Company (12 Aranui Rd, Tel. 03 540 3210) Ihren Besuch, um mit kräftigem frischgebrautem Hopfensaft Ihren Durst zu stillen. Wer mehr über die Geschichte der Region erfahren möchte, kann das kleine Museum am Hafen besichtigen, dessen Artefakte vom Mapua Boat Club zusammengetragen wurden.

(433) WOMO-Campingplatz: Mapua Leisure Park

GPS: S 41°15'6" E 173°6'11", 33 Toru Street, Mapua, Tel. 03 540 2666, www.mapualeisurePark.co.nz
Ausstattung: Pool, Sauna, Badestrand, Restaurant. **Preise:** 50-60 NZD.
Beurteilung: Ein 25 Hektar großer Park mit einheimischem Wald, am Strand gegenüber Rabbit Island gelegen. Der Platz ist sehr weitläufig und Sie werden sicherlich einen Stellplatz nach ihren Wünschen finden, vielleicht am parkeigenen Sandstrand. Der Platz strahl Frieden und Ruhe aus. Die Sanitäranlagen sind ein wenig veraltet, aber sehr sauber. Hilfsbereites und freundliches Personal. Der Aufenthaltsraum öffnet sich zu einer weitläufigen Terrasse.
Zufahrt: Vom SH60 in die Mapua Drive einbiegen. Dieser geht in die Higgs Raod und später in die Toriu Street über. Insgesamt 3 km vom Highway.

Von Mapua aus haben Sie einen herrlichen Blick auf Rabbit Island und das malerische Waimea Estuary. Rabbit Island ist eine langgestreckte, schmale Insel mit einem langen, goldenen Sandstrand. Hier kann man sich wunderbar erholen und entspannen. Es gibt tolle Grillplätze, die zum Lunch einladen. Der Strand ist sehr beliebt, ein Paradies für Jung und Alt. Viele Gäste spielen Volleyball oder lassen ihre Drachen in der Meeresbrise steigen. Bitte beachten Sie, dass die Zufahrtsstraße zum Strand jeden Abend bei Einbruch der Dunkelheit gesperrt wird und das Übernachten auf der Insel verboten ist! An der Ecke des SH60 und der Zufahrtsstraße nach Rabbit Island liegt eines der bedeutendsten Weingüter der Gegend (**Seifried Estate**, 184 Redwood Rd, Tel. 03 544 5599, www.seifried.co.nz), wo Sie auch ausgezeichnet essen können. Zurück auf dem SH60 überquert der SH60 den Waimea River und trifft nach fünf Kilometern bei Richmond auf den SH6. Dieser bringt Sie nach fünfzehn Kilometern ins Zentrum von Nelson.

Strand auf Rabbit Island

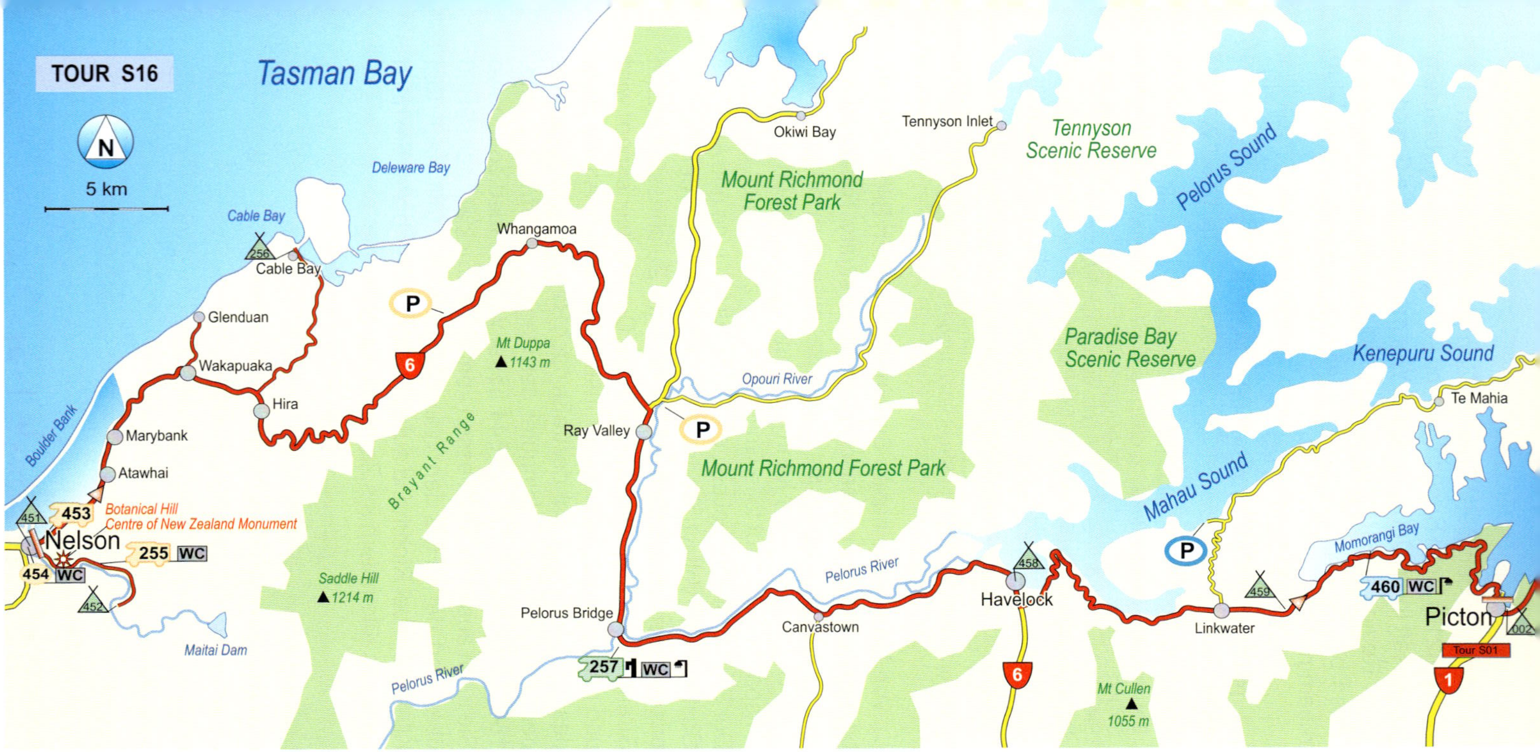
TOUR S16
N
5 km
Tasman Bay
Deleware Bay
Cable Bay
Cable Bay
256
Glenduan
Wakapuaka
Hira
Marybank
Atawhai
Boulder Bank
451
453
Botanical Hill
Centre of New Zealand Monument
Nelson
255
WC
454
WC
452
Maitai Dam
P
6
Whangamoa
Mt Duppa
1143 m
Brayant Range
Saddle Hill
1214 m
Pelorus River
Okiwi Bay
Tennyson Inlet
Tennyson
Scenic Reserve
Mount Richmond
Forest Park
Opouri River
Ray Valley
P
Mount Richmond Forest Park
Pelorus Bridge
257
WC
Pelorus River
Canvastown
Havelock
458
6
Pelorus Sound
Paradise Bay
Scenic Reserve
Kenepuru Sound
Te Mahia
Mahau Sound
P
Momorangi Bay
459
Linkwater
Mt Cullen
1055 m
460
WC
Picton
002
Tour S01
1

Tour S16: Zu den Marlborough Sounds 140 km

Nelson - Cable Bay - Pelorus Bridge - Havelock - Picton

Camping:	Nelson, Maitai Valley, Cable Bay, Havelock, Smith Farm
Stellplätze:	Nelson: NewWorld, Kinzett Terrace, Maitai Cricket Ground, Pelorus Bridge, Momorangi Bay
Besichtigen:	Nelson: Founders Historical Park, Christ Church Cathedral, Provincial Museum, World of Wearable Art, Botanical Hill
Wandern:	Botanical Hill, Pelorus Bridge Tawa Path, Totara Path
Essen:	Nelson: Wakefield Quay, The Boat Shed Café, Lambretta, Havelock: Slip Inn, Mussel Pot, Greenshell Mussel Cruise
Baden:	Nelson Tahunanui Beach, Cable Bay, Pelorus River

Mit Tour S16 beenden Sie Ihre Rundreise durch Neuseelands Südinsel und fahren nach Picton, um von dort nach Wellington auf die Nordinsel überzusetzen. Sie starten in der fruchtbaren und vom Sonnenschein verwöhnten Region Nelson. Genießen Sie das mediterrane Flair dieser Stadt und baden Sie an den schönen Stränden. Dann verlassen Sie die weite Ebene der Tasman Bay und tauchen in die dichten, hügeligen Wälder des Ray Valley ein. Durch das Pelorus Bridge Scenic Reserve gelangen Sie nach Havelock, wo Sie die lokale Spezialität Greenlip Mussels schlemmen und mit dem Postboot in den Pelorus Sound hinausfahren können. Nach einer kurvenreichen Fahrt über den bezaubernden Queen Charlotte Drive endet die Tour in Picton.

(451) WOMO-Campingplatz: Nelson City Top 10 HP

GPS: S 41°17'5" E 173°16'7", 230 Vanguard St, Nelson, Tel. 0800 778 898, www.nelsoncitytop10.co.nz. **Ausstattung:** Spielplatz. **Preise:** 50-60 NZD. **Beschreibung:** Kleiner Platz, sehr gepflegt. 20 min zu Fuß ins Zentrum Nelsons (kein Bus). **Zufahrt:** Zwei Kilometer südwestlich des Stadtzentrums gelegen, der Vanguard Street folgen.

(452) WOMO-Campingplatz: Maitai Valley MC

GPS: S 41°17'25" E 173°19'27", 72 Maitai Valley Rd, Nelson, Tel. 03 548 7729, www.maitaivmc.co.nz. **Preise:** 35-45 NZD. **Beschreibung:** Sehr günstiger, freundlicher und gepflegter Platz mit Bademöglichkeit im erfrischenden Maitai River, umgeben von viel Grün. Ausgesprochen großzügige Wiesen-Stellplätze. Zehn Minuten außerhalb von Nelson gelegen, mit vielen Bäumen.
Hinweis: Wegen eines alljährlich stattfindenden Festivals ist der Platz jeweils vom 24. Dezember bis zum 5. Januar nicht geöffnet.
Zufahrt: Sie folgen dem Maitai River Richtung Matai entlang der Maitai Valley Rd. Der Platz liegt 6 km südöstlich von Nelsons Stadtzentrum.

Nelson

Die Stadt Nelson liegt mit ihren etwa 50.000 Einwohnern am Südende der Tasman Bay. Sie ist Verwaltungssitz der Region

Nelson Cathedral

Nelson, die mit einer jährlichen Sonnenscheindauer von durchschnittlich 2.400 Stunden (zum Vergleich: Der bundesdeutsche Durchschnittswert liegt bei 1.550 Stunden) an der nationalen Spitze liegt. Im Jahr 2009 wurde Nelson mit 2.571 Sonnenstunden (National Institute of Water and Atmospheric Research) zum wiederholten Male »Sunshine Capital« des Landes. Die Region Nelson, zu der auch die direkt neben Nelson liegende Stadt **Richmond** (ca. 11.000 Einwohner) zählt, ist von schützenden Bergketten umgeben, die ihr ein mediterranes Klima verschaffen. Das mediterrane Klima hat sich auch auf die Lebenseinstellung der Bewohner von Nelson niedergeschlagen.

Diese kann am treffendsten als entspannt, dem Leben zugewandt und bei Bedarf beherzt zupackend charakterisiert werden. So überrascht es nicht, dass die Stadt zum Refugium für Künstler wurde. Maler, Weber, Glasbläser und Töpfer haben sich hier niedergelassen. In zahlreichen Werkstätten oder Galerien kann den Kunsthandwerkern und Künstlern beim Fertigen ihrer Produkte über die Schulter geschaut werden.

Das jährlich stattfindende **Arts Festival** lockt zahlreiche Besucher in die Stadt. Sehenswert ist auch das **Nelson Provincial Museum**, das eine ansehnliche Sammlung von Kunst- und Handwerksgegenständen der Maori sowie die größte Fotoausstellung historischer Bilder Neuseelands präsentiert. Eine der Hauptattraktionen der Stadt ist jedoch das 2001 eröffnete Museum **World of Wearable Art**, dessen Exponate irgendwo zwischen unkonventioneller Modekleidung und ausgeflippter Fantasiegarderobe einzuordnen sind. Im angeschlossenen Automuseum werden entsprechend einzuordnende »Traumautos« ausgestellt. Die Stadt ist das wirtschaftliche und gesellschaftliche Zentrum einer sehr fruchtbaren Region,

Nelson, Founders Historical Park

in der sich Obst- und Tabakplantagen mit Hopfengärten abwechseln. Begünstigt durch die gleichmäßig milde Witterung gedeiht hier fast der gesamte Hopfenbedarf der neuseeländischen Brauereien. Auch Äpfel wachsen in der Region Nelson, einem Zentrum des Obstanbaus in Neuseeland, prächtig. Die Apfelproduktion im Jahre 2009 betrug 5,2 Mio. Kartons (31 % der nationalen Ernte). Das entspricht der höchsten Apfelproduktion seit 10 Jahren. Auch Tabak und Tee werden angebaut.

Die Besiedlung der Region durch *Pakehas* begann 1841, als drei Emigrantenschiffe im Hafen von Nelson einliefen. Der Aufbau Nelsons erfolgte nach einem strengen Schachbrettmuster. Die Straßen der Stadt verlaufen noch heute in Ost-West- und Nord-Süd-Richtung. 1842 landete die »Sankt Pauli«, ein aus Hamburg kommendes Schiff, mit 123 norddeutschen Auswanderern, die sich in *Sarau* niederließen. Die 1865 eingetroffene Glocke läutet noch heute in der neugotischen Kirche des Ortes. Im Jahr 1858 wurde Nelson als zweitem Ort Neuseelands das Stadtrecht zuerkannt. Am 14. Mai 1870 fand in Nelson das erste Rugby-Spiel in Neuseeland statt, im Rugby verrückten Land der **All Blacks** ein besonders erwähnenswertes Ereignis. Im Stadtbild des heutigen Nelson finden sich noch viele aus Holz erbaute Häuser aus den Gründerjahren. Die Frühgeschichte der Stadt lässt sich etwa ein Kilometer nördlich der Kathedrale in einem nachgebauten Dorf aus der Kolonialzeit, im **Founders Historical Park,** besichtigen. Jeden Mittwoch findet der hoch interessante und sehr beliebte **Farmer's Market** statt (Ecke Hardy St / Morrison St, 10.30-15.30 Uhr). Den Nelson Market können Sie samstags von 8 bis 13 Uhr am Montgomery Square besuchen. In der Nähe der Christ Church Cathedral befindet sich in der South Street eine restaurierte Häuserzeile mit Arbeiterunterkünften aus dem 19. Jahrhundert. Die im Art-déco- Stil erbaute **Christ Church Cathedral** thront auf einem Hügel über dem Hafen der Stadt. Schon 1925 wurde mit dem Bau der Kathedrale begonnen, doch, durch diverse Streitereien verzögert, konnten die Arbeiten erst 1967 abgeschlossen werden. Der 35 m hohe durchbrochene Westturm fällt besonders ins Auge. Die Bühne wird heute bei feierlichen Anlässen benutzt. Wer den steilen Aufstieg über eine Freitreppe nicht scheut, wird mit einem eindrucksvollen Blick auf den Hafen belohnt. Port Nelson ist immerhin Neuseelands wichtigster Fischereihafen.

Gastronomische Tipps: Ein kleiner Teil des im Hafen frisch angelandeten Fisches kommt auf die Speisekarten der Restaurants des pittoresken Hafenviertels am **Wakefield Quay**

zum Verzehr angeboten. Eine besondere Spezialität sind Austern. Ausgesprochen stimmungsvoll können Sie im **The Boat Shed Café** (350 Wakefield Quay, Tel. 03 546 9783) dinieren, das auf Pfeilern über dem Wasser gebaut ist. Bestellen Sie das »Vertrau dem Chefkoch (Trust the Chef)« Menü. Die Auszeichnung »Nelson's Top Café 2010 « gewann das sehr beliebte und familienfreundliche **Lambretta** (204 Hardy St, Tel. 03 545 8555).

(453) Offizieller WOMO-Stellplatz: Nelson Kinzett Terrace Carpark

GPS: S 41°15'52" E 173°17'2", Trafalgar Park, 1 Kinzett Tarrace.
Ausstattung: Keine. **Max. WOMOs:** 4
Zufahrt: Am SH6 gegenüber Trafalgar Park, 1 km von der I-Site entfernt.
Beschreibung: Parkplatz an der Mündung des Maitai River in den Port Nelson. Es wird kontrolliert, ob sie auf den vorgesehenen Plätzen stehen und self contained sind. Schöne Lage, aber nicht ganz leise.

Die gesamte Pieranlage des geschäftigen Hafens wurde 2009 neu gestaltet. Ein- und Ausfahrt von Nelsons Hafen wurde von Beginn an durch die Boulder Bank, eine 15 Kilometer lange Dünennehrung, behindert. Bereits 1906 entschloss man sich zu einem Durchbruch, um eine kürzere und sichere Fahrrinne in die Tasmansee zu bekommen. Aus der Nehrung wurde dadurch die Düneninsel Haulashore Island. Nelson ist wegen seiner zahlreichen Parks als »grüne Stadt« bekannt. Verschiedene Anlagen zeigen neben botanischen Raritäten auch Skulpturen einheimischer Künstler. In der Nähe des Hafens findet

Nelson, Japanischer Garten

man den *Trafalgar Park* und den *Rutherford Park* mit seinen abends beleuchteten Wasserspielen. Der Namensgeber des letztgenannten Parks, **Ernest Rutherford**, einer der Väter der Atomphysik, wurde 1871 in Brightwater bei Nelson geboren.

(454) WOMO-Stellplatz: Nelson New World

GPS: S 41°16'31" E 173°16'40", 73 Vanguard St, Nelson, Tel. 03 548 9111. **Max. WOMOs:** 5. **Ausstattung:** Toilette im Supermarkt. **Beschreibung:** Parkplatz des Supermarktes, mitten in der Stadt. Camper sind am südlichen Ende des Parkplatzes zur Vanguard St hin willkommen! Freies WiFi im Markt. **Zufahrt:** Im Herzen Nelsons gelegen.

(455) WOMO-Stellplatz: Maitai Cricket Ground Carpark

GPS: S 41°16'22" E 173°18'33", 105 Maitai Valley Road, Maitai **Max. WOMOs:** 2 **Ausstattung:** Toilette, Mülleimer. **Beschreibung:** Parkplatz am Waldrand mit Blick auf den Cricketplatz. Freitag und Samstag besser meiden. **Zufahrt:** An der Maitai Valley Rd.

(456) WOMO-Campingplatz: Cable Bay HP

GPS: S 41°9'42" E 173°24'45", 800 Cable Bay Road, Nelson, Tel. 03 545 0003, www.cablebayfarm.co.nz, **Preise:** 35-45 NZD. **Beschreibung:** Ein wirklich liebenswerter, gepflegter und absolut ruhiger Platz mit sauberen sanitären Anlagen. In der nahe gelegenen Cable Bay können Sie eine Wanderung mit tollen Ausblicken unternehmen oder in der entzückenden Badebucht schwimmen. Sie werden sich hier sehr wohl fühlen. **Zufahrt:** 14 km hinter Nelson, bei Hira, vom SH6 links in die Cable Bay Road abbiegen und dieser 8 km folgen. **Tipp:** Laufen Sie den Cable Bay Walkway den Hügel hinauf!

Im Osten der Stadt liegt der viktorianische Queens Gardens und auf der anderen Seite des Maitai River, ist die Botanical Reserve zu finden. Vom Sportplatz der Botanical Reserve aus führen verschiedene Naturlehrpfade den 147 Meter hohen **Botanical Hill** hinauf. Eine Skulptur markiert hier das »Centre of New Zealand«. Geografisch stimmt das nicht exakt, aber man wird für die etwa einstündige Wanderung (hin und zurück)

Cable Bay

mit einem atemberaubenden Ausblick über Nelson bis hin zur Küste belohnt. Bei schönem Wetter sollten Sie sich diesen Ausblick keinesfalls entgehen lassen.

Von Nelson nach Picton

Sie verlassen Nelson über den SH6, dem Sie auf landschaftlich sehr schöner Strecke durch die Berge bis Havelock folgen. Unterwegs treffen Sie auf die berühmte **Pelorus Bridge**, die den vom Pelorus River tief eingegrabenen Canyon überspannt. Das Wasser ist tief genug, um sich von der Brücke herab mit einem Hechtsprung ins kühle Nass stürzen zu können. Nachdem warnende Schilder nicht halfen, ist der Sprung von der Brücke heute verboten. Weniger Mutige können sich zum Fluss hinabbegeben und in einer der zahlreichen Mulden und

(457) Offizieller WOMO-Stellplatz:
Pelorus Bridge - DOC Serviced

GPS: S 41°17'56" E 173°34'20". **WOMOs:** 14 mit Strom
Ausstattung: Toilette, Wasser, Dusche. **Preise:** 40-50 NZD.
Beurteilung: Sehr schöner, großzügiger Platz auf einer grünen Wiese im üppigen Wald gelegen. Ein Shop und ein Café sind nebenan. Verschiedene Wanderungen werden angeboten. Nehmen Sie ein erfrischendes Bad im Fluss! **Zufahrt:** Am SH 6 direkt hinter der Pelorus Bridge rechts abbiegen.

Wannen (*Rock Pools*), die der Fluss über die Zeit im harten Gestein herausgebildet hat, ein erfrischendes Bad im tiefgrünen Wasser nehmen. Die Umgebung dieses idyllischen Fleckchens ist als *Pelorus Bridge Scenic Reserve* geschützt und wird von zahlreichen Wanderwegen durchzogen. Der **Tawa Path** und der **Totara Path**, die beide durch üppige grüne Wälder führen, sind gut ausgebaut und besonders zu empfehlen (beide 30 Minuten). Der Pelorus River mündet nicht allzu weit entfernt in den **Pelorus Sound**, einen der längsten Meeresarme Neuseelands. Er windet sich zwischen steilen, bewaldeten Hügeln fast 50 Kilometer in Nord-Süd-Richtung. Hauptwirtschaftszweig

Badevergnugen im Pelorus River

der Gegend um den Pelorus Sound ist die Forstwirtschaft, die sich heute weitgehend auf Kiefern gründet, obwohl auch einige Gebiete des ursprünglichen Waldes erhalten geblieben sind. Daneben sind die Muschelfarmen eine wichtige Erwerbsquelle am Sound. Die meisten Siedlungsplätze sind schwer von Land aus zu erreichen und werden hauptsächlich über den **Pelorus Express** bedient. Dieses Postboot mit 40 Passagierplätzen startet in unserer nächsten Station Havelock. Die sechsstündige Fahrt durch den Pelorus Sound ist äußerst empfehlenswert und stimmungsvoll. Zwischen November und April werden täglich ab 10 Uhr - auf wochentagabhängig wechselnden Routen - Post und Pakete in abgelegene Gebiete des ausgedehnten Meeresarmes ausgeliefert. Die beiden Skipper haben unterwegs viel Informatives zu erzählen. Jim kennt die Geschichte und die Gegenwart der Marlborough Sounds in und auswendig. Bei einem Halt an einer der Muschelfarmen erfahren Sie gar manches zur Zucht der Green Shell Mussels. Einige der Muscheln werden geerntet und Jeder kann eine Muschel roh verzehren. Mit etwas Glück sehen Sie auch eines der Ernteboote bei der Arbeit, sehr eindrucksvoll. Auch Pinguine, Delfine und manchmal sogar Orcas werden unterwegs gesichtet, verschiedene Arten von Wasservögeln sowieso. Um die Mittagszeit gibt es in einem einsam gelegenen Restaurant eine Lunchpause. Heiße Getränke sind an Bord frei verfügbar (**Pelorus Mail Boat**, Pier B, Havelock Marina, Tel. 03 574 1088, www.themailboat.co.nz). Täglich um 9.30 Uhr wird eingecheckt. Unbedingt vorher buchen, die Tour ist sehr beliebt.

Am Südende des Pelorus Sound befindet sich die Gemeinde **Havelock**. Die 500-Einwohner-Stadt wurde 1860 gegründet und nach dem britischen General Henry Havelock benannt. War Havelock früher Exporthafen und diente als Versorgungsbasis für Holzfäller und Goldgräber, so besitzt es heute einen Jachthafen, dessen ansprechender Ausbau sehr zur touris-

Muschelfarm im Pelorus Sound

tischen Entwicklung beigetragen hat. Informieren Sie sich im **Info Centre** (46 Main Road, tgl. 8.30-21.30 Uhr). Havelock hat sich in den letzten Jahren zum Zentrum der neuseeländischen Muschelzucht entwickelt. Besonders die **Greenlip Mussels** gelten als absolute Spezialität der Gegend. Sie werden an Tauen wachsend im Pelorus Sound und seinen zahlreichen Nebenarmen gezüchtet. Der an der Hauptstraße gelegene Mussel Pot ist auf Muschelgerichte spezialisiert (**The Mussel Pot**, 73 Main Road, Havelock, Tel. 03 574 2824). Bei maritimem Flair können Sie diese lokale Köstlichkeit im **Slip Inn** (Havelock Marina, Tel. 03 574 2345) genießen. Die Muscheln lassen sich auch ausgezeichnet auf einer dreistündigen **Greenshell Mussel Cruise** (Tel. 0800 99 0800, tgl. 13.30 Uhr) genießen. Direkt am Bootshafen gibt es einen netten, kleinen Campingplatz.

Bootsanleger im Pelorus Sound

(458) WOMO-Campingplatz: Havelock Motor Camp

GPS: S 41°16'43" E 173°46'5", 24 Inglis Street, Havelock, Tel. 03 574 2335, www.havelockmotorcamp.co.nz **Preise:** 40-50 NZD.
Beschreibung: Ordentlicher und sauberer, aber enger Platz am Hafen. Marina und Schiffsanleger sind leicht zu erreichen, auch Shops und Restaurants sind nur 5 min entfernt. **Zufahrt:** Vom SH6 in die Inglis Street.

(459) WOMO-Campingplatz: Smith Farm Holiday Park

GPS: S 41°17'21" E 173°53'14", 1419 Queen Charlotte Dr, Linkwater, Tel. 03 574 2806, 0800 727 578, www.smithsfarm.co.nz. **Preise:** 40-50 NZD.
Beschreibung: Zur herzlichen Begrüßung bekommt jeder einen frisch gebackenen Muffin und Futter für die Ziegen und Schafe der Rinderfarm. Die Fütterung ist vor allem für Kinder ein großartiges Erlebnis. Es gibt einen Wanderweg zu einem Wasserfall und zu Glühwürmchen Höhlen. Und natürlich gibt es auch Stellplätze auf Gras und wunderbare saubere Sanitäranlagen. Wir haben hier eine sehr friedvolle Zeit verbracht.
Zufahrt: Am Queen Charlotte Drive, 2,5 km hinter der Queen Charlotte Tavern.

Auf der weiteren Fahrt nach Picton verlassen Sie den SH6, denn zwischen Havelock und Picton verläuft mit dem **Queen**

Pelorus Sound

Charlotte Drive eine bezaubernde Alternative, die prächtige Ausblicke bietet. Die atemberaubende und kurvenreiche Straße entlang der Steilküste führt buchstäblich von einem Highlight zum anderen. Im dunkelblauen Wasser des Sounds sind weiße Boote festgemacht und zahlreiche Aussichtspunkte laden zum Verweilen und Fotografieren ein.

(460) Offizieller WOMO-Stellplatz: Momorangi Bay - DOC Serviced

GPS: S 41°16'13,5" E 173°56'29,5", Queen Charlotte Drive, Momorangi, Tel. 03 5737865.
Max. WOMOs: 100.
Ausstattung: Toilette, heiße Dusche, Picknicktische, Spielplatz, Shop.
Preise: 40-50 NZD.
Beschreibung: Tolle Lage am Queen Charlotte Sound. Im Shop können sie u.a. Fish und Chips kaufen. Spaziergang zu den Glühwürmchen.
Zufahrt: Am Queen Charlotte Drive gelegen, unübersehbar.

Für die 35 Kilometer lange Strecke sollten Sie zwei oder sogar drei Stunden einplanen. Etwa ein Kilometer vor **Picton** ergibt sich eine Lücke in der grünen Wand zum Sound hin und von einem Aussichtspunkt aus können Sie den Hafen und die Stadt überblicken und wenn Sie Glück haben sehen Sie eine der Fähren ein- oder auslaufen (Vielleicht ist es Ihre eigene?). Bitte nicht vergessen: Der **Check-In** erfolgt ein bis zwei Stunden vor der Abfahrt. Wer zu spät kommt, verliert seine Reservierung!

Anreise

Die Anreise mit dem **Schiff** dauert 4 bis 5 Wochen. Die allermeisten Neuseeland-Besucher wählen deshalb den Luftweg mit einer reinen Flugzeit von etwa 24 Stunden, wobei Sie mindestens einen Zwischenstopp in Kauf nehmen müssen. Sie können zwischen der Ost- (Asien) und Westroute (Amerika) und den **Ankunftsflughäfen Auckland** und **Christchurch** wählen. Die Preise lagen 2023 in der Economy-Class zwischen 1600,- € und 2200,- €. Flugtickets erhält man online direkt bei den Fluggesellschaften oder aber in Reisebüros. Auf Neuseeland spezialisierte Reiseanbieter bieten Flüge in Verbindung mit Pauschalangeboten oder dem Anmieten von Wohnmobilen an.

Wegen des großen Zeitunterschiedes von bis zu 12 Stunden ist zu prüfen, ob Sie nicht einen längeren Zwischenstopp in Australien, Asien oder den USA einlegen wollen. Auf der Ostroute kommen Singapur, Bangkok oder Dubai in Frage, auf der Westroute Los Angeles, Toronto oder Santiago de Chile. Ebenfalls möglich ist es, im Rahmen eines *Round-the-World-Tickets*, in Neuseeland einen längeren Zwischenstopp einzulegen. Vor allem *Air New Zealand* hat spezielle Angebote mit Hinreise über Asien und Rückreise via dem Pazifik und Los Angeles oder umgekehrt.

Wer einen Gabelflug wählt, muss sich entscheiden, ob er nach Auckland fliegen will und von Christchurch aus die Heimreise antritt oder umgekehrt.

Folgende **Airlines** bieten Flüge nach Neuseeland an:

• Air New Zealand	www.airnewzealand.de	0800 1830619
• Air China	www.airchina.de	0800 86100999
• Cathay Pacific	www.cathaypacific.com/de	0800 7244208
• Emirates	www.emirates.de	069 945192000
• Korean Air	www.koreanair.com	0800 065652001
• Lufthansa	www.lufthansa.com	069 86799799
• Malaysia Airlines	www.malaysiaairlines.com	069 380791399
• Qantas	www.qantas.de	069 299571421
• Qatar Airways	www.qatarairways.com	..069 260904400
• Singapore Airlines	www.singaporeair.de	069 7195200
• Thai Airways	www.thaiair.de	069 92874444

Zwischen Lufthansa und Air New Zealand, sowie zwischen einigen anderen Airlines besteht *code sharing*. Die angegebenen Buchungstelefonnummern sind nur in Deutschland gültig. Für weitere Informationen zum Thema An- und Abreise steht Ihnen das Fremdenverkehrsamt zur Verfügung.

Webseite von Tourism New Zealand: www.newzealand.com/de

Tipp: Wenn Sie über 55 Jahre alt sind oder eine Venenerkrankung haben, sprechen Sie vor der Reise mit Ihrem Hausarzt wegen einer Thrombosespritze für diesen Langstreckenflug.

Automobilclub, Pannenhilfe

Neuseelands Automobilclub AA (New Zealand Automobile Association) leistet landesweit **Pannenhilfe (Tel. 0800 500 222)**. Die Mietwagen haben meist einen AA-Servicevertrag. Mitglieder einiger ausländischer Automobilclubs erhalten gegen Vorlage ihres Mitgliedsausweises eine kostenlose, halbjährige Mitgliedschaft im AA. Für Wohnmobile über 3,5 t müssen Sie ein Upgrade auf AA Motorhome Plus vornehmen (75 NZD pro Jahr). Mit Ihrer AA-Mitgliedschaft können Sie den AA-Service in Anspruch nehmen und erhalten darüber hinaus kostenlos ausgezeichnetes Kartenmaterial. AA hat fast überall im Lande Vertretungen.

AA-Office, Level 17, 99 Albert St, Auckland, Tel. 09 966 8800 (8689), www.aa.co.nz, info@aa.co.nz

Campen

Campingparadies Neuseeland

Neuseeland ist wie für einen Wohnmobilurlaub gemacht! Die Flexibilität, die Ihnen ein Womo bietet, passt ideal zu dem entspannten Lebensstil der Neuseeländer. Neuseeland ist so groß wie die alte Bundesrepublik und hat gerade einmal 5,1 Millionen Einwohner. Sie werden also fast überall genügend Platz vorfinden, um sich nach Belieben entfalten zu können. Überfüllte Straßen gibt es nur in den wenigen Großstädten. Das Landschaftsbild ändert sich nach fast jeder Kurve und oft haben Sie die enorm vielfältigen Naturschönheiten Aotearoas ganz für sich alleine. Zudem ist Neuseeland extrem gut für Camper ausgestattet. Es gibt eine Vielzahl von Campingmöglichkeiten, Picknickplätzen und öffentlichen Toiletten, denn auch die Kiwis (Neuseeländer) lieben den Urlaub mit dem Wohnmobil (*Motorhome, Camper, Campervan, RV, Mobile Home*). Neuseeland mit dem Wohnmobil zu erkunden, ist ein einzigartig schönes Erlebnis, das Ihnen ein Höchstmaß an Unabhängigkeit bietet.

Kommerzielle Campingplätze

Neuseeland verfügt über eine Vielzahl von Campingplätzen verschiedener Preisklassen, die oft an den schönsten Stellen des Landes liegen. Sie werden beeindruckt sein von den umfassenden Ausstattungen (*Facilities*), die auf den Campingplätzen angeboten werden, wie sanitäre Einrichtungen, große und gut bestückte Gemeinschaftsküchen, Waschmaschinen, Trockner, Grillbereiche, Spielplätze, Swimmingpools und vieles mehr. Auf großen Plätzen werden diese Einrichtungen mehrfach angeboten, alles befindet sich in erreichbarer Nähe. Häufig gibt es auch einen gemeinsamen Speiseraum sowie ein gemütliches Fernsehzimmer. Für die Nutzung der Waschmaschinen und Trockner sollten Sie 1- und 2-Dollar-Münzen bereithalten. Sie können zwischen Plätzen mit (*Powered Sites*) oder ohne Stromanschluss wählen. Allgemein gilt die Regel, *Holiday Parks* gehören zur gehobenen Kategorie, während *Campgrounds, Motor Camps* oder *Caravan Parks* preisgünstiger zu haben sind. Fast alle Campingplätze verfügen über *Tourist Cabins* und *Motel Units*, bieten also auch PKW-Reisenden Unterkunftsmöglichkeiten.
Die Holiday Parks werden von drei Ketten angeboten:

- Top 10 Holiday Parks www.top10.co.nz
- Kiwi Holiday Parks www.kiwiholidayparks.com
- Family Parks www.familyparks.co.nz
- Tasman Holiday Parks www.tasmanholidayparks.com/nz/

Wenn Sie die Kundenkarte einer dieser Ketten erwerben, erhalten Sie auf allen Plätzen der jeweiligen Kette Rabatte. Informieren Sie sich über die aktuellen Angebote! Ein Beispiel: Mit der Mitgliedskarte der Top 10 Holiday Parks sparen Sie 15% bei Nutzung der Interisländer Fähre. Neben den Holiday Parks findet man, oft abseits der Hauptreiserouten, privat geführte Campingplätze, die gemütlicher, individueller und auch preisgünstiger sind.

DOC Campingplätze

Die Alternative zu kommerziellen Campingplätzen bieten DOC Campingplätze (siehe Department of Conservation). Diese vom DOC unterhaltenen Conservation Campsites sind immer naturnah und liegen meist landschaftlich besonders schön inmitten von Nationalparks und umgeben von herrlichen Wanderwegen. Verzeichnisse aller DOC-Campingplätze der Nord- und der Südinsel finden Sie in jedem Information Centre. Fragen Sie dort auch nach dem DOC Campsite Pass. DOC-Website:

www.doc.govt.nz/parks-and-recreation/places-to-stay

Für Wohnmobile relevant sind drei Kategorien von DOC Campsites:

Basic Campsite, keine Gebühr (Fee)

Einfache Ausstattung mit Plumpsklo und Wasser vom Tank, Fluss oder See. Unbehandeltes Wasser muss vor der Verwendung abgekocht werden

Standard Campsite, 15 NZD (18 mit Strom) pro Erwachsenem und Nacht. Im Einzelfall ist ein abweichender Preis möglich.

Bessere Ausstattung, die zusätzlich Picknicktische, Duschen (kalt), Müllentsorgung, Kochgelegenheit sowie Grill und Feuerstelle umfassen kann.

Serviced Campsite, 20 NZD (23 mit Strom) pro Erwachsenem und Nacht

Zur Ausstattung gehören: Toiletten mit Wasserspülung, fließendes Wasser, Küche, heiße Duschen und Müllentsorgung. Auch Waschmaschine, Barbecue und Feuerstelle sind möglich.

Kinder zwischen 5 und 17 Jahren zahlen den halben Preis, Kinder unter 5 Jahren sind frei. An der Einfahrt der Campsites finden Sie eine Preistafel und Umschläge zur Selbstregistrierung. Diese beschriftet man sofort bei Ankunft, steckt die Gebühr hinein und wirft den Umschlag in eine Box. Bei Unterlassung wird man am nächsten Morgen zwischen 6 und 7 Uhr von einem DOC-Ranger geweckt! Bei Serviced Campsites gibt es einen Host. Die Campsites können online gebucht und bezahlt werden.

Freies Campen

Freies Campen (Freedom Camping) hat in Neuseeland eine lange Tradition und ist im Selbstverständnis der Kiwis ein natürlich gegebenes Recht. Leider hat der zunehmende Tourismus negative Auswirkungen mit sich gebracht. Es häuften sich Fälle, in denen freie Camper den Übernachtungsplatz verschmutzt zurückließen. Mit dem »Freedom Camping Act« von 2011 wurden die Regeln deutlich strenger. In der Folge hat heute jeder Bezirk (District) seine eigenen Vorschriften darüber, wo freies Campen erlaubt ist und wo nicht. Wohnmobile freier Camper sollten auf jeden Fall eine eigene Toilette und einen eigenen Abwassertank (Greywater Tank) an Bord haben, also selfcontained sein (blaue Prüfplakette erforderlich!). Die Regeln für die Vergabe dieser Plakette wurden zum 31. Januar 2018 verschärft. Freedom Camper müssen für mindestens drei Tage autark sein, dürfen weder Wasser nachtanken noch Müll oder Abwasser entsorgen müssen. Im Jahr 2023 gab es eine weitere Verschärfung: Ab dem 07. Juni 2023 erhalten nur noch Fahrzeuge mit fest eingebauter Toilette das »self contained« -Zertifikat. Fahrzeuge, die nach den neuen Standards zertifiziert werden, erhalten zusätzlich zur blauen eine grüne Plakette und einen Aufkleber für die Windschutzscheibe. Es gilt eine Übergangszeit bis 07. Juni 2025, in der sowohl der grüne als auch der blaue Aufkleber zum Freedom Camping berechtigen. Freie Camper, die diese Voraussetzung nicht erfüllen, müssen mit erheblichen Strafen rechnen (bis zu 10.000 NZD).

Unter: **www.newzealand.com/de/feature/free-camping/** können Sie sich im Internet einen Überblick verschaffen. Sie können sich aber auch an jede i-Site wenden, um Informationen über die Campingmöglichkeiten an einem bestimmten Ort zu erhalten. In diesem Buch werden eine Reihe von Plätzen aufgezeigt, an denen im März 2023 eine freie Übernachtung möglich war. Wir appellieren an Sie, Ihren freien Übernachtungsplatz so zu verlassen, wie Sie ihn angetroffen haben.

Tipp: Laden Sie sich eine der folgenden Apps auf ihr iOS-Gerät, in denen jeweils auf Basis einer offline Neuseeland-Karte Campingplätze, freie Stellplätze, Entsorgungsstationen, i-Sites, Tankstellen, öffentliche Toiletten, Supermärkte, und vieles mehr aufgezeigt werden.

- **CamperMate NZ:** kostenlos
- **WikiCamps NZ:** kostenlos
- **Rankers Camping NZ:** kostenpflichtig

Achtung: Das Schild »No Camping« mit rot durchgestrichenem Zelt gilt nicht für selfcontained Motorhomes!

An allen Stellen, die in öffentlicher Hand sind, ist freies Campen möglich, wenn es nicht ausdrücklich durch Schilder oder Regelungen des Distriktes ausgeschlossen wird. Es gilt die Regel: Wird es nicht explizit verboten, so ist freies Übernachten erlaubt. Um eine Gefährdung durch Übermüdung zu vermeiden, ist zudem ein sogenanntes *short term sleeping* zur Wiederherstellung der Fahrtauglichkeit auf ansonsten verbotenen Stellflächen erlaubt. Folgende Regeln sollten Sie für freies Campen beachten:

- Ihr Wohnmobil muss self-contained sein (blaue und grüne Prüfplakette und Registrierung erforderlich!)
- In Nationalparks ist freies Campen verboten
- An allen Stellen, die in öffentlicher Hand sind, ist freies Campen möglich, wenn es nicht ausdrücklich durch Schilder oder Regelungen des Distriktes ausgeschlossen wird
- Auf privatem Gelände die Erlaubnis des Eigentümers einholen
- Den Übernachtungsplatz so verlassen, wie Sie ihn angetroffen haben

Department of Conservation (DOC)

Dem Kürzel **DOC** werden Sie während Ihres Neuseelandurlaubes immer wieder begegnen. Es steht für **Department of Conservation (www.doc.govt.nz)**. DOC, die Behörde zum Schutz des Natur- und Kulturerbes, definiert ihre eigene Aufgabe wie folgt: »Das ursprüngliche und historische Erbe Neuseelands zur Freude aller, heute und in der Zukunft zu bewahren«. In Neuseeland gibt es 14 Nationalparks, die zusammengenommen rund 10% der Gesamtfläche des Landes einnehmen. Für den Unterhalt dieser Parks ist das DOC zuständig, genauso wie für Naturschutzgebiete, Waldparks und einige Formen von Reservaten. Der Zugang ist, mit einigen wenigen Ausnahmen, kostenlos. Die meisten Wanderwege führen durch vom DOC verwaltete Naturschutzgebiete. Auch die Gebiete der zehn »Great Walks« werden vom DOC verwaltet. Sie befinden sich in Staatsbesitz und stehen unter Naturschutz. Das DOC ist zuständig für die Instandhaltung der Hütten, Campingplätze, Wanderwege, Brücken und aller anderen Einrichtungen. Sie sind für den öffentlichen Gebrauch zugänglich, jedoch werden für die Unterkunft in den Hütten und für die Nutzung der Campingplätze Gebühren erhoben. Auch der Erhalt einheimischer Arten gehört zu den Aufgaben des DOC. Darunter fällt auch das Aufstellen von Fallen für eingeschleppte »Schädlinge«, die Ihnen bei Ihren Wanderungen immer wieder begegnen werden. Das DOC unterhält eigene Visitor Information Centres, deren Besuch sehr zu empfehlen ist. Sie erfahren dort viel über die einzigartige Tier- und Pflanzenwelt Neuseelands, oft in ausgezeichneten audiovisuellen Vorführungen. In den i-Sites (siehe Touristeninformation) erhalten Sie ein Verzeichnis dieser Informationsbüros.

Diplomatische Vertretungen in Neuseeland

Botschaft Deutschland
90-92 Hobson Street, P.O.Box 1687, Thorndon, Wellington
Telefon 04 473 6063, Mobil 021 651 987
German.Embassy@iconz.co.nz, www.wellington.diplo.de

Honorarkonsulat Österreich
Level 4, 75 Ghuznee Street, P.O.Box 9395, Wellington
Telefon 04 384 1402, (+64) (8) 003 333 22
wellington@austria.org.nz, bmeia.gv.at/oeb-canberra

Botschaft Schweiz
10 Customhouse Quay, Level 12, P.O.Box 25004, Wellington
Telefon 04 472 15 93
wel.vertretung@eda.admin.ch, www.eda.admin.ch/wellington

Einreise

Die Einreise nach Neuseeland war im Februar 2023 ohne Nachweis einer Covid-19 Impfung möglich. Auch der Nachweis eines negativen Corona-Tests vor oder nach Einreise sowie das Tragen einer Maske war nicht mehr erforderlich. Wenn Sie nicht länger als drei Monate bleiben wollen benötigen Sie eine elektronische Reisegenehmigung für Neuseeland, das «New Zealand Electronic Travel Authority« (NZeTA). Die Genehmigung wird elektronisch mit Ihrem Reisepass verknüpft und Ihnen per Mail zugesandt. Das Visum müssen Sie ausdrucken und auf Ihrer Reise stets griffbereit haben. Das NZeTA ist für zwei Jahre gültig. Wer länger als drei Monate bleiben möchte, kann online ein Besuchervisum beantragen.

www.immigration.govt.nz/new-zealand-visas/apply-for-a-visa

Die neuseeländische Botschaft in Berlin ist auch für Österreich und die Schweiz zuständig.

Botschaft von Neuseeland
Friedrichstr. 60, D-10117 Berlin
Tel. 0049 30 206 210, Visaabteilung 0049 30 2065 3900
www.nzembassy.com/de/deutschland

Elektrizität

Die Netzspannung beträgt 230/240 Volt bei 50 Hertz. Stecker haben zwei oder drei abgeschrägte Pins, wie sie auch in Australien und Teilen Asiens genutzt werden. Adapter bekommen Sie in neuseeländischen Flughäfen, Duty Free Shops, Outdoor Geschäften, Baumärkten oder beim AA. Da Sie im Wohnmobil sicherlich diverse Geräte betreiben oder aufladen wollen, raten wir Ihnen eine deutsche **Mehrfachsteckdose** mitzunehmen. Sie können dann alle elektrischen Geräte über einen Adapter betreiben.

Essen und Trinken

Restaurants

Äpfel, Kiwi, Honig, Lamm- und Wildfleisch, Fisch und Muscheln sind neben dem Wein wohl die bekanntesten neuseeländischen Nahrungsprodukte. Lange Zeit dominierte in Neuseeland die englische Küche. Vor allem die zahlreichen Einwanderer aus Asien und der Südsee haben die „Kiwi-Küche" in den letzten Jahren bereichert, indem sie Spezialitäten aus ihren Heimatländern mitbrachten. Heute gibt es eine Multikulti-Mischung, in der auch mediterrane Einflüsse sichtbar sind. Schaf, Rindfleisch und Wild, Langusten, Austern, Muscheln und Fische, frisches Gemüse und Obst, die neuseeländische Küche ist sehr vielfältig geworden! Es ist jedoch nicht ganz einfach, ein gutes Restaurant zu finden, daher der

Tipp: Dort, wo die Tische sehr schön und liebevoll eingedeckt sind, ist das Essen fast immer gut. Das gilt insbesondere für die ausgezeichneten Restaurants der Weingüter. In den besseren Restaurants wird Ihnen ein Platz zugewiesen. Ein Restaurant, das über keine Lizenz zum Ausschank von Alkohol verfügt, erlaubt in der Regel das Mitbringen von Alkohol (BYO - Bring Your Own). Es wird dann ein Korkengeld erhoben.

Das charakteristisch neuseeländische Frühstück ist reichhaltig, mittags gibt es einen leichten Lunch und die warme Hauptmahlzeit wird abends eingenommen. Eine Besonderheit ist das **Maori-Hangi**, eine Zubereitungsmethode, die von den polynesischen Vorfahren übernommen wurde. Fleisch und Gemüse werden in Blätter eingewickelt und in einem mit heißen Steinen ausgelegten Erdofen gegart. Das traditionelle Hangi wird im Rahmen von Maori Veranstaltungen für Touristen angeboten. Die beliebteste Nachspeise trägt den Namen **Pavlova** und besteht aus einer zuckersüßen Baiser-Basis, die je nach Belieben mit Früchten und viel Sahne gefüllt wird.

Getränke

Das Leitungswasser hat in Neuseeland eine ausgezeichnete Qualität und wird Ihnen in Cafés und Restaurants kostenlos angeboten. Neuseeland hat zwar keine namhaften **Biere**, aber die Brauereikultur kann sich durchaus sehen lassen. Die neuseeländische Brautradition begann schon mit der Ankunft der ersten europäischen Siedler. Der in der Region Nelson angebaute Hopfen wird heute in ca. 50 Brauereien zu Bier verarbeitet. Der neuseeländische

Biermarkt ist von den beiden Großbrauereien *Dominion Breweries* und *Lion Nathan* geprägt, die zusammen knapp 90% des Umsatzes generieren.

Die südlichsten **Weinbaugebiete** der Welt liegen in Neuseeland und sind heute jedem Weinkenner ein Begriff. Die Wachstumsbedingungen für Weinreben sind durch die starken Winde rund um den 40. Breitengrad nicht ideal, doch die hohe Sonneneinstrahlung, der mineralische Boden und der Pioniergeist der Kiwis machen das mehr als wett. In den 1980er Jahren wurde aus Frankreich die Rebsorte *Sauvignon Blanc* importiert und brachte es bis zur Jahrtausendwende zur Spitzenqualität. Auch der *Chardonnay* nimmt heute eine bedeutende Position auf dem Weltmarkt ein. *Riesling* und *Pinot Gris* werden ebenfalls angebaut und unter den Rotweinen ist die Rebsorte *Pinot Noir* am erfolgreichsten.

Hochprozentigen Alkohol gibt es nur in speziellen Shops zu kaufen (**Liquor Stores** oder **Bottle Shops**). Supermärkte verkaufen ausschließlich Bier, Wein und Sekt. Tankstellen dürfen überhaupt keinen Alkohol verkaufen. Wer jünger als 25 Jahre alt aussieht, darf beim Kauf nach seinem Alter gefragt werden.

Lebensmittel

Als Selbstversorger ist es empfehlenswert in folgenden **Supermärkten** einzukaufen: *Countdown, FreshChoice, NewWorld, PAK'nSAVE oder SuperValue*. Sehr zu empfehlen sind die Theken mit frischem Fisch, der preisgünstig zu haben ist. Probieren Sie auch mal die *Süßkartoffel (Kumara)*, die Sie in den Farben lila-rot und orange erwerben können. An die Rechnung des Supermarktes angehängt erhalten Sie Gutscheine für Preisnachlässe an kooperierenden Tankstellen. *PAK'nSAVE* wirkt wenig einladend und ist sehr unübersichtlich, hat aber die günstigsten Preise. In kleineren Orten gibt es oft den kleinen und recht teuren *Four Square Supermarkt*. Daneben finden Sie in ländlicheren Gegenden Läden, die **Dairy** genannt werden. In diesen „Tante-Emma-Läden" können Sie alle Grundnahrungsmittel erwerben. Etwas, das Sie in Neuseeland sicher vermissen werden, ist das gute deutsche Brot. In den Supermärkten werden Sie eine schier unendliche Auswahl an Toastbrotvariationen vorfinden. Auch in einer Bakery ist in der Regel kein besseres Brot zu haben. Es gibt jedoch eine wachsende Anzahl Bäcker in Neuseeland, bei denen Sie die Chance haben, Ihre Lust auf gehaltvolles Brot zu befriedigen.

Geld und Devisen

Währung ist der **Neuseeland-Dollar (NZD)**, der in 100 Cents (c) unterteilt ist (1 und 2 Cent-Münzen gibt es nicht). Gängige Kreditkarten werden im ganzen Lande akzeptiert, aber z.B. nicht an jedem Campingplatz. Zu Bargeld kommen Sie am einfachsten an **Geldautomaten** mit Kredit- oder ec-Karte und PIN-Nummer. **Banken** haben montags bis freitags zwischen 9.30 und 16.30 Uhr geöffnet und werden Ihnen dann gerne Ihre Euro- oder USD-Reisechecks einlösen. Die Einfuhr von Bargeld-Beträgen im Gegenwert von 10.000 NZD erfordert das Ausfüllen eines Cash Reports beim Zoll.

Gesundheit, Ärzte, Apotheken

Um in Neuseeland einzureisen, sind keine speziellen **Impfungen** vorgeschrieben. Aus ärztlicher Sicht sind jedoch die folgenden Impfungen generell zu empfehlen: *Tetanus, Diphtherie, Polio, Masern, Mumps, Röteln und Hepatitis A + B*. Der medizinische Standard in Neuseeland ist hoch, die Versorgung mit Ärzten und **Apotheken** (*Chemists, Pharmacies*) sehr gut. Im Krankheitsfall wenden Sie sich zunächst an einen **Allgemeinarzt** (*General Practitioner, GP*). Das Büro des Campingplatzes oder die i-Site können Ihnen bei der Suche weiterhelfen. In dringenden Fällen steht Ihnen der **Notruf 111** zur Verfügung. In Neuseeland gibt es nicht alle in Europa erhältlichen Medikamente unter dem gleichen Namen. Darum empfiehlt es sich, dringend benötigte **Medikamente** mitzubringen. Bei Medikamenten, die Narkotika enthalten, müssen die entsprechenden Rezepte und die Originalverpackungen mitgeführt werden (Zollvorschrift).

Während das Leitungswasser bedenkenlos getrunken werden kann, sollte man kein Wasser aus Seen, Teichen oder Flüssen trinken, ohne es vorher drei Minuten abgekocht zu haben. Diese Vorsichtsmaßnahme ist erforderlich, da der eine schwere Darminfektion auslösende **Parasit Giardia** recht weit verbreitet ist. In dem heißen Wasser natürlicher Hot Water Pools kommen oft **Amöben** vor, die Meningitis verursachen können, wenn sie durch Nase oder Ohren in den Körper eindringen können. Sie sollten also beim wohligen Bad im Hot Water Pool den Kopf über Wasser lassen, es sei denn, der Betreiber des Pools erlaubt dies ausdrücklich.

Beim Baden im Meer sollten Sie immer große Vorsicht walten lassen, da es an den Küsten Neuseelands recht oft gefährliche Strömungen gibt.

Neuseeland hat eine klare, unverschmutzte Atmosphäre und liegt dem Äquator deutlich näher als Deutschland. Daher ist die **Sonneneinstrahlung** in Neuseeland wesentlich stärker als bei uns. Da meist ein leichter Wind weht, wird die Temperatur als angenehm empfunden und eine Sonnenbrandgefahr oft zu spät bemerkt. Es empfiehlt sich immer, Sonnenbrille und Sonnenschutzkleidung dabei zu haben und eine Sonnencreme mit einem Lichtschutzfaktor von mindestens 30 aufzutragen. Neuseeland hat die höchste **Hautkrebsrate** der Welt.

Die gute Nachricht ist, in Neuseeland lebt keine einzige giftige Schlange, die schlechte, es gibt hier Millionen von Sandflies. Speziell beim Durchfahren der Westküste der Südinsel stürzen sie sich sofort in großen Schwärmen auf jeden potentiellen Blutlieferanten. Die winzigen Kriebelmücken verursachen mit ihren Bissen Quaddeln, deren Größe etwa dem 50-fachen ihres eigenen Körpervolumens entsprechen. Die Pusteln jucken etwa drei bis vier Tage lang teuflisch. Nutzen Sie also rechtzeitig Mückenschutzmittel!

Internet Zugang

In Neuseeland ist die Internetnutzung unkompliziert und die Netzabdeckung ist gut. Lediglich in einigen ländlichen und abgelegenen Gebieten steht kein Mobilfunknetz zur Verfügung (Abdeckungsrate etwa 98%). Wenn Sie unterwegs mit dem Internet verbunden sein möchten, empfehlen wir Ihnen, eine SIM-Karte mit Datenpaket von einem der neuseeländischen Mobilfunkanbieter zu erwerben:

Spark (Telecom), Two Degrees und One NZ (Vodafone) haben Stände an den Flughäfen. Suchen Sie sich dort gleich nach der Ankunft das für Sie passende Angebot aus. Es gibt kaum Unterschiede im Preis, Geschwindigkeit und Abdeckung. Beachten Sie die aktuellen Kombi-Pakete:

- www.telecom.co.nz/internet/mobilebroadband/plansandpricing/prepaid
- www.vodafone.co.nz/prepay
- www.2degreesmobile.co.nz/prepay/pricing

Dazu gibt eine Reihe von Mobilfunk-Discountern, welche keine eigenen Funknetze betreiben.

- Warehouse (nutzt das Netz von Two Degrees)
- Skinny (nutzt das Netz von Spark)

Wenn Sie mehrere Geräte für die Internetnutzung verwenden, ist es die kostengünstigste Variante, das Handy als WLAN-Hotspot einzurichten, auf das die anderen Geräte dann zugreifen.

Tipp: Wenn Sie sich für ein Mobilfunkpaket vom Anbieter Spark (Telecom) entscheiden, können Sie die Spark-WLAN-Hotspots, die im ganzen Land verteilt sind, kostenlos nutzen.

Kostenloses WLAN:

- in vielen Stadtzentren
- in allen öffentlichen Bibliotheken
- in vielen i-Sites, Cafés, Restaurants, Supermärkten, Fastfoodketten und Campingplätzen

Kleidung

In Neuseeland brauchen Sie immer alles: Sie erleben manchmal vier Jahreszeiten an einem einzigen Tag. Das Wetter ändert sich sehr schnell. Wo es eben noch sonnig und warm war, ist es auf einmal unangenehm kalt und windig. Auch im Sommer kann es nachts richtig kalt werden, und wenn Sie in einem Tief reisen müssen, freuen Sie sich über warme Socken und eine Fleecehose. Eine Regenjacke ist unbedingt notwendig und gute Wanderschuhe sind sehr wichtig. Zu empfehlen ist Kleidung, die vor Kälte schützt, aber auch schnell wieder trocknet. Eine gute Idee ist es auch, warme Kleidung mitzunehmen, die Sie lagenweise tragen können. Wenn Sie sich nun Sorgen machen, so sei Ihnen versichert: Neuseelands Bekleidungsgeschäfte sind auf Kälte vorbereitet, überall bekommen Sie sehr schöne, warme Kleidung zu kaufen. Aus Merino- und Possum-Wolle gefertigte Produkte sind besonders angenehm zu tragen. Kiwis lieben es leger - Shorts und ein einfaches Shirt gehören zur Standardkleidung - und so wird in Neuseeland zu fast allen Anlässen ungezwungene Kleidung getragen. Schicke Freizeitkleidung wird auch in feinen Restaurants und Nachtclubs akzeptiert. Es gibt kaum eine Situation, in der man sich nicht leger kleiden kann.

Klima, Jahreszeiten, Reisezeit

In Aotearoa sind die Jahreszeiten gegenüber Europa vertauscht: Während in Deutschland die Blätter anfangen bunt zu werden, beginnt im Land der langen weißen Wolke der Frühling. Neuseeland hat ein sehr ausgeglichenes, maritimes Klima und kann zu allen Jahreszeiten bereist werden. Die Temperaturen in den warmen, sonnigen Sommermonaten und den milden Wintern unterscheiden sich in den meisten Teilen des Landes nur um 10°C. Am wärmsten wird es im Januar und Februar. Wer also der Winterkälte der Nordhalbkugel entfliehen möchte, für den ist von Dezember bis März die ideale Reisezeit. Allerdings verbringen über Weihnachten und Neujahr auch die Kiwi-Familien an den begehrtesten Stellen des Landes ihre Sommerferien. Daher ist es ratsam, Fähren und Campingplätze im Voraus zu buchen.

Auch zwischen Ende September und Anfang Mai herrscht ein angenehm warmes Klima. In den Spätsommermonaten März und April ist das Wetter sehr stabil und diese Monate eignen sich hervorragend für Aktivitäten im Freien. Ein schöner Reisemonat ist auch der in Deutschland oft so graue November, wenn am anderen Ende der Welt die Bäume blühen. Die Durchschnittstemperatur liegt im Sommer zwischen 20-30°C und im Winter zwischen 10-15°C. Im Winter erwarten Sie in den Bergregionen Schnee und hervorragende Skipisten. In allen anderen Regionen sind die Winter mild, und die Temperaturen fallen normalerweise nicht unter den Gefrierpunkt. Informationen zum Wetter in Neuseeland finden Sie auf der Website des New Zealand Met Service (neuseeländischer Wetterdienst).

Das Wetter kann sich in Neuseeland aufgrund plötzlicher Kaltfronten oder tropischer Wirbelstürme abrupt ändern. Sie sollten auf diese Veränderungen vorbereitet sein, insbesondere wenn Sie wandern gehen oder andere Aktivitäten im Freien unternehmen möchten. Mitten im Ozean, zwischen tropischer Südsee im Norden und frostiger Antarktis im Süden, sind rasche Wetterwechsel fast schon die Regel. Bei uns nennt man das »Aprilwetter«. Die Kiwis leben daher nach folgender Wetterweisheit: »Wenn euch das Wetter nicht gefällt, wartet 10 Minuten«.

Kriminalität

Neuseeland ist eines der sichersten Reiseländer der Welt, auch wenn die Zeiten, in denen die Kiwis ihre Autos und Häuser nicht abzuschließen brauchten, der Vergangenheit angehören. Die Kriminalitätsrate Neuseeland liegt weit unter der in Europa. Die Tendenz ist allerdings deutlich steigend. Vor allem Diebstahlsdelikte und Autoaufbrüche kommen häufig vor, von denen auch Touristen betroffen sind. Schließen Sie immer Ihr Wohnmobil ab und lassen Sie keine Wertsachen wie Ihren Pass, Bargeld oder Kameras zurück, insbesondere an Aussichtspunkten und Wanderwegen. Dies gilt besonders an populären Aussichtspunkten oder an den

Startplätzen beliebter Wanderwege. Dort werden Sie durch das Schild »lock it or lose it«. permanent daran erinnert. Sein Wohnmobil ohne Rucksack oder Taschen zu verlassen, signalisiert Kriminellen: »Da ist was zu holen«. Der Abschluss einer Reisegepäckversicherung ist sinnvolle. Falls es zu einem Diebstahl kommt, rufen Sie bitte unverzüglich die Polizei unter der Nummer 111 an. Diese kann von jedem Telefon aus angerufen werden.

Maori

Die aus Polynesien kommenden ersten Einwanderer Neuseelands werden Maori genannt. Die Polynesier waren große Seefahrer, die nach den Sternen, Meeresströmungen und Zugvögeln navigierten. Beginnend vor etwa 800 Jahren kamen sie in mehreren Einreisewellen in Reisekanus (*Wakas*) über den Pazifik. Vermutlich war Überbevölkerung die Ursache für diese wagemutigen Seereisen. Die Maori nennen das Heimatland ihrer Vorfahren **Hawaiki**. Viele ihrer traditionellen Künste wie Schnitzen, Weben und Tätowieren werden heute noch im ganzen Land praktiziert. Gäste werden überall in Neuseeland mit der Maori-Sprache konfrontiert, da die Mehrzahl der Ortsnamen eine Maori-Bedeutung haben. Die Maori-Sprache und Kultur ist reich an Geschichten und Legenden. Diese Mythen werden Ihnen bei verschiedenen Kulturveranstaltungen, in den Versammlungshäusern (*Marae*) oder bei von Maori geführten Wanderungen begegnen. Bei dem Besuch eines Versammlungsplatzes lernen Sie die eindrucksvolle formelle Begrüßungszeremonie der Maori kennen. Mit weit aufgerissenen Augen, herausgestreckten Zungen, imposanten Posen und lautem Brüllen prüfen die Maori-Krieger die Absichten der Neuankömmlinge. In aller Regel bestehen die Touristen diese Prüfung und werden mit einem Nasenkuss (**Hongi**) willkommen geheißen. Danach folgt ein gemeinsames Essen, das in einem *Hangi-Erdofen* zubereitet wurde. Schauen Sie sich die Gesichtstätowierungen der Maori an, sie sind faszinierend ebenso wie ihr Jade-Brustschmuck sowie die Federmäntel aus Kiwi-Federn. Die Motive der traditionellen Gesichtstätowierungen in Spiralmustern geben Auskunft über Identität und soziale Stellung. Die Maori sind für ihr kunsthandwerkliches Können bekannt.

Der 1840 unterzeichnete Vertrag von Waitangi besiegelte die politische Inbesitznahme Aotearoas - so der Maori Name für Neuseeland - durch Großbritannien und sicherte den Maori den Schutz der englischen Krone zu. In der Folgezeit kaufte die Krone wiederholt Land zu sehr niedrigen Preisen auf. Aufgrund von Unklarheiten des Vertrags es kam zu mehreren kriegerischen Auseinandersetzungen. Bis in die Gegenwart gibt es Unstimmigkeiten über die Auslegung des Vertragstextes. Sie werden im sogenannten Waitangi Tribunal behandelt. Die Maori stellen heute 16,5% der Bevölkerung und besitzen 5% des Landes.

Die Maori sind heute in Neuseeland gut in die Gesellschaft integriert. Viele Ranger in den Nationalparks, Mitarbeiter in den i-Sites und manche Reiseführer, denen Sie auf Ihrer Reise begegnen werden, sind Maori. Allerdings ist das durchschnittliche Einkommen pro Person der Maori immer noch deutlich niedriger als das der Gesamtbevölkerung Neuseelands und sie sind überproportional häufig in der sozialen Unterschicht vertreten.

Einige Maori-Begriffe:

Aotearoa	Das Land der langen weißen Wolke (Neuseeland)
haka	Kriegstanz
haere mai	willkommen
hangi	im Erdofen gegartes, traditionelles Mahl
hongi	Begrüßung durch aneinander drücken der Nasen.
iwi	Stamm
kia ora	Hallo, danke, alles Gute
kumara	Süßkartoffel
marae	Versammlungshaus, heiliger Boden
moko	traditionelle Gesichtstätowierung

pakeha	Nicht-Maori, Fremder, (heute: Europäer)
pounamu	Jade
tane	Mann
tapu	etwas Unantastbares, Unverletzliches, Geheiligtes (tabu)
wahine	Frau
wai	Wasser
waka	Kanu
whenua	Land, Boden, Plazenta
whanga	Bucht, Hafen, Meeresarm

Siehe auch: www.maoridictionary.co.nz

Nationalparks, Naturschutzgebiete

In Neuseeland gibt es 14 Nationalparks, drei Meeresparks und zahlreiche weitere Naturschutzgebiete. Insgesamt wird in einem Drittel des Landes das natürliche Erbe Neuseelands geschützt. Dabei werden 10 Prozent der Gesamtfläche (30.000 Quadratkilometer) von Nationalparks eingenommen. Sie umfassen atemberaubender Küsten (Abel Tasman National Park), Gebirgszüge, Vulkanlandschaften (Tongariro National Park), Strände, einheimische Wälder und Wasserwege (Whanganui National Park). Sie können zu Fuß, mit dem Auto, per Boot, Flugzeug und sogar mit dem Zug erkundet werden. Geschützt werden darin eine große Vielfalt verschiedener Landschafts- und Vegetationsformen sowie die einheimischen Tierarten. In den Nationalparks werden Sie Neuseeland in seiner ursprünglichen Schönheit kennenlernen. Bitte erkundigen Sie sich beim DOC (siehe Department of Conservation) über die jeweiligen Regelungen. Dort erhalten Sie auch die Broschüre *Exploring New Zealand's Parks.*

Neuseeländer

Es kann kein Zuckerschlecken gewesen sein, sich in der Wildnis am Ende der Welt ein neues Leben aufzubauen. Die europäischen Pioniere, die Neuseeland besiedelten, waren mutig, rau und unabhängig. Ein ruhiger, bisweilen derber Individualismus ist auch heute noch angesagt. Die Abgeschiedenheit und die Tatsache, dass man schutzlos den Elementen ausgesetzt war, zwangen die Neuankömmlinge zu Härte und Vielseitigkeit. Zusammenhalt war gefragt. Wenn man etwas aus der alten Welt benötigte, musste man monatelang darauf warten. Da war es oft einfacher, sich Dinge selbst zu bauen. Handwerkliches Geschick, Findigkeit und Einfallsreichtum waren damals überlebenswichtig. Heute gehören Gefrierfleisch, Jetboote und das Bungy-Jumping zu den bekanntesten neuseeländischen Erfindungen.

Die Neuseeländer sind abgehärtet und zwischen November und April meist in Shorts, T-Shirt und Sandalen unterwegs, auch wenn es für unser Empfinden eisig kalt ist. Die Frage »Wie ist die Wassertemperatur?« ist für einen echten Kiwi völlig unverständlich. Wenn er schwimmen will, geht er ins Wasser, sonst nicht, so einfach ist das. Die Wassertemperatur spielt dabei keine Rolle!

Die Neuseeländer sind stolz auf ihr Land und viele lieben die Landschaft und die freie Natur. Wandern, Mountainbiken, Kajakfahren und Angeln sind beliebte Freizeitbeschäftigungen. Bei 15.000 km Küste ist es kein Wunder, dass die Neuseeländer das Wasser lieben. Sie haben eine Leidenschaft für Segelboote, ind führend im internationalen Yachtdesign und gewinnen hin und wieder den prestigeträchtigen America's Cup oder olympische Medaillen im Segeln, Windsurfen, Kajakfahren und Rudern. Der Nationalsport ist jedoch Rugby und die All Blacks, die neuseeländische Rugby-Nationalmannschaft, sind der ganze Stolz der Nation. Die ganz in schwarz gekleideten All Blacks gelten als die beste Mannschaft der Welt. Vor jedem Spiel tanzen sie den Haka, um die gegnerische Mannschaft einzuschüchtern und sich selbst auf das Match einzustimmen.

Laut der OECD-Studie »How's Life« gehören die Neuseeländer zu den zufriedensten Menschen der Welt. Ein Kiwi ist demnach glücklicher als die meisten Angehörigen anderer Nationen. Am besten schnitt Neuseeland beim sozialen

Faktor ab. 97 Prozent der Befragten gaben an, Freunde oder Verwandte zu haben, die ihnen jederzeit helfen würden. Loyalität gegenüber Freunden und Nachbarn ist ein geschätzter sozialer Wert. Die Gemeinschaft hat in Neuseeland einen hohen Stellenwert. Gemeinsame Aktivitäten mit Freunden oder der Familie sind weit verbreitet. Man trifft sich auf dem Sportplatz, im Pub, beim Barbecue oder beim Camping.

Mit dem Fortschreiten des 20. Jahrhunderts begann sich die Zusammensetzung und der Charakter der neuseeländischen Bevölkerung radikal zu verändern. In den 70er Jahren des 20. Jahrhunderts ließen sich viele Einwanderer von den pazifischen Inseln in Neuseeland nieder, gefolgt von Asiaten und Europäern in den 80er und 90er Jahren. Die kulinarischen Vorlieben, Moden und Lebensstile dieser Neuankömmlinge vermischten sich mit den bestehenden und trugen zusammen mit den technischen und wirtschaftlichen Veränderungen zu einer völlig neuen nationalen Identität bei. Die neuseeländische Regierung bemüht sich, diese Entwicklung zu bewahren, da sie einen wichtigen Beitrag zur Vielfalt und Identität Neuseelands leistet. In den letzten zwanzig Jahren haben sich die Neuseeländer den Herausforderungen der globalen Wirtschaft und den neuesten technologischen Errungenschaften gestellt. Die Neuseeländer haben weltweit die meisten Mobiltelefone und Internetzugänge pro Kopf.

Trotz aller Veränderungen hat Neuseeland immer noch eine ansehnliche ländliche Bevölkerung und die Landwirtschaft gehört zu den wichtigsten Exportbranchen. Diversifizierung und Technologisierung machten Neuseeland zu einem der produktivsten und effizientesten landwirtschaftlichen Produzenten der Welt. Während die traditionellen Exporte von Wolle stark zurückgegangen sind, haben Fleisch und Milchprodukte ihre Bedeutung erhalten können. Heute spielen Rehfleisch, Blumen, Früchte, Biotechnologie und Wein eine wichtige Rolle als Exportgüter.

Im Land der langen weißen Wolke ticken die Uhren langsamer als bei uns. »*Take it easy!*« ist das allgegenwärtige Motto der Kiwis. Geduld ist eine ihrer Haupttugenden. In einem Land, das regelmäßig von Erdbeben erschüttert wird und in dem es oft heftig stürmt und wolkenbruchartig regnet, können vom Menschen erbaute Strukturen nicht dauerhaft widerstehen. So werden zum Beispiel regelmäßig Straßen am Hang ganz oder teilweise weggeschwemmt (*washouts*) oder von Erdrutschen überdeckt (*slides*), Bäume stürzen auf Stromleitungen und Dächer werden vom Wind abgedeckt. Der Neuseeländer lebt in und mit der wilden Umwelt und baut ohne zu Murren wieder auf, was ihm die Naturkräfte zuvor kaputt gemacht haben. Entsprechend bringt einen Kiwi auch nichts so schnell aus der Ruhe und ein sehr beliebter Spruch ist »*she'll be alright!*« was so viel heißt wie: »*das wird schon (wieder)!*«.

Kiwis sind weltoffen, interessiert und lieben es, ein Schwätzchen zu halten. Der leichte, unverfängliche Plausch wird häufig eingeleitet mit »*Where are you coming from?*«. Sie werden fast überall in Neuseeland auf Gastfreundschaft und Hilfsbereitschaft stoßen. Kiwis sind höflich und helfen bereitwillig, ohne von Ihnen eine Gegenleistung zu erwarten. Wer nach Neuseeland reist, der wird eine Zeit mit herzlichen und gastfreundlichen Menschen erleben.

Pflanzen

Neuseeland verdankt seine üppige und vielfältige Pflanzenwelt dem Zusammenspiel von hohen Niederschlägen, vielen Sonnenstunden und einem insgesamt milden Klima. Trotz großflächiger Rodungen, vor allem seit der Ankunft der Europäer, sind immer noch 37,5 % des Landes bewaldet (vor der Ankunft der Maori waren es etwa 80 %). Waldflächen mit einheimischen Arten sind in zahlreichen Nationalparks vor menschlicher Nutzung geschützt. So findet man auch heute noch überall faszinierende Pflanzen und Bäume, von den Kauriwäldern im hohen Norden und auf der Coromandel-Halbinsel über die Südbuchenwälder vor allem auf der Südinsel bis hin zu den alpinen Tussockwiesen der alpinen Vegetationszone in den Südalpen. Die majestätischen, immergrünen Wälder werden Sie beeindrucken: Rimu, Totara, Südbuchenarten und der größte einheimische Baum, der riesige Kauri, werden Ihnen besonders auffallen. Die Kauribestände sind derzeit durch eine übertragbare Pilzkrankheit (Phytophtora agathis) bedroht, daher werden Sie als Wanderer am Beginn einiger Wanderwege gebeten, Ihre Schuhe an den eingerichteten Waschstationen zu reinigen. Bitte beachten Sie diese Maßnahme!

Unter den Bäumen befindet sich meist ein dichtes und üppiges Unterholz mit einheimischen Sträuchern, einer Vielzahl von Farnen, Moosen und Flechten. Im typischen neuseeländischen Wald sind riesige Baumfarne allgegenwärtig, Kletterpflanzen und Epiphyten lassen ihn wie einen tropischen Dschungel erscheinen. Von den 200 Farnarten ist der bis zu 10 m hohe Silberfarn (Maori: Ponga) mit seiner silbrigen Blattunterseite der bekannteste. Er dient als Nationalsymbol im Staatswappen, als Emblem von Air New Zealand und als Symbol verschiedener Nationalmannschaften. Der sich entfaltende Farnwedel (Koru) wird symbolisch als Zeichen von Stärke und Wachstum gedeutet und findet sich im Schmuck der Maori.

Wer in der Weihnachtszeit die Nordinsel besucht, dem fallen die prächtig blühenden, immergrünen Bäume aus der Familie der Myrtengewächse auf, die sich im neuseeländischen Sommer in einen dunkelroten, leuchtenden Feuerball verwandeln. Die Rede ist vom Pohutukawa, dem neuseeländischen Weihnachtsbaum, der vor allem in den Küstenregionen wächst und 15 bis 20 Meter hoch werden kann. Leider haben ihn auch die Possums »zum Fressen gerne« und gefährden seinen Bestand.

Auch die südlichste Palmenart der Welt, die bis zu 15 m hoch werdende Nikau-Palme, gehört zu den nur in Neuseeland heimischen Pflanzen. Sie trägt keine Nüsse, sondern kleine rote Früchte, eine Nahrungsgrundlage einheimischer Vogelarten, ebenso wie der Nektar der Blüten.

Besonders auffällig ist der Cabbage Tree, dessen schwertähnliche Blätter von den Maoris zum Herstellen von Medizin genutzt werden. Eine weit verbreitete Pflanze ist der neuseeländische Flax (Maori: *Harakeke*, nicht verwandt mit unserem Flachs, sondern ein Tagliliengewächs), aus dessen Fasern die Maori Matten, Unterlagen, Körbe, Seile oder auch Angelschnüre fertigten. Auch als Medizinpflanze fand Flax bei den Maori Anwendung.

Im Pflanzenreich gibt es in Neuseeland jedoch unerwünschte Einwanderer, die sich unkontrollierbar ausbreiten und so die einheimischen Pflanzen verdrängen. Dazu gehören zuallererst Stechginster, Lupinen und die gemeine Waldrebe, aber auch die exotische Alge Didymo, die sich in Flüssen und Seen ausbreitet. Sie wird z.B. über Sportboote und verunreinigtes Angelgerät weiterverbreitet wird. Hier gilt die Devise: Check, clean, dry!

Post

Die Postämter in Neuseeland haben in der Regel Öffnungszeiten montags bis freitags von 9.00-17.00 Uhr. Wohingegen Postshops, also Läden (Bookshops, Convenience Stores, etc.) mit einer Postannahmestelle, länger und auch samstags und sonntags geöffnet haben. Sie sind in fast jedem Dorf anzutreffen. Öffnungszeiten und Adressen lassen sich schnell und einfach auf der Webseite der New Zealand Post herausfinden (www.nzpost.co.nz/tools/postshop-kiwibank-locator). Briefe/Karten und Dokumente via Luftpost sind nach Europa ca. 6-10 Tage unterwegs. Bringen Sie auch einen blauen »International Air« Aufkleber an. Die Sendungen können in den meisten Postshops abgegeben werden. Die Briefkästen der NZ-Post sind rot. Der Einwurfschlitz für internationale Postsendungen ist mit einem blauen Aufkleber versehen. Wir raten Ihnen, die Briefmarken erst dann zu kaufen, wenn Ihre Postkarten oder Briefe versandbereit sind. Sie können dann Ihre Post dort abgeben, wo Sie die Briefmarken erworben haben.

Reiseführer

Bergwild Verlag: Neuseeland live
Völlig neues Konzept. Buch, App, eBook und Hörbuch in einem! Der Reiseführer beschreibt u.a. 87 Wander-, Fahrrad- und Städtetouren.

Dumont, Richtig Reisen: Neuseeland
Von einem absoluten Kenner Neuseelands geschrieben. Es zeichnet sich durch eine Fülle von Hintergrundinformationen aus.

Iwanowski's: Neuseeland
Reiseführer mit Routenbeschreibungen und einem übersichtlichen Informationsteil: Pro Reiseziel Unterkünfte, Restaurants, Aktivitäten, etc.

Lonely Planet: Neuseeland
Bei Backpackern beliebter Reiseführer mit umfassenden praktischen Informationen und Tipps. Alles Wichtige wird angesprochen.

Mana: Aotearoa, Ein Reiseführer durch das Neuseeland der Maori
Liefert kulturelle Angebote, die Einblicke in Vergangenheit und Gegenwart der Ureinwohner und Zugang zur Maori-Kultur vermitteln.

Mana: Wandern in Neuseeland
Das Buch enthält alles Wichtige für den Wanderer in Neuseeland. Die meist mehrtägigen Wandertouren werden sehr lebendig beschrieben.

Michael Müller Verlag: Neuseeland
Neben zahlreichen praktischen Tipps liefert dieser Reiseführer die Beschreibung von mehr als 40 Trekking und Radtouren.

Stefan Loose: Neuseeland
Bei Backpackern beliebt, mit vielen praktischen Informationen und Tipps. Alle Regionen werden vorgestellt, die Highlights am Anfang aufgezeigt.

Terra Natur Reiseführer: Neuseeland
Pflanzen und Tiere Neuseelands werden anschaulich und informativ beschrieben. Enthalten sind auch Wander- und Tourenvorschläge mit Karten.

360°Medien: Als Dach der Sternenhimmel: Camping in Neuseeland
Enthält vielfältige Informationen rund um das Campen, die Ihnen bei der Vorbereitung auf einen Wohnmobilurlaub in Neuseeland helfen können.

Sprache

Seit 1987 ist **Maori** (siehe Maori) neben dem Englischen 2. Amtssprache. Neuseeländisches Englisch ist irgendwo zwischen dem australischen Englisch und dem britischen Englisch angesiedelt. Neuseeländer sind meist gut zu verstehen. Im Folgenden sind einige nützliche Begriffe vorgestellt:

Aussie	Australier
Awesome	Klasse, super
Bach	Ferienhaus
Bucks	Dollar, Geld
Bush	Regenwald, Urwald
Camping Ground	Campingplatz
Caretaker	Verantwortlicher (z.B. an Campingplätzen)
Concealed Road	Versteckte Einfahrt, schlecht einsehbare Seitenstraße
Cattle	Rinder, Rindvieh, Vieh
Cattlestop (-grid)	In die Straße eingelassenes Viehgitter/-roste
Dairy	Tante-Emma-Laden, Eck-Kiosk
Dump Station	Entsorgungsstation für Womo Bordtoilette und Abwasser
EFTPOS	Mit Karte zahlen (wie mit der EC Karte in Deutschland)
Fee	Gebühr, Preis
Give Way	Vorfahrt achten
G'day	Guten Tag
Good on ya	Ausgezeichnet, gut gemacht
Gravel road	Schotterstraße
Greywater	Abwasser
Guys	Leute (Are you guys ready? - Seid ihr fertig?)
Hump	Verkehrsberuhigungs-Buckel (Achtung mit dem Womo!)
Indicator	Blinker
Landfill	Wertstoffhof
Long drop toilet	Plumpsklo, chemische Toilette
Loop	Schleife, Rundweg
Mate	Kumpel
Motorhome	Wohnmobil
No worries	Keine Sorge, alles ok
One Lane Bridge	Einspurige Brücke
Passing Lane	Überholspur
Peninsula	Halbinsel
(Powered) Site	Stellplatz (mit Strom)

Public Toilet	Öffentliche Toilette
Range	Bergkette, Gebirgszug
Roadworks ahead	Straßenbaustelle folgt
Roundabout	Kreisverkehr
Speed limit	Geschwindigkeitsbegrenzung
See ya	Bis dann
(live)Stock	Vieh
Track	Langer Wanderweg
Traffic Lights	Ampeln
Tramp, tramping	Wanderung, wandern
Uneven Surface	Unebener Straßenbelag
Walk	Spaziergang
Windscreen	Windschutzscheibe

Strände

An der 15.000 km langen Küste Neuseelands finden sich schneeweiße oder goldgelbe Sandstrände ebenso wie schwarzgraue Kies- oder Felsstrände. Es gibt unzählige einsame, romantische und bezaubernde Strände, aber auch wilde und ursprüngliche, von Wind und Wellen gepeitschte Küstenabschnitte. Ob Sie surfen, schnorcheln, tauchen, angeln, Kajak fahren oder einfach nur schwimmen wollen, Neuseelands Strände bieten Ihnen die Möglichkeit dazu. Oft kann man in der Nähe der Strände auch campen. Die Neuseeländer lieben es, viel Zeit im oder am Wasser zu verbringen, und doch werden Sie nie einen überfüllten Strand vorfinden. Was man an den Stränden immer wieder antrifft, sind Autos! Für Neuseeländer ist es selbstverständlich, mit dem Auto an den Strand zu fahren, wo immer es möglich ist.

Sicherheit im Wasser

Die Wassertemperatur beträgt maximal 22°C. Beim erfrischenden Bad im Wasser ist Vorsicht geboten. Oft gibt es starke Strömungen, Querströmungen, kalte Unterströmungen oder sogar Unterströmungen. Am sichersten ist es, nur an offiziellen und bewachten Badestränden zu baden. Wir empfehlen Ihnen, die Website von Water Safety New Zealand www.watersafety.org.nz zu besuchen, die Ihnen Tipps für einen sicheren Aufenthalt an den Stränden und in den Gewässern Neuseelands gibt.

Telefonieren

Alle öffentlichen Telefone und Telefonzellen können mit Telefonkarten, die in den meisten Buchhandlungen und Kiosks erhältlich sind, verwendet werden. Zur Nutzung der Telefonkarte rufen Sie die kostenlose 0800-Nummer der Karte an und nach Eingabe einer PIN können Sie telefonieren. Einige Telefonzellen akzeptieren auch Kreditkarten, Münzen können allerdings nur sehr selten verwendet werden.

Wir empfehlen Ihnen Ihr Handy mitzunehmen und eine Prepaid SIM-Karte zu erwerben. Achten Sie auf Angebote, die eine bestimmte Zahl von Gesprächsminuten nach Europa und ein Internet Datenvolumen umfassen. Die größten Anbieter sind Spark, Vodafone und Two Degrees. Auf den folgenden Webseiten sind die verschiedenen Netzabdeckungen grafisch dargestellt:

- www.spark.co.nz/shop/mobile/whyultramobile/network.html
- www.vodafone.co.nz/coverage
- www.2degreesmobile.co.nz/coverage

Einige Unternehmen in Neuseeland bieten kostenlose Servicenummern an, unter der Sie Buchungen vornehmen können. Diese beginnen mit 0800 (in Ausnahmefällen auch mit 0508) und können nicht aus dem Ausland genutzt werden. In den größeren Städten sind die Polizei, Feuerwehr und der Rettungsdienst über die **Notrufnummer 111** zu erreichen, andernfalls finden Sie entsprechende Informationen auf den ersten Seiten des Telefonbuchs oder in jeder Telefonzelle. Die Telefonauskunft hat die Nummer 018 für das Inland und 0172 für das Ausland. Die Vorwahl für Deutschland ist 0049,

Österreich 0043 und in die Schweiz 0041. Um von Deutschland aus in Neuseeland anzurufen, wählen Sie bitte die 0064 vor.

Tipp: Die billigste Möglichkeit ist ein Telefonat über Internet (Skype, WhatsApp, etc.).

Tiere

Als sich Neuseeland vor etwa 80 Millionen Jahren vom urzeitlichen Superkontinent Gondwana abspaltete, gab es weder Schlangen noch Säugetiere. Vögel, Reptilien und Insekten prägten die Fauna. Zu den direkten Nachfahren der prähistorischen Tierwelt gehört neben den Vögeln beispielsweise die Brückenechse Tuatara, die als »lebendes Fossil« gilt. Sie kann bis zu 75 cm lang werden, ist aber völlig ungefährlich und am besten im Museum von Invercargill zu bewundern. Von der Isolation profitierten vor allem die Vögel, die ungestört einzigartige Formen ausbilden konnten. Da es keine feindlichen Säugetiere gab, konnten sich die Vögel gefahrlos am Boden aufhalten, fressen und brüten. Im Laufe der Evolution verloren einige Arten nach und nach ihre Flugfähigkeit. Der bekannteste flugunfähige Vogel ist der Kiwi, das Nationalsymbol Neuseelands, der heute vom Aussterben bedroht ist. Ebenfalls flugunfähig sind der Weka, der Takahe und der Kakapo, mit bis zu 3,5 kg der schwerste Papagei der Welt. Weithin bekannt ist der neugierige Bergpapagei aus der alpinen Region der Südinsel, der Kea, einer der intelligentesten Vögel der Welt. Er ist wenig scheu gegenüber Menschen und liebt vor allem deren Autos, an denen er gerne Scheibenwischer und andere Gummiteile anknabbert! Leider musste er kürzlich auf die neuseeländische Rote Liste der bedrohten Tierarten gesetzt werden.

Von den zahlreichen heimischen Singvögeln sollte der Tui besonders hervorgehoben werden, der in ganz Neuseeland anzutreffen ist. Er hat einen wunderschönen, markanten Gesang und ein auffälliges Paar aufgeplusterter, weißer Kehlfedern (»Pastorenkragen«). Sein dunkles, schwarz wirkendes Federkleid hat einen grünlich-bläulichen Schimmer.

Für Vogelliebhaber empfiehlt sich ein Besuch auf Kapiti Island (nördlich von Wellington) und Tiritiri Matangi (nördlich von Auckland). Beide Inseln wurden von Ratten und anderen Beutegreifern befreit, um den neuseeländischen Vögeln eine Chance zu geben. Zu den Seevögeln, die in Neuseeland brüten, gehören Königsalbatros, Australtölpel (Morus serrator) und Silberreiher. Auch die Zwergpinguine (Little Blue Penguins, Eudyptula minor) und die seltenen Gelbaugenpinguine nisten hier. Aotearoa ist außerdem Winterquartier für viele arktische Zugvögel wie Regenpfeifer, Flussuferläufer, Zwergstrandläufer, Brachvogel und Steinwälzer. Viele legen beachtliche Strecken von bis zu 12 000 km zurück.

Als die Maori mit ihren Kanus in Neuseeland landeten und die polynesischen Ratten und Hunde mitbrachten, war die paradiesische Zeit der Vögel vorbei. Einige hundert Jahre später brachten die Europäer weitere 30 Säugetierarten nach Aotearoa, darunter zwei Rattenarten, Wiesel (syn. Hermelin), Katzen und Füchse. Diese fanden unter den flugunfähigen Vögeln und ihren Eiern reichlich Nahrung. Die eingeschleppten Tiere richten bis heute große Schäden an, da sie keine natürlichen Feinde haben und als große Plage gelten. Allen voran das aus Australien eingeschleppte Possum (deutsch: Fuchskusu). Die Population dieser kletternden, nachtaktiven Beuteltiere explodierte förmlich, nachdem die ständige Bejagung aufgegeben wurde. Heute bedrohen etwa 30 Millionen (in den 80er Jahren sollen es 60-70 Millionen gewesen sein) der etwa katzengroßen Opossums die heimische Flora und Fauna. Die Ausbringung von Giftködern (1080 Poison) ist ein umstrittener Versuch zur notwendigen Dezimierung der Possums. Weitere Methoden sind der Abschuss und der Fang mit Fallen.

Der Mensch trug und trägt zur Dezimierung von Arten bei. Der Moa, der größte Laufvogel, der jemals auf der Erde gelebt hat, wurde von den Maori bis auf das letzte Exemplar gejagt und getötet. Heute ist die Hälfte der endemischen Vogelarten Neuseelands ausgestorben und weitere Arten sind bedroht. Mit zahlreichen Schutzprogrammen versucht man ihr Überleben sicherzustellen. Informationen dazu finden sich auf der Website des Department of Conservation (www.doc.ovt.nz). Nicht zu unterschätzen ist die Gefährdung von Lebensräumen, z.B. ursprünglich klaren Seen und Flüssen durch die intensive Milchviehwirtschaft und die damit verbundene Überdüngung.

Neben den tierischen Attraktionen an Land ist auch das Meeresleben in Neuseeland reich und vielfältig. Das Beobachten von Robben, Seelöwen und Walen sowie das Schwimmen mit Delfinen sind zwei der besonders zu empfehlenden Touristenattraktionen. Der Hector-Delfin ist der seltenste Delfin der Welt und kommt nur in den Gewässern Neuseelands vor. Auch Orcas, Bottlenose-, Dusky- und Common-Dolphins tummeln sich vor den Küsten, ebenso wie zahlreiche Fischarten. In Kaikoura sind neben Whale Watching Bootsfahrten mit Schwerpunkt Albatros-Beobachtung lohnend, da die Vögel auf Armeslänge an den Beobachter herankommen.

Toiletten

Es ist kein Problem, in Neuseeland eine öffentliche Toilette zu finden. Es gibt sie überall, selbst an abgelegenen Stränden, Picknickplätzen, Sehenswürdigkeiten und in kleinen Ortschaften. Und sie sind in den allermeisten Fällen sauber und mit Toilettenpapier ausgestattet. Die bekannteste - und mit Abstand kunstvollste - öffentliche Toilette in Neuseeland ist die Hundertwasser Toilette in Kawakawa.

Touristeninformation

Fast jeder kleinere Ort in Neuseeland verfügt über ein Visitor Information Centre. Dabei ist zu unterscheiden zwischen kommerziellen Büros, die in erster Linie ihre eigenen Produkte vermarkten wollen, und offiziellen Fremdenverkehrsbüros, die objektiv informieren. Letztere erkennt man an grün-weißgrauen Schildern mit der grünen Aufschrift i-SITE. Die i-SITEs (www.newzealand.com/travel/i-sites) sind immer sehr gut ausgeschildert und verfügen in der Regel über Stellplätze für Wohnmobile. Während in kleineren Orten auch weniger gut geschultes Personal anzutreffen ist, zeichnen sich die i-SITEs in größeren Orten durch viel Wissen, enorme Hilfsbereitschaft und sehr guten Service aus. Hier werden Sie umfassend und objektiv informiert, z.B. über Sehenswürdigkeiten und mögliche Aktivitäten in der Region. Außerdem erhalten Sie in den i-SITEs kostenloses Kartenmaterial der jeweiligen Umgebung und können sich auf Wunsch Campingplätze zeigen lassen. Die i-SITEs buchen für Sie auch Ausflüge oder fragen bei Campingplätzen nach freien Plätzen. Auch die Fähre zwischen Nord- und Südinsel kann hier gebucht werden. Broschüren, die Wanderungen in der Region beschreiben, sind gegen eine geringe Gebühr erhältlich. Aufgrund der Corona-Pandemie mussten leider einige i-SITES geschlossen werden.

Neben den i-SITEs betreibt das DOC (siehe Department of Conservation) ausgezeichnete und sehr informative Besucherzentren. Über die Webseite von Neuseelands Tourismusorganisation *Tourism New Zealand (www.newzealand.com)* können Sie sich sehr gut über Neuseeland informieren. Die Basisinformationen gibt es auch in deutscher Sprache. Ausgesprochen informativ sind auch die deutschsprachigen Online-Magazine www.neuseeland-news.co.nz und www.360grad-neuseeland.de.

Die Fremdenverkehrsämter haben einen **Radio**-Service für Touristen eingerichtet. Wissenswertes in deutscher Sprache empfangen Sie unter 100.4 FM.

Trinkgeld

Alle Preise in Bars, Cafés, Hotels, Restaurants oder Taxis sind Komplettpreise. Trinkgeld wird also nicht erwartet. Auf der anderen Seite ist in den letzten Jahren ein Trinkgeld in den besseren Restaurants durchaus üblich geworden. Also scheuen Sie sich nicht den Rechnungsbetrag großzügig aufzurunden, wenn Sie mit dem Service zufrieden sind.

Verkehr

Verkehrsregeln

Die wichtigste Verkehrsregel vorweg: Auf der linken Straßenseite fahren! Die Umstellung auf den Linksverkehr wird Ihnen wahrscheinlich nicht schwerfallen, dafür werden Sie in den ersten Tagen die Hebel von Blinker und Scheibenwischer vertauschen.Trotz Linksverkehr gilt im Prinzip *rechts vor links*. Details siehe:

www.nzta.govt.nz/roadcode

»*Give Way*« bedeutet »*Vorfahrt achten*«. Die Regel rechts vor links bewirkt, dass der Kreisverkehr Vorfahrt hat. Ansonsten gelten meist die uns bekannten Verkehrsregeln.

Die **Höchstgeschwindigkeit** beträgt innerhalb geschlossener Ortschaften 50 km/h und außerhalb 100 km/h. Ein haltender Schulbus darf mit maximal 20 km/h überholt werden. Geschwindigkeitskontrollen werden häufig vorgenommen und es gibt keine Toleranz. Vor Kurven wird oft eine maximale Richtgeschwindigkeit angegeben. Wir empfehlen dringend diese einzuhalten. Bei 15 km/h wird's eng!

Europäische nationale Führerscheine werden anerkannt, sofern eine englische Übersetzung vorliegt. Einfacher ist es zusätzlich zum nationalen Kartenführerschein einen **internationalen Führerschein** mitzuführen. Er wird von den Bürgerämtern ausgestellt und ist drei Jahre gültig. Man muss persönlich erscheinen, seinen nationalen Führerschein und ein Passfoto mitbringen. Das gesetzliche Mindestalter, um ein Auto in Neuseeland zu mieten, beträgt 21 Jahre. In Neuseeland herrscht Sitzgurtpflicht für Fahrer sowie alle Insassen. Für Alkohol am Steuer gilt unter 20 Jahren die Null-Promille-Grenze und ab 20 Jahren eine Obergrenze von 0,5 Promille. Gelbe Linien am Straßenrand bedeuten Parkverbot. Kleine blaue Schilder zeigen die maximal erlaubte Parkzeit an. Eine Parkscheibe ist nicht nötig. Die Parkzeit beginnt erst zu laufen, wenn ein Kontrolleur einen Reifen mit Kreide markiert hat.

Wir möchten Sie noch auf zwei Besonderheiten aufmerksam machen. Anders als bei uns soll die weiß schraffierte Fläche vor den Abbiegebuchten befahren werden! Der rückwärtige Verkehr wird es Ihnen danken. Auch zwischen den Fahrbahnen gibt es gelegentlich weiß schraffierte Flächen. Diese dürfen zum Abbiegen befahren werden.

Straßennetz

Das neuseeländische Fernstraßennetz besteht aus den so genannten State Highways und ist gut gepflegt. Die State Highways sind in der Regel zweispurig ausgebaut, verfügen also über eine Fahrspur in die jeweilige Richtung. Die Bezeichnung der State Highways, wie sie auch in diesem Buch verwendet wird, besteht aus den beiden Buchstaben »SH«, sowie der Nummer des Highways (z.B. »SH77«).

Es gibt immer noch viele Schotterstraßen *(metal surface, unsealed* oder *gravel road)* in Neuseeland. Schauen Sie bitte in Ihren Vertrag, ob Sie diese fahren dürfen. Manche dieser Straßen sind sehr unschön und löchrig, das Womo leidet. In Neuseeland haben viele Brücken aus Kostengründen nur eine Spur (*one lane bridges*). Der rote Pfeil in Fahrtrichtung heißt Vorfahrt gewähren. Das Verkehrsschild *„concealed road*« heißt »Vorsicht, versteckte Einfahrt« oder »Schlecht einsehbare Seitenstraße«. Selbst auf Highways müssen Sie immer damit rechnen, dass Farmer Rinder oder Schafe über die Fahrbahn treiben. Nicht immer wird mit einem Hinweisschild (etwa »*Stock on the road*«) oder gelbem Blinklicht vor dem Tiertrieb gewarnt. Haben Sie Geduld, der Viehtrieb kann eine Weile dauern.

Straßenzustand

Die Straßen sind überwiegend in einem guten Zustand. Die geografischen Gegebenheiten in Neuseeland führen jedoch häufig zu schmalen, kurvenreichen und steil ansteigenden Straßen. Auch sind einige Nebenstraßen holprig *(bumpy)*. Das Hinweisschild »*uneven surface*« sollten Sie ernst nehmen, um Ihr Womo nicht zu heftig ins Schaukeln zu bringen. Bei Sturm und starken Regenfällen kommt es regelmäßig zu Erdrutschen oder Auswaschungen. Die Straße wird dann schnellstmöglich wieder fahrbereit gemacht. Aktuelle Informationen über den Straßenzustand bietet die Webseite:

www.journeys.nzta.govt.nz/traffic

Fahrtzeiten

Außerhalb der Städte sind die meisten Straßen in beiden Richtungen einspurig und teilen sich nur hier und da in zwei Spuren, um ein sicheres Überholen zu ermöglichen. Da die Straßen zudem häufig eng und kurvenreich verlaufen, müssen Sie mit längeren Fahrtzeiten als erwartet rechnen. Planen Sie mit einer Durchschnittsgeschwindigkeit von 50 km/h. Nehmen Sie sich viel Zeit, damit Sie die Reise entspannt genießen können.

Andere Verkehrsteilnehmer haben es eiliger als Sie. Bitte fahren Sie bei passender Gelegenheit an den Straßenrand, und ermöglichen so dem nachfolgenden Verkehr Sie zu überholen. Man wird es Ihnen mit einem freundlichen Hupen danken.

Versicherungen

Eine Auslandskrankenversicherung ist sehr zu empfehlen. Über Ihre Kreditkarte sind die ersten sechs Wochen in aller Regel abgedeckt. Für längere Aufenthalte benötigen Sie eine Langzeitversicherung, die möglichst auch einen Rücktransport umfassen sollte.

In Neuseeland gibt es keine Versicherungspflicht für Autofahrer. Wenn Sie ein Wohnmobil anmieten, werden Sie in Sachen Versicherung beraten und haben verschiedene Optionen. Alle anderen sollten eine Unfallversicherung abschließen. Eine einfache *Third Party-Versicherung* ist preiswert und unbedingt zu empfehlen. Diese erhalten Sie z.B. beim AA (siehe Automobilclub).

Wandern

Es gibt kaum eine bessere Möglichkeit, die unberührten Landschaften und außergewöhnlichen Naturschönheiten Neuseelands kennenzulernen, als zu Fuß. Neuseeland ist von einem dichten Netz aus Wanderwegen durchzogen und damit ein Eldorado für Wanderer. Dabei wird jeder eine Vielzahl von für ihn geeigneten Tracks vorfinden. Das Spektrum reicht von *Short Walks*, die nicht länger als eine Stunde in Anspruch nehmen, bis zu den mehrtägigen *Great Walks.* Das vielfältige Angebot an Wanderungen kann in jeder *i-SITE* erfragt werden. Dort erhalten Sie kostenlose oder kostengünstige Broschüren, in denen die Wanderwege beschrieben sind. Bei Wanderungen in Nationalparks empfiehlt es sich, vor Ort bei einem DOC Visitor Information Centre (siehe Department of Conservation) Informationen zu Wetter, Beschaffenheit, Dauer und Schwierigkeit der Ausflüge zu besorgen.

In vielen Städten gibt es Historic Walks, die an historisch interessanten Stätten vorbeiführen. Es werden Wanderungen in allen **Schwierigkeitsgraden und Längen angeboten.** Wählen Sie die Strecke entsprechend Ihrer Fähigkeit und aktuellen Kondition aus. Die *Walking Tracks* sind in der Regel relativ einfach und auch für wenig geübte Wanderer geeignet. Alle Wege sind gut ausgeschildert und am Startpunkt auf einer Schautafel beschrieben. Bedenken Sie bitte, dass es zu sehr schnellen Wetterwechseln kommen kann, daher sollten Sie bei Wanderungen in der neuseeländischen Natur immer gut ausgerüstet sein. Bei längeren Ausflügen raten wir Ihnen zu guten Wanderschuhen, warmer Thermo-Kleidung (Fleecejacken haben sich gut bewährt), Regenjacke, Mütze, Sonnen- und Mückenschutz. Auch ein »Erste Hilfe Päckchen« und ausreichend Verpflegung sollten Sie mit auf den Weg nehmen. Informieren Sie sich beim nächsten Visitor Centre über die aktuellen Wanderbedingungen und über den Wetterbericht.

Die zehn mehrtägigen Great Walks werden vom DOC verwaltet. Um sie wandern zu können, benötigen Sie einen *Great Walk Pass*, den Sie in den Büros der DOC Visitor Information Centre bekommen. Der Pass beinhaltet die Übernachtungen in Hütten. Die einzelnen Great Walks müssen oft lange im Voraus gebucht werden! Die Gebühren variieren zwischen den einzelnen Wanderwegen. Es gibt folgende Buchungsmöglichkeiten:

- Online booking.doc.govt.nz
- Telefon +64 3 249 8514,
- E-Mail greatwalksbooking@doc.govt.nz

Wohnmobil, eine Liebe auf Zeit!

Es gibt verschiedene Wege, in Neuseeland zu einem Wohnmobil zu kommen:

1. Sie mieten ein Wohnmobil
2. Sie tauschen Ihr Wohnmobil gegen das eines Kiwis
3. Sie kaufen ein Wohnmobil in Neuseeland
4. Sie verschiffen Ihr eigenes Wohnmobil nach Neuseeland

1. Mieten:

Da dies die mit Abstand gebräuchlichste Variante ist, werden wir ausführlich auf die WOMO-Vermieter eingehen. Es gibt inzwischen eine unglaubliche Vielzahl von Firmen. Für die wichtigsten Anbieter geben wir Ihnen die Kontaktdaten:

Apollo	09 889 2976	www.apollocamper.co.nz
Britz	09 255 3910	www.britz.co.nz
Jucy	09 374 4360	www.jucy.co.nz
Maui	09 255 3983	www.maui.co.nz
Mighty Campers	0800 422 505	www.mightycampers.com/nz
Sunrise Holidays	22 567 3918	www.sunriseholidays.co.nz
Wilderness Motorhomes	09 255 5300	www.wilderness.co.nz
Wendekreisen	09 256 0177	www.wendekreisen.co.nz

Über die Webseite **www.newzealand.com/de** von *Tourism New Zealand* gelangen Sie über die Auswahl „Transport" und den Knopf „Wohnmobile" zu den restlichen Verleihern von Wohnmobilen. Beachten Sie bei der Auswahl auch die Gütesiegel von Qualmark. Bewertungen zu den einzelnen Anbietern finden Sie auf folgender Webseite:

www.rankers.co.nz/tags/motorhomes-campervans-rv

Von fast allen Anbietern werden ähnliche Fahrzeugtypen angeboten: Zwei verschiedene Modelle für 2 Personen, ein Modell für 4 Personen und ein Modell für 6 Personen. Bei den letztgenannten Modellen ist ein Doppelbett über dem Führerstand (Alkoven) platziert. Auch wenn Sie zu zweit durch Neuseeland reisen wollen, ist die Anmietung eines Womos für 4 Personen in Erwägung zu ziehen. Es bietet Ihnen zwei wesentliche Vorteile: Ihnen steht mehr Platz zur Verfügung und Sie brauchen ihr Bett nicht jeden Tag umzubauen. Abhängig von der Saison gibt es große Preisunterschiede. Buchen Sie möglichst früh, das spart Ihnen viel Geld (Frühbucherrabatt)!

Es gibt gute Gründe, das Wohnmobil über deutsche Reiseunternehmen zu buchen. Sie erzielen damit nicht unbedingt die besseren Konditionen, haben aber einen deutschen Vertragspartner. Selbstverständlich können Sie auch über das Internet ein Wohnmobil in Neuseeland anmieten:

- www.adacreisen.de/ratgeber/camper/neuseeland
- www.bestcamper.de
- www.camperboerse.de

Ausstattung der gemieteten Wohnmobile

Die Wohnmobile aller Anbieter sind mit einem Kühlschrank, einer Spüle sowie Gasherd und Gasflasche ausgestattet. Gasflaschen können Sie ohne Probleme an fast jeder Tankstelle nachfüllen lassen. Leider werden auch Camper ohne WC angeboten. Wegen der eingeschränkten Möglichkeiten zu freiem Campen raten wir davon ab. Die Küchenausstattung ist im Preis enthalten. Ebenso ein Laken, Bettdecke und Kissen mit Überzug, Handtücher und Geschirrtücher. Die Größe des Stauraumes für Gepäck und der Schrankfläche für Ihre Kleidung schwankt stark. Zur Unterbringung im Wohnmobil sollten Ihre Gepäckstücke elastisch sein. Sie können Ihre Koffer zwar kostenlos bei den Vermietern unterstellen, aber es ist oft praktischer, mit nicht ausgepacktem Koffer loszufahren bzw. vor Abgabe des Campers zu packen.

Darauf sollten Sie bei der Auswahl besonders achten:

- Wie hoch ist die Selbstbeteiligung?
- Sind Fahrzeugunterboden, Dach, Windschutzscheibe und Reifen versichert?
- Verfügt der Camper über ein Navigationsgerät?
- Gibt es eine Rückfahrkamera oder einen Rückfahrwarner?
- Ist die Dieselsteuer im Preis enthalten (ca. 7,60 NZD / 100 km)?
- Ist die Campingausrüstung im Preis enthalten?
- Verlangt der Vermieter einen internationalen Führerschein?
- Wie hoch ist das Mindestfahreralter?
- Zahlt ein junger Fahrer mehr?
- Gibt es Gebühren für einen zweiten Fahrer?
- Ist der Transfer zwischen Flughafen und Mietstationen kostenfrei?
- Gibt es eine 24-Stunden-Notfallnummer?
- Gibt es eine Einwegmiete zwischen Auckland und Christchurch?
- Gibt es einen Sonderpreis für die Fähre zwischen Nord- und Südinsel?
- Welche Straßen dürfen nicht befahren werden?

Ankunft und Übernahme des Wohnmobils

Wegen der meist anstrengenden Anreise und dem Jetlag raten wir, zumindest die erste Nacht im Hotel zu verbringen. Sollten Sie den Camper gleich bei Ankunft übernehmen wollen, empfehlen wir für die erste Nacht, den nächstgelegenen Campingplatz anzusteuern. Bei den meisten Anbietern ist der Transfer vom Flughafen bzw. dem Hotel zum Depot inklusive. Die Übernahme des für Sie bereitgestellten Wohnmobils erfolgt in der Regel gegen Mittag oder sogar erst am frühen Nachmittag. Bitte nehmen Sie sich bei der Übernahme Zeit und lassen Sie sich das Fahrzeug genau erklären. Die meisten Anbieter haben deutschsprechendes Personal. Nach der gründlichen Einweisung in die Handhabung des Fahrzeuges und die Ausstattung, sowie die Benutzung von Propan-Kühlschrank, Herd und Heizung, richten Sie sich häuslich in Ihrem Fahrzeug ein. Falls Sie sich in der Kürze der Zeit nicht alles merken konnten, hilft man Ihnen am nächsten Campingplatz gerne weiter. Planen Sie für die Fahrzeugübernahme mindestens eine Stunde ein, besser zwei. Eventuelle Fahrzeugmängel sowie Kratzer und Dellen sollten Sie sofort reklamieren. Sie werden in einem Übergabeprotokoll vermerkt. Die Fahrzeuge werden mit gefüllter Gasflasche und vollen Wasser- und Kraftstofftanks übernommen. Nachdem Sie Ausrüstung und Funktionsfähigkeit Ihres Wohnmobils selbst kontrolliert haben, kann es losgehen. Ihr erstes Ziel wird sicherlich ein großer Supermarkt sein. Gute Fahrt!

Mietvertrag und Kaution

Falls noch nicht geschehen, schließen Sie vor der Übernahme des Wohnmobils einen rechtsgültigen Mietvertrag ab. Lassen Sie sich den Inhalt genau erklären. Bei Fahrzeugübernahme wird eine Kaution fällig, deren Höhe vom Vermieter und der gewählten Versicherung abhängt. Die Kaution zahlen Sie über Ihre Kreditkarte. Bei einigen Anbietern wird der gesamte Betrag sofort von Ihrem Konto abgebucht. Achten Sie in diesem Fall darauf, dass Ihre Kreditkarte über ein entsprechendes Verfügungslimit verfügt. Die Kaution wird nach einwandfreier Fahrzeugrückgabe ohne Schäden und unter Einhaltung der Mietbedingungen rückerstattet. Die Rückzahlung auf Ihr Kreditkartenkonto dauert in der Regel ca. 2-3 Wochen. Der Vermieter haftet dabei nicht für eventuelle Kursverluste. Bei anderen Anbietern ist die Kaution mittels Kreditkarten-Imprint zu hinterlegen. Dieser wird Ihnen bei ordnungsgemäßer Rückgabe zurückerstattet oder in Ihrem Beisein vernichtet.

Wohnmobil Rückgabe

Die Fahrzeuge müssen besenrein und vollgetankt zurückgebracht werden. Die Endreinigung ist meistens im Mietpreis inklusive. Abwassertank und Bordtoilette müssen leer sein. Ansonsten wird Ihnen eine Gebühr berechnet.

Bei einem vorzeitigen Reiseabbruch werden nicht genutzte Miettage nicht rückerstattet, ebenso wenig wie nicht genutztes Gas. Das Wohnmobil wird auf Schäden untersucht und gegen das Übergabeprotokoll gecheckt. Bei Dieselfahrzeugen wird noch eine kilometerbezogene *Diesel tax recovery fee* fällig (derzeit 7,60 NZD pro 100 km für Fahrzeuge unter 3,5 t).

2. Tauschen (Swap):

Wir haben damit sehr gute Erfahrungen gemacht. Sie stellen Ihr Wohnmobil einer Kiwi-Familie zur Verfügung und nutzen im Gegenzug deren *motorhome* in Neuseeland. Die folgenden Internet-Tauschbörsen machen es möglich:

- www.wohnmobiltausch.de
- www.RVworldwide.com

3. Kaufen und Verkaufen:

Wohnmobile sind in NZ sehr teuer, selbst für ältere Modelle zahlen Sie viel Geld. Zudem ist es nicht einfach, den Camper wieder punktgenau zur Abreise zu verkaufen. Oft wird das erworbene Wohnmobil zum Ende der Saison wieder verkauft, also nicht gerade zum günstigsten Zeitpunkt. Mit etwas Glück können Sie bei Kauf und Verkauf eines Wohnmobils einen sehr preisgünstigen Urlaub haben. Wenn es dagegen schlecht läuft, bleiben Sie auf Ihrem Womo sitzen. Das kann Ihnen nicht passieren, wenn Sie ein Womo mit einem garantierten Rückkauf (*buy back*) erwerben. Diese Option wird von einigen Autohändlern angeboten sowie von bedmobils (www.bedmobils.com).

4. Verschiffen:

Für einen sehr langen Aufenthalt ist auch das Mitbringen des eigenen Wohnmobils eine Option. Das Verfahren von der Einschiffung in Deutschland bis zur Zulassung in Neuseeland ist jedoch sehr aufwendig und dann sitzen Sie auch noch auf der falschen Seite. Anbieter sind:

www.pangaeacargo.com/de/fahrzeug-transport/wohnmobil-verschiffung
www.seabridge-tours.de/html/verschiffung_australien_neuseeland.php

Zeitunterschied

Der Zeitunterschied zu Neuseeland schwankt zwischen 10 und 12 Stunden. Er ist abhängig von der jeweiligen Sommer- und Winterzeit, denn die Uhren werden sowohl in Deutschland als auch in Neuseeland entsprechend den Jahreszeiten umgestellt. Die Sommerzeit in Neuseeland beginnt am letzten Sonntag im September und endet am ersten Sonntag im April. In unserer Winterzeit ist uns Neuseeland 12 Stunden voraus, wenn dort Sommerzeit ist. In Neuseelands Winterzeit, d.h. in deutscher Sommerzeit, beträgt der Zeitunterschied lediglich 10 Stunden. In den dazwischenliegenden Phasen beträgt der Zeitunterschied kurzfristig 11 Stunden.

Zollbestimmungen

Um Neuseeland frei von Schädlingen, Pflanzenkrankheiten und Tierinfektionen zu halten, wird die Einfuhr folgender Waren mit erheblichen Geldstrafen geahndet:

- Tierprodukte, einschließlich Häuten, Fellen, Dung, Federn, Knochen, Korallen, Eiern, Honig und Muscheln.
- Frische, verderbliche Lebensmittel wie Obst, Gemüse und Fleisch.
- Aus Pflanzenprodukten hergestellte Artikel. Diese können keimfähige Samen oder Insekten mit sich führen.

Beispiel: Wenn man in Ihrem Gepäck einen nicht angemeldeten Apfel findet, haben Sie 400 NZD Strafe zu zahlen. Einen angemeldeten Apfel nimmt man Ihnen ab. Bevor Sie durch die Passkontrolle gehen, müssen Sie eine *arrival card* (Zollkarte) ausfüllen. Bitte deklarieren Sie hier alle Waren, von denen Sie nicht sicher sind, ob sie eingeführt werden dürfen. Verschreibungspflichtige Medikamente können Sie nur einführen, wenn Sie eine ärztliche Verschreibung vorweisen können.

Stichwortverzeichnis

Der WOMO® Online-Service

Nutzen Sie auch das Angebot unseres Online-Shops!
Unter **www.womo.de** finden Sie nicht nur sämtliche Reiseführer, sondern weitere wertvolle Anregungen und Zusatzinformationen – von der Gesamtübersicht aller Touren eines WOMO-Reiseführers bis zu weiterführendem Material. Dazu gehören:

- die **besten Autokarten**, die garantiert die komplette Reiseroute abdecken
- und die **passenden Rother-Wanderführer** mit den schönsten Wanderregionen Ihres Reiselandes.

Einfach sicher unterwegs.

Sichern Sie Ihr Wohnmobil ab: mit unserer **exklusiven**, universellen und **sofort sichtbaren** Einbruchssperre. Sie wird **ganz einfach** in die beiden Tür-Armlehnen eingehängt, zusammengeschoben und abgeschlossen.

Der WOMO® Knackerschreck

- Passend für Ducato, Peugeot, Renault Master, MB Sprinter bis 2018 und VW (alle Typen)
- Krallen aus **10 mm massivem**, einbrennlackiertem, also nahezu unverwüstlichem Stahl

Nur 64,90 €

und nur bei **www.womo.de**

Alle WOMO® Reiseführer auf einen Blick

Albanien, Ulrike und Frank Staub
Allgäu, Heiner Newe
Andalusien, Christina und Christian Winkler
Baden-Württemberg, Heiner Newe
Baltikum, Stefanie Holtkamp und Andrea Bergmann
Bayern Der Nordosten, Heiner Newe
Bayern Der Südosten, Christina und Christian Winkler
Bayern Der Nordwesten, Heiner Newe
Belgien/Luxemburg, Ulrike und Frank Staub
Bretagne, Anette Scharla-Dey und Franz Peter Tschauner
Burgund, Ralf Gréus
Dänemark, Anke Globi
Elsass, Ralf Gréus
England Der Süden, Christina und Christian Winkler
England Der Norden, Christina und Christian Winkler
Finnland, Uwe und Annegret Rohland
Französische Alpen, Heiner Newe
Französischer Jura, Heiner Newe
Griechenland, Waltraud Roth-Schulz und Reinhard Schulz
Harz, Heiner Newe
Hessen Der Norden, Anette Scharla-Dey und Franz Peter Tschauner
Hessen Mitte und Süden, Anette Scharla-Dey und Franz Peter Tschauner
Hunsrück/Mosel/Eifel, Anette Scharla-Dey und Franz Peter Tschauner
Irland, Uwe und Annegret Rohland
Island, Jutta und Alexander Ramin
Katalonien, Ulrike und Frank Staub
Korsika, Stefanie Holtkamp und Andrea Bergmann
Kroatien und Montenegro, Anne und Michael Lindner
Languedoc-Roussillon, Ralf Gréus
Ligurien, Ralf Gréus
Lothringen, Friedrich Riehl
Lüneburger Heide, Heiner Newe
Marokko, Ulrike und Frank Staub
Mecklenburg-Vorpommern Teil 1, Stefanie Holtkamp und Andrea Bergmann
Mecklenburg-Vorpommern Teil 2, Stefanie Holtkamp und Andrea Bergmann
Münsterland, Regina Stockmann
Namibia, Ute Nast-Linke und Frank Linke
Neuseeland Nordinsel, Andrea Lossen und Dieter Giesen
Neuseeland Südinsel, Andrea Lossen und Dieter Giesen
Niederlande, Friedrich Riehl
Normandie, Anette Scharla-Dey und Franz Peter Tschauner
Norwegen Der Süden, Waltraud Roth-Schulz und Reinhard Schulz
Norwegen Der Norden, Waltraud Roth-Schulz und Reinhard Schulz
Österreich Der Osten, Christina und Christian Winkler
Österreich Der Westen, Christina und Christian Winkler
Ostfriesland, Heiner Newe

Weitere Infos unter **www.womo.de**

Pfalz, Ralf Gréus
Piemont und Aostatal, Ralf Gréus
Peloponnes, Waltraud Roth-Schulz und Reinhard Schulz
Polen Der Norden, Nicola Kluftinger
Portugal Der Norden, Stephanie Seufert Neu 2024
Portugal Der Süden, Stephanie Seufert Neu 2024
Provence Der Westen, Ralf Gréus
Provence Der Osten, Ralf Gréus
Pyrenäen, Stefanie Holtkamp und Andrea Bergmann
Rumänien, Christina und Christian Winkler
Sachsen, Anette Scharla-Dey und Franz Peter Tschauner
Sardinien, Waltraud Roth-Schulz und Reinhard Schulz
Schleswig-Holstein und Hamburg, Heiner Newe
Schottland, Anke Globi Neu 2024
Schwarzwald, Ralf Gréus
Schweden Der Norden, Uwe und Annegret Rohland
Schweden Der Süden, Anke Globi Neu 2024
Schweiz Der Osten, Stefanie Holtkamp und Andrea Bergmann
Schweiz Der Westen, Stefanie Holtkamp und Andrea Bergmann
Sizilien, Christina und Christian Winkler Neu 2024
Slowakei, Ulrike und Frank Staub
Slowenien, Silvia Sussmann und Peter Simm
Spanien Der Norden, Waltraud Roth-Schulz und Reinhard Schulz
Süditalien Der Osten, Waltraud Roth-Schulz und Reinhard Schulz
Süditalien Der Westen, Waltraud Roth-Schulz und Reinhard Schulz
Südafrika Krügernationalpark, Ute Nast-Linke und Frank Linke
Südwestfrankreich, Stefanie Holtkamp und Andrea Bergmann
Südtirol, Waltraud Roth-Schulz und Reinhard Schulz
Tal der Loire und Paris, Anette Scharla-Dey und Franz Peter Tschauner
Thüringen, Katja Eisenschmidt
Toskana und Elba, Ralf Gréus
Trentino und Gardasee, Angela Misslbeck Neu 2024
Umbrien und Marken, Ralf Gréus
Ungarn, Silvia Sussmann und Peter Simm
USA Südwesten mit Yellowstone, Regina Stockmann Neu 2024
Venetien und Friaul, Christina und Christian Winkler
Wales, Christina und Christian Winkler Neu 2024
Zentralspanien Der Osten, Ulrike und Frank Staub
Zentralspanien Der Westen, Ulrike und Frank Staub

Außerdem im Programm:
Die gordische Lüge – Reiseroman, Ralf Gréus
Allgemeines Wohnmobil Handbuch, Reinhard Schulz
Allgemeines Wohnmobil Kochbuch, Waltraud Roth-Schulz
Heitere Wohnmobil Geschichten, Silvia Sussmann und Peter Simm

Ihr WOMO® Stellplatz-Dienst

Wir führen Sie zu den **schönsten Orten**, die unsere erfahrenen Autoren **selbst besucht und getestet** haben. Die GPS-Daten ihrer Stell- und Campingplatz-Empfehlungen finden Sie im Online-Shop unter **www.womo.de**

Mehr erfahren. Mehr erleben.

womo.de ist der **Spezialist** für Ihren entspannten **Erlebnisurlaub auf vier Rädern**. Profitieren Sie für Ihre Reisevorbereitung und -planung von unserer **jahrzehntelangen Erfahrung**. Seit 2022 arbeiten wir daran, Bewährtes noch besser zu machen: Dazu gehört die **moderne Optik** unserer neu gestalteten und **neu aufgelegten** Reiseführer.

Selbstverständlich werden unsere WOMO-Reiseführer permanent auf einen **aktuellen inhaltlichen Stand** gebracht. Jeder einzelne bietet eine Fülle an Ideen, Inspiration und Information **für Ihren Erlebnisurlaub**.

Wenn Sie persönliche Anregungen oder **konkrete Fragen zu Ihrer Reiseplanung haben**, dann schreiben Sie uns gern unter: **verlag@womo.de**

Den kostenlosen Download-Link für die **GPS-Daten** zu diesem WOMO-Reiseführer finden Sie im Shop unter: **www.womo.de**
Ihr Passwort lautet: **Ns6lge**

WOMO®
Der Wohnmobil-Verlag
An der Liethe 4
36452 Kaltennordheim
Telefon: 036946 20691
www.womo.de